KB193740

고려시대 사람들의 삶과 생각

하 일 식 편

혜안

Life and Thoughts of High Society in the Goryeo Period

Edited by Ha Il Sik

고려시대 사람들의 삶과 생각

하 일 식 편

이 저서는 2002년도(KRF-2002-074-AM1505) 및 2003년도(KRF-2003-074-AM0014)
한국학술진흥재단의 지원에 의해 연구되었음.

책을 내면서

   수년 전에 함께 공부했던 주제들을 글로 만들고, 다시 다듬어서 책으로 엮어보았다. 이 책에서 다루고 있는 내용은 고려시대 사람들의 '삶과 생각'이다. 처음에는 고려시대 사람들의 'mentality(집단심성)'를 탐구해 보자는 생각으로 시작한 작업이었는데, 결과물을 놓고 '삶과 생각'이라는 제목을 붙여 보았다.

   인간의 사회생활이란 매우 다양한 측면을 모두 포함하는 것인 만큼, 전체 구성원에게 적절히 분배하기 위하여 몇 가지 주제를 선별하였다. 그리고 2년간의 작업과정을 거쳤는데, 막상 마무리할 즈음에는 아쉬움과 불만이 더 많이 남았다.

   물론 이런 주제로 연구를 시도한 것은 우리 학계에서는 흔치 않은 경우라고 생각된다. 그럼에도 불구하고 작업을 시도하게 되었던 것은, 돌이켜 보면 일종의 만용이었다. 우리 자신이 지금까지 해 온 연구들에 대한 불만과, 우리를 포함하는 학계의 연구 경향에 대한 아쉬움, 그리고 서구 학계에서 이룩한 성과들을 접하면서 느낀 스스로의 왜소함 등등이 어쩌면 무모할 수도 있는 어려운 시도를 하게끔 만들었다고 생각된다.

   작업을 시작할 때는 이런 생각들이 있었다. 즉 역사 속에 나타나는 '변화'에 주목하는 것도 중요하지만 '변화하지 않는 것'·'변화가 더딘 것'에 대해서도 관심을 기울여야 한다는 것과, 변화하지 않는 시기의 사회와 인간생활에 대해서 그동안 너무 무관심했다는 판단이었다. 그래서 일상·관습·인습·관행 등, 역사에서 변화를 강조하는 시각에서는 부정적으로 느낄 수도 있는 단어들을 동원하여 고려시대 사람들의 삶과 생각에 접근해 보자는 데 뜻을 모았던 것이다.

그러나 공동 작업이 진행되는 과정에서 객관적, 또 주관적으로 많은 장애와 한계에 부딪칠 수밖에 없었다. 그리고 대략 작업이 마무리되는 시점에 와서는, 다시 한번 역설적인 사실을 확인할 수 있었다. 즉 스스로가 그동안 해 왔던 연구에 변화를 추구하면서 시작했지만, 연구 방법은 물론 사료를 분석하는 태도와 서술방식에 이르기까지, 대부분 과거의 타성으로부터 그다지 벗어나지 못한 채 작업에 임하고 있었던 것이다. 이런 점을 자각하면서, 논리적인 사상이나 지향보다도 인습과 관행이란 요소가 인간 사회에서 얼마나 강고한 영향력을 발휘해 왔던가를 체감할 수 있었던 점이 스스로 얻은 성과가 아닐까 한다.

이 책에서 다루는 대부분의 주제들은 '왜 그랬는가?'라는 질문을 거듭 해 나간다면 당장은 대답이 막히는 내용들이다. 개별 주제를 다룬 많은 글들이 '현상 기술적인' 수준에 머물고 있기 때문이다. 이것이 방법론상의 오류나 착오에서 기인하는 것인지, 우리 연구가 안고 있는 객관적인 한계에서 비롯되는 것인지를 따진다면, 후자의 측면이 더 강하지 않을까 변명하고픈 생각도 있다.

그러나 한편으로는 자그마한 기대도 함께 해본다. 즉 해방 이후 약 20년간 이루어진 연구들의 대부분이 정치적인 사건이나 제도의 변천, 인물의 활동을 현상 기술적으로 다루었다. 구조 분석을 시도하고 현상 상호간의 유기적 연관을 해명하기 시작한 것은 그러한 연구들을 바탕으로 뒤늦게 이루어졌던 것이다. 따라서 이 책도 이제 막 관심을 갖기 시작하여 제출된 실험적인 결과인 만큼, 이를 디딤돌로 삼아 더욱 발전된 연구들이 이어지기를 기대하게 되는 것이다.

그동안 흩어져 있던 구성원들의 글을 다시 모으고 체제를 통일시키는 데 애쓴 분들에게 감사한다. 그리고 상업적인 기대를 걸 수 없는 책인데도 선뜻 출판을 맡아 아담한 모양을 갖추어준 도서출판 혜안 관계자들께 고마운 마음이다.

2007년 5월
집필자 일동

목 차

총 론
'삶과 생각'을 다루는 방법과 한계

1

역사 연구의 대상이 반드시 국가·정치·제도 등이어야 하는가. 여기에 대한 의문이 제기된 것은 이미 오래 전이다. 서구의 역사학계에서 국가사나 정치사·제도사를 극복하려는 움직임이 나타나고, 그 대안으로서 사회사에 주목한 것이 반세기도 훨씬 전인 20세기 전반이었다. 역사학의 연구 대상을 유적·제도·사건 등 구상적인 것으로부터 思想·心性 등 추상적인 영역으로 확대한 것도 서구 역사학이 20세기 후반에 이룩한 발전 가운데 하나라고 생각된다.

역사 속의 사상이라고 하는 것은, 당대인의 저술을 통해 파악되는 세계와 자신에 대한 논리적인 사고를 가리킨다. 덧붙여 말한다면 현실 문제를 인식하고 판단하며 일정한 志向을 가질 때, 그 바탕이 되는 意志와 가치 등이 사상의 내용이 될 것이다. 그리고 사상을 역사적으로 연구한다면, 해당 사상의 내용은 물론 당대 사회에서 갖는 정치적·사회적 의의, 후대에 미친 영향 등이 대상이 될 것이다.

물론 여기에 더하여, 그 지향이 실제 당대의 사회 현실을 바꾸는 데 얼마나 기여했는가 하는 점까지도 고려할 필요가 있을 것이다. 그러나 지금까지 우리 학계에서 이루어진 사상사 연구의 대부분은 사상의 내용 자체가 갖는 의의에 대해서는 자주 논의하면서도, 정작 그것이 현실을 얼마나 바꾸어 나갔는가에 대해서는 상대적으로 관심을 덜 기울여왔다고 생각된다.[1]

한 걸음 더 나아가서 心性이란 주제에 이르면, 그동안의 연구가 지니고 있던 경직성과 문제제기 속도의 더딤이 잘 드러난다. 과거 역사에서든 지금의 현실에서든, 논리적이고 합리적인 주장보다 정서적인 공감이 훨씬 큰 영향력을 행사하는 경우를 종종 보게 된다. 특히 현실을 보면 그 결과가 긍정적이든 부정적이든 간에, 심성이란 것은 이렇게 현실을 움직여나가는 힘이기도 하고, 선거를 통해 정치지형을 좌우하는 데 직접적인 영향을 행사하는 요소이기도 하다. 그러나 역사적인 안목에서 시간을 소급하여, 과거 사회를 살아간 인간들의 심성에 관심을 갖는 경우는 드물었다고 생각된다.

우리가 팀을 꾸려서 '삶과 생각'이라는 주제로 연구를 구상한 배경은 이렇다.

첫째는, 서구 역사학계의 연구 성과들로부터 받은 자극이 있었다. 최근 10여 년 동안 국내에 번역·소개된 서양사·문화 관련 연구서들은 종류와 분량 면에서 과거 어느 시기와 비할 수 없이 풍부하다. 이렇게 소개되는 연구물들은, 그것이 서구 학계의 주류에 속한 것이든 그렇지 않든 간에 새로운 느낌으로 다가오는 경우가 많았다. 인간을 다

---

1) 조선후기의 이른바 '실학'에 관한 연구들이 그 대표적인 경우가 아닐까 생각된다. 정책에 반영되거나 현실 속에서 실현되지 못한 측면을 객관적으로 짚어내는 데는 인색했던 것 아닐까? 또한, 소수 엘리트의 '첨단적'인 사고 내용에 큰 관심을 기울였던 절반만큼이라도, 오랜 관행 속에 자아를 묻고 살아가던 절대 다수의 인민이 가진 정서와 생활에도 주목했는가? 라고 한다면 대답은 좀 부정적이리라 생각된다. 결국 '사상의 가치'와 '현실·역사적 의의' 사이에 괴리를 낳는 연구경향이 아니었나 하는 것이다.

루고 사회를 분석하는 학문으로서 역사학의 지평을 얼마나 다양하게 확대할 수 있고, 또 그렇게 확대해야 하는가를 느낄 수 있게 하였다.

둘째는, 우리 자신의 연구 경향에 대한 반성이 있었다. 그동안 서구 학계는 다양한 시각과 연구 방법론을 개발하며 실제 적용해 왔다. 그 가운데 때로는 수십 년이 지난 연구들임에도 불구하고 이제 와서 한국 에서 번역된 뒤 우리에게 새삼스런 느낌으로 다가온다는 것 자체가 그 러했다. 그러나 우리는 여전히 기존의 고답적인 연구 경향에서 벗어나 지 못하고, 새로운 연구 주제의 모색에 너무 안이했던 것이 아닌가 하 는 점이었다.

셋째는, 한국사 연구의 구체적인 대상을 설정할 때 그 범위를 좀더 확대시킬 필요성이 있다는 생각이 있었다. 이는 첫 번째와 두 번째 문 제를 종합한 것이기도 한데, '구상적인 것'·'의지로 표출된 것'만이 역사적인 탐구의 대상인가 하는 점에 대한 懷疑였다고 할 수 있다. 실 상 이 점에 대해서는 아날학파에서 이미 오래 전에 문제를 제기했었 다.

즉, 역사와 문화를 구성하는 요소들 중에는 단기적 격동과 변화에도 불구하고 일상적인 삶을 통한 자연스런 사회화 과정에서 구성원들에 게 습득되어 가볍지 않은 역할을 하는 부문들이 있다는 것이다. 오랜 기간에 걸쳐 형성된 관행과 인습, 집단심성이나 사고방식 등이 그에 속한다. 이는 사회 구성원들의 생활 밑바탕에 자리잡고 변화를 지연시 키기도 하며, 때로는 집단행동을 야기하여 단기적 혼란과 격동을 초래 하기도 한다.

그러나 우리 학계에서는 아직 이런 측면에 주목하고 분석을 시도한 경우가 드물다. 한국 중세사 연구 경향을 보면, 지금까지는 주로 정치 ·사회 제도의 외형을 복원하거나 사건의 진행 과정을 고증하고, 그 과정에서 드러나는 인간 행위를 사후적인 차원에서 평가 또는 해석하

18

는 데 관심을 기울여왔다. 사상사 분야의 연구 또한 개혁 구상이라든
가 현실 인식 등 '主知的' 차원에서 파악되는 것만을 대상으로 삼는 경
우가 대부분이었다고 생각된다.

이러한 문제의식 아래, 본 연구팀은 고려시대 사람들의 집단심성과
인습·관행을 연구 대상으로 삼아 당대의 인간과 사회를 더욱 역동적
으로 이해할 수 있는 방향을 모색하고자 하였다. 그러나 도전적인 주
제이면서 우리 자신이 아직 이런 스타일의 연구에 익숙하지 않은 상태
에서 진행된 연구였던 만큼, 그 과정에서 시행착오도 많았고, 그 결과
도 미흡한 점들이 남아 있다.

2

처음 연구를 시작할 때는 '고려시대 사람들의 mentality'를 탐구한다
는 목표를 세웠었다. 이때 mentality는 흔히 번역되듯이 집단심성이라는
의미였다. 다만 이런 표현을 쓰더라도, 그 정확한 개념이 서구 학계에
서 아날학파 이래로 사용하고 있는 '망딸리떼'와 반드시 같은 것일 필
요는 없다고 판단하였다. 다소 막연해보이기는 하지만, 결과물이 나올
무렵쯤에 더 적절한 우리말 표현을 찾아서 정리하는 것이 낫다는 생각
이었다. 그래서 연구 전체의 제목에 '삶과 생각'이라는 표현을 사용하
였다.

당초 연구팀에서는 "고려시대 사람들이 어떻게 살았을까"에 대한
상황 묘사를 넘어서, "그렇게 살았던 데는 이러저러한 因習·慣行과
함께 개인적 自覺·意志만으로는 떨쳐내거나 거역하기 어렵게 단단히
도사리고 있었던 사회적 분위기가 있었음"을 밝혀내는 데 목표를 두었
다. 물론 이것만으로 역사 연구의 역할을 다한 것이라고 하기는 어려

울 것이다. '왜'라는 질문이 다시 이어지기 때문이다. 즉 "그런저런 사회적 분위기가 존재했던 이유"를 역사적 맥락 속에서 다시 해명하고 설명할 수 있어야 한다고 생각된다. 바로 이 점에서 이 주제에 관한 연구가 부딪히는 현실적 어려움이 존재하는 것이다.

역사학의 역할 가운데서 중요한 것 중 하나가 '인과관계'를 밝혀내는 것이라 할 수 있다. 기존의 연구가 주로 역사상에서 발견되는 '변화'나 '격동'의 배경·원인·계기를 해명하는 데 집중해 온 것도 그때문일 것이다. 원인과 배경을 파악하는 시각의 차이에 따라 논쟁이 벌어지고, 논쟁이 오랫동안 지속되는 주제도 있었다. 그런데 본 연구에서 탐구의 과제로 삼았던 대상은 '변화한 것'이 아니라 '쉽게 변화하지 않는 것' 또는 '상대적으로 변화가 매우 더딘 것'이다. 나아가 욕심을 부린다면, 그렇게 쉽게 변화하지 않고 당시 사람들의 몸에 배어 있었던 인습·심성이 해당 사회에서 존속할 수밖에 없었던 배경·원인까지도 거론할 수 있다면 더 좋을 것으로 기대하였다.

'변화하지 않는 것의 배경과 원인'을 밝혀낸다는 것이 얼핏 역설적이고 허망한 듯 느껴질 수도 있고, 본 연구의 한계를 스스로 변명하는 修辭처럼 받아들여질 수도 있을 것이다. 그러나 새로운 차원의 연구를 모색하려면 어렵더라도 포기할 수 없는 목표임도 분명하다. 초보적인 상태에서 처음 시도되는 연구인 만큼, 시행착오와 한계도 당연히 포함될 것이라 생각된다.

먼저 언급해야 할 점은 심성·인습 그 자체이다. 그러나 이는 보이지 않는 것이며 스스로 실체를 드러내지도 않는다. 해당 사회 사람들의 생활을 이끌어나가는 배후에 도사리고 있을 뿐이다. 그것은 당시 사람들의 언행과 처신을 통하여 비로소 可視圈에 들어온다. 따라서 연구자는 이러한 가시적인 언행과 처신을 바탕으로 그 이면에 도사리고 있는 생각과 마음상태를 추리해낼 수 있어야 한다.

한편, 언행과 처신은 무의식적으로 표출되는 경우가 있는가 하면, 의도적·작위적으로 연출되는 경우도 있다. 연구자는 양자를 구분하여 판단하지 않으면 안되는 것이다. 더구나 시간을 소급하여 과거 인간의 언행과 처신을 분석 대상으로 삼을 때는 어려움이 한층 더할 것이다.

우리가 그동안 연구를 진행하면서 맞닥뜨린 가장 직접적이고도 현실적인 어려움이 바로 이런 점들이었다. 그 과정에서 우리는 다음과 같은 장애 내지 한계가 존재하며, 이를 넘어설 수 있는 새로운 방법의 모색이 필요함을 절감할 수 있었다. 이는 고려시대뿐 아니라 그 이전이나 이후 시대를 연구대상으로 삼는 경우에도 마찬가지로 해당할 것이다.

첫째는, 분석 대상이 되는 사료의 언어 문제이다.

오늘날 우리에게 남겨진 전근대 사료의 전부는 漢文으로 이루어져 있다. 비록 우리식 어법과 이두로 된 것들이 극소수 있다고 해도, 그 표기는 한자로 되어 있는 것들이다.

우리 문자가 창안된 때가 매우 늦었던 만큼, 오랜 한자 사용으로 인하여 고유한 표현들(원래는 존재하였겠지만)이 한자로 대치되어 사라져버린 경우가 많다. 그런 까닭에 한문으로 기록된 텍스트 속에서 고유한 사고방식이나 생활감각들을 읽어내는 데는 이중의 어려움이 따를 수밖에 없는 것이다. 고유한 사고와 생각을 한문으로 나타내는 과정에서 불가피하게 定型化 과정을 거칠 수밖에 없고, 그렇게 정형화된 표현을 놓고 고유한 생각들을 복원해야 하는 까닭이다.

한문식으로 사고하고, 그렇게 사고된 내용을 한문으로 기록하고, 나아가 옮겨 적어서 전달한 결과가 현재 남아 있는 대부분의 문헌기록이다. 논리적인 사상이란 것도 한문식으로 정형화된 표현의 틀 속에 갇힌 내용일 수밖에 없다. 더구나 일상적인 고유한 생각이 얼마만큼 정확하게 한문을 통해 표현될 수 있었는가, 또 한문으로 작성된 텍스트

속에서 당시 사람들의 일상적인 생각을 얼마나 뽑아낼 수 있는가 하는
점에 생각이 미치면, 대답은 매우 회의적이다. 이 점에서 한국사를 대
상으로 집단심성을 연구하는 것은, 일찍부터 역사 속의 인간, 그리고
그 집단심성에 주목하여 연구를 진행해 온 서구의 경우와 다른 원초적
인 한계, 이중의 장애를 안고 있다고 판단된다. 이 책은 이러한 한계
속에서 이루어진 결과물일 수밖에 없다.

  두 번째로는, 일상적인 것과 특수한 것을 구별하고, 양자간의 유기
적 관련성을 인식하는 문제이다. 즉 이는 과거 인간의 언행과 처신을
전하는 기록, 텍스트가 반영하는 내용이 얼마만큼 보편성을 띠고 있는
가 하는 데 대한 판단이다. 결국 '텍스트 읽기'라고도 할 수 있을 것이
다.

  텍스트에 남아 전하는 내용은 당시 사람들의 일상적인 관념이나 평
범한 처신들이 아닌 경우가 대부분이다. 오늘날의 신문지상에 실린 사
건들의 대부분이 평범한 사람들의 일상적인 삶의 모습과 현격한 거리
가 있는 잔인한 범죄, 파격적인 이벤트, 아무나 실천하기 어려운 善行
등으로 채워지는 것과 마찬가지라 할 수 있다. 너무나 평범하여 하루
하루 반복되는 일상적인 일들은 사람들의 관심을 끌지 못하기 때문에
'특이한' 사례들이 신문지상에 실릴 가능성이 훨씬 큰 것이다. 우리에
게 남겨진 고려시대 사람들의 삶과 생각에 관한 자료 상황 또한 마찬
가지 경우라고 할 수 있다.

  그러나 현대의 텍스트 속에서 우리가 비정상적인 범죄나 존경스런
선행으로 간주하는 것들도 따지고 보면 일정한 공통점을 지니고 있다.
즉 어디서든 늘 발생하거나, 누구든 쉽게 실천할 수 있는 일이 아니라
는 점이다. 또한 이들 '특이한 것'들도 그 자체로서 주목받을 만한 것
이 아니고, '일상적인 것'과의 관계 속에서 특이성을 인정받는다는 것
이다. 즉 비일상적인 것들도 지극히 일상적인 것들을 배경으로 해야만

'특이한 것'의 범주에 속하여 주목받을 수 있고 따라서 기록되기도 쉽다. 요약하면 '비일상적인 것'조차 '일상적인 것'을 전제로 존재한다는 점이다.

이 점을 전제로 분석에 임하지 않으면 안된다. 따라서 오늘날 남겨진 '비일상적이고 특이했기 때문에 기록되었을 수도 있는' 언행과 처신을 전하는 텍스트를 통하여, 해당 시대의 일상과 사회적 차원의 보편적 공감대를 추정해내는 일이 과제라고 할 수 있다. 특별한 사례를 섣불리 일반화시켜서도 안되며, 특별한 사례라고 해서 일반적 현상과 완전히 분리되어 연관성을 갖지 않은 것처럼 사고해서도 안되는 것이다.

결국 엄밀한 텍스트 읽기에 방법론의 대부분의 문제가 얽혀 있다고 해도 과언이 아니라고 생각된다. 여기에 덧붙여 심리학적 통찰력이라는 방법이 활용될 필요도 있을 것이다. 그러나 늘 시간에 쫓기면서 파편적인 토론을 거치는 과정만으로는 한계가 있었다. 충분한 시간을 두고 더욱 철저한 공동연구, 토론이 뒷받침되어야 부분적으로나마 이런 한계를 벗어날 가능성을 찾을 수 있으리라 생각된다.

세 번째는, 서구 역사학의 성과를 받아들여 활용하는 범위와 방법에 관련된 문제이다.

먼저, 초보적인 단계에서는 서구 학계의 연구 성과물들을 우리와 유사하거나 전혀 다른 '현상'을 비교하는 데 활용하는 것이 순서일 것이다. 그러나 여기서 한 걸음 더 나아간다면, 그 연구 성과들에 깔려 있는 인간·사회를 파악하는 원리와 시각을 참고하는 수준이 될 것이라 생각된다. 실제 서구의 연구 성과들에서는, 인간 개인이든 집단이든 간에 그에 관한 깊은 통찰력을 지니고 과거를 분석하여 기술하는 경우를 많이 발견하게 된다. 정형화된 '현상 드러내기'에만 익숙해 있는 우리 자신의 연구 경향을 돌아볼 때 적극 참고해야 하리라 생각된다.

결국 우리 나름의 방법은, 현재 남겨진 과거의 텍스트를 어떻게 소화하느냐에 달려 있는 것이 아닌가 한다. '특수와 보편의 관련성'·'일상과 구조의 관련성'·'현상과 본질의 연관성' 등을 인식하는 것으로부터, 인간의 삶에 대한 깊은 통찰력을 발휘할 것이 요구된다고 하겠다.

네 번째는, 그렇게 파악해 낸 과거를 재구성하여 記述하는 방식이다.

연구의 방법도 중요하지만, 그 결과를 드러내는 방식에서도 기존의 글쓰기 경향을 넘어설 필요가 있다고 생각된다. 즉 각종 기록물에 보이는 규정이나 제도를 딱딱하게 열거하는 데 그치거나, 구조와 현상을 분석한 결과를 단순히 열거하는 것만으로는 21세기 역사학의 임무를 다하기 어렵다. 이런 면에서 서구 역사학의 성과들은 시사하는 바가 크다. 그들이 때로 문학적 修辭에 가까울 정도의 문장을 구사하는 것은, 단순히 개인적 취향의 문제로만 치부해버리기 어려운 긍정성을 갖고 있다고 생각된다. 분석의 방법을 고심할 필요성 이상으로 새로운 기술의 방법도 모색할 필요가 있는 것이다. 이런 측면에서 기존의 글쓰기 관행에 깊이 젖어 있는 연구팀 구성원들 모두는 뚜렷한 한계를 가질 수밖에 없었다.

이상이 연구를 진행하면서 사후에 짚어볼 수 있었던 방법론에 관한 문제들이었다. 물론 그 대부분을 해결할 수는 없었다. 오히려 더 적극적인 모색의 필요성을 느끼게 되는 과정이었다고 할 것이다.

3

몇 가지로 분담할 주제를 나누고 개인별로 배정하여 이루어진 연구가 이 책이다. 개별 주제들은 그동안 잘 알려지지 않았거나 때로는 주목하지 못하여 스쳐 지나갔던, 고려시대 사람들의 삶과 생각의 이모저모를 알려주는 역할을 일정하게 할 수 있을 것이다. 다만 그러한 현상들의 이면에 깔려 있는 오랜 관습과 사고방식의 본질에까지 분석의 손길이 적극적으로 미치지 못한 경우가 많아서 아쉽다.

원래 의도했던 것에 미치지 못하여 '현상 기술적'인 내용이 많아진 데에는 실제 연구에서 부딪히는 어려움들이 한 몫을 담당한다고 생각된다. 아직 방법론이 마땅히 확립되어 있지 않은 상태에서, 텍스트 분석을 동시에 진행해야 하는 상황이었다. 무엇보다도 큰 애로는, 본 연구팀과 같은 문제의식 아래 진행된 비슷한 연구가 아직 없었으므로, 참고할 모델을 찾을 수 없었기 때문이기도 하다.

그러나 이 책이 많은 한계를 갖고 있는 것이라 할지라도, 향후 비슷한 연구가 어렵다거나 불필요하다고는 생각하지 않는다. 연구 현실상 여러 가지 어려움이 있더라도, 역사학이 인간학으로서 제자리를 잡아가기 위해서는 기존의 연구 경향을 벗어나 다변화된 연구가 시도될 필요가 있음은 말할 것도 없을 것이다. 일상적인 삶과 생각, 마음상태, 관습과 타성에 관한 관심도 그 중 하나가 될 것이다. 따라서 앞으로도 다양한 시도가 거듭 이루어질 필요가 있다고 생각된다.

이런 주제를 처음 다룬 입장에서, 앞으로 더 많은 연구들이 이루어지기를 기대하면서 몇 가지를 메모해본다.

한국사 연구에서 사료의 부족은 늘 거론되는 상황이다. 외국과 비교했을 때도 상대적으로 너무나 부족한 것은 부인할 수 없는 사실이라 생각된다. 그러나 역사 연구자가 사료를 탓하면서 노력하지 않을 수는 없고, 주어진 여건 속에서 최선을 다하는 수밖에 없을 것이다. 고려시대를 연구하는 사료만 하더라도 삼국시대에 비해서는 제법 많은 사료가 남아 있는 것이 엄연한 사실이다.

고려시대를 파악하는 데 활용되는 텍스트들 중에는 개인의 문집들이 있다. 그 내용에는 개인의 기억과 소감 등이 술회되어 있다. 또 관찬 사서인 『高麗史』 世家나 列傳 중에서도 대화, 당시 사람들의 평가, 정황에 대한 서술 등을 찾을 수 있다. 기왕의 연구는 이들 자료를 놓고 '사실'만을 가려내는 데 사료 비판의 기법을 동원하는 경향이 있었다. 즉 개인의 기억, 그 중에서도 '사실과 거리가 있는'·'주관적이고 일방이라고 생각되는 판단을 토대로 한 선택적 기억'에 대해서는 그다지 주목하지 않았던 것이 아닌가 하는 것이다.

일상적인 삶과 생각(심성, 가치관, 공감대 어느 것이든)에 대해 관심을 기울인다면, 기존에 주목하지 않았던 영역까지도 연구 대상으로 삼을 수 있는 가능성을 열어준다. 이는 다양한 사료가 상대적으로 풍부하게 남아 있는 서구의 경우에만 해당하는 일은 아닌 것이다. 만약 서구의 경우에만 해당한다고 생각한다면, 한국사 연구는 언제까지나 과거의 관행에 얽매여 있을 수밖에 없는 '운명'에 놓일 것이다.

인간의 생각은 오랜 과거로부터의 관행과 현실의 삶에 바탕을 둔다. 그러나 생각 자체가 현실을 지속시키는 데 일조하기도 하지만, 그 현실에 불만을 느끼고 현실을 바꾸어나가는 노력으로 연결되기도 한다. 설사 허구라고 할지라도 그 '생각 자체'가 당대에 존재한 실체임을 전제로, 그것이 갖는 의미를 분석하고 해석하는 노력을 기울일 필요가 있다고 생각된다. 이를 통해 기존 연구 경향에 활기를 불어넣고, 그동안 부각되지 못했던 인간 사회의 역동적이고 역설적인 지속성을 이해하는 데 가까이 다가갈 수 있을 것이다.

심성사는 세계관과 집단감각이 반영되는 행동양식, 표현형식, 침묵방식의 재구성을 목표로 하고 있다. 이 연구의 기본 요소는 집단들 또는 전체 사회가 인정하거나 참고 묵인하는, 그리고 집단심리의 내용을 형성하는 표상과 그림, 신화이다.[2] 이렇게 심성에 대한 역사학적 관심은 주관적인 경험에 접근할 수 있는 가능성을 열어주며, 텍스트를 넘어서는 의미를 이해하려는 노력을 고취시킬 수 있다고 생각된다.

구조결정론적인 역사인식을 넘어서고자 할 때 필요한 태도가 이러한 분야에 대한 관심일 것이다. 자료가 풍부한 현대사, 또 연구자의 분석대상이 짧은 시기의 찰나적인 국면과 그 국면을 전후한 수십 년 정도라면 상당히 효과적이고 역동적인 이해를 얻는 방법이기도 할 것이다.

한국사 전체를 놓고 보면, 이런 시도는 조선시대까지는 어느 정도 실효성을 거둘 수 있으리라 생각된다. 그러나 고려시대로 거슬러 올라가면 사정은 좀 달라진다. 연구자가 구체적인 분석의 도구들을 들이대며 작업할 정도로 자료가 풍부하지 못하다는 사정이 가장 일차적인 장애 요인이다. 그럼에도 불구하고 고려시대를 대상으로 이러한 시도를 한다는 것이 불가능하거나 무의미하지는 않을 것이라 생각된다. 자료적인 제약, 불가피하게 중장기적인 구조분석으로 끝날 가능성이 짙은 시대, 바로 이 시대를 대상으로 분석한 결론이야말로, 전후한 시대로까지 이러한 시도가 성과 있게 확장될 수 있을 것인가를 가늠하는 시금석이 될 수도 있을 것이기 때문이다.

고려시대는 고대사 영역처럼 자료가 극히 영세한 분야도 아니다. 분석하고 판단을 내릴 최소한의 분량을 넘어서는 정도의 텍스트가 남아 있는 시대이다. 바로 이 시대를 대상으로 일상적 삶과 생각에 대한 관심을 기울인다면, 연구자의 역량과 역사적 상상력이 어느 경우보다도 발랄하게 투입될 수 있을 것으로 생각된다.

하일식 | 연세대학교 사학과 교수

---

2) R. Mandrou, Historie / L'historie des mentalites, in : Encyclopaedia Universalis, Bd. 9, 1971 ; 페트 쇠틀러, 「심성, 이데올로기, 담론」 『일상사란 무엇인가』(2002, 이동기 외 옮김, 청년사, 124쪽에서 재인용).

제1부 일상적 삶의 세 가지 모습

제1장 本貫에서의 定住와 他鄕으로의 移動

　중세사회는 자급자족의 자연경제를 기반으로 했기 때문에 정착성이
매우 강하게 나타난다. 특히 고려시대는 戶籍이 작성된 '本貫'을 축으
로 지방사회가 운영되었던 것으로 보고 있다.[1] 따라서 本貫地 定住는
무엇보다 중요한 국가의 과제였고, 이 틀을 무너뜨리는 民의 이동은
경계되었다. 실제로 생활이 토지와 밀착된 농업 중심의 사회에서는 他
鄕으로 이동, 정착하는 것이 쉽지 않았을 것이다.

　본관 중심의 지방통치체제를 강조하다 보니 이동의 문제는 소홀하
였다.[2] 이동을 다루더라도 주로 국가 정책면에서 접근하므로, 국가 통
제에서 벗어난 流民이나 국가가 강제 이주시키는 徙民 등에 집중되는

---

1) 本貫 관련 연구는 다음의 논문을 참조하였다. 문형만, 1964,「麗代 歸鄕考」
『歷史學報』 23 ; 許興植, 1981,「高麗時代의 本과 居住地」『高麗社會史硏
究』, 아세아문화사 ; 金壽泰, 1981,「高麗 本貫制度의 成立」『震壇學報』 52
; 金壽泰, 2000,「고려 초기의 본관제도」『한국중세사연구』 8 ; 蔡雄錫, 1985,
「高麗前期 社會構造와 本貫制」『高麗史의 諸問題』, 삼영사 ; 蔡雄錫, 2000,
『고려시대의 국가와 지방사회』, 서울대출판부 ; 강은경, 2002,「高麗 戶長層
의 形成과 本貫制」『한국중세사연구』 12.
2) 이주 관련 연구는 매우 적다. 참조한 논문은 다음과 같다. 李樹健, 1974,「朝
鮮初期 戶口의 移動現象」『韓國學論叢 : 霞城 李瑄根博士 古稀紀念論文
集』, 형설 ; 朴恩卿, 1990,「高麗前期 移住硏究」『歷史學報』 128 ; 朴恩卿,
2003,「高麗時代 賜籍・賜貫硏究」『한국중세사연구』 15 ; 朴恩卿, 2004,「高
麗時代 移籍硏究」『한국중세사연구』 17.

경향이었다. 또한 주로 인구통계학으로 접근하여 표면적인 수량에 초
점을 맞추었다. 그리하여 대부분 이주민을 보내는 사회와 받는 사회의
인구통계상의 변화를 살펴보는 정도에 그쳤을 뿐이다.[3] 따라서 다양한
이동 양상, 이동 후의 정착 문제, 거기에 나타나는 중세인의 정서 등에
는 관심이 미치지 못하였다.

고려사회에서도 주거 이동이 끊임없이 진행되었다. 그럼에도 주로
변화상이 뚜렷이 보이는 몽골전쟁이나 원과의 관계에서 비롯된 이주
등을 중심으로 고려 후기 사회에서 극히 일부분만 고찰되었다.

이 장에서는 먼저 본관 중심의 定住를 살펴보려 한다. 개인적인 이
주로서 관직·직역으로 인한 이주, 혼인·상속에 의한 이주 등이 있고,
집단적인 이주로서 徙民 등이 있다. 流亡 외에는 모두 국가가 파악하
는 이주였다. 그 근간이 本貫이므로, 본관 중심의 정착 생활을 살펴볼
필요가 있다.

둘째, 본관 중심의 삶이 중시되었는데도 계속 발생한 이주는 어떤
것이었을까. 자료의 한계상 주로 관직자 집단에 초점을 맞추었지만, 유
민의 발생과 아울러 집단 이주와 관련된 사회적 변수는 무엇인지 고찰
하려고 한다.

셋째, 이주 과정을 직접 체험하는 이주자에 초점을 맞추어 개인적
변화를 보려고 한다. 어떠한 지역을 이주지로 택했으며, 국가는 이들을
어떻게 다루었는지 등을 살펴봄으로써 이동의 정서를 추출하고자 한
다.

이러한 연구 결과를 통해 주거 이동은 개인의 일상사를 넘어서 중세
사회의 통치체제와 사회구조를 변화시키는 중요한 변수였다는 점을

---

3) 康京和, 1987,「文化移植에서 文化超越로─移住者의 문화적 변화에 대한 代
　案的 槪念의 제시와 경험적 연구의 시도─」『한국언론학보』22, 한국언론학
　회 참조.

밝히고자 한다. 이는 이주가 사회구조에 끼치는 결과를 살펴보는 데
일정한 의의가 있다고 생각한다.

1. 本貫에서의 定住

정주란 어떤 지역을 삶의 터로 정하여 안착하는 행위를 말하며,[4] 특
히 집주화된 마을을 정주지라 한다.[5] 인간이 물리적 기동성을 지닌 존
재인 이상 사회적·문화적 경계를 넘는 인구집단의 움직임은 인류의
역사에 늘 존재하는 요소였다.

고려사회에서는 본관을 중심으로 한 정착 생활이 중시되었는데, 그
시대를 살았던 사람들에게 본관은 어떠한 의미였을까. 흔히 관인층에
게 본관은 정치행위에서 잘못했을 경우 수도에서 물러나 머물러야 하
는 곳이었다. 또 대개 관직에서 물러나 찾는 곳도 역시 본관이었다.[6]

관직 진출자들은 대개 개경을 중심으로 살고 있었지만, 여전히 본관
에 일정한 세력을 갖고 있었다.

계묘일에 契丹主가 압록강을 건너 물러갔다. 蔡忠順을 秘書監으로
삼고 朴暹을 司宰卿으로 삼고 周佇를 禮部侍郎 中樞院 直學士로 삼
고 韓昌弼을 閤門通事舍人으로 삼았다. 박섬이 安北으로부터 도망하
여 서울에 돌아와 가족을 데리고 고향 務安縣으로 가던 도중에 車駕
를 만나 따라가 羅州에 이르렀다가 이내 헤어져 고향으로 돌아갔다.

4) 윤원근·이상문, 1997, 「정주공동성의 공간적 존재형태에 관한 연구(1)−산간
지역(평창군 미탄면)의 사례를 중심으로−」『농촌계획』3권 2호, 한국농촌계
획학회, 38쪽.
5) 이상문, 2001, 「한국 농촌마을의 공동정주기능 변화에 관한 연구」『국토계획』
36권 1호, 대한국토·도시계획학회, 21쪽.
6) 자세한 내용은 주1)의 논문 참조.

거란병이 물러갔음을 듣고 와서 알현함으로 이러한 임명이 있었는데, 그때의 여론이 비난하였다. (『高麗史』권4, 世家, 顯宗 2年 正月)

현종 원년(1010)에 거란이 침입하자 왕은 나주로 피난하였다. 박섬은 거란 침입시에 최전방의 하나인 청천강 유역에서 安北都護府使 工部 侍郞을 맡고 있었으나 성을 버리고 도망하였다. 그가 피난지로 정한 곳도 왕과 같이 나주 지역의 무안현이었는데, 무안현이 그의 고향이었기 때문이다.

박섬이 안북도호부를 맡았을 때 가족은 수도 개경에서 살고 있었다. 관직자의 가족은 모두 개경에 올라와 함께 살았고, 지방관직을 맡아 본인은 떠나도 가족은 개경에 머물렀음을 알 수 있다. 전쟁이 일어나자 박섬은 개경으로 돌아가 자기 가족을 이끌고 피난 갔는데, 그렇게 찾아간 곳이 고향이었다. 이때 고향은 단순히 출신 지역을 의미하는 것은 아니었다. 최대 위기의 시기에 가족과 함께 피난할 수 있었던 곳이다. 그만큼 자신의 영향력이 미치고 있었음을 보여주는 사례이다.

지배층의 본관에 대한 지배력은 고려 말까지 지속되었다.

(尹桓은) 일찍이 휴가를 얻어 漆原에 돌아가 있을 때 큰 흉년이어서 사람들이 서로 잡아먹었다. 윤환은 자기 재물을 희사해 구제하였으며, 빈민에게 빌려 주고 받은 차용증서를 거두어 모두 불살랐다. 때마침 가물이 오래 계속되었는데 윤환의 밭에서 샘이 솟아올라 남의 밭까지 물을 댈 수 있었다. 이로 인해 그 지역의 작물이 큰 풍작을 이루었으므로 온 경상도 사람이 칭송해 마지않았다. (『高麗史』권114, 列傳, 尹桓)

尹桓은 軍簿判書 尹秀의 손자로서[7] 충숙왕, 충혜왕 때 활동하였다.

---

7) 尹秀에 관해서는 『高麗史』권124, 列傳, 嬖幸 尹秀 참조. 아버지는 무뢰한으

그는 경상도 칠원현 사람으로 그 일대에서 거부에 속했다.[8] 흉년에는 자신의 재물을 풀어서 구제하고, 빈민에게 빌려준 금액의 차용증서를 모두 불살랐다. 특히 자기 밭에서 샘이 솟아오르자, 일대의 밭에 물을 대줌으로써 가물던 시대에 풍작을 이루었다고 한다. 이는 중앙으로 진출한 관인층이 본관에서 어느 정도 영향력과 지위를 가졌는지를 잘 보여준다.

본관은 관인층에게만 의미 있는 것은 아니었다. 거란군이 물러난 후 현종 5년에 내린 교서에 따르면, 본관을 떠나 길에서 죽은 자들은 군인이나 상인을 가리지 않고 유골을 자기 집으로 보내도록 하였다. 군인은 집으로 보내준다고 하였지만 장사꾼의 경우 "성명과 본관을 알 수 없는 자"라고 한 것으로 보아, 이들의 유골이 가야할 집도 바로 본관을 의미함을 알 수 있다.[9]

군인에 관해서는 국가가 기록을 보존하였겠지만, 장사하며 돌아다니는 자들은 그렇게 하기 어려웠다. 따라서 성명과 본관을 알 수 없는 자에 대한 조처를 별도로 해야 했다. 임시로 매장한 후에도 본가를 찾아줄 수 있도록 그 形貌를 기록하였다. 국가는 이들 모두의 본관을 파악하고 있었던 것이다. 무엇보다 길에서 죽을 가능성이 있는 공식 집단이 군인과 장사꾼이었음을 잘 나타낸다.

멀리 떨어져 있던 우산국 백성도 본관이 파악되어 있었다.

로 江島에서 棄市刑을 당했지만, 윤수는 몽골과의 전쟁에서 몽골에 투신했고, 이후 충렬왕의 신임을 얻어 가문의 기반을 마련하였다. 윤수의 아들이 尹吉甫이고, 윤길보의 아들이 尹桓이다.

8) 漆原縣은 尹桓이 관직을 그만두고 돌아간 곳이며, 또 휴가를 얻어 간 곳이기도 했다. 그밖에 漆原府院君, 漆原侯, 漆原伯에 봉해진 것을 보면 본관 칠원현이 그의 실제 생활 기반이었음을 알 수 있다.

9) 『高麗史』 권4, 世家, 顯宗 5年 6月 庚申.

우산국 民戶로서 일찍이 女眞에게 잡혔다가 도망쳐온 자를 모두 고
향으로 돌아가게 하였다. (『高麗史』권4, 世家, 顯宗 10年 7月 己卯)

『高麗史』 기록에는 고려 초부터 북방 민족은 때때로 우산국을 침입
하였고, 이에 대하여 정부가 적절한 조처를 취했음을 보여주고 있다.
위 사료와 같이 현종 10년(1019)에도 그들에게 붙잡혀 갔다가 돌아온
자들을 자기 본거지로 돌려보내도록 한 것이다.

이같이 관인층이나 일반 백성에 이르기까지 본관 중심의 생활을 하
였으므로, 웬만하게 큰 일이 아니면 살던 곳에서 움직이려 하지 않았
다.

　가-(1) 尙書 金敞이 (兪千遇를) 그릇으로 여겨 晉陽公 崔怡에게 추천하
　　　니, 최이가 말하기를 "용모는 비록 훤칠하지 못하나 진실로 좋은 사
　　　람이라." 하고 政房에 두어 門客으로 삼았다.……蒙兵이 來侵하매
　　　장차 三陟 山城에 옮기려고 하는데 郡人이 옮기는 것을 어렵게 생
　　　각하여 유천우에게 銀瓶 30을 주어 옮기지 않게 되었다. 최항이 이
　　　를 알고 유천우를 問責하기를, "그대가 독서하여 의리를 알거늘 어
　　　찌 탐오함이 이에 이르리오." 하고 섬에 유배했다가 얼마 후에 용서
　　　하여 돌아오게 하였다. (『高麗史』 권105, 列傳, 兪千遇)

　가-(2) 몽고군이 침범하였을 때 최항이 인민을 三陟 山城으로 옮기려
　　　고 하였다. 고을 사람들이 이를 싫어하여 柳璥에게 銀瓶 30개를 뇌
　　　물로 보내 옮기지 않게 해달라고 요청하였다. 유경이 물리치고 받
　　　지 않으니 兪千遇에게 보냈다. 유천우는 그것을 받고 최항에게 말
　　　하여 옮기지 않게 하였다. 유경이 최항에게 말하기를 "삼척의 인민
　　　을 옮기는 것은 실로 국가의 이해관계가 많은 일입니다. 고을 사람
　　　들이 현재 살고 있는 곳에 안착하여 옮기기를 싫어하기 때문에 일
　　　찍이 나에게 은화를 선물로 보냈으나 감히 받지 않았습니다. 이제

와서 옮기지 않는 것은 무엇 때문입니까?" 하였다. (『高麗史』 권 105, 列傳, 柳璥)

위의 두 자료는 몽골이 쳐들어왔을 때 삼척산성 이주를 둘러싸고 일어난 문제를 다루고 있다. 당시 주요 대책에는 백성을 산성이나 해도로 강제 이주시키는 것이 포함되어 있었다. 그런데 이를 두고 유천우와 유경이 맞서게 된다. 두 사람은 모두 고종 때 과거에 합격하였고 최씨 정권과도 긴밀하게 연결되어 있었다.

사료 가-(2)에 따르면 삼척에서는 먼저 유경에게 은병 30개를 주며 이주를 막으려 했다. 이것이 실패하자 유천우에게 방향을 돌려 시도해서 성공했다. 이 일을 추진한 세력을 '郡人'이라고 하므로 지역 세력이 중심이 되었던 것 같다. 하지만 유천우는 단순히 뇌물에 넘어가서 이주하지 않도록 해준 것일까 의문이다. 지역민이 뇌물까지 주며 이주를 막아달라고 했다면, 이주하지 않아도 살 수 있었기 때문이 아닐까. 유천우 역시 그게 가능하다고 보았기 때문에 허락했을 것이다. 사료 가-(1)에서 최이가 처음 유천우를 보고 내린 평가를 보면 그의 진실성을 믿었음을 알 수 있다.

백성들이 이주를 싫어하는 것은 전쟁기에 피난도 거부할 정도였다. 사료 가-(2)에는 유경은 이에 대하여 '安土重遷' 때문이라고 하였다. 그만큼 백성의 본관에 대한 정주 의식은 뚜렷이 드러난다고 볼 수 있다. 몽골 침입 때 피난 정책은 지역 백성의 형편을 고려하지 않은 중앙정부의 편의적인 발상에서 이루어져 비합리적인 면도 많았음을 짐작할 수 있다. 무엇보다 어쩔 수 없는 사정이 아니라면, 백성이든지 지배층이든지 이주에 대해서는 그다지 호의적이지 않았다.

2. 본거지를 떠나는 사람들

1) 관직을 찾아서

많은 사람들은 여러 가지 요인으로 이주하였다. 그 중에서도 공식적으로 기록에 충분하게 남은 것이 관인층의 이주였다. 이들의 본관은 다양하지만 이주 지역은 주로 개경에 집중되었다.

임기가 차서 서울로 돌아왔으나 세력 있는 재상의 집에 발을 들여놓지 않은 지 10여 년이 되었다. 判吏部事 崔允儀가 그의 청렴 정직하다는 말을 듣고 耽羅令으로 보내려 하니, 최척경이 두 번씩이나 지방 관리로 가기 싫으며 또 임지가 너무 멀고 벽지라고 굳이 사양하였다. 최윤의가 말하기를 "……먼 곳 백성을 애무하여 국가의 근심이 되지 않게 하면 마땅히 좋은 벼슬로 보답하리라"고 하였다. 최척경이 부득이 취임하여 주민의 이익을 도모하고 폐단을 고쳤으므로 모두 편안하게 살았다. 최척경이 서울로 돌아오니 최윤의는 이미 죽었다. 최척경은 살림이 심히 빈곤하여 자립할 방도가 없어서 고향으로 돌아가려고 하였다.……(왕이) 최척경을 불러 비단을 내리고 즉시 탐라령으로 임명하였다. 최척경이 가족 동반으로 부임할 것을 청하니 왕이 허락하였다. (『高麗史』권99, 列傳, 崔陟卿)

崔陟卿은 의종대에 활동한 사람이다. 본래 완산의 鄕吏 출신이었는데, 그 곳에 부임한 지방관의 선발로 개경에 가서 공부할 수 있었다.[10] 이후 과거에 급제하여 관리직을 맡았다. 지방 향리도 과거 시험에 응

---

10) 『高麗史』권99, 列傳, 崔陟卿, "전에 侍郎 朴椿齡이 完山의 수령으로 있을 때 아이들에게 詩 聯句를 시험하여 최척경, 崔均, 崔松年 등을 선발하였다. 그가 벼슬이 교체되어 돌아올 때에 데리고 와서 공부를 시켰더니 후에 세 사람이 모두 명사가 되었다. 그때에 完山三崔라고 불렀다."

시하려면 개경에 올라가서 공부해야 했다. 이때 중앙에 연고가 없으면
곤란하였는데, 이를 대신해 준 것이 그 지역에 파견된 지방관이었던
것 같다. 이러한 기회를 통해 과거에 응시하여 벼슬에 나아갈 수 있었
다.

관직에 진출하면 개경에 생활기반을 마련하였고, 관직을 그만두었을
때에도 본관으로 내려가지 않았다. 최척경도 첫 지방관직을 마치고 돌
아간 곳이 개경이었다. 그 곳에서 10년 동안 후속 관직 없이 생활하였
다는 것이다. 이는 당시 주거지가 개경이었음을 뜻한다.

하지만 10년만에 탐라령을 한 뒤에는 더 이상 생활을 유지할 수 없
어서, 비로소 고향인 완산으로 돌아가려고 하였다. 본관에는 먹고살 토
지가 있었기 때문이다. 그때 다시 탐라령으로 임명받자 가족 동반을
청하였다. 지방관으로 나가서 가족과 떨어져 살 경우 개경과 지방 양
쪽에서 생활하는 비용이 많이 들기 때문이었을 것이다.

지방관의 배려로 개경에 올라가 과거를 준비하더라도 합격하지 못
하면 다시 고향으로 돌아가야 했다.

(玄德秀는) 어려서부터 뛰어나게 총명했으므로 延州分道將軍 金稚
圭가 기이한 인물로 인정하고 서울로 데려다가 공부를 시켰다.……여
러 번 과거에 응시했으나 급제하지 못하고 병으로 고향에 돌아갔다.
明宗 4年에 趙位寵이 西京에서 반란을 일으키니 岊嶺 이북이 모두 넘
어갔다.……고을 사람들이 현덕수의 아우 宣旨別監·龍虎軍 將軍 玄
利厚에게 兵馬使 일을, 현덕수에게 監倉使 일을 대행하게 하였다.……
왕이 아버지 玄覃胤을 장군으로, 安北戶長 魯文㫉를 閤門祗候로 임
명하여 고향에 거주하게 하였으며, 현덕수는 內侍祗候로 임명하고 安
北都領 宋子淸·文臣老·姜遇文 등에게는 관직과 상을 각기 차등 있
게 주어 모두 서울에 거주하게 하였다. (『高麗史』권99, 列傳, 玄德秀)

현덕수는 아버지 현담윤이 延州 도령이었다. 이 집안은 연주의 토착세력이었는데 아우 玄利厚는 宣旨別監·龍虎軍 將軍을 맡고 있었고, 현덕수는 지방관에게 발탁되어 개경에 올라가 과거 시험을 준비할 수 있었다. 그러나 몇 차례 과거에서 떨어지자 고향으로 돌아갔다. 기록에는 병 때문이라고 하였지만, 비록 동생이 중앙군 장군으로 개경에 거주하고 있더라도 그 자신이 관직이 없으면 더 이상 개경에서 살 방도가 없었던 것 같다.

명종 4년(1174)에 조위총의 난이 일어나자, 현덕수 집안에서는 정부의 편에 서서 공을 세움으로써 관직 진출을 할 수 있었다. 아버지 현담윤은 장군으로, 현덕수는 내시지후로 임명되었다. 중앙의 관직을 하게 된 현덕수는 개경에 올라가 살게 되었다.

이렇게 개경에 올라가면 크게 성공하지 못하더라도 그 생활을 유지했던 모양이다. 황려현 이씨 가문도 그러한 모습이 호구 자료에 잘 나타난다.

'李喬戶口資料'의 이교는 1237년에 개경부 北部 興國里에 거주하며 당시 나이 51세였다. 本貫은 黃驪이고 아버지는 戶長軍尹, 祖는 副戶長, 曾祖는 仁勇校尉라고 되어 있어 아버지까지는 황려현 호장이었음을 알 수 있다. 또 어머니 李氏는 本貫은 慶州이고 外祖가 戶長軍尹이며, 妻 李氏는 本貫이 동일하게 黃驪이고 장인이 鄕貢進士, 祖가 守戶長, 曾祖가 戶長이라고 되어 있다. 따라서 外家는 경주 호장층이고, 妻家 역시 황려현 호장층이었다.

이같이 본가, 처가, 외가 모두 대대로 호장층이었던 집안이 개경으로 이주한 것은 이교의 관직 때문인 듯하다. 51세에 郎將同正이면 흔히 향리들이 나갈 수 있는 장교직에 불과하다. 이 시기는 몽골의 제3차 침입이 이루어지던 시기(1235~1239년)로 고려 정부는 이미 개경을 버리고 강화로 천도했을 무렵이었다. 국가의 위기에서 지방 세력에게 중앙 장교로 진출할 기회가 보다 원활하게 주어진 듯하다.

<戶口 자료를 통해 본 移住의 양상>

문서명	시기	戶主 身分	근거 호적	내용	비고
李喬戶口資料	?	郞將同正	丁酉(1237) 北部 興國里戶口	4祖	
李秀海戶口資料	?	尙衣院 直長同正	庚午(1270) 北部 興國里戶口	4祖	李喬의 2男
樂浪郡夫人崔氏 戶口資料	1333	樂浪郡夫人. 戶主의 夫 檢校軍器監 李謙	癸酉(1333) 南部 德山里戶口	4祖	李謙은 李秀海의 1男
永州李氏 戶口資料	1372	戶主의 夫 司醞令同正 李允芳	壬子(1372) 北部 五冠里戶口	4祖	李允芳은 李謙의 3男

* 출전 : 노명호 외, 2003, 『韓國古代中世古文書硏究(上)』, 서울대출판부,
177~178쪽 ; 179쪽 ; 198~199쪽 ; 218~219쪽.

위의 표를 보면 이후 150년이 넘도록 이 집안이 개경에 거주하였음을 보여준다. '李秀海戶口資料'에는 이교의 차남 이수해가 1270년에 아버지와 동일하게 北部 興國里에 거주하는 것으로 나타난다. 정확한 주소가 나오지 않아서 자세한 내용을 알 수는 없지만, 이주 이후 30년이 넘도록 같은 곳에 거주한 듯하다. 차남이 동일한 지역에 살고 있었다면, 장남 역시 그러하지 않았을까. 비록 황려현의 호장층이지만 개경에 여러 채의 집을 마련하기는 어려웠던 것 같다.

사실 1270년이면 몽골과 화친을 맺고 원종이 개경으로 환도를 선언하여 삼별초의 난이 일어난 해였다. 여전히 국가적으로 어려운 시기에 이교의 아들도 관직으로 진출할 수 있었다. 당시 이수해의 나이는 46세로서 관직은 尙衣院 直長同正이었다. 말단직이지만 본격적인 관인층에 들어간 듯하다. 妻 閔氏도 本貫이 黃驪로, 외가와 동일한 황려현 민씨였다. 장인은 令史同正, 祖는 進士, 曾祖는 戶長이어서 妻家 역시 호장층으로서, 할아버지 이래 관직에 진출한 집안이었다.

이 집안의 관직은 크게 오르지 못한다. 하지만 妻家는 점차 상승하는 것으로 보아 집안의 지위가 올라감을 짐작할 수 있다. 李秀海의 장남 李謙은 '樂浪郡夫人崔氏 戶口資料'에 나온다. 이에 따르면 자료 작성 무렵인 1333년에 낙랑군부인의 남편 李謙은 檢校軍器監으로 사망한 것으로 나온다. 本貫은 慶州이고 아버지는 贈匡正大夫·僉議評理·判民部事·上護軍·行殿中內給事, 祖는 檢校軍器監, 曾祖는 檢校太子太傅이며 부인의 어머니 吳氏는 本貫이 海州이고 外祖는 朝議大夫·國子祭酒·寶文閣直學士였다. 본가는 증조부터 이미 관직에 나간 집안이었으며, 일찍부터 개경으로 이주해서 살다가 혼인도 한 듯하다. 낙랑군부인으로 봉한 것도 자기 집안 덕분이었을 것으로 추정된다.

그런데 낙랑군부인은 1333년에 개경부 南部 德山里에 거주했다고 한다. 이수해의 큰 아들인데도 다른 곳에 거주하고 있었다. 이들이 본래부터 별거했는지, 아니면 남편의 死後에 이주했는지 알기 어렵다. 다만 개경에 온 지 이미 1백 년이 지난 때이고 3대에 이르렀으므로 거주지의 이동이 있었던 것으로 짐작할 뿐이다.

이겸의 셋째 아들 이윤방의 존재는 '永州李氏 戶口資料'에 보인다. 永州 李氏는 이윤방의 妻로 아버지는 承奉郎·通禮門祗侯解官, 祖는 追封 朝顯大夫·左右衛保勝護軍·行檢校護軍, 曾祖는 追封 朝顯大夫·神武衛保勝護軍으로 모두 관직자였다. 李喬부터 4대에 이르렀는데도 이윤방의 관직은 司醞令同正으로 여전히 말단에 속하였다. 그럼에도 妻家는 보다 나은 집안으로 나타난다. 처가는 관직을 맡아 일찍이 永州에서 개경으로 이주한 듯하다. 이윤방의 집은 1372년에 개경부 北部 五冠里에 있었다고 하는데, 낙랑군부인처럼 역시 다른 곳에 거주한 것으로 나타난다.

일반 군현의 호장층과 마찬가지로 北界의 鄕吏도 중앙 관직에 진출함으로써 개경으로 올라왔다.

> 定戎鎭 鄕吏로 정하다. 어려서부터 총명하고 준수하며 글을 읽는 대
> 로 기억하였고, 그의 글은 깨끗하면서도 독자에게 깨우침이 많았다. 과
> 거에 장원 급제하여 南京 司錄에 임명되었다. (『高麗史』 권102, 列傳,
> 趙文拔)

趙文拔의 집안은 定戎鎭의 향리로 정해졌다고 하므로, 일반 군현의
향리처럼 처음부터 향리직을 담당한 것은 아니었다. 사실 정융진은 새
로 개척하여 永平城의 백성을 이주시킨 곳이었다.[11] 조문발의 집안도
영평성 백성으로서 이주에 포함되었는지 확언할 수 없지만, 향리직을
담당할 정도로 우수한 집안이었음을 짐작할 수 있다.

관직에 진출한 조문발은 최이에게 시를 지어 보내 아버지의 벼슬을
구하였고, 이에 최이가 최충헌에게 "趙生의 재질을 보아 반드시 전도
유망한 인재이니 부친의 향역을 면제하여 자식 둔 사람들을 격려하는
것이 어떠합니까." 건의하여 조문발의 부친에게 관직을 주도록 하였다.
향리직을 담당한 집안은 어느 정도 경제력과 지도력이 있었던 것으로
보인다. 오사충의 사례에서 더욱 분명하게 나타난다.

> 그의 선대는 迎日縣 사람이었는데 후에 寧遠鎭으로 옮겼다. 그는 과
> 거에 급제한 후 누차 조동되어 監察 糾正으로부터 獻納執義를 지냈
> 다. (『高麗史』 권120, 列傳, 吳思忠)

이 집안은 본래 경상도 영일현 출신이었는데 영원진으로 이주했다.

---

11) 『高麗史』 권58, 地理, 北界 定戎鎭. 顯宗 20년에 柳韶를 보내어 옛 石壁을
  고쳐 쌓게 하여 鎭을 두고 永平城 백성을 옮겨 채웠다.

영원진은 靖宗 7년(1041)에 崔忠을 보내어 축성한 곳이다.[12] 그렇다면 여기에도 이 시기 다른 변방지역처럼 徙民을 시행했을 가능성이 크다. 오사충 집안도 이때 徙民된 집안이 아니었을까 생각한다. 그렇지 않더라도 국가의 시책에 설득되어 스스로 이주하였던 집안으로 볼 수 있다.

적어도 과거 시험을 준비하고 합격할 정도면, 일정한 경제력을 보유한 집안이었을 것이다. 鄕吏 또는 호장층으로 보이는데, 이들에게는 관직 진출의 길이 좀 더 원활하게 열리지 않았을까 생각한다.

> 嘉州吏 출신으로 말 타고 활쏘기를 잘하였으며 대담하고 지략이 있었다.……한희유는 말을 몰아 불 속으로 드나드는 것이 마치 날아다니는 것 같았다.……처음에 隊正에 임명되었고 그 후 여러 번 조동되어 대장군이 되었다. 김방경을 따라 진도와 탐라를 토벌하는 데에도 모두 전공을 세웠다. 일본 정벌 때에는 김방경이 한희유를 선봉으로 나아가게 했더니, 육박전이 벌어지자 그는 맨 손으로 적의 칼을 빼앗아 쳤다. (『高麗史』 권104, 列傳, 韓希愈)

韓希愈는 嘉州의 향리였다.[13] 가주는 광종 11년에 성을 쌓고 신설한 군현이므로 이곳의 향리 역시 이주민의 후손일 가능성이 크다. 한희유가 활동하던 시기는 몽골과의 전쟁기여서 무재가 뛰어난 사람에게 출세의 길이 열릴 수 있었던 것 같다. 그는 중앙의 장교로 진출하여 이후 혁혁한 공을 세웠다.

이같이 개경으로 진출한 집안들은 이주 지역에서 대를 이어 살아도,

---

12) 『高麗史』 권82, 兵, 城堡 靖宗 7年 ;『高麗史』 권58, 地理, 北界 寧遠鎭 참조.
13) 『高麗史』 권58, 地理, 北界 嘉州 ;『高麗史』 권82, 兵, 城堡 光宗 11年 참조. 光宗 11년에 濕忽에 성을 쌓고 嘉州로 삼았으며, 成宗 14년에 防禦使를 칭하였다.

본관에 대한 영향력은 계속 유지할 수 있었다.

2) 생업을 위해 개척지로

徙民 또는 개경 및 변방으로의 이주는 국가에서 상황을 파악하고 있지만, 그와는 다르게 국가의 통제에서 벗어난 이주가 있었다. 이를 국가는 '流民'이라고 분류했다.

농업사회에서 본거지를 떠나는 것은 더 이상 어쩔 수 없을 때 마지막으로 선택하는 사항이었다. 따라서 유민이 되어 다른 곳에 정착하기 전까지 대개는 유랑의 과정을 겪었을 것이고, 그 과정에서 의식주 상태와 생활상은 극히 열악하였을 것으로 짐작된다.[14] 건국 초에 태조역시 이러한 상황을 지적하고 있다.

> 나-(1) 有司에 이르기를, "泰封主가 백성을 마음대로 하여 오직 취렴을 일삼고 옛 제도를 좇지 아니하였다. 一頃의 田에 조세가 6碩이요, 管驛의 戶에 賦絲가 3束이었다. 드디어 백성이 밭 갈고 길쌈하는 것을 그만두고 流亡하는 자가 이어졌다.……"고 하였다. (『高麗史』 권78, 食貨, 田制 租稅, 太祖 元年 7月)

> 나-(2) 조서를 내리기를, "전 임금이……讖書를 믿어 갑자기 松嶽을 버리고 斧壤에 돌아가 궁궐을 세우니, 백성은 노역에 시달리고 三時의 농사철을 놓쳤다. 더욱이 기근이 거듭되고 전염병이 뒤이어 일어나므로, 집을 버리고 흩어져 길에서 굶어 죽는 자가 잇달았다. 한 匹의 細布가 쌀 5升 값이고 백성은 몸을 팔고 자식을 팔아 남의 노비가 되게 하였으니 짐이 매우 민망히 여긴다. 그 소재지 관리가 모

---

14) 변주승, 2001, 「조선후기 유민의 생활상」『전주사학』8, 전주대 역사문화연구소.

두 등록하여 아뢰어라"고 하였다. 이에 노비 된 자 1천여 명을 조사
하여 內庫의 布帛으로 몸값을 보상하여 돌려보냈다. (『高麗史』권
1, 世家, 太祖 元年 8月 辛亥)

위의 두 자료는 태조가 건국한 지 한 달 또는 두 달 되었을 때, 流移
의 원인과 그에 대한 국가의 대책을 내린 것이다. 그만큼 당시 실정을
잘 반영한 내용이다.

사료 나-(1)은 弓裔가 옛 제도보다 과도한 조세를 부과한 것이 유민
의 가장 주요한 요인이었다고 지적하였다. 토지와 管驛戶에 대한 조세
는 백성이 농사짓고 길쌈하며 살 수 없도록 하였다는 것이다. 이로 인
해 조세를 담당하는 백성이 본거지를 떠나므로, 이들을 정착시켜 농사
를 제대로 짓게 하는 것이 가장 시급한 과제라고 파악하였다.

사료 나-(2)는 그 한 달 뒤에 다시 태조가 언급한 내용이다. 백성들이
집을 버리고 유리하는 가장 큰 원인을 궁예가 철원으로 수도를 옮김으
로 인한 과도한 부역 때문이라고 지적하였다. 하지만 아울러 연이은
기근과 질병을 언급한 것으로 보아, 이 역시 백성들이 살던 곳을 버리
고 떠나는 주요 요인임을 알 수 있다. 가는 베 한 필이 쌀 5승이었다는
것에서도 극심한 기근이었음이 잘 나타난다. 더 이상 본래의 거주지에
서 살 수 없어 많은 백성들이 떠났던 것이다.

이같이 당장 닥친 어려운 상황을 피하기 위해 거주지를 떠난 경우
길에서 굶어죽는 백성도 많았던 모양이다. 목숨을 부지했더라도 식량
을 위해 노비가 되어야 했던 사람들도 있었다. 이러한 상황은 수도를
옮기는 것과 연관되는 것으로 보아 철원과 송악 일대에서 일어난 것
같다. 따라서 태조는 건국 직후 뿔뿔이 흩어져 노비가 된 철원과 송악
의 거주자들을 소재지에서 파악하여 올리도록 하였다. 이에 국가에서
몸값을 지불하여 돌려보낸 자가 1천여 명이었다고 한다. 이들이 돌아

간 곳은 본래의 주거지, 즉 송악 또는 철원이었을 것이다.[15]

백성이 본거지를 떠나는 것은 굶어 죽거나 노비가 되려고 했기 때문이 아니었다. 오히려 이를 피하기 위해서였다.

> 金光中은 과거에 급제한 후 의종 때에 벼슬이 점차 올라 給事中이 되고 西北面 兵馬副使가 되었다. 그때 麟州와 靜州 두 고을 접경에 섬이 있었는데, 두 고을 사람들이 전부터 그곳을 오가면서 밭 갈고 고기잡이도 하였다. 그런데 금나라 사람들이 틈을 타 섬에서 나무도 하고 목축도 하며 거주하는 자가 많았다. 김광중이 그 땅을 회복하려고 제멋대로 군대를 동원하여 공격하고 금나라 사람의 가옥을 불태웠으며, 수비대를 주둔시켜 屯田을 하였다. 그 후 金莊이 금나라에 사신으로 갔더니 금나라 왕이 책망하기를 "요즈음 국경에 약간 분쟁이 생겼는데 너희 왕이 시켜서 한 일이냐? 만약 국경 주재 관리가 자의로 했다면 응당 처벌해야 한다."고 하였다. 김장이 돌아와 이 일을 고하니, 왕이 섬을 금나라에 돌려주고 수비병을 철수하게 하였다. (『高麗史』 권 101, 列傳, 金光中)

위의 사료는 의종대에 서북면 국경지대의 섬의 확보를 둘러싸고 금나라와 대립한 문제에 관한 것이다. 인주와 정주의 주민은 근처의 섬을 오가면서 밭 갈고 고기잡이도 하였는데, 여기에는 금나라 사람들도 와서 나무도 하고 목축도 하면서 거주자가 많아졌다. 이에 서북면 병마부사 김광중이 금나라 사람들의 가옥을 불태우고 공격하였다는 것이다.

백성은 토지가 있는 곳이면 어디든지 찾아갔다. 그러한 사정은 고려의 백성이나 금나라 모두 같은 입장이었다. 즉 백성은 보다 경제적으로 유리한 곳이 있다면, 어느 정도 위험이 있더라도 진출하고 있음을

---

15) 태조가 건국 직후 배려한 곳이라면 새로운 수도 송악으로 짐작된다.

보여준다. 그리고 이를 지방관으로서 해결하려다가 결국 두 나라의 문제로 비화되었음을 알 수 있다. 그만큼 국가로서도 백성들이 살 만한 토지를 확보하는 게 시급한 문제로 대두되었던 시대였다.

예종대의 9성 설치 역시 토지 확보가 그 중요한 목표였다.

> 나-(3) 옛 역사 기록에 의하면 "위의 9개 성 지역은 오랫동안 여진족이 웅거하던 곳인데, 예종 2년에 원수 윤관과 부원수 오연총이 명령을 받고 17만의 군대를 거느리고 가서 여진족을 물리쳤다.……새로 개척한 지역은 원래 땅이 넓고 9개 성 사이의 거리는 멀었다. 여진족이 이러한 약점을 이용하여 숲 속에 숨어 있다가 왕래하는 우리 군민을 습격하여 약탈하는 일이 종종 있었다. 이로 인하여 국가는 9성 지역을 지키기에 군사행동이 그칠 사이가 없어서 국내가 소란하였다.……"고 되어 있다. (『高麗史』 권58, 地理, 東界)

> 나-(4) 산천이 수려하고 토지가 비옥하여 넉넉히 우리 사람들이 거주할 만하다.……이에 새로 6개 성을 설치하니 첫째 鎭東軍 咸州大都督府로 兵民이 1,948丁戶, 둘째 安嶺軍 英州防禦使로 병민이 1,238정호, 셋째 寧海軍 雄州防禦使로 병민이 1,436정호, 넷째 吉州 防禦使로 병민이 680정호, 다섯째 福州 防禦使로 병민이 632정호, 여섯째 公險鎭 防禦使로 병민이 532정호이다. 이상 각 성의 주민 중 현명하고 재간이 있어 임무를 감당할 만한 사람을 선택하여 지방을 鎭撫하게 하였다.……그리고 宜州의 通泰鎭, 平戎鎭 등에 성을 쌓아, 이미 축성한 咸州, 英州, 雄州, 吉州, 福州 및 公險鎭을 합하면 北界 九城이다. 이곳에는 모두 남녘 지방의 백성을 옮겨서 채웠다. (『高麗史』 권96, 列傳, 尹瓘)

위의 사료는 북계의 9성이 어떻게 설치되었는지에 관하여 고려 정부가 남긴 자료이다. 사료 나-(3)에 의하면 이 지역은 대부분 여진족의 오랜 근거지였는데 예종 2년에 윤관이 여진족을 몰아내고 성을 쌓았다. 예종 연간에 끊임없이 백성의 유망을 걱정하면서 감무를 파견하여 진정시켰는데, 다른 한편으로는 기마부대인 별무반을 설치하고 거의 모든 장정을 군사로 소집하여 훈련시켰다. 이들을 동원하여 9성을 확보할 수 있었다.

사료 나-(4)는 윤관이 英州의 관청 벽에 기록한 것이다. 이 지역은 '산천이 수려하고 토지가 비옥하여 넉넉히 우리 사람들이 거주할 만하다'는 것이다. 9성을 위해 군대를 동원하고 공격할 때에는 주로 여진족의 공격성을 언급했지만, 실제의 원인은 이러한 비옥한 토지의 확보도 주요 요인이지 않았나 생각한다.

따라서 새로 쌓은 9개 성에는 남방의 주민을 徙民하여 정착하도록 하였다. 주요 6개 성의 丁戶만 해도 6,476호라 하니 약 2만 5천 명이 동원되었음을 알 수 있다. 이들이 丁戶였다고 하므로 생활이 어느 정도 여유 있는 사람들이었다. 결국 예종 4년에 9개 성을 포기하고 여진에 돌려주면서 그 이유로 "국내가 소란했다"고 지적한 것은 그 영향이 전국적으로 끼치고 있었음을 의미한다.

토지확보 대상으로는 멀리 떨어진 울릉도도 검토되었다. 의종대에는 국가에서 울릉도를 개척하여 徙民하려는 계획도 있었다.

    의종 11년에 왕이 울릉도는 면적이 넓고 땅이 비옥하며 옛날에는 주현을 설치한 일도 있으므로 능히 백성들이 살 수 있다는 말을 듣고, 溟州道 監倉인 金柔立을 파견하여 시찰하게 하였다. 김유립이 돌아와 보고하기를 "……그러나 바위와 돌이 많아서 사람이 살 곳이 못됩니다."고 하였으므로 섬을 개척하여 백성을 이주시키자는 여론은 중지되었다. (『高麗史』 권58, 地理, 東界 蔚珍縣)

　울릉도는 고려 태조 13년에 섬 주민들이 白吉土豆를 보내 지방 산
물을 바쳤다고 한다. 일찍부터 고려에 들어온 섬이어서 현종대에는 울
릉도 주민이 농사짓는 데 필요한 농기구를 제공하였고, 여진족에 잡혔
다가 돌아온 자들을 섬으로 돌아가게 하거나 경상도 지역에 살도록 하
였다.16) 즉 주민들이 살 수 있도록 배려하였다.

　의종대에는 이 섬을 적극 이용하려는 단계에 이른다. 즉 국가에서는
백성이 가서 살도록 울릉도를 개척하려는 계획을 세웠다. 그리하여 명
주도 감창사를 파견하였지만, 사람 살 곳이 되지 못한다는 보고가 있
어 결국 중지하였다.

　중간 단계에서 좌절되기는 하였지만 북계의 9개 성과 울릉도에는
어떠한 사람들을 보내려고 하였을까. 단순히 '徙民'으로만 설명하기에
는 아무래도 부족하다.17) 고려정부는 국초부터 성을 세우고 군을 파견
했던 北境 지역을 "徙民하여 채웠다"고 하는데, 정착할 수 있도록 우
대 조치도 필요하지 않았을까 생각한다. 정비한 지역을 확실히 안정시
키려면 이곳에 살아야 할 백성을 확보하는 것이었다.

　이주한 백성들은 강제로 한 것일까, 아니면 자발적으로 한 것일까.

---

16) 『高麗史』 권4, 世家, 顯宗 9年 11月 丙寅 ; 顯宗 10年 7月 己卯 ; 顯宗 13年
　　7月 丙子 참조.
17) 李哲浩, 1996, 「前漢의 陵邑徙民 정책과 豪族－徙民의 논리와 被徙者의 성
　　격변화를 중심으로－」 『진단학보』 82, 143～156쪽 참조. 중국 고대에 徙民을
　　행하는 전형적인 예는 정복자와 피정복민 사이에서 발견되며, 滅國 내지 滅
　　邑 후 점령지를 확고하게 장악하기 위한 수단이었다. 하지만 徙民은 황제권
　　력이 가장 강했다고 평가되는 漢代에 와서 다양한 목적으로 시행되었다. 대
　　상은 대부분 犯法者와 貧民이었으며, 목적은 徙民實邊을 비롯해서 貧民 대
　　책, 형벌 성격의 유배 및 屯戍 등 다양하였다. 한나라 武帝조차 徙民은 군주
　　의 일방적인 자의에 의해 행할 수 없는 것으로 인식하였다. 漢 元帝는 徙民
　　금지의 이유로 '破業失産'의 폐해를 들었다. 따라서 徙民의 설득 논리로서
　　徙民者에 대한 반대급부가 검토되어야 한다.

당시 이주한 자들에 대한 조처를 알 수 있는 자료가 있다.

> (태조) 2년에 烏山城을 禮山縣으로 고치고, 洪儒와 大相 哀宣을 파
> 견하여 유민 500여 호를 모아 들였다. (『高麗史』권92, 列傳, 洪儒)

위의 사료에 보이는 홍유는 태조 왕건을 왕으로 추대한 인물 중 하나였으므로 당시 사회에서 매우 중요한 지위에 있었다. 그러한 인물이 지역을 정착시키는 역할을 맡았다. 신라 말·고려 초에는 불안한 정세로 인해 많은 백성이 떠돌아다녔을 것이다. 건국 초부터 중앙에서 관리를 파견하여 지역을 안정시키고 그 곳에 유민을 불러 모아 정착시켰다. 그렇게 해서 각 지방이 안정을 되찾았을 것이다.

이러한 유민은 어느 한 시대에만 나타나는 것은 아니었다. 위와 같은 정부의 대책은 유민이 된 이주자들에게 다시 안착할 수 있는 기회를 주었다.

3. 이주지에서의 정착생활

1) 개경 생활의 시작

개경으로 이주한 관인층 집안은 무엇으로 생활을 유지할 수 있었을까. 그것은 집안에 따라 달랐다. 지방 세력으로서 과거나 추천으로 관직에 오른 집안과 武才로 중앙 군사가 된 집안 등이 서로 다르게 개경 생활을 시작하였을 것이다. 다음은 延州의 토착세력으로서 중앙에 진출한 현덕수의 사례이다.

> ……散員同正 盧克淸의 집이 빈곤하여 집을 팔려 하였으나 팔리지

않던 차에, 일이 있어서 외출하였는데 그의 처가 현덕수에게 白金 12
근을 받고 팔았다. 노극청이 집에 돌아와서 현덕수에게 말하기를 "내
가 당초에 백금 9근으로 이 집을 사서 수년간 거주하였다. 그러나 증축
이나 보수도 하지 않고 12근을 받는 것이 옳은 일인가? 그러므로 본전
보다 더한 나머지의 돈을 반환한다."고 하였다. (『高麗史』권99, 列傳,
玄德秀)

현덕수는 명종 4년 조위총의 난 때 정부의 편에 섰다. 그 덕분에 중
앙의 관직을 받았고 이로 인해 개경으로 이주하였다. 현덕수가 마련한
개경의 집은 산원동정 노극청의 집을 산 것인데, 노극청 역시 이 집에
서 수년 동안 거주하였다고 한다.

노극청이 집을 내놓은 것은 빈곤하였기 때문이라고 하므로, 어느 정
도 살 만한 집이었다고 생각한다. 비록 원나라 가격이지만 당시 건장
한 남자 노비의 값이 백금 5.4근 정도였으므로,[18] 현덕수는 남자 노비
2명의 값으로 집을 산 셈이다. 현덕수 집안은 지방 토착세력이었으므
로 이 정도 집을 살 수 있을 만큼 유복하였다.

이와 같은 생활기반이 없을 경우 다른 생활수단이 필요했다.

(白任至는) 藍浦縣 사람으로 농사가 생업이었다. 처음 驍勇으로 뽑
혀 서울로 가서 셋집에 살면서 잎나무를 팔아서 생활하였다. 의종 때
에 內巡檢軍에 선발되어 왕의 행차를 호위하였는데 잠시도 대열을 떠
나지 않았다. 그 공로로 隊正에 올랐으며, 정중부의 난에 무관이 득세
하게 되자 백임지도 출세하였다. 명종 때에 여러 번 승직되어 刑部 侍
郎이 되자, 그의 처가 주찬을 차리고 하인을 성대히 데리고 전일의 셋
집 주인 노파를 방문하여 대접하니, 노파가 놀라면서 "그대의 복이 많

다"고 감탄하였다. (『高麗史』 권100, 列傳, 白任至)

위의 사료에 나오는 白任至는 본래 남포현에서 농업에 종사하였는데,[19] 용맹함으로 京軍에 뽑혀 서울로 올라왔다. 하지만 군사의 녹봉으로는 개경에서 생계를 유지하기 어려웠다. 백임지는 자기의 집을 살정도가 아니어서 세를 들었다. 개경에는 이렇게 자기 생활기반에 여유가 없는 관직자들이 세를 들어 살 수 있는 집이 다수 있었음을 짐작할수 있다. 또한 국가의 녹봉만으로 생활이 어려운 사람은 직접 땔나무를 만들어 팔아 보태며 살아야 했다.

어쩌면 관직자 중에서 처음 개경에 올라온 사람들이 집을 세 들고땔나무를 팔아 생활하는 것은 일반적인 현상이었을 것이다. 백임지의경우 관직이 오르면서 생활이 풍족해지자 전에 세 살던 집에 인사차들렀다. 아내가 함께 온 것으로 보아 가족 전체가 이주하였음을 알 수있다.

개경에서 대를 이어 관직 생활을 하면서 생활도 점차 윤택해졌다.다음은 고려 말 명문가로 알려진 최영의 집안 사례이다.

(우왕 7년, 1381) 辛禑가 崔瑩에게 토지를 주었다. 교서에 "지난 연간왜적이 양광도와 전라도에 깊이 침입하였을 때 그대는 능숙하게 모든장수를 지휘해 적의 병선을 鎭浦에서 불사르고 또 雲峯에서 크게 승리하였다. 그 공로는 산과 같으며 영구히 잊을 수 없다. 이전에 누차토지를 주었으나 다 물리치고 조세를 받지 않았다. 이제 아버지 분묘근처인 高陽縣의 밭 230결과 長源亭의 밭 50결을 준다."고 하였다.(『高麗史』 권113, 列傳, 崔瑩)

19) 그의 墓誌銘에는 그가 대흥군민이라고 하며, 남포현은 外祖鄕으로 나타난다.즉 본래 대흥군 사람이 외조의 고향으로 옮겨 농사를 짓고 있었고, 『高麗史』列傳은 이를 반영한 것으로 보인다. 박은경, 1990, 앞의 논문, 19쪽 참조.

최영은 崔惟淸의 5세손으로 당대 명문가였다. 따라서 국가에서 주
는 토지가 없어도 생활을 유지할 만큼 넉넉했다. 그의 본관은 경상도
昌原郡인데 아버지 元直의 묘는 고양현 근처에 있었던 모양이다. 고양
현과 개성 근처 장원정[20]에 토지를 주었다는 것은 아버지 묘 근처에
이미 그의 생활기반이 있었음을 의미한다.[21] 사실 그렇기 때문에 그곳
에 묘를 만들 수 있었을 것이다.

2) 새로운 생활 터전에서

본관을 떠난 유민은 새로운 생계 수단과 거주지를 확보해야 했다.
상대적으로 부세 부담이 적고 새로운 경작지를 확보할 수 있는 화전,
변방 개간지, 섬 지역 등으로 이주하였고 일부는 아예 국경을 넘기도
하였다.

농업이 주요 산업인 중세사회에서는 경작지의 확보가 중요한 요건
이다. 경작지를 확보할 때에는 경작 방식이 고려되어야 함은 물론이다.
논농사를 주로 할 경우에는 다량의 물을 확보할 수 있는 계곡이나 하
천 인근을 택하게 되며, 산간지대 마을의 경우 밭농사가 중심이 되어
야 하므로 그에 적합한 조건이 필요하다.[22] 아울러 생활에 필요한 땔
감을 비롯한 여러 가지 재료를 구할 수 있는 배후지도 필요하다.[23]

---

20) 『高麗史』 권56, 地理, 王京開城府 貞州 長源亭.
21) 『高麗史』 권111, 列傳, 慶復興. 경복흥의 死後에 昌王이 지은 祭文에 의하면
   경복흥은 경기 근처에는 토지가 없었다고 한다. 이를 칭송하는 것은 당시 대
   부분의 관리가 경기 근처에 토지를 소유하고 있었음을 의미한다. 수도에서
   관직을 하기 위해서는 가까운 곳에 생활기반도 마련해야 했음을 말해주는 게
   아닐까 생각한다. 관리들에게는 자신의 본관 외에 경기에도 경제 기반을 마
   련하는 것이 통상적인 사례였던 것으로 보인다.
22) 윤원근·이상문, 앞의 논문, 40쪽에 의하면 일반적으로 지리학에서 산촌은 임
   야 70~80%, 밭 30~40%, 해발 300m 이상을 기준으로 분류한다.

노역을 피하여 토지를 버리고 떠난 백성들이 이주할 수 있는 곳은 관청의 손이 미치지 않는 곳이었다. 아직 개간되지 않은 산림이다.

> 조서를 내리기를, "지난날 신라의 政事가 쇠퇴하니 뭇 도적이 다투어 일어나고 백성들이 사방으로 흩어져 들판에는 해골이 널려 있었다. ……내가 비바람을 무릅쓰고 州鎭을 순찰하고 城柵을 수리하는 것은 백성들이 도적의 난을 면하게 하려는 것이다. 이러므로 남자는 모두 군대에 동원되고 부녀자도 부역에 동원되니, 수고로움과 고통을 참지 못하여 산중으로 도망쳐 숨거나 관청에 호소하는 자가 얼마나 되는지를 알 수 없다." (『高麗史』 권2, 世家, 太祖 17年 5月 乙巳)

위의 사료는 후삼국의 통일 직전인 太祖 17년(934)에 왕이 예산진에서 내린 조서이다. 이에 따르면 신라 말부터 백성들은 자기 본거지를 떠나 전국에 흩어지고 있었다. 건국 초에는 이들을 정착시키는 것이 국가의 시급한 과제였다. 전국에 성을 세우고 수리한 것은 후백제와 맞서기 위한 전략이었지만, 또 한편으로는 백성을 안전하게 정착시키기 위한 조치이기도 하였다. 이를 위해 여자까지도 노역에 동원했다고 하므로, 힘을 쓸 수 있는 청년 이상은 모두 동원되는 전시체제와 같은 상황이었다.

그 결과 산중으로 도망가 숨는 사람들이 많았다. 전쟁이 끝난 후에는 이들을 정착시키는 것이 과제였을 것이다. 유리민의 안착은 전쟁기에만 언급된 것은 아니었다.

> 晉州 牧使 司宰卿 崔復圭가 아뢰기를, "逋民 1만 3천여 호를 불러

안착시키고 그 業에 복귀시켰습니다." 하니, 왕이 아름답게 여겨 포상
하였다. (『高麗史』 권7, 世家, 文宗 元年 10月 庚申)

晉州로 들어온 백성은 어디서 온 것일까. 정부의 입장에서 보면 본
관을 벗어난 유리자이지만, 백성의 입장에서 보면 살기 어려운 곳을
떠나서 새로운 환경으로 이주한 것이다. 그만큼 이곳이 살기 좋은 여
건이었을 것이다. 그것은 당시 계속되던 흉년과 기근 때문이 아니었을
까 추정된다.

문종 즉위년부터 6년까지 흉년과 기근이 연속되었고,[24] 문종 연간
내내 지역적으로 수해로 인한 흉년이 자주 일어났다. 국가에서 진휼을
강조하고 있는 것은 그만큼 사태가 심각했음을 나타낸다. 주로 동북면
과 서북면이었던 것으로 보아, 유민 발생은 이들 지역을 중심으로 일
어났을 것으로 추정된다. 따라서 정부에서도 강력하게 본관으로 복귀
시키는 것보다 새로운 이주지에 정착할 수 있도록 인정해 준 것으로
보인다.

정착시키기 위해 재정부담은 얼마나 필요했을까. 그 지역에 안정시
킨 인구가 1만 3천여 가구이면, 그보다 더 많은 5만 명 이상이 이 지역
으로 이동해 왔음을 의미한다. 이렇게 많은 인구를 생업에 복귀시키고
안착할 수 있도록 하려면 상당한 규모의 토지와 비용이 들었을 것이
다. 특히 생업에 복귀시키려면 여분의 토지가 필요했을 텐데 어떻게
확보하였을까. 이 지역에도 流民이 발생하여 버려진 토지가 많았던 건
아닐까.

그렇게 많은 새로운 이주민이 정착할 수 있었다는 것은 그만큼 떠난
사람도 많았음을 의미한다.

---

24) 『高麗史』 권80, 食貨, 賑恤 水旱疫癘 賑貸之制 참조.

다-(1) 判하기를 "陳田을 개간한 사람은 私田이면 첫해의 수확은 모두
지급하고 2년에 비로소 田主와 半分하고, 公田이면 3년까지 전부
지급하고 4년에 비로소 법에 의하여 租를 거두라."고 하였다. (『高
麗史』 권78, 食貨, 田制 租稅, 光宗 24年 12月)

다-(2) 判하기를, "3년 이상의 陳田을 개간하여 수확한 바는 2년 동안
佃戶에게 全給하고 제3년에는 田主와 반씩 나누며 2년의 陳田은 4
分을 비율로 하여 1分은 田主에게 주고 3分을 佃戶에게 주며, 1년
의 陳田은 3分을 비율로 하여 1分은 田主에게 주고 2分은 佃戶에
게 준다."고 하였다. (『高麗史』 권78, 食貨, 田制 租稅, 睿宗 6年 8
月)

위의 두 사례는 광종대와 예종대에 만들어진 陳田에 관한 규정이다.
이러한 규정을 만들었다는 건 버려진 땅이 많았고 아울러 버려진 땅을
다시 일구는 분위기였음을 보여준다.

사료 다-(2)의 예종대의 규정이 사료 다-(1)의 광종대에 비하여 더욱
상세하다. 광종대에는 私田과 公田의 경우로만 구별하여, 공전에서의
진전은 개간한 지 3년 동안 租를 거두지 않고 私田은 개간한 지 2년부
터 주인과 반분하도록 하였다. 그보다 40년이 지난 예종대에는 田主와
佃戶의 관계를 규정한 것으로 보아, 이 경우는 私田에 해당하는 것으
로 보인다. 그렇다면 개인 소유지를 경작하던 농민들이 토지를 버리고
떠났음을 의미한다.

사료 다-(2)에서 예종대에는 몇 년 동안 버려진 땅인지 구별하고 있
다. 진전에는 1, 2년밖에 안된 것도 있지만, 3년 이상 버려진 것도 있었
다. 1, 2년 진전에 새로운 경작자가 나타났다면 떠나는 사람과 새로 들
어오는 사람이 계속 있었음을 보여준다. 진전을 개간하는 사람들은 기
존 농민이 아니라 아마도 새로운 이주자였을 것이다. 그들에게 정착할

동안 세금을 유예해 준 것은 상당히 도움이 되었을 것이다. 더욱이 3년 이상 버려진 땅의 경우 2년 동안 부담 없게 하므로, 진전 개간이 적극 이루어졌을 것임을 알 수 있다.

이러한 조처를 시행한 것은 당시 고향을 떠나는 사람들로 인해 진전이 계속 발생하였고, 반면 새로운 이주자들이 들어와 그 진전을 개간하는 일이 빈번했음을 시사한다.

외부에서 이주자들이 들어올 때 그곳에 살고 있던 사람들은 어떤 반응을 하였을까.

> 글을 올리기를 "……대체로 해안 지대의 땅은 대단히 비옥하고 백성은 그 땅에 정들어 있으니 이롭게 하려는 것이 도리어 해가 됩니다. 뿐만 아니라 깊은 산간 지대는 토지가 한도가 있고 그것으로 토착민이 생활합니다. 만약 客戶를 먹여 살리게 하면 그들도 영락할 것입니다. 이리하여 이주민은 원망을 품고 유리하고, 깊은 산간 지대의 백성도 그들 때문에 재난을 당하여 생업을 잃게 됩니다.……연해 100리 사이에 이미 이주한 백성과 현재 거주하고 있는 백성을 정리하여, 사방 30리 또는 50리의 비옥하여 경작할 만한 땅 중에서 지형이 평탄하고 땔나무와 물이 있는 곳을 선택하며, 호수의 다소에 의해 성을 쌓고 대체로 200 내지 300집을 한도로 관청을 설치하며, 주민의 집은 잇닿아 지어 주민만 수용하게 하소서.……" 하였다. (『高麗史』 권112, 列傳, 偰長壽)

위의 글은 고려 말 설장수가 전농시 판사가 되었을 때, 당시 왜구에 대비한 淸野 전략으로 해안가 평야 지대 백성을 산간 지대로 이주시키고 있는 것에 대하여 건의한 내용이다. 그의 의견에 따르면 이 전략은 양쪽 주민 모두에게 도리어 피해가 된다고 한다.

백성의 입장에서 보면, 토지를 확보할 수 있는 곳으로 이주하였을 것이다. 왜구 침입의 피해가 막심해도 해안가에 살 수밖에 없는 것도 바로 그곳에 비옥한 토지가 있었기 때문이다. 그럼에도 국가는 해안가 농민들을 깊은 산 속으로 이주시키길 원하였다.

산간 지대 토착민은 적은 토지를 경작하여 간신히 먹고사는데, 새로운 이주자가 들어오면 먹고살기 힘들어질 것은 당연하다. 그러다가 결국 생업을 잃을 것이다. 또 이주당한 사람들도 비옥한 토지를 버리고 산간 지대에 들어가지만, 거기서 살 수 없어 원망하며 유리할 것이라고 한다. 농업사회에서 토지의 확보 없이 이주시키는 것은 적절하지 않다는 것이다.

이에 설장수는 비옥하여 경작할 만한 땅 중에서 지형이 평탄하고 땔나무와 물이 있는 곳을 선택해, 그 호수의 다소에 의하여 성을 쌓게 하고 백성들을 살게 하자는 의견을 내지만 이 의견은 선택되지 않았다.

3) 국가의 流民 안정책

국가의 허락 없이 본거지를 떠나는 것을 금하였지만, 이미 이루어진 이주에 대해서 국가는 어떻게 대응하였을까. 이들을 다시 호적에 올려 인구로 파악하는 것이 매우 중요한 업무 중 하나였다.

> 본래 群山島 사람인데, 선조가 商船을 따라 개성에 도착하여 거류하다가 드디어 籍을 붙이고 살게 되었다. 처음 監收로부터 散員에 임명되었고, 여러 번 승직되어 충청도 按察使가 되었는데 청백하다는 평판이 있었으며 장군으로 전임되었다. (『高麗史』 권103, 列傳, 金希磾)

위의 사료에 나오는 김희제는 고종 때 활약한 인물이다. 본래 군산도에 살던 그의 선조가 개성에 도착한 것은 언제였을까. 상선을 따라 개성에 왔다는 것으로 보아, 아마도 장사꾼이었던 듯하다. 장사차 개성에 와서 아예 자리를 잡은 경우로 보인다. 처음부터 개성의 호적에 올려준 것은 아니다. 어느 정도 살다가 호적에 올랐던 것 같다.

다른 이주자들도 마찬가지였을 것이다. 대개 정부는 이주자들의 還本을 강조하다가 일정한 시점이 되면 이주지 호적에 올려 정리한 듯하다. 이와 관련하여 이주자에 대한 정책을 살펴볼 필요가 있다.

> 발해국의 世子 大光顯이 무리 수만 명을 거느리고 來投하였다. 王繼라는 姓名을 내리고 宗籍에 등록하였으며, 특히 元甫를 제수하고 白州를 다스리게 함으로써 자기 조상의 제사를 받게 하였다. 따라온 관료들에게는 관작을, 군사들에게는 田宅을 내리되 차등 있게 하였다. (『高麗史』 권2, 世家, 太祖 17年 7月)

위의 자료는 잘 알려져 있듯이 大光顯이 발해의 遺民 수만 명을 거느리고 귀부한 것에 대한 고려의 조처이다. 관료와 군사들에게 각각 알맞은 포상을 내리는데, 군사들에게는 토지와 주택을 주었다. 정착 기반을 마련해주었던 것이다.

동북아 정세가 격변하던 당시에 많은 이주자들이 대거 고려로 몰려들었다. 고려 정부는 이들을 받아들여 적절히 지역별로 거주지를 마련해주고 정착할 수 있도록 여러 가지 배려를 하였다. 당시 끊임없이 들어오는 발해 유민을 수용하는 것은 간단한 문제가 아니었다.

더욱이 그 단위가 수백 명에서 수만 명에 이르렀다면 이들에게 정착할 토지와 집, 그리고 지배층에게는 관직까지 주는 것이 만만치 않았을 것이다. 이는 그때그때 상황에 따라 취하는 임시 조처로서 가능한 일이 아니었다. 따라서 고려에서는 이주자들이 정착하는 데 필요한 것을 제공하는 기본적인 정책이 마련되어 있었음에 틀림없다.

고려 초부터 빈번히 있었던 귀화인들에게도 특정 지역에서 살도록 조처하였다. 살아야 할 곳은 국가에서 지정했다. 대상 지역은 국경 지대, 江南, 畿內, 嶺南 등 전국에 분포하였다.25) 이주자에게는 살 만한 거주지를 제공할 뿐 아니라, 새로운 생활 터전을 일구는 데 필요한 물자, 토지, 주택 등도 제공하였다.

　　왕이 명령하였다. "지금 대한 절후가 되어 풍설이 몹시 차다. 이러한 때에 빈궁한 자들은 틀림없이 헐벗고 굶주릴 것이니, 외국에서 귀화한 사람들과 여진으로부터 잡혀 와서 고향을 떠난 남녀 80여 명에게 해당 기관에서는 늙고 어린 것을 참작하여 솜과 천을 주라." (『高麗史』 권6, 世家, 靖宗 5年 12月 丁巳)

　　거란의 동경 주민 巫儀老, 吳知傑 등 20여 명이 귀순하였다. 물자와 토지, 주택을 주어 嶺南 지방에 거주케 하였다. (『高麗史』 권6, 世家, 靖宗 6年 4月 丙戌)

　　北女眞 將軍 尼迁火骨輔가 귀순하므로 田宅을 하사하여 畿內에 살게 하였다. (『高麗史』 권6, 世家, 靖宗 6年 9月 壬申)

　　東女眞 將軍 耶於害 등 8명이 각각 무리를 거느리고 귀순하니 田宅을 하사하여 內地에 살게 하였다. (『高麗史』 권7, 世家, 文宗 元年 3月 戊戌)

위의 기록은 주로 11세기 전반기의 것이다. 주요 대상은 외국인으로서 거란, 북여진, 동여진 등에서 귀순한 자들인데, 이들에 대한 고려의 조처를 보여준다. 정부가 가장 먼저 해야 할 일은 역시 嶺南, 畿內, 內地 등 거주지를 정해주는 것이었다. 이와 함께 경작해야 할 토지와 살 수 있는 주택을 내려주었다.

---

25) 『高麗史』 권5, 世家, 德宗 卽位年 8月 甲申 ; 德宗 2年 3月 辛未 참조.

그리고 모두에게 해당하는지는 알 수 없으나 일부에게는 필요한 물품도 보급하였다. 고려로 귀순한 자들은 장군 등 지역 지도자도 있었지만, 넉넉하지 못한 자들도 있었던 모양이다. 빈궁한 자들은 틀림없이 헐벗고 굶주릴 것이라고 하면서 언급된 이들이 '외국에서 귀화한 사람들(外國投化人)'과 '여진으로부터 잡혀 와서 고향을 떠난(沒蕃懷土) 사람들'이었다.

귀화인은 헐벗고 굶주릴 염려가 있기 때문에 국가는 이들의 안정된 정착을 위해 도왔다. 추위가 닥쳤을 때를 대비하여 솜과 천(縣布)을 보급하여 방한복을 준비하도록 하였고, 스스로 양식을 마련하기 전에는 음식을 제공하였을 것이다.

그리고 이주자들은 이민족일지라도 編戶의 대상으로 삼았다. 이는 징세의 대상이 될 뿐 아니라, 본격적인 보호의 대상이 되었음을 의미한다.

> 西北女眞 仍化老 등 13명이 귀순하므로 명하여 課戶에 채워 넣었다. (『高麗史』 권6, 世家, 靖宗 6年 10月 甲申)

> 西北路 兵馬使가 압록강 以東의 淸塞鎭에 이르는 관할의 立石村에 있는 여진호[蕃戶]를 入籍시켰다고 보고하였다. (『高麗史』 권6, 世家, 靖宗 8年 正月 庚申)

> 東女眞의 正甫 馬波 등 48명이 定州 관외에 들어와서 編戶되기를 청하므로 田宅을 내려주고 內地에 살게 하였다. (『高麗史』 권7, 世家, 文宗 6年 正月 丙寅)

귀순한 서북여진 및 동여진 사람들에게 토지와 집을 주고 살게 해준 것은 이들을 고려의 과호 또는 편호하였음을 의미한다. 이를 입적

시켰다고도 표현하고 있다. 즉 호적에 올렸음을 의미한다. 이는 외국인 이주자들에게도 본관이 부여되었음을 의미한다. 외국인 이주자들에게 그랬다면, 고려인으로 어쩔 수 없이 자기의 본관을 떠나 다른 곳으로 이주한 사람들에게도 마찬가지의 조처가 이루어지지 않았을까 생각한다.

농업사회에서 토지와 친족이 있는 본거지를 떠나는 것은 일상적인 일은 아니었다. 더욱이 본인의 의도와 상관없이 다른 지역으로 이주해야 하는 徙民에 대해서는 반발이 만만치 않았다.

> 처음에 圖讖으로써 도읍을 西京으로 옮길 것을 정하고, 丁夫를 징발하여 侍中 權直으로 하여금 궁궐을 짓게 하였다. 힘든 일이 쉴 사이 없었으며, 또 開京의 民戶를 뽑아 이곳을 채우니 백성들이 불만을 품어 원망이 계속 일었다. 왕이 죽자 役夫들이 듣고 기뻐 날뛰었다. (『高麗史』 권2, 世家, 定宗 4年 3月 丙辰)

고려 초기 定宗 때 서경으로 천도할 것을 정하고 도성과 건물의 수축을 위해 많은 백성을 노역에 동원하였다. 이러한 노역은 부담이 매우 컸으며, 새로운 수도 서경을 위해 개경의 주민을 徙民 대상으로 하였다. 수도를 옮기면서 거주민도 그대로 옮기려는 정부의 의지였다. 그것이 수도의 안전을 위해서도 좋았을 것이다. 하지만 수도에 이미 정착한 백성들은 강제 이주에 대하여 불만이 많았다. 定宗 4년(949)에 왕이 죽자 기뻐 날뛸 정도였다.

때로는 강제로 이주시킨 주민을 다시 본거지로 돌려보내기로 정책이 바뀌기도 하였다.

> 南道 民戶로서 동북 邊鎭으로 이주시켰던 자는 고향으로 돌려보냈

다. (『高麗史』 권4, 世家, 顯宗 即位年 5月 戊寅)

현종이 즉위하면서 여러 가지 시혜를 베풀었는데, 그 일환으로 이루어진 것이 동북지역으로 이주시켰던 백성을 돌려보낸 것이었다. 국초부터 지속적으로 이루어진 徙民의 대상이 주로 南道의 백성이었다. 위의 기사를 보면 徙民했던 백성을 고향으로 돌려보내는 것은 하나의 특혜였다. 徙民은 그만큼 어려운 조건과 환경으로 보내는 것이기 때문이다.

그렇다고 해서 이 지역이 텅 빈 것은 아니었다. 이들을 돌려보낸다는 것은 이들이 없어도 지역을 유지할 수 있을 정도로 기반이 튼튼했던 것으로 보아야 하지 않을까. 이들을 돌려보내어도 여전히 이 지역에는 거주하는 주민들이 있었다. 이들이야말로 강제로 이주당한 것이 아니라 스스로 이주한 자들이 아니었을까 생각한다.

사실 이주시킨 모든 사람을 돌려보내는 게 가능했을까도 문제이다. 변진으로 이주하려면 고향에서 경작하던 토지를 처분하였을 텐데, 돌아간다면 다시 토지를 마련해야 한다. 변진으로 이주해서 토지를 마련하는 것은 국가가 보호하지만, 다시 돌아가는 자들에게도 그렇게 배려할지는 의문이다. 또한 가족을 이끌고 먼 길을 가는 것도 만만치 않았을 것이다. 돌려보낸다는 국가의 표방에도 불구하고 다시 길을 떠나는 일은 그리 쉽지 않았으리라 생각한다.

중세사회는 자급자족의 자연경제를 기반으로 했기 때문에 정착성이 매우 강하게 나타난다. 특히 고려시대는 戶籍이 작성된 '本貫'을 축으로 지방사회가 운영되었다. 그 시대의 사람들에게 본관은 어떠한 의미였을까. 관직 진출자들은 대개 개경을 중심으로 살고 있었지만, 여전히 본관에 일정한 세력을 갖고 있었다. 가족까지 모두 개경에서 함께 살았지만, 위기의 시대에 가족과 함께 피난할 수 있었던 곳이다.

본관은 관인층에게만 의미를 가지는 것은 아니었다. 국가는 군인과 장사꾼 등 모두의 본관을 파악하고 있었다. 당시 유리하던 백성에게는 돌아가야 할 田里가 있었는데, 그들 본래의 주거지역이었다. 백성들은 웬만하게 큰 일이 아니면 살던 곳에서 움직이려 하지 않았다. 백성의 본관에 대한 정주 의식은 뚜렷이 드러난다.

많은 사람들은 여러 가지 요인으로 이주하고 있다. 그 중에서도 기록에 충분하게 남은 것이 관인층의 이주였다. 이들의 이주 지역은 개경에 집중되었다. 지방 향리도 과거 시험에 응시하려면 개경에 올라가 공부해야 했다. 관직 진출로 개경에 가면 생활기반을 마련하여 관직을 그만두었을 때에도 본관으로 내려가지 않았다.

농업사회에서 본거지를 떠나는 것은 더 이상 어쩔 수 없을 때 마지막으로 선택하는 사항이었다. 과도한 조세, 과도한 부역, 아울러 연이은 기근과 질병을 언급한 것으로 보아, 이 역시 백성들이 살던 곳을 떠나는 주요 요인이었다. 백성은 토지가 있는 곳이면 어디든지 찾아갔다. 그러한 사정은 고려나 금나라 모두 같은 입장이었다. 예종대의 9성 설치도 토지 확보가 중요한 목표였다. 유민은 어느 한 시대에만 나타나는 것은 아니었다. 이 같은 정부의 대책은 유민이 된 이주자들에게 다시 안정할 수 있는 기회를 주었다.

본관을 떠난 사람들은 어떻게 살았을까. 개경으로 이주한 집안은 출신에 따라 다른 생활을 유지하였다. 지방 세력으로서 과거나 추천으로 관직에 오른 집안과 武才로 중앙 군사가 된 집안 등이 다르게 시작하였을 것이다. 지방 토착세력으로서 중앙에 진출한 경우 집을 살 정도로 유복하였다. 그러한 생활기반이 없을 경우 집을 세 들고 땔나무를 팔아 생활하기도 하였다. 대를 이어 관직에 오르면 여유가 있어 국가에서 주는 토지가 없어도 생활할 만큼 넉넉했다.

그에 비해 고향을 떠난 유민은 새로운 생계 수단과 거주지를 확보해야 했다. 부세 부담이 적고 새로운 경작지를 확보할 수 있는 화전, 변방 개간지, 해도 지역 등으로 이주하였고 일부는 아예 국경을 넘기도 하였다. 왜구의 피해가 막심해도 해안가에 살 수밖에 없는 것도 바로 그 곳에 비옥한 토지가 있었기 때문이다. 그럼에도 국가에서는 해안가 농민들을 깊은 산 속으로 이주시키길 원하였다. 산간 지대 토착민은 적은 토지를 경작하여 간신히 먹고사는데, 새로운 이주자가 들어오면 먹고살기 힘들어질 것은 당연하다. 그러다가 결국 생업을 잃을 것이라는 것이다.

국가의 허락 없이 본거지를 떠도는 것을 금하였지만, 이미 이루어진 이주에 대해서 국가는 어떻게 대응하였을까. 동북아 정세가 격변하던 당시에 많은 이주자들이 대거 고려로 몰려들었다. 고려 정부는 이들을 받아들여 적절히 지역별로 거주지를 마련해주고 정착할 수 있도록 여러 가지 배려를 하였다. 당시 끊임없이 들어오는 발해 유민을 수용하는 것은 간단한 문제가 아니었다. 더욱이 그 단위가 수백 명에서 수만 명에 이르렀다면 이들에게 정착할 토지와 집, 그리고 지배층에게는 관직까지 주는 것이 만만치 않았을 것이다. 이는 그때그때 상황에 따라 취하는 임시 조처로서 가능한 일이 아니었다. 고려에는 이주자들이 정착하는 데 필요한 것을 제공하는 기본적인 정책이 마련되어 있었음에 틀림없다.

외국인 이주자들에게도 그랬다면, 고려인으로 어쩔 수 없이 자기의 본관을 떠나 다른 곳으로 이주한 사람들에게도 마찬가지의 정책이 세워지지 않았을까 생각한다. 그리하여 본관 중심의 생활뿐 아니라 다른 지역으로의 이주도 이루어질 수 있었다.

강은경 | 충북대학교 중원문화연구소 전임연구원

제2장 잔치와 축제, 그리고 공감대

잔치와 축제는 똑같은 일상에서 새로운 자극을 준다. 삶에서 잔치와 축제는 어떤 축하나, 같은 행사에 참여했다는 기쁨을 공감할 수 있는 무대다. 사람들이 모여서 같이 먹고 마시는 일, 얘기하고 웃으며 서로 간의 교감을 높이는 것, 같은 구경거리를 똑같이 보고 있다는 것, 이런 행동들이 서로 간의 친숙감과 공감대를 높일 수 있다. 비록 이때 만들어진 공감대와 친숙감이 일시적인 것이라고 해도 말이다.

인류 역사 이래 잔치와 축제는 계속해 왔다. 그렇지만 우리는 지금까지 고려시대 잔치와 축제에 대해 깊이 살펴본 본 적이 없다. 이것이 지닌 모습, 그리고 사회에 미치는 영향과 기능 등이 역사학적 과제로 잘 다루어지지 않았기 때문이다.

고려시대 잔치와 축제는 어떤 모습이었을까? 이것들은 정말 사람들 간의 공감대를 만들었을까? 우리는 중세인들의 마음, 의식과 관련해서 잔치와 축제가 미치는 역할을 확인해 볼 필요가 있다. 잔치와 축제가 사람들을 즐거움을 자극하는 것이라면, 이것이 어떤 구조로 형성되고, 그것이 미치는 영향을 살펴보는 일이다.

흔히 고려시대 축제로 팔관회나 연등회를 주목하기도 한다.[1] 그러나

---

1) 이에 대해 다음 글들을 대표적 연구로 꼽을 수 있다. 김혜숙, 2000, 「高麗 八關會의 內容과 機能」『역사민속학』9 ; 강호선, 2002, 「개경의 축제, 연등회와 팔관회」『고려의 황도 개경』, 창작과비평사.

이 글의 초점은 팔관회나 연등회 자체가 아니다. 그렇다면 우리는 잔치와 축제의 형태, 그리고 심성과의 관계를 살펴보는 일부터 시작해 본다.

1. 잔치의 모습

1) 국왕의 공식 잔치

국가의 공식적인 잔치는 어떤 것일까? 공식 잔치를 가장 많이 하는 사람은 국왕이었다. 국왕은 정치적 권위의 최종 소유자로 국가의 공식적 의례에 참여해야 했다. 공식적 잔치는 이런 의례 중간이나 그 후에 있었다.

국왕의 축하 잔치는 새해 시작부터 열렸다. 이 잔치는 경축의식 뒤에 이루어졌다. 예컨대 문종은 새해 첫날 건덕전에서 신년 축하를 받은 다음, 諸王과 보좌하는 신하들에게 연회를 베풀었다. 이곳에는 평장사로 벼슬을 그만둔 金廷俊을 불렀다. 국왕은 밤 늦은 잔치 끝에 內廐馬 한 필씩을 주었던 것이다.[2]

고려에서는 새해 시작을 元正이라 하여, 冬至나 명절 경축과 같은 행사를 했다.[3] 국왕은 이때 赭黃袍를 입었다. 그리고 설날 모임인 元會儀는 술과 차, 음악이 등장한다. 이것은 공식적 의례이고, 밤늦도록 하는 연회는 아니었다. 신년축하 행사에 이은 연회에는 모든 관료가 참석할 수 없었다. 특히 참여했던 관료들은 측근들이 중심이었을 것이다.

여기에 국가원로인 김정준이 특별히 초대 받았다. 김정준은 약 1년

---

2) 『高麗史』 권8, 世家, 文宗 13년 정월 丁酉.
3) 『高麗史』 권67, 禮, 元正冬至節日朝賀儀.

전에 문하시랑 동 내사문하 평장사였는데,[4] 이때에는 퇴직했던 모양이다. 그는 자신을 불러 준 것에 감격했을 것이다. 더구나 국왕은 이들에게 내구마까지 하사하였다. 이런 선물을 받은 사람들의 대다수는 국왕 은혜에 감사하는 마음과, 그에 대한 표시를 해야 했다.

설날에 이어 국왕은 각종 경축일이나 절기일에 연회를 했다. 한식날과 같은 경우에도 연회가 베풀어졌다. 그리고 입춘이나 첫눈을 축하하는 의식도 있었다.[5] 음력 9월 9일인 重陽節에는 태자, 종친과 재상들뿐만 아니라,[6] 외국인들을 위한 연회가 열리기도 했다.[7] 대개의 경우 이런 행사 때마다 왕들은 잔치를 했다고 본다.

더구나 경축일과 행사는 그 종류가 많았다. 대표적 경축일은 국왕의 생일이었다. 문종이 즉위한 후에 벌어진 成平節 축하행사가 그 한 예이다.[8] 이때 국왕은 고위관료와 측근들을 위하여 선정전에서 연회를 벌였다. 그리고 매년 이 날이 되면 고려정부는 7일간이나 기상영복도량을 외제석원이란 절에 설치하였다. 중앙관료들은 홍국사에서, 그리고 지방관료는 각기 자신이 있는 곳의 절에서 이 행사를 진행했다. 이후 이것이 상례가 되었다.[9]

국왕의 생일 잔치는 국가의 대표자라는 점에서 공식적인 국가행사였다. 특히 불교행사는 신앙의 힘에 의해 국왕 존재의 가호를 비는 것

---

4)『高麗史』권8, 世家, 文宗 11년 11월 丁丑.

5)『高麗史』권67, 禮, 嘉禮 立春賀儀 ; 新雪賀儀.

6)『高麗史』권8, 世家, 文宗 25년 9월 庚寅.

7)『高麗史』권4, 世家, 顯宗 10년 9월 壬戌, "賜宴宋及耽羅黑水諸國人于邸館".

8) 성평절은 문종의 생일만을 뜻한다. 왕의 생일 명칭은 각기 달랐다. 예종은 咸寧節이라고 불렀다(『高麗史』권12, 世家, 睿宗 원년 정월 戊戌). 생일 명칭을 붙이는 원칙은 알 수 없지만, 국왕이 즉위하면서 명칭을 정했음은 분명하다. 인종은 즉위 직후 安貞節을 慶龍節로 바꾸었다(『高麗史』권15, 世家, 仁宗 즉위년 9월 甲子).

9)『高麗史』권7, 世家, 文宗 즉위년 11월 丙午.

이다. 이로 인해 齋에 참여한 관료들의 충성심을 유발하는 부수적 효
과가 있었다.

왕비나 태후 등의 생일에도 잔치가 있었다. 그리고 무엇보다 태자와
국왕 자식들의 책봉이나 결혼과 같은 축하행사에는 잔치가 빠지지 않
았다.10) 연회는 축하 분위기를 돋우는 가장 훌륭한 도구이므로, 참석자
들은 연회 도중의 덕담으로 이를 도왔다.

예종은 어머니 유씨를 왕태후로 높이고, 다음날 축하연을 열어 주었
다.11) 이런 왕태후의 생일에 국왕은 연회를 베풀었을 것이다. 생일 축
하로 관료들의 답례가 있었다. 예종은 어머니를 왕태후로 책봉하기 전
해에, 태후 생일에 관료들이 말을 바치던 관례를 없애 버렸다.12) 여기
에도 의례가 있었고, 거기에는 연회와 선물, 답례품이 오갔을 것이다.
국왕이 내구마를 하사했듯이13) 관료들은 말을 생일선물로 바쳐야 했
다.

관료들은 말의 헌납으로 경제적으로 부담스러웠을 것이다. 예종은
이를 감안했을 수 있다. 관료들은 속으로 환호했을 것이고, 다음 해 이
루어진 왕태후 책봉 역시 그만큼 환영받았을 것이다.

국왕은 일반민까지 참석한 연회를 열었다. 무인정권기인 희종 4년의
연회가 그것이다. 당시 희종은 國老, 庶老, 孝子順孫, 節義者에게 잔치

---

10) 『高麗史』 예지 가례편에는 왕태자, 왕자, 왕녀 등의 책봉의식이 수록되어 있
　　다. 이 절차는 연회라고 볼 수 없는 공식적 의례다. 그러나 연회는 의례가 끝
　　난 후에 축하하기 위한 행사로 이루어졌다. 예컨대 광종은 자신의 맏아들 왕
　　주에게 元服을 더하고 王太子 內史 諸軍事 內議令 正胤으로 책봉한 후에
　　長生殿에서 연회를 베풀었다(『高麗史』 권2, 世家, 光宗 16년 2월).
11) 『高麗史』 권12, 世家, 睿宗 3년 정월 戊寅.
12) 『高麗史』 권12, 世家, 睿宗 2년 정월 丙辰.
13) 국왕은 자신의 생일 잔치에서 선물로 말을 하사하기도 했다. 가령 인종은 자
　　신의 생일인 慶龍節에 乾德殿에서 연회를 열고, 常參 이상의 관료들에게 말
　　한 필씩을 주었다(『高麗史』 권15, 世家, 仁宗 2년 10월 丁未).

를 베풀었는데, 직접 술 등을 권하였다. 또한 뒤이어 홀아비, 과부, 고아, 자식 없는 늙은이, 심한 廢疾者들에게도 큰 잔치를 열고, 물품을 주었다. 이런 잔치는 지방에서도 벌어졌다.

그런데 이 잔치는 "근년에 국사가 다난하여 이런 잔치를 차리는 예식이 오랜 기간 폐지되었었는데 이때에 이르러 조서를 내려 都監을 설치하고 다시 준수하게 했다"고 한 것이다.[14] 결국 관행적으로 내려오던 잔치라는 의미다.

참석자들의 좌석은 신분이나 위치에 기준하여 따로 놓았다. 그 기준은 80세 이상의 전직 宰樞와 문무 3품관 및 命婦와 4품관 이하가 그 한 가지다. 효자순손의 경우에도 관직, 관품자와 일반인의 좌석은 별도였다. 당연히 참석자들의 신분에 따라 주어지는 술, 과일, 음식, 하사품의 차이가 있었다. 그럼에도 국왕이 베푸는 공식적 잔치에 일반민들이 참여할 수 있는 드문 경우였다. 상당수 참석자들은 국왕의 은혜에 감사하고, 궁궐 모습과 의례에 의한 장엄한 연회 구경을 내내 얘기거리로 삼았을 것이다.

이런 잔치는 유교적 이념에 따른 것인데, 耆老者와 유교도덕의 선양에 대한 포상이란 의미와 국가의 사회복지적 성격을 동시에 갖는다. 홀아비, 과부 등은 『맹자』 같은 유교경전에서 복지혜택의 최우선 수혜자로 말해지기 때문이다.[15]

그렇기 때문에 희종은 "근년에 국사가 다난해 이런 잔치를 차리는 예식이 오랜 기간 폐지"되었음에도, 다시 이를 수행하도록 조치했다.

---

14) 『高麗史』 권21, 世家, 熙宗 4년 10월 乙亥.

15) 이에 대해 『맹자』의 유명한 구절이 있다. "王曰 王政 可得聞與……老而無妻曰鰥 老而無夫曰寡 老而無子曰獨 幼而無父曰孤 此四者 天下之窮民而無告者 文王發政施仁 必先四者"(『孟子』 권2, 梁惠王章句下). 유교이념은 정치의 출발인 仁政의 대상으로 이들을 꼽고 있다. 이들 네 부류의 인물이 유교적 국가이념에서 사회복지의 최우선 대상인 것이다.

그만큼 중요한 국가사업으로 여겨졌던 것이다. 아마 무인집권 쿠데타 (1170년) 이후 이 연회는 중단되었다고 여겨진다.

이런 연회에 참석했던 사람들은 적지 않았다. 문종대에만 1,280명의 일반인들이 참석했다.16) 이 숫자는 개경 내 참여자뿐이므로, 각 지역에서의 참가자들까지 계산하면 얼마나 많았을까? 또한 잔치 준비에 동원되는 사람들과 참여가족들에게 이 날의 기쁨과 기대 역시 컸을 것이다.

국로로 참석한 연회 참석자들에게는 특권이 있었다. 문종 3년 연회는 궁궐의 閤門에서 벌어졌는데, 국왕은 참석자들에게 말을 타고 문을 나가도록 해주었다. 당시 참석한 세 국로들은 이를 거절했다.17) 궁궐 내에서 가마나 말을 탄다는 것은 의례상으로 큰 특권이다.

국왕은 거동이 불편한 원로에 대한 예우가 이 정도임을 모든 관료들에게 과시하려 했던 것 같다. 국로들은 아마도 그들에게 주어진 심리적 과시감, 즉 예우받는 것에 대한 감격이 적지 않았으리라.18)

2) 관료의 공식 잔치

일반 관료가 하는 공식적인 잔치는 學士宴이다. 학사연은 과거 시험을 치른 후에 합격자가 발표되면, 시험 주관자인 知貢擧가 주관하는 잔치이다. 14세기 朴孝修는 이제현과 함께 학사연을 열었다. 원래 이 비용은 박효수 자신이 내야 했다. 그런데 당시 충숙왕은 그의 청백한

---

16)『高麗史』권8, 世家, 文宗 13년 8월 癸酉.
17)『高麗史』권7, 世家, 文宗 3년 3월 庚子.
18) 무인집권기 최홍윤과 금의가 모두 관직에 물러난 후에 세자책봉으로 인한 경로잔치에 초대되었다. 이때 여러 문생들이 부축하여 대궐로 들어가는데 인원이 많아 거리를 메우고 골목이 넘쳐 보는 사람들이 모두 부러워 하고 감탄했다는 것이다(崔滋,『補閑集』권上).

품성을 찬양하여 그 비용으로 은병 50개를 주었다.[19)]

　대개의 학사연은 화려한 잔치로 꾸며졌을 것이다. 관료로의 입문은 합격자들에게 큰 기쁨이고, 출세를 위한 첫 길이다. 이들은 부자관계로 인식될 정도로 인간적인 관계로 묶이게 된다.[20)] 그래서 학사연은 미래의 인간적 유대를 굳히는 상징이 되었다. 국가 역시 이를 공식적인 것으로 인정했다.

　지공거가 잔치비용을 개인 재산으로만 처리하지 않았던 것 같다. 위의 과거 시험에서 처음 지공거는 박효수가 아닌 다른 사람이었다. 처음에 시험과 지공거는 충선왕의 지시로 이루어진 것이며, 이제현과 윤신걸이 그들이었다.

　윤신걸은 당시 인사를 맡았으므로, 州郡에 학사연 비용을 요구했다.[21)] 이때 충숙왕은 윤신걸이 충선왕 측이라고 생각해서 그를 박효수로 바꾸었다. 아마 학사연 비용은 과거 시험이 있기 전에 미리 거두려 했던 모양이다. 이는 인사권을 이용한 부정일 것이고, 충숙왕은 이를 감안해 박효수의 비용을 자신이 대주었다.

　사실 학사연을 차리는 방식과 비용은 지공거의 몫이었다. 최수황은 충렬왕 11년에 동지공거로 진사를 선발했는데,[22)] 학사연은 자신이 독실한 불교신자이기에 소찬으로만 잔치상을 차렸다.[23)] 이것이 사람들에

---

19) 『高麗史』 권35, 世家, 忠肅王 7년 9월 癸未.
20) 이인로는 "門生은 宗伯에게 문장을 감식받고서야 청운에 영달하게 되니 옛 사람이 이르는 期牙相遇의 관계가 된다. 그러므로 지위는 비록 鈞衡에 이르렀어도 자식이나 조카의 항렬에 있는 것 같아서 감히 서로 抗禮할 수가 없다(『破閑集』 권상)."고 했다. 또한 琴儀는 은퇴 후에 4년간 급제한 사람들을 불러 잔치를 벌였다. 이때 그는 자손들을 불러내어 앉히면서, "같은 문하의 제자들은 정이 골육과 같으니 내 여러 자손들도 역시 여러분의 형제이다."라고 하였다(崔滋, 『補閑集』 권상). 그의 말도 같은 인식의 산물이다.
21) 『高麗史』 권109, 列傳, 尹莘傑 附 朴孝修.
22) 『高麗史』 권73, 選擧, 科目, 忠烈王 11년 10월.

게 화제가 되었던 이유는 이전 학사연의 화려함과 대비되었기 때문이
아니었을까?

문생들은 지공거를 평생의 은인으로 모시면서, 경사스러운 일에 축
하잔치를 열어 주었다. 이것은 개인적인 잔치였다.

> 영렬공(필자주 : 琴儀)이 술이 얼큰하여 말하길, "같은 문하 두 장원
> 이 宗伯과 같이 동시에 평장사가 되었다가 귀향하여 휴향하게 되어 이
> 번 문생들의 축하연에 참석하였으니 이것은 참으로 천고에 들어보지
> 못한 일이다. 어찌 실컷 취하도록 마셔 성대한 경사에 보답하지 않을
> 수 있으리오." 하니 문생들이 모두 계단 아래 엎드려 慶賀하며 감탄해
> 마지 않았고, 혹은 눈물을 씻으며 울먹거리는 사람까지 있었다(崔滋,
> 『補閑集』 권上).

영렬공 금의가 은퇴한 후에 그의 문생들이 獻壽를 위해 이 잔치를
열었다. 이 자리에서 금의는 자신의 지공거였던 문극겸과, 같은 문생인
최홍윤을 초청했다. 이들 모두가 평장사가 되었다는 것이 축하하는 요
지이고, 이들에게는 큰 영광이었다. 여기서 이들간의 잔치를 통한 인간
적 유대감을 엿볼 수 있다. 문생들은 모두 경하하면서 감탄하는 분위
기였고, 술 등으로 고조된 분위기 탓에 감격해서 우는 사람까지 있었
다.

학사연은 변질되기도 했다. 충렬왕 때 임정기는 고시관이 되자 임금
을 위하여 연회를 차렸다. 이 연회에는 진귀한 음식과 화려한 과실을
갖추어 매우 사치스러웠다. 당시 술이 거나해지자 임정기가 일어나서
춤을 추니 임금이 매우 기뻐했다.

원래 관습에는 고시관이 榜을 붙인 후 3일 동안 잔치를 했다. 그런

---

23) 『高麗史』 권106, 列傳, 崔守璜.

데 이때부터 과거 기일 전에 임금을 위하여 연회를 베풀고 그것을 品
物이라 했다는 것이고, 이후 관례가 되었다.[24]

학사연의 비용은 이전보다 더 들었을 것이다. 이를 감당하기 위해서
는 앞서 본 윤신걸처럼 지방에서 걷어야 했을 것이다. 결국 국왕의 개
인적 즐거움을 위해 공식적 잔치가 변질이 되어 버렸다. 공식적인 잔
치와 연회의 이면이기도 하다.

3) 다른 모습의 공식 잔치

이 잔치에는 정해진 의례와 절차가 있었다.[25] 예를 들어 연회의 횟
수까지 지정되어 있었다. 그래서 선종 7년에 요나라가 사신을 보내 국
왕의 생일을 축하하는 자리가 있었다. 선종은 두 차례의 연회를 베풀
었고, 수행원 모두를 乾德殿 안에 앉혔다. 有司들은 이를 전례가 없던
일이라고 반발했다.[26] 특히 사신과 관련된 의례나 잔치에는 양국 간의
위신 문제가 걸리는 경우가 많았다. 그래서 자리 배치나 의식절차는
문제가 될 소지가 있었다.

원간섭기에는 원나라 황제의 생일에도 연회를 열었다.[27] 아울러 국
왕은 군사들이 출정할 때나 승전 후에 돌아왔을 때에도 잔치를 열어
주었다. 이런 경우는 많았을 것이다. 예컨대 현종 10년 강감찬이 거란
군에 승리한 후에 3군을 위한 연회가 있었다.[28]

---

24) 『高麗史』 권123, 列傳, 嬖幸, 林貞杞.

25) 외국사신의 연회날에는 시위군인들에 대한 곡식 분배가 관례였다. 희종 때에
는 금나라 사신을 위한 연회가 있었다. 이때 내시가 우창에 있는 곡식을 고르
게 분배하지 않아, 시위군인들이 일을 보던 초군을 죽인 사건이 벌어지기도
했다(『高麗史』 권21, 世家, 熙宗 즉위년 6월 庚申).

26) 『高麗史』 권65, 禮, 迎大明無詔勅使儀 宣宗.

27) 『高麗史』 권31, 世家, 忠烈王 21년 9월 丙子.

28) 『高麗史』 권4, 世家, 顯宗 10년 2월 壬子.

그 밖의 공식적 잔치는 목적에 따라 이름을 붙였다. 예컨대 왕비가 딸을 낳는 경우는 滿月宴이라 했다.[29] 또한 복을 비는 뜻에서 開福宴이라는 잔치가 있었다.[30] 충목왕은 특정인을 위한 연회에 신료들을 참가시키면서 이를 君臣慶會宴이라고 했다.[31] 이처럼 다양한 공식적인 잔치가 고려시대 내내 벌어졌다.

4) 개인적인 잔치의 모습

비공식적이고 개인적인 잔치가 더 많았을 것이다. 국왕은 수시로 개인적인 연회를 열었다. 『高麗史』 편찬자들은 특히 의종의 경우가 많은 개인적 잔치를 했던 것으로 보았다. 여기에는 국왕의 사적 잔치가 방종과 안일로 이어질 수 있다는 유교적 가치관이 개입하였다. 그래서인지 의종의 개인 잔치에 관한 자료가 『고려사』에서 유난히 눈에 띈다.

의종은 궁궐 밖의 경치 좋은 곳에 정자를 짓고 배를 띄워 연회를 했다. 경치 좋은 곳에는 무리하게 정자를 짓고 제방을 쌓아 호수를 만들었다.[32] 배 위에서의 잔치는 의종만 했던 것은 아니다. 이런 내용은 군주의 환락과 공사에 동원된 민의 고통을 대비시켜 유교적 교훈을 주려는 의도가 숨어 있다. 이처럼 국왕의 쾌락을 위한 연회는 한계가 있어

---

29) 『高麗史』 권89, 列傳, 后妃, 齊國大長公主.
30) 『高麗史』 권89, 列傳, 后妃, 銀川翁主林氏. 임씨는 충혜왕의 아들 釋器을 낳았을 때 열은 잔치다. 이것이 아들을 낳아서 붙인 명칭인지는 정확치 않지만, 아마도 자식을 낳아 복을 받게 해주는 의미로 붙인 일반적 명칭으로 생각된다.
31) 『高麗史』 권37, 世家, 忠穆王 즉위년 4월 丙戌.
32) 의종은 연회를 위한 정자뿐만 아니라 별관도 지었다. 정자의 경우도 여러 군데 지었는데, 板積窯 주변에는 모두 일곱 채를 지었다. 그리고 그가 타는 배는 錦繡로 장식하는 등 매우 사치스러웠는데, 정자 등에 필요한 공사기간으로 3년이 걸렸다(『高麗史』 권18, 世家, 毅宗 21년 4월 戊寅).

야 한다는 규범이 유학자들의 머리 속에 존재했다. 그래서 잔치의 사치와 환락은 늘 사람들의 입에 오르는 비난거리 중에 하나였다.

그러면 일반인들의 개인적 잔치는 어떠했을까? 이들 역시 축하와 기념할 날에는 잔치를 했다. 관료와 같은 지배층의 경우는 잔치에 대한 자료가 있지만, 평민의 경우에는 남겨진 것이 거의 없다.

우선 지배층의 경우에는 기념이나 축하할 날에 잔치하는 일이 당연했다. 예컨대 집에 溫室을 지어놓고 동네의 노인들을 모아 낙성식을 열어 잔치를 하기도 했다.33) 그리고 잔치에는 기생과 풍악을 갖추어 흥을 돋구기도 했다.34) 이런 모습은 국왕 등이 궁궐에서 여는 잔치와 다를 바 없었다.

기쁨의 날이 아닌 이별의 아쉬움을 위한 전별연도 많았다. 지방에 발령 받거나 외국에 사신 가는 사람들은 친구들의 전별연에서 아쉬움을 달래는 술잔을 마셔야 했다. 그리고 대개 잔치는 문인들의 글짓는 솜씨를 뽐내는 현장이었다. 축하하는 기쁨을 드러내듯이 전별연의 경우에는 이별의 아쉬움과 격려가 이어졌다. 이때 지은 시를 모아 서문까지 만들어 증정하는 풍속이 있었다.

이제현은 원나라 사신을 따라가는 원외랑 辛侯를 위한 전별시들의 서문을 남겼다. 현재 시는 남아 있지 않지만, 위 서문은 신후란 인물의 훌륭함과 미래에 대한 격려, 당부로 가득 차 있다. 물론 이런 잔치보다 많았던 것은 이들 간의 개인적인 연회였다.

---

33) 『東國李相國後集』 권5, 古律詩, 李學士新作溫房十月九日會洞中諸老落成子亦參赴及酒酣於席上賦詩一首兼呈坐客.

34) 『東國李相國後集』 권6, 古律詩, 庚子三月日李學士百全病中大設筵幷妓樂邀予及朴樞副崔僕射朴丁二學士觴之卽席得詩二首呈之. 이 잔치의 경우는 기념이나 축하의 목적이 아닌 병문안을 위해 친구들을 초빙한 것으로 보인다. 초빙한 이백전은 이번 잔치가 인생의 마지막이라고 했는데, 그 후 7월에 실제로 사망하였다.

서민들의 잔치는 주로 불교행사 등과 같은 종교의례에 있었다. 밀직 朴天常이 계림 고을을 지날 때에, 윤승순이 잔치를 했다. 이때 진사 李 桂芬 등이 지나가다가 손님 교자상을 '鄕徒宴' 즉 시골놈들 잔치라고 비웃었다.35)

鄕徒宴과 香徒宴의 음이 같은 것을 이용한 비웃음이다. 요컨대 분 향 모임의 잔치처럼 상하 구별이 없고 난잡한 잔치라는 뜻이었다. 이 런 유형의 잔치는 일반인들이 가장 보편적으로 참석하는 잔치였다.

남녀 노소와 신분의 구별 없는 참석으로 이는 사회문제가 되기도 했 다. 인종 9년에는 승려와 속인들이 떼를 지어 萬佛香徒란 명목으로 모 임을 갖고 술 마시고, 무기를 지니고 춤을 추었다. 이로 인해 단속하는 조치가 있기도 했다.36) 그러나 향도 모임 자체가 없어지지는 않았다. 심지어 국왕까지 이들 모임에 참석하기도 했다.

고려 후기 충혜왕은 神孝寺에 갔는데, 당시 燈燭輩들이 향도들과 결합하여 祝壽齋를 베풀었다. 왕이 여기에 참석했던 것이다.37) 이런 축수재는 연회가 뒤따랐을 것이다.

등촉배들은 절에서 등촉을 만들거나 관리하는 사람들이고, 향도 역 시 신효사와 관련된 일반인들이 많았을 것이다. 평소부터 두 부류는 교류했을 것이고, 국왕의 행차를 기화로 축수재를 기획했다. 이런 일은 축수재 이후에 커다란 자랑거리가 되었을 수 있다.

---

35) 『高麗史』 권122, 列傳, 酷吏 沈于慶.
36) 『高麗史』 권85, 刑法, 禁令.
37) 『高麗史』 권36, 世家, 忠惠王 후 3년 6월 甲寅.

2. 축제의 모습

1) 팔관회

축제는 오래 전부터 사회성원들을 한 자리에 모을 수 있는 장이다. 그리고 무엇보다 모든 계층의 사람들이 여기에 참석할 수 있었다. 그 중에서 팔관회와 연등회는 고려인들의 종교적 욕구를 채워주는 축제 같은 대표적 행사였다.

팔관회는 고려왕조 성립 직후부터 시작했다. 태조는 즉위한 원년 11월에 팔관회를 개최했다. 이 행사는 태봉의 관례를 따른 것이고, 그 목적은 복을 빌기 위함이다.[38] 이때 毬庭에는 등을 달고 채붕을 연결해 두었다. 그리고 갖가지 유희와 춤, 노래가 시행되었다. 그 중에서 四仙樂部의 용과 봉황, 코끼리, 마차와 배 등은 모두 신라의 것을 따랐다. 모든 관료들은 홀을 들고 의례에 참여했는데, 구경하는 사람들이 서울 거리에 넘쳐났다. 국왕은 偉鳳樓에서 이를 지켜 보았다고 한다.

이후 팔관회는 상례화되었고, 국가적인 화려한 축제로 변화한다. 이는 요즘 놀이동산이나 거리에서 벌어지는 페스티벌의 행진 모습과 크게 다르지 않는 구경거리였다. 화려하게 장식된 용, 봉황, 코끼리, 마차와 배의 모습이 구경나온 사람들에게 얼마나 축제적인 분위기를 띄웠을 것인지 상상하기 어렵지 않다.

이처럼 팔관회는 왕경에서 처음 열렸다. 태조 원년에는 수도가 철원이었지만, 다음 해 정월에는 개경으로 바뀌게 된다.[39] 이 행사는 후일 개경만이 아닌 서경에서도 치루어졌다. 서경의 팔관회는 10월에 거행했다.[40] 이처럼 팔관회는 개경과 서경이라는 양대 도시에서 거행된 도

---

38) 『高麗史』 권69, 禮, 仲冬八關會儀 太祖 원년 11월.
39) 『高麗史節要』 권1, 太祖 2년 정월.
40) 서경 팔관회는 고구려의 東盟과 관련이 있으며, 태조가 고구려계승과 북진정

시적인 축제였다. 사실 남경과 동경에서는 팔관회가 개최되지 않았다. 도대체 두 도시에서만 팔관회가 열렸던 이유는 무엇이었을까?

국왕이란 존재와 카리스마의 위광이 가장 큰 이유라고 본다. 개경은 국왕의 거주지, 궁궐이 있는 왕경이다. 고려왕조는 각 지역의 호족세력들을 통합하면서, 초기에 각 지역에 대한 통치권의 일부를 양보해야 했다. 그들은 고려왕조의 질서 내에 있지만, 처음부터 국왕의 관료적 존재가 아니었다. 거란 침입시 현종이 피난 과정에서 겪었던 일들은 이를 상징적으로 보여준다. 현종은 가는 곳마다 지방세력들에게 국왕으로 대접받지 못했다.[41]

고려 초기 지방인들은 고려왕조에 소속되어 있다는 의식이 부족했다. 반면 개경은 고려국왕의 거주지로 자신의 위광이 분명하게 발휘되는 곳이다. 이곳은 왕건 집안이 대대로 터를 잡고 기반을 쌓아왔던 곳이기도 하다.[42] 태조 왕건은 국왕으로의 위신과 베풂을 개경민에게 직접 보여주고 싶었다. 팔관회는 이전의 축제를 계승하여, 국왕의 정통성과 카리스마를 과시할 수 있는 행사였다.

서경 역시 국왕의 지역기반이라는 위상을 생각하면 팔관회가 필요한 곳이었다. 고구려 계승의식의 표방은 이를 뒷받침하는 이념이다. 태조 왕건은 이곳의 경영을 중시했던 것이다.[43] 고려국왕은 양 도시의 팔관회를 통해, 삼한의 정통이며 고구려와 신라의 전통을 이은 통치자임을 과시할 수 있었다.

또한 이 행사로 개경과 서경은 다른 지역과의 차별적 공간임을 확인

   책을 표방하면서 도입되었을 것이라고 한다(김혜숙, 2000, 앞의 글, 35쪽).
41) 河炫綱, 1988, 『韓國中世史研究』, 一潮閣.
42) 『高麗史』 世系篇에 고려왕실과 개경 왕궁터와의 관계를 풍수지리의 대가인 도선을 끌어들여 말하고 있다.
43) 河炫綱, 1988, 앞의 책.

시켜 주었다. 그래서 팔관회 개최란 국왕 자신의 위광이 직접 미치는
공간, 이곳이 국가의 중심임을 상징적으로 보여주는 행사였다.

태조 왕건은 팔관회를 '부처를 공양하고 신을 즐겁게 하는 모임[供
佛樂神之會]'[44]이라고 이름 붙였다. 그는 팔관회를 국가적인 공식행사
로 규정하고, 훈요 10조에서 강조했다. 다시 말해서 왕건은 팔관회가
하늘의 신령과 五嶽, 名山, 大川과 용신을 섬기는 것이라고 했다. 그래
서 후세의 간사한 신하가 이를 변경하지 못하도록 했던 것이다.

이 가운데 용신의 경우는 왕건 집안의 신성화와 관련되어 있다.[45]
이처럼 하늘과 지역신을 위한 팔관회는 각 지역을 대표하는 신들을 고
려왕실에서 제사한다는 상징성을 드러낸다.

그러나 팔관회는 원형 그대로 유지되었던 것이 아니고, 시대에 따라
개변을 겪었다.[46] 대체적으로 무인집권기 이전까지 의례 방식이 정식
화되었다. 3경유수와 동서 병마사, 8목 4도호부가 賀禮表를 올려야 하
는 것, 그리고 송나라 상인, 東西蕃人과 탐라 등의 방물헌납 등이 중요
의식이다. 이에 대한 절차는 『고려사』 예지에 자세히 서술되어 있다.[47]
그리고 하례표는 이후 지방관만이 아니라 팔관회에서 음악, 가무를 담
당했던 교방이나, 仙郎까지 작성하게 되었다.[48]

이 팔관회의 의례는 성대하고 화려했다.

44) 『高麗史節要』 권1, 太祖 원년 11월.
45) 이는 왕건의 할아버지인 작제건이 서해 용왕의 딸(원창왕후)과 결혼한 전설과
관련 있다고 본다. 물론 이 설화는 실제 서해의 해상세력과 제휴했음을 알려
준다(河炫綱, 1988, 앞의 책, 1988, 17쪽).
46) 이 과정에 대해서는 김혜숙, 2000, 앞의 논문을 참조할 것.
47) 『高麗史』 권68, 禮, 仲冬八關會儀.
48) 교방의 하례표는 이규보의 『東國李相國後集』 권12, 敎坊賀八關表의 경우가
있고, 『東文選』 권31, 八關會仙郎賀表가 있다.

원앙처럼 모여서 공손히 행렬을 이루어 / 재배하고 덕을 칭송, 예절
이 드러났네
　　좌우에는 천보의 긴 행랑이 펼쳐 있고 / 반쯤의 공간에 아스라한 전
각이 중앙을 감싸고
　　회오리 바람 같은 鳳冠은 구름 연기 사라지고 / 산과 같은 龍旗는 해
와 달이 빛나듯
　　조회 뒤에 백관에게 연회를 베풀자 / 구정의 희미한 눈발이 상서를
알리네
　　(卞季良, 『春亭集』 권1, 八關大會)

　　관료들이 차례로 줄지어서 국왕에게 예를 올리는 장면, 팔관회가 열
리는 장소의 묘사와 경관의 장엄함이 드러난다. 시에서는 겨울에 벌어
진 팔관회에서 눈이 날리는 것을 상서로움의 징조라고 했다. 봉관(피
리)과 용깃발은 청각과 시각을 장엄하게 자극하면서 국왕의 위광을 드
러냈을 것이다.
　　팔관회는 의례절차가 있는 큰 대회이기에 연습이 필요했다.

　　해마다 음악교열을 온종일씩 거행했는데 / 금년엔 격구장에서 예를
익히고 돌아왔네
　　술 마시는 자리엔 산해진미가 갖춰지고 / 보물인 八牧畫圖는 펼쳐지
는데
　　각문의 호령 소리엔 천관이 배례하고 / 호위병은 일만 기병을 길이
몰아왔도다……
　　예를 익힐 때 술을 어찌 사양하랴 / 행렬 따르다 관 떨어질까 염려로
세
　　어사대의 관리는 반열을 정제하니 / 부녀자들도 좋아할 줄 알아서
　　얼음적벽까지 올라 구경을 하누나……
　　(『牧隱詩藁』 권12, 十一日四首)

이색은 1월 11일에 연습했던 팔관회에 대한 여러 편의 시를 지었다. 팔관회 연습은 격구장에서 이루어졌고, 여기서도 술과 음식이 즐비했다. 연습 자체가 개경민들에게는 또 하나의 구경거리였다. 겨울임에도 부녀자들이 몰려나왔고, 이들은 위험한 절벽에까지 올라가 연습광경을 지켜 보았다. 다만 이색이 참여했던 이 해의 팔관회는 선왕인 공민왕이 사망한 지 1주년 되는 때이기에 음악교열은 따로 하지 않았다.[49]

이색 자신은 소회, 대회로 나뉘어진 팔관회 의식을 번다하다고 보았다. 어쩌면 儒者다운 의식과 추운 겨울에 늙은 자신이 연습에 참여하는 것에 대한 불만이 여기에 발동했는지 모른다. 그가 선왕의 뜻이 참다웠다고 함은 그 의미가 분명치 않다. 선왕이 공민왕을 뜻한다면, 이는 공민왕 11년 홍건적으로 침입으로 인해 12년 초에 거행될 팔관회와 冬至賀 행사를 취소했을 때의 명분과 연관될 수 있다.[50]

팔관회에서는 사찰에 행차하는 일이 있었는데, 위의 세존당과 신중전이 이를 말해 준다. 대개 다른 국왕들은 법왕사에서 향을 피우고 돌아왔다. 팔관회 개최는 부처의 가호를 받는 것에도 목적이 있었다.

이렇게 장엄한 의식 속에서 소란함은 항상 있게 마련이다. 팔관회처럼 많은 참석자들이 모이는 경우에는 더욱 그러했다. 무인집권기 팔관회에서 어사대 臺吏가 일 때문에 隊正의 멱살을 잡고 욕을 한 일이 벌어졌다. 병사들이 이를 분하게 여겨 기와와 돌을 어사대 천막에 던졌다. 이때 돌이 재상들의 천막을 스쳐 지나갔다. 당시 재상인 금의가 크게 노하여 난동을 일으키려면 나를 죽이라고 외쳐, 잠잠해진 사건이었다.[51]

또한 충숙왕대에는 팔관회에 참석한 권력자의 하인들 간의 시비가

49) 李穡, 『牧隱詩稿』 권12, 今月望月有蝕故十一日毬庭習禮賦此.
50) 『高麗史』 권40, 世家, 恭愍王 11년 10월 庚寅.
51) 『高麗史』 권102, 列傳, 琴儀.

돌싸움으로 번졌다.[52] 이런 소란 속에서도 처음부터 이를 만류하지 않
았던 것은 감독자들의 권력자들에 대한 눈치보기 때문이었다.

주목할 것은 팔관회의 공식성과 국왕의 권위 문제다. 전자에서 소란
을 진정시킨 명분은 '군신대회'라는 국가의 공식성과 이를 뒷받침하는
국왕 권위였다. 무인집권기라는 상황에서 군인들의 난동은 커다란 변
란으로 이어질 수 있었다. 이미 당시 사람들은 여러 차례 쿠데타와 같
은 상황을 경험한 뒤였다. 그렇지만 소란에 대한 초기 대응의 미흡은
팔관회에서 난장과 같은 경험이 자주 있었음을 시사해 준다.

2) 연등회

연등회의 모습은 팔관회와 비슷했다. 상원연등회의 의식은 팔관회처
럼 소회일과 대회일로 개최했다. 여기에는 태조 진전에 참배하는 의식
이 들어 있었다.[53] 상원연등회는 처음에 1월 15일에, 뒤에는 2월에 열
렸다.[54] 이 행사는 팔관회처럼 국가적인 축제였다.

연등회는 상원연등회만 있었던 것이 아니다. 부처의 탄신일인 4월
연등회도 있었다. 이 행사는 상원연등회의 실행시기가 변화한 것이다.
변화한 연등회의 모습은 조선시대까지 이어졌다.

4월 8일은 등을 단다. 세상에서 말하길 이 날이 석가여래가 탄생한
날이라고 한다. 봄철에 아이들이 종이를 끊어서 旗를 만들고 물고기의
껍질을 벗겨서 북을 만들어 가지고 다투어 모여 떼를 지어서 마을과
거리를 돌면서 연등감을 달라고 조른다. 이것을 이름하여 呼旗라고 한

52) 『高麗史』 권34, 世家, 忠肅王 11월 庚子.
53) 『高麗史』 권69, 禮, 嘉禮雜儀 上元燃燈會儀.
54) 이에 대해서는 金炯祐, 1994, 「高麗時代 燃燈會 硏究─設行實態를 中心으로─」
『國史館論叢』 55 등 참조.

다. 이 날이 되면 집집마다 장대를 세우고 등을 단다. 호부한 집들은
크게 채색 등잔의 층층 사다리를 만들어 단다. 층층으로 달린 수많은
등잔들은 별이 하늘에 벌여 있는 것 같다. 도성의 사람들은 밤새도록
놀며 구경한다. (成俔, 『慵齋叢話』권2)

16세기에 성현은 연등회의 모습을 이렇게 적었다. 그는 등을 달기
위한 아이들의 노력과 모든 집, 특히 부유한 집들이 채색 등잔을 사다
리에 다는 광경을 묘사했다. 오늘날의 크리스마스 풍경과 크게 다르지
않다. 여러 색깔의 연등은 밤하늘의 별처럼 늘어서 있고, 그 아래 사람
들의 놀이는 축제 그 자체였을 것이다. 당시 성현이 쇠퇴했다고 지적
하고 있어, 고려시대에는 이것보다 훨씬 화려하지 않았을까?

또한 고려시대에는 특별한 날에 연등회를 열었다. 사찰의 창건이나
국왕의 공덕을 위한 연등회가 그것이다. 문종은 홍왕사에서 5주야에
걸친 연등대회를 특별히 열었다. 이때 국왕은 여러 관서와 안서도호부,
개성부, 廣州, 水州, 陽州, 東州, 樹州 등 5개 주와 강화, 장단 두 현에
명령을 내렸다. 이 명령은 대궐 뜰에서 홍왕사 문까지 채붕을 엮어 즐
비하게 세우고, 왕이 탄 가마가 지나가는 길의 좌우에 燈山과 火樹를
만들어 빛을 비추게 했던 것이다. 그래서 밤이 낮과 같을 정도로 밝았
다고 한다.[55]

이런 연등회는 비용이 많이 들었다. 그러나 사람들에게 미치는 효과
역시 만만치 않았을 것이다. 그 화려함은 구경한 사람들의 뇌리 속에
각인되어, 이들은 국왕의 위대함과 부처에 대한 기원에 감동했을 가능
성이 크다. 구경한 사람들 대부분이 불교신자였을 것이다. 그런 점에서
이들은 극대화된 공양으로 부처의 가호를 받을 것이라고 믿었을 수 있
다. 물론 여기에 비용을 냈거나 행사준비로 인한 고생으로 불평했을

55) 『高麗史』권8, 世家, 文宗 21년 정월 戊辰.

일부 사람들을 제외하곤 말이다.

또한 충선왕의 경우는 중 2,000명에게 음식을 먹이고 연경궁에서 2,000개의 연등을 5일간 계속했다. 그리고 은병 100개를 절에 기증하고 충선왕 자신이 손수 향로를 받들고 伶官들을 시켜 주악하면서 선승 충탄과 교승 효정을 맞았다. 이들에게는 은 1근씩 돌아갔고, 나머지 중 2,000명에게는 은 20근을 주었다.

이 행사는 일찍이 충선왕이 108만 명의 중들에게 음식을 먹이고 108만 개의 등에 불을 켤 것을 발원한 바 있었는데, 이를 실현하기 위한 것이었다. 이 행사 이름은 萬僧會였다.[56]

당시 현직 국왕은 아닌 상왕이었던 충선왕은 하루에 2,000개의 연등을 켜는 5일간의 만승회를 하였다. 사실 충선왕은 부친인 충렬왕의 잔치행각에 비판적이어서, 연등회를 정지시킨 적이 있었다.[57] 그래서 이런 연등회 개최는 자기 모순적인 행동이었다.

그럼에도 그의 의도는 충선왕의 발원과 관련이 있을 것이다. 직접 그의 발원 내용은 알 수가 없다. 그러나 우리는 108만 개의 연등이 세속의 108번뇌를 연상시키는 점, 당시 충선왕이 충숙왕에게 양위한 이후 정치적으로 대립했다는 점 등에서, 충선왕의 발원 내용을 시사받을 수 있다. 그것은 현실에서 상실되어 가는 자신의 위상과 권위 회복에 대한 바램이 아니었을까.

이렇게 축제와 잔치는 일상 속에서 비일상적인 것이었고, 인간들의 삶과 심성에 여러 가지 영향을 미치는 행사였다. 그것은 즐거움뿐만이

---

56) 『高麗史』 권34, 世家, 忠肅王 즉위년 10월 丙子.
57) 『高麗史』 권34, 世家, 忠肅王 원년 1월 乙未. 충선왕은 경령전에 참배하고 강안전으로 돌아와 궁전이 무너져 가는 것을 보고, 부왕이 30여 년 동안 연회와 오락으로 일삼던 시절에 이 궁전을 중수하였더라면 오늘의 근심이 없었을 것이라고 탄식했다. 그리고 그는 연등회를 정지하고 궁전을 빨리 보수하라고 명령했던 것이다.

아니고 때로 사교의 장, 때로는 정치적 목적을 지닌 것이기도 했다.

3. 잔치, 축제의 즐거움, 유대감과 소외

고려인들은 잔치와 축제에서 무엇을 얻었을까? 먹고 마시는 즐거움, 그리고 공연을 보는 것과 서로 친목을 위한 대화 등은 어느 시대나 잔치와 축제에서 공통적 요소다. 그러나 잔치와 축제 속에는 사람들의 심성에 영향을 미치는 다양한 요소들이 숨어 있었다. 사실 여기서 얻는 즐거움이 사람들의 심성과 의식에 어떤 영향을 주는지도 잘 알려져 있지 않다.

당시 사람들이 잔치와 축제를 하는 이유는 무엇일까? 정도전의 말은 여기에 대한 유학적 입장을 보여준다.

임금과 신하는 엄숙하고 공경함을 주로 삼는다. 그러나 한결같이 엄숙하고 공경하기만 하면 자연히 서로 사이가 멀어지고 정이 서로 통하지 않게 된다. 그런 까닭에 선왕은 宴享의 예를 만들어서 친할 경우에는 賓主라 부르고 존경할 경우에는 諸父, 諸舅라고 부르기도 하였다. 연향을 열 때에는 음식을 풍부하게 차리고 은근한 태도로 가르침을 희망하였다. (『三峰集』권13, 朝鮮經國典 上, 禮典 燕享)

중세 의례와 예절은 엄숙과 공경을 위한 것이다. 핵심적 사회관계인 군주와 관료 사이는 평소에 이를 통해 이루어진다. 권위의 상징인 군주와 이를 뒷받침하는 관료는 상하적 관계로만 맺게 된다. 이때 의례는 군주를 정점으로 한 일종의 '거리두기'를 위한 수단이다.

그러나 정도전은 서로 간의 인간적 정서와 교분을 가지고, 예절과 의례로 생긴 거리감을 없앨 것을 주장한다. 다시 말해서 인간적 정서의 교류가 군주와 신료간의 유대감을 높이는데, 그 수단이 연향인 잔치인 것이다.

물론 군주와 신료간에 다른 방식의 만남을 주장하는 입장도 있다. 예컨대 이제현은 군주와 신하의 의리가 한 몸과 같아서 가까워 해야 한다고 했다. 그런데 현재 재상은 연회나 특별한 부름이 없으면 군주를 만나지 못한다고 비판했다.[58]

이제현의 입장은 군주와 신료의 관계가 일체감을 지녀야 한다는 점에서 정도전과 같다. 그러나 실현방향이 좀 달랐다. 정도전이 연향의 필요성을 주장한 반면에, 이제현은 군주가 연회를 통해서만 재상을 만나는 것에 비판적이다. 이제현의 경우는 나이 어린 충목왕의 유교적 만남을 주장하기 위해 비판적 입장을 지녔다. 그는 연회가 개인적 친밀감만을 갖게 한다고 보았다.

사실 잔치는 인간적인 교류의 장이다. 그것은 정도전이 주장한 것처럼 의례나 예절로 인한 상호 긴장감을 풀어줄 수 있는 수단이었다. 고려시대에는 많은 의례가 있었다. 팔관회나 연등회 같은 행사는 복잡한 의식 절차 속에서 진행되었다. 이런 의식절차의 복잡함과 장엄함, 그리고 화려함은 국왕의 위엄을 빛나게 하는데 충분했다.

의식 절차에 여러 차례 참여한 사람들은 진행과정이 익숙하겠지만, 그래도 실수할 수 있었다. 실수는 당사자에 대한 사회적 비웃음이나 비난, 처벌을 불러 올 수 있다. 그로 인해 이 긴장감은 의식이 진행되는 동안에 참여자들의 마음을 사로 잡았을 것이다.

이 긴장감과 의식절차의 순서는 군주나 관료들간의 사회적 관계를 확인시켜 주는 역할을 했다.[59] 의례의 진행이 서열상 높은 순서에 따

---

58) 李齊賢, 『益齋集』拾遺, 上都堂書.

59) 팔관회의 정치적 기능이 수직적인 지배질서의 재확인과 사회적 통합 및 지지 확보라는 차원에서 이미 논해진 바가 있다(김혜숙, 2000, 앞의 논문, 47~49

라 이루어지기 때문이다. 이처럼 공적 의식절차에서 긴장감의 고조는
의례 후에 벌어지는 잔치로 해소될 수 있었다.

의례과정은 실수로 인한 참여자들의 심리적 긴장감 외에 실제로 정
치적 긴장을 유발시키기도 하였다.

예를 들어 팔관회 의식을 연습하는 데 추밀원의 과일 탁상이 법에
정한 것을 넘었다. 그러자 대관이 일을 맡은 別駕를 가두었다. 당시 韓
安仁이 院使 王字之와 함께 술에 취한 것처럼 해서 화를 내어 석방시
키려 했다. 그러나 대관들은 듣지 않았다. 한안인 등이 국왕에게 자신
들이 모욕을 당했으니 파면해 달라고 요청했다. 국왕은 이를 달래기
위해 조처했던 것이다.[60]

여기에는 당시 권력자인 한안인과 어사대의 대결, 그리고 다시 국왕
과 한안인의 정치적 긴장감이 엿보이고 있다. 이처럼 의례 참여자들은
사소한 실수에도 유의해야 했을 것이다.

이러한 긴장감은 공식 의례 뒤에 이어지는 잔치로 해소될 수 있었
다. 잔치나 축제에서의 개인적 대화, 그리고 공연과 음악,[61] 술 등은 참
석자들의 흥분을 고조시키고, 일탈을 가져왔다. 이것이 공적 관계에서

쪽). 이에 의하면 팔관회는 군신 간의 위계의 확인 등을 통한 지배질서를 확
　립하고, 특정세력의 지지와 국왕을 중심으로 한 유대감 확보와 민심 통합의
　기능을 지녔다고 한다.
60) 『高麗史』권97, 列傳, 韓安仁.
61) 음악의 기능에 대해서는 다음 예화에서 알 수 있다. 공민왕은 예의판서 장자
　온을 중국 오왕(명 태조)에게 파견하였다. 중국 어사대는 이에 잔치를 열고
　음악을 연주했다. 당시 오왕의 관료는 어사대 잔치에 음악을 연주하지 않는
　데, 사신을 위한 배려라고 하였다. 이에 장자온은 음악이란 和를 위한 것이라
　고 하면서, 이미 和氣로 서로 만났기에 연주가 필요 없다고 하여, 예의의 근
　본을 알고 있는 사람으로 평가받았다(『高麗史』권41, 世家, 恭愍王 17년 11월
　丁未). 음악이 인간 상호 간의 관계를 조화롭게 한다는 점에서 사회적 긴장을
　푸는 요소가 된다.

의 긴장감과 사회적 거리감을 약화시켰다. 결국 잔치는 상호 유대감을 낳게 하는 한 요소가 되었다.

김인존이 쓴 「淸燕閣記」에는 이런 잔치의 장면과 기능이 잘 묘사되어 있다.

　　(예종이 말하길) "지금 진공사 이자겸이 桂香御酒와 龍鳳茗團이며 진기한 과일과 보물 그릇 등을 가지고 돌아와 가상하다. 경들과 이 성대하고 아름다움을 즐기려고 한다." 신하들은 모두 황공하고 두려워 계단 아래로 내려가 엎드려, "고루함으로 감히 성대한 의례에 참석하오리까"라고 사양하였다. 국왕은 빨리 자리에 앉게 한 후에 온화한 안색으로 대하시며 구비한 물건으로 대접하였다. 그 둘러싼 장막의 설비, 그릇의 배열, 술잔의 채움, 과일의 품격은 천하의 유명한 물건들이요 세상의 진미 아닌 것이 없는데 하나도 부족한 바 없이 구비되었다. 그뿐 아니라 중국에서 가져온 유리 瑪瑙, 비취, 犀角 등의 기이한 玩用品이 자리 위에 널려 있고 塤, 箎, 控, 揭, 琴瑟, 鍾磬 등의 안락하고 우아한 소리가 堂下에서 연주된다.

　　국왕은 술잔을 들어 近臣에게 명해 넘치게 하고 권하면서, "임금과 신하의 교제는 오직 至誠일 뿐이다. 각기 주량을 다해 사양치 말고 마시라."고 하였다. 좌우 신하들은 왕의 뜻에 두 번 절하고 마침내 마셨다. (잔을) 드리기도 하고 주고 받으면서 화락한 기분이 넘쳤다. 술잔이 아홉 번 돌자 물러가 휴식하였다. 이어 中貴人들이 하사하는 襲衣과 寶帶를 내리어 후의를 표하였다. 이윽고 다시 연회가 시작되자 자리를 좁혀 앉고, 먹고 마시는 것을 각자에게 편하게 하도록 했다. 혹은 심회를 털어놓아 웃기는 말을 하거나, 혹은 눈이 가는 대로 난간 밖을 보기도 하였다. 밖에는 돌을 쌓아 가산을 만들었으며 정원으로 끌어들인 물은 늪(沼)을 이루었다. 천봉만학 같은 청량함과 사방의 동정호의 모임과 같은 명승지의 흥취를 느껴 연회가 끝날 때까지 더위를 잊게 하였다. 마음껏 취하도록 술 마시는 연회는 밤이 깊은 후에 끝났다. 진신

사대부들은 기뻐하면서 희색이 있었다. (『高麗史』 권96, 列傳, 金仁存)

　좀 길지만 이 글처럼 잔치의 역할과 심리적 기능에 대해 잘 표현해 준 것은 없다. 국왕인 예종은 송나라에서 가져온 진귀한 술과 차 등의 물건으로 관료들과 같이 먹고 즐기는 잔치를 마련했다. 우선 관료들은 이런 자리에 초대된 것에 영광과 감사를 느꼈을 것이다. 이런 잔치가 국왕의 은총을 분배하는 전형적인 자리였다. 반대로 국왕은 진귀한 물품을 보여주고, 이를 분배하여 자신을 은근하게 과시할 수 있었다.

　연회는 처음에 9차례의 술잔까지 공식적 절차에 따랐다. 그러나 휴식 후에 이어진 두 번째 연회는 지금까지의 긴장을 푸는 자리가 되었다. 상호 간의 거리를 좁히고, 참가자 각자의 주량과 포만감에 맞추어 음식과 술이 제공되었다.

　그러자 농담과 정이 오가는 담화가 이어졌다. 일부 참가자는 궁궐 경치를 감상하는 것과 같은 좀 더 자유로운 행동이 허락되었다. 이 연회는 늦은 밤까지 계속되었고, 참가자들은 큰 기쁨을 누렸던 것이다. 이들의 기쁨은 자신들만이 국왕의 은총과 대접을 받았다는 특권의식과 자부심에서도 나왔다. 당시 참여자는 김인존에 따르면 親王과 양부 대신이다.[62] 이 특권의식과 자부심이 연회 참가자들의 유대감과 다른 집단과의 차별성을 갖게 하는 심리적 요인이었다. 귀족의식이란 이런 것에서 생길 수 있었다. 잔치의 기능 중 하나다.

　국왕이 직접 술과 음식을 권할 때 이를 받은 사람들의 감격은 더욱 컸을 것이다.[63] 그래서 김인존은 잔치가 끝난 후에 공경 대부들이 국

---

62) 참가자는 王侑, 왕효, 왕서, 王僑, 金景庸, 李瑋, 李資謙, 金緣, 仲璋, 金晙, 至和, 李軌, 王字之, 韓安仁 등이다.
63) 『高麗史』 권14, 世家, 睿宗 6년 3월 癸未. 국왕이 기로회에서 친히 음식을 권하자 구경꾼 들 중에서 우는 사람까지 있었다고 한다.

왕의 은총에 보답하겠다는 뜻을 품게 되었다고 하였다. 명목상이겠지 만, 잔치가 국왕에 대한 충성심을 낳는 수단이라고 인정한 것이다.

또한 잔치는 참가자들의 개인적 친밀감을 높이는 수단이었다. 잔치 에서 참가자들은 자신의 마음을 털어놓는 교류와 일탈 등으로 인간적 모습을 보여 주었다. 예절이 따라야 할 자리에서 술과 여흥으로 인한 일탈은 가장 흔한 현상이다.

고려 후기의 일이다. 충혜왕은 새 대궐을 건축하는 역군들을 위하여 음식을 차렸다. 잔치를 베푼 것이다. 당시 문무 관리들과 나라의 창고 들이 그 비용을 보조했다. 왕이 주연을 차리고 儺戱를 구경하다가 기 쁨이 커져 일어나 춤을 추었다. 그리고 재상들에게도 춤추라고 하니 재상들이 차례로 檀板을 치면서 춤을 추었다는 것이다.[64]

원래 국왕이나 관료가 잔치에서 춤을 추는 일은 예절에 어긋나는 일 탈이다. 예컨대 선종 때에 추밀승선 위계정은 연등회 날의 연회에 참 석하였다. 당시 국왕이 술이 취하여 그에게 춤추기를 명령했다. 그러자 그는 伶人이 있는데 자신이 춤을 출 이유가 없다고 거절했다. 국왕 역 시 다시 강요하지 못했다.[65] 여기에는 이런 잔치에서 고위관료가 춤추 는 행동이 규범에 어긋난다는 공감대가 있었을 것이기 때문이다. 실제 충렬왕대 심양은 당시 상장군 윤수가 궁궐잔치 중에 床에 올라 춤을 춘 것이 예절을 범한 것이라고 탄핵하기도 했다.[66]

뿐만 아니라 예절이 익숙치 않았을 무인집권자인 이의민 역시 같은 주장을 했다. 당시 공신이 된 두경승의 집에서 축하 잔치가 있었다. 참 가자들이 술에 취하자 각기 악기를 잡고, 두경승은 노래하는 일이 벌 어졌다. 이때 이의민은 재상들이 영인처럼 노래한다고 꾸짖고 돌아갔

64) 『高麗史』 권36, 世家, 忠惠王 후4년 5월 乙酉.
65) 『高麗史』 권95, 列傳, 魏繼廷.
66) 『高麗史』 권106, 列傳, 沈諹.

다.67) 그렇지만 이러한 일탈 행위가 실제로는 참가자들의 기쁨과 일체감을 더하게 하는 역할을 하지는 않았을까?

그러나 잔치가 즐거움과 유대감 만을 조성하는 것은 아니었다. 즐거움 못지 않게 잔치는 때로 어떤 정치적 의도나 소외감을 낳는 것이었다. 어떤 잔치는 세력 결집의 장이 되는 경우도 있었다.68) 정치적 의도와 심리가 표출되는 장이 되는 경우도 없지 않았다.

예컨대 유경은 최씨 정권을 붕괴시킨 후에 중앙정계에서 중요한 인물이 되었다. 그런데 그는 원종 주변의 환관의 문제를 과거 역사로 논하였다. 이로 인해 환관인 金鏡이 국왕에게 호소하자, 원종은 다음과 같이 말했다.

이 사람은 앞서 崔竩를 죽이고 권병을 잡으려 하다가 金俊 등의 배척한 바가 되어 뜻을 이루지 못했고, 어제 曲宴에서도 재상들이 모두 기뻐하는데 홀로 유경은 기뻐하지 않아 내가 친히 술잔을 들어 권하여도 끝내 즐거워하지 않았다. 이로써 두 마음이 있는 것을 알겠다. (『高麗史』 권105, 列傳, 柳璥)

유경은 김준과 함께 최씨 정권 붕괴의 공로자였고, 이후 정방을 통해 인사권과 행정에 관여하였다.69) 그런데 이 사건이 벌어진 원종 3년

---

67) 『高麗史』 권100, 列傳, 杜景升.
68) 의종은 내시낭중 정서가 자신의 동생인 왕경과 친교를 맺고 자신의 집에서 연회를 벌였다는 이유로 처벌을 상소받고, 정서를 귀양보냈다(『高麗史』 권90, 列傳, 宗室, 大寧侯暻). 이것은 전형적인 반란음모와 관계가 있다.
69) 유경은 최의를 죽인 후에 정방을 국왕의 편전 옆에 설치하여 인사권과 행정 사무를 여기서 결정하였다. 또한 김준의 아우인 김승준이 자신의 공로에 비해 관품이 낮다고 불만을 갖게 되자, 유경은 승진절차의 원칙을 강조했다(『高麗史』 권105, 列傳, 柳璥). 이런 점은 유경이 당시 인사권과 행정에 관여하고 있음을 시사한다.

에는 임연이 김준을 죽이고 위사공신이 되었다. 유경은 이런 공신들을
'群小'라고 비난했던 것이다. 그의 비난은 국왕에 대한 불만으로 해석
될 수 있었다.

그래서 원종은 그가 잔치에서 기뻐하지 않았음을 명분으로, 유경이
반란을 꿈꾸고 있다고 규정했다. 잔치에서의 일탈적 행동은 비난 정도
로 끝났겠지만, 이 경우는 참가집단의 유대감을 깨는 정치적 불만을
표시하는 행동으로 여겨졌다.

한편 잔치는 좌석 배치, 하사품이나 잔치차림 등으로 인한 개인적
의존관계를 보여주는 장이다. 특히 국왕과의 개인적 의존관계는 특정
인의 관직과 별개로, 권력서열을 의미한다는 점에서 중요하다. 이로써
국왕과의 거리와 자리배치는 늘 중요한 문제였다.

고려 후기 충렬왕 때 문절공 주열은 용모가 추하고 코가 문드러진
귤과 같았다. 당시 제국대장공주가 처음 고려에 왔을 때 연회를 베풀
었다. 이때 주열이 獻壽하니, 공주가 왕에게, "어찌하여 갑자기 늙고
추한 귀신 같은 자를 가까이 오게 합니까?" 하였다. 국왕은 "얼굴은 귀
신처럼 추하나 마음은 물처럼 맑다."고 하니, 공주가 얼굴빛을 고치고
예로 대하였다는 얘기가 있다.[70]

공주의 말에서 우리는 국왕에게 가까이 가는 것에 대한 중요성을 암
시 받는다. 주열은 충렬왕에게 대우받는 인물이었다. 그는 왕의 측근들
과는 다른 정치적 가치를 지녔던 것이다.[71] 당시 尹秀와 같은 측근들
의 권력은 국왕의 권위를 배경으로 했고, 이는 국왕과의 개인적 친밀

---

70) 李齊賢, 『櫟翁稗說』 前集2 ;『高麗史』 권106, 列傳, 朱悅.
71) 충렬왕은 그의 재능과 명성을 중히 여겨 한림학사로 임명하였다. 또한 그는
    성격이 강직하여 비리를 미워하였으며, 청렴하였다고 한다(『高麗史』 권106,
    列傳, 朱悅). 이런 점에서 그는 국왕의 환관 등과 같은 측근과는 다른 정치적
    가치와 능력이 있었던 것이다.

도로 결정되었다.[72]

반대로 국왕과의 거리감은 잔치나 행사에 참여하지 못하는 소외감을 가져왔다. 의종의 잔치에서 무관들은 거의 소외되었다. 『고려사』에는 이로 인한 쿠데타 음모 얘기가 전해진다.

의종 24년에 왕이 화평재에 갔을 때 가까운 문신들과 술 마시고 시 짓느라고 돌아갈 생각을 하지 않았다. 이를 따라가는 將士들은 배고픔이 심했다. 이때 정중부가 밖에 나가니 견룡행수 산원 이의방, 이고가 쫓아와서, "문신은 득의하여 취하도록 먹고 무신은 모두 굶주리고 피곤하니 이것을 참을 수 있겠는가." 라고 했다는 것이다.[73]

사실 의종은 잔치에 문신만을 참여시켰지만, 그가 무신들에 대한 배려를 완전히 잊은 것은 아니었다. 뒤이어 그가 흥왕사에 가서는 무관들의 불평을 무마하기 위해 오병수박희를 열게 했다. 아무래도 무신들이 육체적 고달픔만으로 인해 쿠데타를 계획하지는 않았을 것이다. 그들이 느낀 감정은 상대적 소외감이었다. 이 소외감은 문신들에 비해 권력 핵심에 접근할 수 없다는 박탈감에서 유래한다. 외형상으로 이것은 국왕과 가까운 거리에 있는 사람들만이 잔치에 참여하고 있는 것으로 드러난다. 이처럼 잔치는 어느 경우에 소외와 차별감을 낳게 하는 정치적 의미를 지녔다.

그러면 우리는 축제로 인한 공감대 형성 문제를 간단하게 보기로 하자. 축제 역시 잔치와 유사한 양상을 지녔다. 그러나 팔관회나 연등회 등의 축제는 공식적이며, 규모가 개인적 잔치보다 크다. 이렇게 많은

---

72) 이런 부류는 무수히 많다. 특히 환관들은 일반관료보다 국왕과의 개인적 친밀도가 클 수 있었다. 예컨대 의종대 백선연은 남경의 官奴 출신인데도, 환관이 되어 養子라고 불렸다. 그는 왕의 침전을 항상 출입하면서 권세를 부렸고, 일부 관료들의 인사를 좌우하였다(『高麗史』 권122, 列傳, 白善淵). 이는 실제 권력서열과 관직상의 그것과의 차이를 보여준다.

73) 『高麗史』 권128, 列傳, 叛逆, 鄭仲夫.

사람들이 참여하면서 인간적 관계망에서 유대감이 생길 수 있을까?

원래 팔관회는 태조 왕건이 훈요 10조에서 말했듯이 '군주와 신하가 같이 즐기려는[君臣同樂]'을 표방했다.[74] 이것은 단순히 표방만은 아니었다. 명종대의 사건은 이를 잘 보여준다. 당시 북계 仁州都令인 子沖이 팔관회에 참석했다. 그런데 그는 判閤門事 王珪에게 揖만 했다고 하여 무례하다고 탄핵 받았다. 그러나 명종은 蕃民과 같이 즐기기 위한 것이라는 명분으로 어사대의 처벌요청을 무마하려고 했다.[75]

또한 즐김의 대상이 군주와 관료들만은 아니었다. 팔관회 표문 등에서 말하듯이, 이는 백성들과 같이 즐기려고 하는 것이었다.[76] 실제 개경과 서경민들이 많이 참여했음은 앞서 본 바와 같다. 이들이 즐기는 축제는 연습 및 소회일과 대회일을 포함해 여러 날 계속되었고, 볼거리가 많지 않았던 당시 사람들에게 공연을 포함해서 좋은 구경거리가 되었다.

이때 행사의 화려함과 즐거움은 참여한 사람들의 사회적 긴장감을 줄이는 역할을 했다. 같은 공간에서 많은 사람들이 동일한 즐거움을 누린다는 것, 그리고 당분간 이들의 이야깃거리로 남게 됨이 이들의 유대감을 높이는 결과를 가져왔다.

이들의 유대감은 팔관회나 연등회가 국왕이 주관한 종교적 행사였다는 점에서도 기인했을 것이다. 불교를 믿던 일반인들은 이 행사들을 통해 부처의 가호를 받는 국왕의 영역에 자신이 살고 있다는 감정과 함께, 행사의 주체인 국왕의 위광을 직접 느꼈을지 모른다.

이규보가 썼듯이 팔관회는 사람과 하늘이 모두 기뻐하여 태평을 누릴 수 있는 행사였다. 그리고 이 행사에서 불경을 강설하는 것은 신의

---

74)『高麗史』권2, 世家, 太祖 26년 4월.
75)『高麗史』권20, 世家, 明宗 26년 11월 己丑.
76) 郭東珣,『東文選』권31, 八關會仙郎賀表.

힘에 의해 백성들의 마음이 편안해지고, 먼 곳까지 감화를 받게 될 것
이라고 믿어졌다.[77]

　이것이 단지 형식적인 표방만은 아니었다. 그의 글은 이를 수용할
사람들의 신앙심을 바탕으로 하지 않았다면 처음부터 제작될 필요가
없었다. 이렇게 이들의 유대감은 종교적 심성과 믿음 속에서 만들어질
수 있었다. 사람들은 고려의 국왕 아래에서 부처의 가호와 문명을 같
이 누린다는 감성을 갖게 되고, 팔관회 등의 축제는 이를 일반민에까
지 확인시켜 주었다.

　물론 이들의 유대감은 개인이나 가문 등의 이기심과 경쟁으로 인한
깨지기 쉬운 불안한 그릇이었다. 이 그릇은 평화로운 시기의 축제 기
간 동안에는 어느 정도 견고해질 수 있었지만, 지역간의 갈등이나 정
치적 경쟁으로 일시적인 것이 되기 쉬웠다. 이것이 당시 사람들이 지
닌 유대감의 실체였다.

　그렇기에 국왕은 분산되어 있는 각 지역과 가문, 개인을 묶어줄 잔
치나 축제를 끊임없이 열어야 할 필요가 있었다. 사람들의 연결망은
이와 같은 잔치와 축제로 인해 참여자들의 정체성이나 동일감을 확인
하는 가운데 확충될 수 있었다.

　잔치와 축제는 일상 속에서 새로운 자극을 주는 비일상적인 삶의 체
험이다. 그렇기에 그것은 사람들에게 즐거움을 주고, 때로는 참여자들
의 인간적 관계망을 묶어주는 역할을 한다. 따라서 이것들은 역사 속
에서 가장 장기 지속적이고 동일한 성격을 지닌 행사일 것이다.

　그러나 잔치와 축제의 방식과 기능은 조금씩 차이가 있을 수 있었

---

77) 李奎報, 『東國李相國全集』 권39, 法王寺八關說經文.

다. 고려시대 잔치의 모습은 다양했으며, 왕실 등을 중심으로 공식적인 행사가 많았다. 공식적 행사는 대개 의례로 정해져 있었고, 그것은 엄숙하고 장엄하게 진행되었다. 이 점은 팔관회 등과 같은 의례에서도 같다. 이와 같은 의례절차는 사회적 관계, 즉 국왕 이하의 형식적인 권력서열을 확인시켜 주었고, 참여자들의 심리적 긴장감을 유발하였다. 나아가 이런 잔치는 국왕의 하사품 등으로 인해 그 은총을 직접 느끼게 하였다. 이런 시혜적 효과가 큰 경우는 참여 대상자가 일반민, 즉 유교적인 사회복지가 필요한 사람들까지 포함된 잔치일 것이다.

비공식적인 잔치는 참여자들의 즐거움과 축하나 기원 등을 위해 열렸다. 특히 공식적인 의례 뒤의 잔치는 공식행사의 긴장감을 해소하고, 사회적 인간관계망을 보다 확대시키는 역할을 하였다. 이를 통해 고려시대인들은 심경을 교환하고, 나아가 시 등을 통해 문학적 교류를 하였다.

화려하고 재미있는 잔치는 축제와 마찬가지로 사람들의 뇌리 속에 남게 되었을 것이다. 그 속에서의 인간적 모습, 춤과 노래 등을 행하는 것이, 규범에 어긋나기 때문에 오히려 즐거움을 더하고 개인적 관계의 거리감을 좁히는 역할을 했다.

또한 국왕이 치르는 잔치는 참여자들의 유대감과, 비참여집단과의 차별성을 강화시키기도 하였다. 사실 잔치과정 속에서 사람들은 사회적 긴장을 완전히 늦출 수는 없었다. 이것이 때로 정치적 긴장을 낮게 하는 명분이 되기도 했다. 집권층은 잔치 등을 이용하여 자신의 세력을 결집시키고, 인간적 관계를 개인적인 것으로까지 묶어 두려고 했다. 의종의 경우는 대표적인 사례였다. 이때 비참가집단의 소외감은 참여자들의 권력결집이 심할수록 더욱 커졌을 것이다. 이것은 잔치가 당대인들의 심성에 미치는 기능이었다.

축제의 경우 역시 잔치와 크게 다르지 않았다. 팔관회와 연등회 등은 국왕이 주체가 된 종교행사였지만, 일반민까지 참여하는 축제였다. 그러나 팔관회는 조선시대에 들어와 점차 폐지되었고, 연등회 역시 국가의 공식적 행사에서 제외되었다.

팔관회 등은 고려왕조의 초창기에 지역분산적인 국가형태에서 국왕의 위광을 직접 보여주어, 통합성을 높일 수 있는 행사였다. 그래서 고려인들의 유대감을 높이기 위한 '같이 즐김[同樂]'이 강조되었다. 이 유대감은 종교적 심성과도 관련되지만, 그것은 사회적 경쟁 속에서 쉽게 분해될 수 있는 성질의 것이었다. 이 문제는 차후의 과제로 남겨 두고자 한다.

김인호 | 광운대학교 교양학부 조교수

제3장 여성의 경제관념, 富의 추구, 가정 관리

중세의 사회구조와 제도 등은 여성들에게 억압적이고 불평등한 부분이 적지 않다. 그러나 최근 연구에 의하면 고려시대에는 친속 및 가족, 혼인제도, 재산상속 등에서 여성이 일방적으로 불리하지만은 않았다는 실증적 연구들이 나오고 있다.

양측적 친속조직,[1] 서류부가혼속,[2] 일부일처제,[3] 재산의 남녀 균분상속제[4] 등이 구명되면서 고려의 여성은 일상생활에서 비교적 자유로웠으며, 사회적 지위도 전적으로 열등한 것만은 아니었다는 사실 등이 입증되었다. 이런 모습은 조선 전기까지도 이어졌으며 분재기, 호적,

---

1) 盧明鎬, 1988,「高麗社會의 兩側的 親屬組織의 研究」, 서울대학교 박사학위 논문.

2) 朴惠仁, 1988,『한국의 전통혼례 연구-서류부가혼속을 중심으로-』, 고려대 민족문화연구소출판부 ; 權純馨, 1997,「高麗時代 婚姻制度研究」, 이화여자대학교 박사학위논문.

3) 許興植, 1981,『高麗社會史研究』, 아세아문화사 ; 張炳仁, 1990,「고려시대혼인제에 대한 재검토-일부다처제설의 비판-」『韓國史研究』71 ; 權斗奎, 1992,「高麗時代 戶主의 機能과 地位」『大丘史學』43.

4) 旗田巍, 1957,「高麗時代における土地の嫡長子相續と奴婢の子女均分相續」『東洋文化』22/1972,『朝鮮中世社會史の研究』, 法政大學出版局 ; 許興植, 1981, 앞의 책, 아세아문화사 ; 崔在錫, 1982,「高麗朝의 相續制와 親族組織」『東方學志』31/1983,『韓國家族制度史研究』, 一志社 ; 李義權, 1983,「高麗의 財産相續 形態에 관한 一考察」『韓國史研究』41.

족보 등 구체적인 사료들을 통해 보다 실증적으로 구명되고 있다.[5]

그렇다면 고려시대 여성에 대한 사회적 권리와 법적 지위 등이 기존의 인식에 비해 상대적으로 우월하게 나타난 이유는 무엇일까?

종래 연구에 의하면 조선 후기로 가면서 여성의 사회적 지위와 위상이 점차 저하되어 갔는데, 그 요인으로 흔히 유교윤리의 보급과 확대를 꼽았다.[6] 성리학적 가치관의 도입과 부계 중심의 종법제 사회가 정착되면서 여성은 가족과 사회로부터 차별을 받으며 남성에게 예속되는 가부장제 사회의 전형을 이루었다는 것이다.[7] 조선시기 성리학적 가치관과 종법의 도입이 여성의 지위를 저하시켜 간 주요 원인이었다는 것이다.

---

5) 이순구는 조선초기 유교적 윤리의식이 심화되지 않은 상태에서 전통적인 男歸女家婚이 지속되었고 그에 따라 예제상에서 여성의 권리가 위축되지 않았다는 것을 입증하였다. 이어서 경제권의 행사 및 상소 등을 통한 여성의 사회 참여가 가능하였고 일상생활에서도 비교적 자유로운 생활을 할 수 있었다는 것을 구체적으로 논증하였다(李舜九, 1986, 「朝鮮初期 朱子學의 普及과 女性의 社會的 地位」, 한국정신문화연구원 학국학대학원 석사학위논문). 그러나 조선 전기까지 상대적으로 우월했던 여성의 지위가 종법의 수용을 기점으로 변화하였다고 보고 있다(이순구, 1994, 「朝鮮初期 宗法의 수용과 女性地位의 변화」, 정신문화연구원 박사학위논문).
6) 이순구, 1994, 위의 책.
7) 친족제 상속제 등에서 조선 전기까지 이어져 내려온 고려적 관행이 변화하게 된 원인으로 성리학 보급 이외에 다음과 같은 요인을 주장하는 견해도 있다. 17세기 들어서 상속제를 변화시킨 두 가지 요인을 주자학의 보급과 재산의 영세화로 보거나(金容晩, 1985, 「朝鮮時代 均分相續制에 대한 一 硏究」『大丘史學』23, 25~34쪽), 조선 초에는 왕권에 대항할 수 있는 문벌들의 세력약화를 위해 균분상속제를 선호했는데 유교적 가부장권이 도입되면서 문벌들의 세력이 더 이상 위협의 대상이 되지 않자 차츰 변화하게 되었다거나(李樹健, 1992, 「朝鮮前期 社會變動과 相續制度」『韓國親族制度硏究』, 一潮閣), 임진왜란 이후 경작지가 줄고 인구가 늘자 딸을 상속에서 제외했다는 사회경제적 이유 등을 든 연구들이 그것이다(Peterson, A.Mark, 김혜정 옮김, 2000, 『유교사회의 창출-조선중기 입양제와 상속제의 변화-』, 一潮閣, 225쪽).

그러나 이 점만으로 고려시대 여성의 상대적 우월성을 설명하기는 미흡한 감이 없지 않다. 이미 성리학적 이념체계가 도입되었던 조선 전기까지도 고려시대 여성의 일상적인 모습이나 삶의 관행이 상당 부분 그대로 이어지고 있었기 때문이다. 새로운 제도와 이념체계만으로 사회변화를 설명하는 데는 한계가 있다는 의미일 것이다. 그렇다면 더 근본적인 요인을 찾을 수는 없을까?

이 글은 이런 문제의식을 가지고 한 사회 속에 장기간 지속되어 오던 관행이나 인습, 가치관 등이 역사적 규정요소로서 가지는 의미와 비중에 주목해 보았다.[8] 특히 기존 연구에서 별로 다루어지지 않았던 여성의 경제활동을 통한 인간의 물질적 욕구와 부의 추구, 경제관념과 관행 등이 고금을 막론하고 인간의 사회적 위상을 결정하는 데 중요한 요인이 되고 있었음을 밝히고자 하였다. 종래와 같이 정치, 제도적 시각에서 보면 분명 여성이 사회의 주역이었다고 볼 수는 없다. 그러나 경제활동을 통한 다양한 場에서 만나는 여성은 이와는 또 다른 모습으로 다가온다. 그리고 이런 모습은 고려 여성의 사회적 위상과 지위를 규정하는 보다 근본적인 요인을 구명하는 단서가 될 수도 있으리라 여겨진다.

연구방법론으로는 심성사적 접근방식을 활용하였다. 정사 이외에도 문집·묘지명 등 당대인이 남긴 다양한 기록을 통하여 그들의 일상, 태도, 행동, 생각 등에 구체적으로 접근함으로서 여성의 문제를 가능한 한 당대인의 시각에서 바라보고자 하였다. 여성들의 부에 대한 욕구, 부를 추구하는 심성, 축재, 경제력을 바탕으로 자기를 실현하는 방식,

---

8) 고운기는 우리 역사에서 고려시대까지는 한국사회를 지탱해 오던 관습이 그다지 변하지 않았으며 특히 여성의 삶과 인식에 있어 적어도 13세기까지는 관습이 크게 변하지 않은 채 이어 오고 있었다고 보았다(고운기, 2001, 「13세기 여성의 삶과 그 인식」『일연과 삼국유사의 시대』, 월인, 10쪽, 95~96쪽).

이를 바라보는 고려시대 사람들의 심성 등에 대한 분석 등이 그것이다. 고려 여성들의 축재와 경제력 행사는 어떤 형태로 나타났을까? 여성의 경제활동을 바라보는 고려시대 사람들의 생각은 어떠했을까? 결과적으로 이런 것들이 여성의 삶과 현실적 지위에 어떻게 작용했을까? 하는 문제 등에 대한 접근은 제도사를 뛰어 넘어 좀 더 당대인의 실상에 가까이 다가갈 수 있는 방안이라 생각된다. 아울러 제도사에 의해 설명되기 어려운 인습과 관행, 이로 인해 나타나는 제도와 현상 간의 괴리 등을 이해하는 데에도 일조할 수 있기를 기대한다.

1. 여성의 경제력과 사회적 시선

1) 이재에 밝은 여성, 그에 대한 사회적 시선

고려 여성들은 남성 못지 않게 이재에 밝았다. 예컨대 명종 때 盧克淸의 아내는 은 9근에 산 집을 몇 년간 살다가 12근에 팔았다. 3근의 차익을 남긴 셈이다. 중세사회에서 살던 집을 몇 년 사이에 30% 이상 더 받고 팔았다는 것은 훌륭한 거래임에 틀림없다. 그런데 이를 안 노극청은 수년간 살면서 수리도 하지 않은 집을 비싸게 팔 수 없다고 차익을 돌려 주었다.[9] 우리 상식으로는 이해하기 어려운 일부 고려시대 사람의 심성이다.

명종 때 상서좌승을 지냈던 咸有一의 사례도 유사하다. 그의 집은 성의 동쪽 외곽에 있었다. 고려시대에도 도성 근처가 재테크에 유리했던지 그의 아내는 아들들과 함께 도성 가까운 곳으로 옮겨 산업의 터전을 마련하고자 하였다. 그러나 함유일은 부자가 되면 선한 일을 하

---

9) 『高麗史』 권99, 列傳, 諸臣 玄德秀.

는데 게을러지므로 검소하게 살아야 한다고 반대했다.[10] 여성들이 오히려 이재에 밝은 모습을 보인다.

그런데 고려시대 사람들은 이런 여성을 좋아했다. 흥미로운 사례를 하나 들어 보자. 때로 개인의 생각과 행동은 그 시대인의 인식과 가치관을 압축적으로 보여주기도 한다.

『高麗史』간신전에 나오는 池奫은 무녀의 아들로 태어나 재상까지 올라간 입지전적인 인물이다. 그에 대한 기록 중 눈길을 끄는 것은 30여 명이나 되는 많은 희첩을 거느리고 있었으며, 첩을 취할 때 色은 문제삼지 않고 단지 부자만을 취했다는 『고려사』의 기록이다.[11] 실제로 그가 문하찬성사로서 判版圖司事를 겸하고 있었던 시절, 姜乙成이란 자가 판도사에게 금을 바치고 금값을 받기 전에 죄를 지어 사형을 당한 일이 있었다. 지윤은 즉각 그의 처를 첩으로 삼고 금값으로 포목 1천5백 필을 받았다. 금값을 받기 위해 강을성의 처와 혼인한 셈이다. 또 誣陷에 걸려 죽은 왕중귀의 화려한 집을 탐내 중귀의 처 기씨와 혼인하려다 뜻을 이루지 못한 일도 있었다.[12] 자신뿐 아니라 아들 益謙도 사형 당한 재신 辛順의 딸에게 장가 들어 몰수당했던 신순의 집과 재산을 찾아 아들에게 주었다.[13] 이런 방식으로 그는 30여 명이나 되

10) 金龍善 編著, 1993,「咸有一墓誌銘」『高麗墓誌銘集成』, 翰林大學校아시아文化硏究所(이하 인용하는 묘지명의 출처는 같음), "……公天性介潔不□衆□家于東郭僻遠之地 不事生産 諸子請買第宅 稍近市朝 夫人又謂子孫欲及平時頗立産業基址 獨奈何不爲實意乎 公答曰 以其負郭窮巷 本无資儲 不爲亂兵所掠 安用近於市朝且多財 則怠於爲善 予少孤露 无蚍蜉蟻子之援於朝 勤瘁守節以至於此 汝等但當正直爲心節儉約已而已……平昔布衣布被 器則陶瓦 及死之日 家無十金之儲".
11)『高麗史』권125, 列傳, 姦臣, 池奫, "奫倚爲腹心 分置臺諫 大張威福 多列姬妾 幾三十人 唯取富者不以色 立門戶者 十有二人".
12)『高麗史』권110, 列傳, 諸臣, 王煦 附 王重貴.
13)『高麗史』권125, 列傳, 姦臣 池奫.

는 희첩을 거느렸다. 첩 중에는 독립 세대를 가진 자가 12명이나 되었다고 하는데, 지윤이 집을 장만해 준 것이라기보다는 집을 소유하고 있었던 여성들을 첩으로 삼았을 가능성이 크다. 왕중귀의 화옥을 탐해 그의 처와 혼인하려고 했던 사실로 미루어 짐작이 가능하다. 출신이 한미했던 그는 혼인을 통해 치부를 하고 그 부를 통해 재상의 지위까지 오를 수 있었던 것이다.

　지윤처럼 극단적인 경우는 아니지만 당시 사람들이 혼인대상으로 경제력 있는 여성을 선호했던 사례는 드물지 않다. 고려사 '폐행전'에 실려 있는 康允忠도 본처가 있었으나 다시 趙石堅의 처를 취하여 석견의 재산을 차지하였으며[14] 무인집권기의 권수평의 경우에서도 당시 사람들의 성향을 엿볼 수 있다.

　權守平은 권귀의 자제들이 선망하던 牽龍에 보임되고도 집이 가난해 기물을 갖추지 못했다. 이를 본 친구들이 말하길 "많은 사람들이 처를 바꿔 부를 구하니 자네도 부잣집에 改娶하려고 한다면 누가 아내주기를 원치 않겠는가?" 하며 개취하기를 권하였다. 수평은 20년을 함께 한 조강지처를 버릴 수 없다고 거절했지만[15] 당시 사람들이 혼인을 부의 획득이나 가난을 벗어나는 방편으로 여겼던 사례가 드물지만은 않았던 사실을 엿볼 수 있다. "率多易妻求富"라는 구절과 조강지처를 고집하던 수평에게 사람들이 탄복했다는 점으로 미루어 처를 바꾸고 경제력 있는 여성을 선호했던 현상은 오히려 일반적인 추세였던 것으로 생각된다.[16] 이렇게 고려시대 상류층의 혼인은 정략적인 성격이 짙었

---

14) 『高麗史』 권124, 列傳, 嬖幸, 康允忠.
15) 『高麗史』 권102, 列傳, 權守平.
16) 이런 모습은 송유인의 사례에서도 나타난다. 인종때 사람 송유인은 큰 부자였던 松商 서덕언의 딸에게 장가들었다. 재산을 탐해 처를 취했을 가능성이 다분하다. 그는 천한 신분으로 부인의 경제력을 이용해 백금 40근을 뇌물로 주고 3품 버슬을 얻었으나, 후에 처를 내쫓고 정중부의 딸에게 다시 장가들었

으며 경제력 있는 여성을 선호하는 경향은 무인집권기 이후에 더욱 두드러졌다.

이상의 기록들에서 고려시대 상류층 여성들은 상당한 정도 재력을 가지고 있었다는 사실이 드러난다. 그리고 고려의 남성들은 이런 재력 있는 여성을 혼인 대상으로 선호하였다. 미모보다는 재력 있는 과부가 혼인 조건으로 오히려 각광받고 있었던 사실이 그것이다. 결국 여성의 경제력은 혼인 조건에 있어서도 유리한 요소가 되었다. 재산상속에서 남녀 균분제를 채택하고 상속재산의 소유에 남녀를 구분하지 않았던 고려시대 상류층 여성들의 재력을 확인할 수 있는 셈이다.

또한 집과 같이 규모가 크고 중요한 가산의 처분에 여성이 적극 개입하고 있는 모습도 인상적이다. 지금도 마찬가지이지만 그 시절에도 집은 중요한 재산목록이었을 것이다. 그런데 노극청과 함유일의 사례를 통해 보면 부인이 집의 처분이나 이사에 적극적으로 나서고 있다. 노극청의 아내는 여러 해 살던 낡은 집을 적잖이 올려 받고 처분하였다. 상당한 경제적 수완을 엿볼 수 있다. 함유일의 아내도 경제성 있는 도심으로 집을 옮겨 산업의 바탕을 삼고자 하였다. 고려시대에는 여성들이 이재에 더 밝았다.

2) 경제관념에 어두운 관인층

여성들이 이재에 밝았던 반면 관인층에 대해서는 "산업에 관여하지 않았다"라든가 "家業을 일삼지 않는다"라고 하는 기록이 종종 나타난다.

尹宣佐가 평생 집안 살림을 다스리지 않았다[17]라든가 李尊庇가 집

___
다(『高麗史』 권28, 列傳, 叛逆, 鄭仲夫 附 宋有仁).
17) 「尹宣佐墓誌銘」 『高麗墓誌銘集成』, "公平生不理家産".

안 살림을 돌보지 않고, 욕심 없이 담담하게 지냈다[18]라는 것 등이 그
것이다. 또한 及庵公은 날마다 시와 술로 스스로 즐기며, 집안 살림살
이는 묻지 않고 오직 부인에게 맡겼다고[19] 하였고, "申甫純은 생전에
순박하고 후덕하며……아내와 자식들에 관한 사소한 일은 묻지 않았
다"[20]고 하였다.

　위의 사례들은 대부분 묘지명에 기록된 내용으로 액면 그대로 받아
들이기는 어렵다. 그러나 적어도 당시 사람들이 사소한 가정사에 가장
이 관여하는 것을 바람직하게 여기지 않았던 것만은 확실하다. 다음
기록은 이를 보다 실감나게 전해 준다.

　　내가 죄를 얻어 쫓겨서 남쪽 변방에 귀양을 가니, 비방이 벌떼처럼
　일어나고, 구설이 주장(譸張 : 허위로 떠드는 것)하므로 앞으로 닥쳐올
　화를 측량할 수 없었다. 아내가 두려워서 사람을 보내어, 내게 말하기
　를, "卿이 평일에 글 읽기를 부지런히 하여 아침에 밥을 짓는지 저녁에
　죽을 쑤는지 몰랐으며, 집이 곤궁하여 한 섬 곡식도 없으니 아이들이
　기한에 울부짖을 때 내가 안살림을 맡아 끼니를 겨우 이어간 것은 경
　이 篤學하여 입신양명해서 처자식들이 바라보고 힘을 입으며, 문호의
　영광을 일으키게 하리라 하였던 것인데, 마침내는 나라의 형법에 걸려
　이름이 욕되고 자취가 깎여서 몸이 남쪽 변방에 귀양을 가 독한 瘴氣
　를 들이마시고서 형제가 나가 쓰러지고 가문이 분산되어, 세상 사람들
　에게 웃음거리가 된 것이 이렇게 극심한 지경에까지 이르렀으니, 현인
　군자도 정말 이렇게 되는 수가 있나요." 하였다. (鄭道傳, 家難,『東文

---

18)「李尊庇墓誌銘」『高麗墓誌銘集成』, "爲人心地恬靜無波 不營家産 居室淡如
　也".
19)「閔思平妻 金氏墓誌銘」『高麗墓誌銘集成』, "吾外祖及庵公 性眞率不立崖岸
　日以詩酒自適 不問家人生産……".
20)「申甫純 墓誌銘」『高麗墓誌銘集成』, "公生純厚平正 有幹事智能 器局深廣
　不問妻孥私瑣之事……".

選』권107, 雜著)

위의 기록을 보면 집에서 밥을 짓는지 죽을 쑤는지 모르고 학문에만 열중하던 무심한 가장과 이를 뒷바라지하며 가정살림을 꾸려 가던 아내의 고달픈 모습이 잘 드러난다.

그런데 흥미로운 것은 고려시대 사람들의 심성이 이런 사람들을 무능하다기보다는 남자다운 남자, 관직자다운 관직자로 여겼다는 점이다.「정씨가전」을 보면 淸河君은 성품이 활달하며 집안 살림살이를 일삼지 않았다고 한다. 그런데 부인의 조부인 忠烈公이 그를 보고는 항상 "정말 남자답다[眞男子也]"[21]라고 칭찬하였다.

또 尹承解는 집에 양식이 없어도 집안일을 묻는 일 없이 아침저녁으로 관직에 충실하고 임무를 다하는 것으로 뜻을 삼으니 참으로 조정의 바른 사람이었다.[22]라 하여 집안 일에 무심한 것을 무책임하다기보다 남자답다거나 청렴한 관직자로 여겼다.

따라서 사대부가라도 넉넉지 못한 경우가 있었으며, 집안 살림을 꾸리는 일은 대부분 주부에게 맡겨져 있었다.[23] 여성들이 主家者, 持家者, 起家者, 治家者 등으로[24] 나타나고 있으며 실질적으로 가정경제를

---

21) 李穡,「鄭氏家傳」,『東文選』권100, "淸河性豁達無檢束 不事家人生産 夫人金氏之祖 忠烈公 每稱之曰憤眞男子也".

22)「尹承解墓誌銘」『高麗墓誌銘集成』.

23) 남자들은 산업을 돌보지 않았다 라는 기록과 이로 인해 살림이 넉넉지 못한 경우는 고려시대 사료에서 흔히 발견된다(「咸有一 墓誌銘」『高麗墓誌銘集成』, 주10) 참조).

24)「朴居實妻 元氏墓誌銘」『高麗墓誌銘集成』, "……男女未冠笄者有五人 夫人主家未九年 俱選其對以昏嫁之 元家弟妹皆貴顯……";「朴元桂 墓誌銘」『高麗墓誌銘集成』, "夫人豆原人禮賓卿諱誼之女 持家敎子皆有法度";「德方妻 沈氏 墓誌銘」『高麗墓誌銘集成』, "勤儉起家 慈仁享壽";「朴可興 妻鄭氏墓地銘」『高麗墓誌銘集成』, "及笄擇配以歸朴氏 治家勤儉 主饋唯謹 事

주도하고 있었던 사례를 흔히 볼 수 있다. 정도전의 경우도 사실상 집안 살림을 꾸려 나갔던 것은 그의 처였다. 이런 여성들은 대부분 가사노동에도 긍정적인 태도를 보이며[25] 남성 못지 않은 탁월한 경제관념을 보이는 경우가 많았다.

그러면 고려시대에 여성의 경제관념이 보다 현실적이고 긍정적으로 나타나게 된 배경은 무엇일까?

첫째, 사회 통념상 관직자는 재물을 모으거나 민과 이해를 다투는 것을 천하다고 여겼다. 이숭인이 도평의사사의 논죄를 받을 때 중대한 죄목의 하나로 꼽혔던 것이 시장에서 매매를 하여 사신의 품위를 잃었다는 것이었다.[26] 충숙왕대에는 관직자와 승려가 장사하는 것을 금지하였으며[27] 관직자들의 탐욕과 횡포는 늘 경계의 대상이었다.[28]

관직자에게는 청렴성이 무엇보다 우선하는 덕목이었다. "공은 布衣에서 일어나 여러 관직을 거치면서 높은 지위에 올라갔지만 재산을 모으지 않았다"[29]라는 등 관직자의 청렴한 자세를 높이 평가하고 있는 기록은 흔히 발견된다.[30]

舅姑以孝 事夫以義 隨事幾諫 所親有貧之者 必賑恤之 參贊中罹屯厄 再被誣繫 夫人盡悴營救……".

25) 이혜옥, 2004, 「여성의 자아실현과 의식세계」 『東方學志』 124, 73~78쪽.

26) 『高麗史』 권115, 列傳, 諸臣, 李崇仁, "郎舍復上疏曰……奉使上國 身親買賣 與市人爭利 失使臣之節 其罪三也".

27) 『高麗史』 권85, 刑法, 禁令, "(忠肅王)三年三月禁有職人及僧人商販".

28) 『高麗史』 권12, 世家, 睿宗 元年 7月, "辛丑詔曰……然百職至煩 非朕所能盡知 如有賢良在下 宰相薦之 姦貪竊位 臺諫黜之"; 『高麗史』 권16, 仁宗 16年 5月 甲午, "令中外官司及按察使等 揚淸激濁 救民疾苦"; 『高麗史』 권84, 刑法, 職制, 忠烈王 24年, "忠烈王三十四年 忠宣王復位下敎曰……又守令貪暴 按廉不之察 自今每番褒貶以聞……".

29) 「李文鐸墓誌銘」 『高麗墓誌銘集成』.

30) 재물에 연연하지 않았음을 칭찬하는 기록은 이 외에도 다수 발견된다. 「鄭復卿墓誌銘」 『高麗墓誌銘集成』, "公文學淸儉 有祖考風 非公事不迹公

반면 희종 때 대장군이었던 朴挺謨가 벼락을 맞아 죽자 사람들은 그가 탐욕스럽고 간사하기 때문이었다고 여겼다.[31] 무인정권기에 유경이 재산을 몰수당하고 맨 몸으로 붙잡혀 흑산도로 귀양가게 된 것도 엄청난 축재 때문이라고 여겼다.[32]

물론 고려시대 사람들이 재물 그 자체를 부정적으로 본 것은 아니었다. 원래 부는 하늘이 준 복이요, 부자가 되는 것은 사람들이 추구하던 강렬한 바램이었다.[33] 그러나 뇌물을 받는 등 불법적이거나 인색하고 과도하게 재물을 축적하는 것은 비난의 대상이 되었다. 이자현이 평소에 도를 닦는 사람처럼 행동하면서도 성질이 인색하고 재물을 많이 모아 비난을 받았던 것도 그런 사례의 하나다.[34]

따라서 관직자가 사회적 비난을 감수하며 축재하기는 쉽지 않았을 것이다. 사실 여부를 떠나 적어도 겉으로는 대부분 가정경제에 무관심하며 청렴을 추구하는 모습을 보여야 했을 것이다. 이럴 경우 현실적으로 가업경영이나 그를 통한 축재는 여성이 주도했을 가능성이 크다. 관직자로 성공하게 된 것을 가정에 신경 쓰지 않게 내조를 잘한 부인 덕으로 돌린다거나[35] 뇌물을 줄 때 흔히 부인을 통했던 것도 그런 근

卿闕 不以産業介意 家無所儲 唯書床天然木倚子耳”;「李軾墓誌銘」『高麗墓誌銘集成』, “……淡於財利 不事産業 雖居第傾圮而未嘗營餙……”.

31) 『高麗史』 권21, 世家, 熙宗 2年 6月, “丙寅震大將軍朴挺謨 挺謨爲人貪婪詐僞”.

32) 『高麗史』 권105, 列傳, 柳璥, “璥素富 嘗徙宅輸財事 馬連亘旬日而止 及誅竩 頗有權勢富倍於前 時稱三韓巨富……璥被執 赤身不齎一物……人稱璥之敗 富所招也”.

33) 고려시대 사람들은 일반적으로 홍범 5복 등 복을 중시하였으며 복의 내용 중에 富가 중요한 요소의 하나였다. 그리고 다음 기록에 나타나 있듯이 화복은 하늘이 준 것이라 여겼다.
「許載墓誌銘」『高麗墓誌銘集成』, “死生禍福天也 曾不芥蔕 但數年間 俸祿頓絶 止賣才資以備日給 若將終身焉”.

34) 『高麗史』 권95, 列傳, 李子淵 附 李資玄.

거의 하나다.36)

둘째, 고려시대 사람들은 관료가 되어 관직에 나가는 것을 최고의
목표로 삼았다. 따라서 오랜기간 학문에 전념해야 했고 관직자가 되어
서도 지방관이나 사신으로 가는 등 집을 떠나 있는 경우가 많았다. 널
리 알려진 사실이지만 이규보, 길재 등도 오랫동안 처갓집 신세를 지
고 있었다. 이런 경우 사실상 가정살림을 돌볼 여유가 없었을 것이다.

셋째, 남녀의 경제관념에 차이가 나타나는 근본적인 요인의 하나로
당대인들이 여성을 가업경영의 한 축으로 인정하고 그 역할을 상당히
긍정적으로 여겼던 점을 꼽을 수 있다.

고려시대 家의 구성요소는 인적요소인 家屬, 물적요소인 家業, 정신
적·사회적 요소인 家風이 핵심을 이루고 있었는데, 가장과 그의 처는
가속과 가업의 두 주체로서 그 역할이 상호 구분되어 있었다. 예컨대
"염덕방의 처 심씨가 천성이 총명하고 부지런하며 검소하여 가업을 잘
지켰다"37)라거나 "房淸璉의 처 피씨가 지어미의 도리를 지키며 가업

<hr/>

35) 「閔漬妻申氏墓誌銘」『高麗墓誌銘集成』, "年十四純簡公擇其婿以歸 閔氏夫
人生二男三女……夫人仁厚根於天性克勤而儉 克柔而順 事舅姑敬而愉 撫子
孫愛而周 婦道旣備家政底治……公之忠勤 邦家入處宴安 不以産業累其心
實賴其內助焉";「金倫妻崔氏墓誌銘」『高麗墓誌銘集成』, "竹軒公 歷官中外
至拜首相 夫人靡嘗一爲絪婭私有請安公 公之淸德重望 蓋夫人無有內助 其
餉賓客賙宗黨整郿 有不問餘閨門肅睦稱安……".

36) 어떤 莊人이 김수를 모함에 빠트리기 위해 가져 온 炭 수레를 거절함으로서
금미장 감독관이었던 남편의 관직생활을 하자없이 마치도록 도왔던 김수 처
의 경우가 그런 사례이다(「金須妻高氏墓誌銘」『高麗墓誌銘集成』, "僉政府
君 嘗奉內勑監西海道今彌莊 莊人矯府君 命致炭數車 大夫人曰 夫子非其義
也 絲毫靡嘗取諸人 況所監臨者乎 此必妄也 閉門不納 迨夜莊人置之去時權
臣金仁俊子弟挾憾 欲中傷府君 遂以譖仁俊使覘之 炭委積於外 無收視者 乃
感悟不問").

37) 「廉德方妻沈氏墓誌銘」『高麗墓誌銘集成』, "亡夫人天性明惠勤儉 克維家
業".

을 이루었다"[38]라는 기록에서 당시인들이 여성을 가업의 한 축으로 여기고 있었음을 알 수 있다. 조선 초에도 부인이 가업을 융성하게 하는 일은 남성 관인층의 직분에 비할 만큼 비중있는 일이라 하였다.[39]

그리고 다음 기록을 보면 가업의 두 축으로서 남성과 여성의 역할이 상호 구별되어 있었다.

> 평일에 일찍이 나에게 말하기를 "그대는 독서하는 분이니, 다른 일에 힘쓰는 것이 귀중하지는 않습니다. 저는 집안일을 주관하여 의복이나 식량을 주관하는 것이 맡은 일인데(子以讀書不事事爲尙 吾以主家衣糧爲職), 비록 반복하여 힘써서 구하더라도 뜻과 같지 않은 경우가 때때로 있습니다."[40] (「崔婁伯妻廉瓊愛墓誌銘」『高麗墓誌銘集成』)

즉 위의 기록에서 "子以讀書……吾以主家……"라 한 것을 보면 남편은 학문을 통해 儒者로서 家의 사회적 지위나 신분을 계승하고 부인은 主家者로서 집안 살림을 다스리는 존재로 역할의 차이를 인정하고 있었던 것으로 보인다. 남자는 학문을 통해 입신출세하고 신분과 직위를 계승하는 반면 여성은 가정에서 내조를 통해 가업을 다스리는 존재라는 인식이 그것이다.

이것은 남녀 차별과는 다른 의미였으며, 가정 내에서 여성의 역할을 단지 부차적이고 보완적인 것 정도로만 여기지 않았다. 여성의 독자적 영역을 인정하고 이를 가업경영과 계승의 한 축으로 인식하고 있었다.

---

38) 「房淸璉妻皮氏墓誌銘」『高麗墓誌銘集成』, "執其婦道 以成家業".
39) 『世宗實錄』 권59, 15年 2月 戊申, "婦人動必有禮 輔其君子 恩其族屬 隆其家業 斯能貞矣 臣下憂國如家 盡節奉職 使君安富尊榮 澤及於民 斯能忠矣".
40) "平日嘗言曰 子以讀書不事事爲尙 吾以主家衣糧爲職 雖復佩佩求之 不如意者時或有之 設或不幸他日我殞賤命 而子饗厚祿 動輒稱意 無以我爲不才 而忘其禦窮也 言訖大息……".

고려시대 사람들이 여성의 내조를 적극 평가했던 것도 이런 맥락으로
볼 수 있다. 가정의 화목과 관직생활의 성공을 처의 덕으로 돌려 칭찬
하는 등 내조를 적극적으로 평가하고 인정하는 분위기는 묘지명 곳곳
에 산재해 있다.[41]

> 벼슬을 구함에 청렴하여   郎官으로 오래 묵었구려
> 옷자락 털고 돌아오니   집이라고 말(斗)만 하도다
> 江湖에 몸을 의지하고   마을의 막걸리를 즐기었네
> 더구나 내조가 있어   축적이 더욱 많았거니
> 보답은 허망되지 않아서   의당 뒤가 있으오리다.……[42]

위의 기록은 鮮初의 사례지만 축재를 한 것 역시 부인의 공으로 돌
리고 있다. 고려시대에는 남편을 출세시키거나 아들을 과거에 급제시
켜 가업을 일으키고 이를 계승하도록 내조한 여성에게 봉작과 녹봉을
주는 등 현실적 보상이 따르기도 하였다.

이렇게 현실적으로 여성이 가정경제를 꾸려 가고 있었으며 이를 긍
정적으로 바라보던 사회적 분위기는 여성들에게 경제 활동이나 축재

---

41) 「尹珤妻朴氏墓地銘」 『高麗墓誌銘集成』, "……凡鈴平君之自微官歷華顯任緊重
其公正淸平之譽大噪於人者 惟內助居大半焉";「金元義 妻 印氏墓誌銘」 『高麗
墓誌銘集成』, "……公之歷位至宰相 夫人有內助焉……";「閔漬妻申氏墓誌銘」
『高麗墓誌銘集成』, "年十四純簡公擇其婿以歸 閔氏夫人生二男三女……夫人仁
厚根於天性克勤而儉 克柔而順 事舅姑敬而愉 撫子孫愛而周 婦道旣備家政底
治……公之忠勤邦家入處宴安 不以産業累其心 實賴其內助焉";「金倫妻崔氏墓
誌銘」『高麗墓誌銘集成』, "竹軒公歷官中外至拜首相 夫人靡嘗一爲絪 女堊私有
請安公 公之淸德重望 盖夫人無有內助 其餉賓客購宗黨整耶 有不問餘閨門肅睦
稱安……".

42) 權五福, 「有朝鮮都摠府經歷兼司憲府執義 金公淑人李氏 祔葬墓誌銘幷序」
『續東文選』 권20, "……干進廉郞潛久 拂歸袖室如斗 身江湖樂社酒 內有助
積彌厚 不食報宜有後……".

를 주도하게끔 하는 토대의 하나가 되었다고 할 수 있다. 여성이 이재에 밝을 수밖에 없었던 근거의 하나이기도 하다.

2. 축재와 물질적 욕구의 실현

1) 가업경영

앞에서도 언급하였듯이 고려시대 여성은 가업경영의 한 축이었다. 고려시대 사람들 스스로가 그렇게 여기고 있었다. 그런데 家業, 祖業은 일반적으로 儒業, 武業, 醫業 등을 통한 사회적 지위나 신분의 계승 및 家의 재산 즉 물적 토대를 포함하는 것이므로[43] 사회적 지위나 신분계승의 주체가 될 수 없었던 여성은 주로 가정관리를 통해 가업경영의 한 축을 이루었을 것이다.

당시 여성이 담당했던 가정관리의 범주는 부모봉양, 내조, 육아와 자녀교육, 인척간 경조사 챙기기, 봉제사, 음식과 의복장만, 직조, 바느질 등 집안일 전체가 포함되는 것이었다.[44] 현재와 크게 다를 바 없다.

---

43) 본서 제4부 12장 참조.
44) 「金眄妻許氏墓誌銘」『高麗墓誌銘集成』, "……十四合二姓 旣合能下於夫 主餘食績紡事 以盡其婦道 而家猷所積熏稍知典章 莫不輔助于內以之"; 「崔妻伯妻 廉瓊愛墓誌銘」『高麗墓誌銘集成』, "……平日 嘗與我言曰 子以讀書不事事爲尙 吾以主家衣糧爲職 雖復僩俛求之 不如意者 時或有之 設或不幸他日我殞賤命 而子饗厚祿 動輒稱意 無以我爲不才 而忘其禦窮也 言訖大息……"; 「尹龜生妻 崔氏墓誌銘」『高麗墓誌銘集成』, "……栗亭尹文貞公 爲其子今三司副使龜生擇婦 聞夫人賢執女工 豊寒盛暑 不輟而又勉 其弟母墜家聲 文貞曰 是足以配吾子矣 以禮聘之 旣至事尊舅 盡婦職 嫁其弟 撫其女如已出 族屬或飢寒 夫人衣食之 而自甘菜色 文貞之祖先墳墓在錦者七所 三司歲時拜掃 夫人力貧治奠物如式 仁親敬先 盖天性云 夫人長子曰 紹宗 吾門生 乙巳科狀元也 今爲典儀副令藝文應敎 文貞之老于錦也 每見夫人曰 吾孝婦吾孝婦 我家出狀元矣 及文貞卒葬 夫人過哀盡喪禮……".

그리고 閔漬의 묘지명에서 "산업으로 마음의 누가 되지 않았던 것은 실로 그 부인의 내조덕이었다"[45]라고 한 것에서도 여성이 가정경제를 주도하고 있었음을 알 수 있다.

그리고 고려 여성들은 자신의 일을 스스로 婦職이라 인식하였다. 김원의의 처가 문서를 다루는 일은 남자들의 일이요, 여공은 이에 비견될 만한 여성의 직책 즉 婦職이라 한 말들이 이런 인식을 대변한다.[46] 자신의 역할에 대한 당당함과 자부심을 엿볼 수 있다. 가사에 대한 인식은 시대와 상황에 따라 달랐다.[47]

이제 가업경영의 실체를 통해 여성의 역할이 지니는 사회적 의미와 가치를 살펴 보기로 하자.

고려시대 사람들은 며느리감을 고를 때 여공 즉 길쌈과 바느질을 중요한 덕목의 하나로 생각하였다.

---

45) 「閔漬妻申氏墓誌銘」『高麗墓誌銘集成』, "公之忠勤邦家 入處宴安 不以産業 累其心 實賴其內助焉"; 그 외에 「尹珤妻朴氏墓誌銘」『高麗墓誌銘集成』에서 "……凡鈴平君之自微官歷華顯任緊重 其公正淸平之譽 大噪於人者 惟內助居大半焉"이라고 한 기록도 참고가 된다.

46) 「金元義妻印氏墓誌銘」『高麗墓誌銘集成』, "家本饒財 然不以富故手離女工 子姓諫止之 夫人曰 紡績蠶織婦職也 類若輩之文書筆硯 烏可須臾離也 及公之至相位 然後輟而不親一位妾侍……"; 「閔思平妻 金氏墓誌銘」『高麗墓誌銘集成』, "……年十三歸閔氏盡婦職 性嚴敎子弟必以禮 宗族至今稱之".

47) 최근에도 세계적으로 전업주부에 대한 재평가가 이루어지고 있는 듯하다. 미국에서는 1994년 450만 명이던 전업주부가 2003년 540만 명으로 늘어났다고 한다. 이들의 88%가 자녀를 돌보기 위하여 직업을 포기했다고 한다. 자녀양육에 매진하는 것이 직장생활보다 더 경쟁력 있고 만족도가 높다고 판단하는 사람이 늘어났다는 해석이다. 경제활동을 하는 여성인구가 1000만 명이 넘는다고 하는 우리 사회에서도 이들 여성들이 전업주부에 비해 생활이 더 윤택하거나 더 행복하다는 신호는 감지되지 않는다고 한다. 자녀교육과 부동산 등에 올인해 온 일부 전업주부보다 삶의 만족도가 떨어지는 경우가 많기 때문이다(『동아일보』, 2005년 7월 30일, 26면, 정성희의 '광화문에서').

栗亭(尹澤)이 지금 삼사부사로 있는 아들 龜生을 위하여 며느리를
고를 때 부인이 어질고 길쌈이나 바느질과 같은 女工을 하며 몹시 춥
거나 더워도 쉬지 않고, 또 그 아우에게 가문의 명성을 떨어뜨리지 말
라고 당부한다는 소문을 듣자 "이러한 이야말로 내 아들의 배필이 되
기에 충분하다."라고 하여 예로써 맞이하였다. (「尹龜生妻 崔氏墓誌
銘」『高麗墓誌銘集成』)

위의 기록에서 보듯 당시인들은 며느리의 자질로 인품과 함께 여공
을 중시하였다. 길쌈과 바느질을 잘 하는 것 즉 여공은 고려시대 사람
들에게 여성의 자질을 평가하는 일반적 잣대의 하나로 중시되었다. 상
징적인 의미를 지니는 것이겠지만 왕후의 자질로서도 여공이 언급될
정도였다.[48]

이는 중세사회의 경제구조에서 직조가 차지하는 비중과 관련이 있
었을 것이다. 당시 사회에서 직조는 경작과 더불어 의식의 기본이 되
며 남경여직을 축으로 하여 남자는 우경 및 개간노동 위주의 농업활동
에 치중했던 반면 여성은 방직과 직조에 주력했다. 뿐만 아니라 布類
는 米와 더불어 조세의 2대 항목이었으며 중요한 교환수단이기도 하였
다. 화폐로서 철전이나 은병을 쓰기도 하였지만 미, 포는 가장 일반적
인 교환수단으로 기능하였다.[49] 고려시대 사람들은 오종포를 화폐로
쓰고 있었고 이것은 대부분 여공에 의해 생산되었다.[50]

---

48) 『高麗史』권88, 列傳, 后妃, 仁宗, 恭譽太后任氏, "七年冊爲王妃詔曰 古先哲
王之有天下也 非獨由己德之茂 盖亦有內助之賢 朕叨承景命嗣守丕基 王假
有家 重人倫之大義 天作之合 宜君子之好俅 咨爾任氏夙以婦才 起於德閡動
必由於禮節 居不忘於女功……" ; 『高麗史』권88, 列傳, 后妃, 神宗 宣靖太
后 金氏, "……后自幼勤女功 當忠獻廢立之際 備嘗艱難謹愼自守……".
49) 박경안, 2004, 「일상적인 삶에 투영된 경제의식」『동방학지』124, 13~23쪽에
서도 포화가 일반적인 유통수단이었음을 밝히고 있다.
50) 『高麗史』권79, 食貨, 貨幣 恭讓王 3年 7月.

중세사회에서 길쌈과 바느질이 가지는 의미는 가족의 의류 생산을 넘어서는 것이었다. 의생활비의 자급뿐 아니라 조세를 내고 다른 물품을 교환할 수 있는 재화를 생산하는 일이었다. 지금부터 그리 멀지 않은 시절에도 우리 어머니들이 삯바느질로 어려운 가정경제를 꾸려 나가거나 생계를 충당했던 일은 아주 흔했다. 이로 미루어서도 중세사회에서 길쌈과 바느질이 가정경제에서 차지하고 있었던 비중을 짐작하기는 어렵지 않다. 여성 묘지명에 "낮에는 길쌈, 밤에는 바느질"이라는 말이 흔히 보인다. 관인층의 집안도 예외가 아니었다.

> 국권을 장악하여 왕명을 출납하는 직책[喉舌]에 있었는데, 매우 청렴 결백하고 엄중하였으므로 당시에 소문이 났다. 부인도 마음을 같이 하여 그 뜻을 따르며 그 덕을 쌓는데 내조하지 않은 적이 없었다. 비록 집안은 몹시 가난하였으나 오히려 의로써 가난함을 즐겁게 여겼다. 낮에는 길쌈을 하고 밤에는 바느질을 하며, 부지런하여 게으르지 않으니 집안이 잘 다스려졌다. 위로는 남편을 받들고 아래로는 여러 아이들과 노비 등 무려 수십 명을 거느리면서도 거두어 먹이고 기르는 데 부족함이 없는 듯이 하였고, 음식도 반드시 고르게 나누어 주었으니, 참으로 어머니의 도리를 다하였으며 여자의 도리를 다하였다.[51] (「李輔予 妻李氏墓誌銘」『高麗墓誌銘集成』)

위의 기록은 상류층 부인이 직포와 길쌈을 하고 있었으며, 아이들과 수십 명의 노비관리 역시 주부의 손에 맡겨져 있었음을 말해 준다. 그런데 부인이 수십 명의 노비를 관리하고 있었고 손수 길쌈을 하였다면 노비 중 婢를 거느리고 직포나 방적을 했을 가능성을 배제할 수 없다.

---

51) 다음의 기록도 같은 내용을 전해 준다.
「朴允文妻金氏墓誌銘」『高麗墓誌銘集成』, "夫人平生事父母孝事兄弟 順均 子孫 慈婢僕 夜誦佛經 晝執紡績 年高不怠 至於衣服飮食 亦必豊儉中度".

상류층 부인들이 노비를 거느리고 있으면서도 직조에 부지런하였다는
것은 노비를 독려하기 위해 모범을 보인 것일 수 있다.

수백 명의 노비를 관리하고 있었던 다음 사례를 보자.

> ……正尹公이 아버지를 대신하여 숙위가 되어 원나라 궁궐에 머무
> 르자, 부인은 정씨를 옆에서 모시며 봉양하였는데 잘 모시어 편안히
> 돌아가실 수 있게 하였다. 후에 정윤공이 또한 죽었는데 그 자녀들로
> 아직 결혼 못한 아이들이 5명이었다. 부인이 가문을 주관한 지 9년이
> 못되어 모두 그 배우자를 택하여 시집가고 장가들게 하였다. 원씨 가
> 문의 형제 자매도 모두 귀하게 현달하고, 태부인도 병이 없었으며, 일
> 가 친척들도 날로 번성하였다. 부인이 일찍 과부가 되어 그 사이에서
> 처신함에 윗 사람의 뜻을 받들어 대우함에 그 공순함을 다하고 예로서
> 스스로 지키니 一門이 그녀를 많이 칭찬하였다. 가문의 재산은 넉넉하
> 였으며 정윤공이 살림 돌아가는 것을 묻지는 않았으나 부인은 법도로
> 다스렸으며, 부리는 비복이 수백 명이었지만 명을 내면 어기거나 원망
> 하는 자가 없었다. (「平原郡大夫人元氏墓誌銘」『高麗墓誌銘集成』)

위의 기록을 보면 정윤공의 부인이 원나라에 숙위로 가 있는 가장을
대신하여 主家者로서 유능한 모습을 보여 주고 있는데, 수백 명의 노
비 관리가 부인의 손에 맡겨져 있었음이 주목된다.[52] 노비 수백 명이
모두 솔거노비로 가사나 잡일을 돌보고 있었다고 보기는 어려운 만큼
이들이 토지경작이나 농장관리 또는 직조와 관련되어 있었을 가능성

---

52) 다음 사례에서도 궁인 김씨 등이 500여 인의 노비를 소유하게 된 사실을 알
　려 준다.
　『高麗史』권88, 列傳 后妃, 穆宗, 宮人金氏, "宮人金氏 有寵號邀石宅宮人
　慶州人融大 詐稱新羅元聖王遠孫 認良民五百餘口爲奴婢 以贈金氏及平章
　韓藺卿侍郎金諾爲援 御史臺按問得實 奏請罪之 穆宗命罰 金氏銅一百斤 流
　藺卿諾于外 聞者皆賀".

을 생각해 볼 수 있기 때문이다. 조선 초기 김무의 분재기를 보면 225명의 노비를 자손들에게 분급하였던 기록이 보이는데, 이 중 노와 비는 거의 반반이었다. 婢만 110명이 넘었다고 한다.[53] 이들이 직조에 참여하였을 가능성은 없는 것일까? 다음 기록은 의미있는 내용을 전한다.

> 閔渙이 또 왕에게 건의하여 사람들에게 4가지 부류의 노비를 나라에 바치도록 급박하게 요구하였는데 첫째는 寄上노비요, 둘째는 투속노비요, 셋째는 선대의 임금이 준 노비요, 넷째는 서로 매매한 노비이다. 왕은 민환과 康允忠에게 이 일을 주관시켰으며, 이에 모든 호부가의 비 중 자색이 있는 자는 모두 빼앗아다가 북전에 두고 길쌈을 시켰는데 마치 평민의 집과 같았다. 권준, 봉천우, 권적의 집이 그 피해가 제일 컸으며 오직 민환에게 뇌물 보낸 자만이 피해를 모면할 수 있었다. (『高麗史』 권124, 列傳, 嬖行, 閔渙)

위의 사료에서 주목되는 것은 호부가의 자색이 있는 婢를 북전에 두고 길쌈을 시켰다는 기록이다. 즉 호부가의 婢를 빼앗아 북전의 織婢로 삼았다는 내용인데, 직조는 기술이 필요한 만큼 이들 婢가 호부가에 있었을 때도 길쌈과 방직을 했을 가능성은 매우 크다. 그리고 당시 명문가에는 흔히 수백 명 이상의 노비가 존재하였으므로 이들이 직조에 동원되었다면 그것은 자급을 위한 범위를 크게 넘어서는 것이었다. 따라서 상류층 가정에서 직비들을 사역해 생산한 직물을 시장에 팔아 치부했을 가능성을 생각해 볼 수 있으며, 노비의 숫자로 보아 규모도 적지 않았을 것으로 생각된다. 중국 명대의 경우이기는 하나 가정내 부녀자들의 면포생산도 상당한 수익을 올리고 있어 부차적인 수준에

53) 鄭求福, 2002, 「1429년 金務의 分財記」『古文書와 兩班社會』, 一潮閣.

머무는 것이 아니었다고 한다.[54]

또 사찰의 경우이기는 하나 직비를 두고 고급 직물을 생산했던 흔적
도 엿볼 수 있다.

> 어떤 여승이 흰 모시를 바쳤는데 가늘기가 매미의 날개 같으며 꽃무
> 늬도 놓여 있었다. 공주가 저자의 상인에게 보이니 이전에도 보지 못
> 하던 물품이라고 모두들 말하였다. 그래서 여승에게 그 출처를 물어
> 본즉 "제가 데리고 있는 여종 하나가 이것을 짤 줄 압니다"라고 대답
> 하였더니 공주가 그 여종을 자기에게 주는 것이 어떠냐고 요구하였다.
> 여승은 깜짝 놀랐으나 하는 수 없이 여종을 공주에게 바쳤다. (『高麗
> 史』권89, 列傳, 后妃 忠烈王, 齊國大長公主)

위의 기록을 보면 한 사찰에서 시장에서도 흔히 볼 수 없는 고급 직
물을 생산하고 있었음을 알 수 있다. 당시 사찰에서는 종이, 기와 등
각종 수공업 제품을 생산하여 판매하고 있었으므로 이런 고급 직물 역
시 상품화하기 위해 생산했을 가능성을 배제할 수 없다. 개경에서는
20승 황마포등 고급 직물을 어렵지 않게 구할 수 있었던 것으로 보이
는데[55] 이런 고급품은 아마도 호부가나 사찰의 솜씨 좋은 직비가 생산
하여 시장에 공급하였던 것이 아닌가 한다.[56]

---

54) 민경준, 2003, 「명청시기 강남의 면방직업과 농가경영」『문익점과 목면업의
역사적 조명』, 아세아문화사, 163~164쪽.

55) 『高麗史』권123, 列傳, 朱印遠, "今又令諸道 貢二十升黃麻布 紡績於女工,
最難, 村婦安能細織, 必求諸京, 價貴難買, 民將不堪".

56) 조선에서도 仁壽府 등에서 직조하여 진헌하는 20승 포의 경우 모든 사람이
짤 수 있는 것이 아니었으므로 각사 노비 중에서 잘 짜는 자만 사역하여 짜
도록 하였다고 한다(『文宗實錄』권3, 文宗 即位年 8月 辛卯, "議政府據 戶曹
呈啓 仁壽 仁順府 內資 內贍寺 所織進獻二十升 闊細麻布 及綿紬 非人人所
能織 雖敎除各司婢子 如有能織者 並皆役使……").

이상과 같은 상황으로 미루어 볼때 고려 상류층 여성들은 소비자일 뿐만 아니라 직조를 통해 생산의 한 축을 담당하고 있었으며, 화폐로 통용되던 포의 생산은 여성 경제력의 토대가 되었다고 생각된다. 길쌈이나 직조는 의류의 자급이나 부업의 차원을 넘어 축재의 수단으로 여겨졌을 가능성이 크다.

그리고 고려시대 사람들은 이런 여성의 경제력을 높이 평가하였다. 여공은 여성의 자질로서 매우 중시되었으며, 여성 스스로도 직조를 婦職으로 여겼다. 혼인 조건의 하나로 여공을 든 것 역시 이런 현실적인 이유에서였다고 생각된다. 묘지명 등에서 흔히 여성의 부지런함을 주요한 덕목으로 강조한 것도 이와 관련이 있었을 것이다.

2) 시장, 소비와 축재의 場

소비자이자 생산자인 여성은 시장과 깊숙이 관련되어 있었다. 음식과 의복 등 각종 생활필수품의 구입을 주관하던 여성들은 가정관리에 필요한 잡다한 물건들을 시장에서 사들였을 것이다. 이자겸의 모친은 평소 시장 사람들의 재물을 抑買하고 값을 쳐 주지 않거나 노비를 놓아 횡포하여 그녀가 죽자 市人들이 서로 기뻐하였다고[57] 한다. 이 기록은 상류층 가정의 여성이 시장에 미쳤던 영향력을 나타내 주는 사례의 하나다. 다음 기록에 보이는 이소응의 처 역시 노비를 시켜 생강을 사 가지고 가는 중이었던 것으로 보인다.

朴葆光은 年少輕薄하여 처음 權務에 보임되었으나 교만하였다. 길에서 李紹膺의 처를 만나 시종하는 비복 중에 생강을 가진 자가 있음을 보고 이것을 요구하였으나 주지 아니하니 박보광이 그를 구타하고

---

57) 『高麗史』 권127, 列傳, 叛逆, 李資謙.

욕하였다. 李紹膺의 처가 대노하여 僮僕을 거느리고 칼을 가지고 박제
검의 집에 이르러 큰 소리로 외치며 보광을 죽이려고 하니 박보광 및
가인이 모두 도망하여 숨었다. (『高麗史』권100, 列傳, 諸臣, 朴齊儉)

당시 개경은 만물이 모이는 곳으로 구할 수 없는 상품이 없을 정도
로 유통과 판매가 활발하게 이루어졌다.[58] 그런데 여성들은 소비재를
구매했을 뿐만 아니라 가내 수공업품을 시장에 판매했을 가능성도 있
다. 앞에서도 언급한 바와 같이 상류층 가정의 부인이 수백 명의 노비
를 거느리고 상당 규모의 곡물과 직물을 생산했을 가능성이 큰 만큼
시장을 통해 이를 거래했을 가능성이 크다.

일반인의 경우는 아니지만 사기 파는 상인 출신 林信의 딸 銀川翁
主 林氏의 사례에서 상류층 여인들이 치부를 하는 모습을 짐작해 볼
수 있다.

은천옹주 임씨는 상인 林信의 딸이니 단양대군의 婢이다. 사기를 파
는 것을 생업으로 삼았는데 왕이 그를 보고 가까이 두고 총애하였다.
충혜왕 3년에 왕이 장차 화비를 맞아들이려 할 때 임씨가 질투하였으
므로 은천옹주로 봉하여 그 뜻을 위로하였다. 세간에서는 사기옹주라
고 불렀다. 왕이 삼현에 신궁을 건설하였는데 그 제도가 왕궁같지 않
았고 창고가 백간이나 되어 곡식과 비단으로 채웠으며 행랑에는 綵女
를 두었다. 여자 두 명이 입선되어 그 신궁으로 들어가게 되자 눈물을
흘리니 왕이 노하여 쇠몽둥이로 때려 죽였다. 또한 방아와 맷돌을 많
이 두었는데 모두 옹주의 뜻이었다. 왕은 熱藥을 즐겨 먹었기 때문에
모든 비빈들이 모두 왕을 감당하지 못하였는데 오직 옹주만이 사랑을
받았다. 釋器를 낳았을 때 복잔치를 하는데 상인들에게 비단을 빼앗아

---

58) 李仁老, 『破閑集』上, "文房四寶 皆儒者所須 唯墨成之最難 然京師萬寶所聚
求之易得 故人人皆 不以爲貴焉".

예물로 썼다. (『高麗史』 권89, 列傳, 后妃, 忠惠王, 銀川翁主林氏)

기록을 보면 왕이 삼현에 세웠던 신궁은 사기옹주를 위한 것으로 여겨지는데, 일반 궁궐과는 달리 백간이나 되는 큰 창고를 만들어 곡식과 비단으로 채우고 방아와 맷돌을 많이 두었으며 행랑에 채녀를 두었다고 한다. 규모로 보아 옹주에게 소용되는 식량과 의복의 수요를 충당하기 위한 것만은 아니었던 것으로 보인다. 비단 등을 생산할 수 있는 시설과 이를 보관할 수 있는 창고를 갖추고 각종 명목으로 거둬들인 곡식을 가공하는 종합적인 생산유통기구였다고 보는 견해도 있다.[59]

또 사기옹주는 궁궐에 들어간 후에도 시장에서 적극적으로 매매활동에 관여해 왔다는 느낌이 짙다. 석기의 복잔치에 시전상인들에게 비단을 빼앗아 예물로 썼다는 것과 그녀가 상인집안 출신이었다는 사실이 이를 뒷받침한다. 뿐만 아니라 충혜왕은 의성, 덕천, 보흥고의 포 48,000필을 내어 저자에 점포를 열었다.[60] 즉 신궁에서 비단을 생산케 하고 여기서 나온 비단을 가지고 시전에 차린 점포에서 판매하여 이득을 취하는 방식을 택한 것이라고 볼 수 있다.[61]

충렬왕비인 제국대장공주도 松子와 인삼을 강남에 보내어 많은 이익을 얻었으며, 생산되지 않는 곳에서도 이를 징납하여 백성들이 매우 괴로워하였다 한다.[62] 이런 기록들을 통해 고려 후기에는 궁궐의 여인들이 시장을 통한 매매활동이나 무역을 통해 치부를 하고 있었음을 알

---

59) 전병무, 1993, 「고려 충혜왕의 상업활동과 재정정책」『역사와 현실』 10.

60) 『高麗史』 권36, 忠惠王 後 3年 2月 戊午, "王發 義成德泉寶興 布四萬八千匹 皆鋪於市".

61) 전병무, 1993, 앞의 논문, 236쪽 ; 박진훈, 2005, 「麗末鮮初 奴婢政策 硏究」, 연세대학교 박사학위논문, 78쪽.

62) 『高麗史』 권98, 列傳, 后妃, 忠烈王 齊國大長公主.

수 있다.

　상류층 여성들 역시 수백 명에 이르는 노비를 거느리고 가업을 경영
하고 있었던 것으로 미루어 궁궐의 여인들처럼 상당 규모의 매매활동
을 했을 가능성을 생각해 볼 수 있다. 숙종대에 화폐를 주조하고 유통
을 장려하기 위하여 街衢의 양쪽에 존비를 막론하고 점포를 두도록 하
였던 만큼[63] 사찰이나 궁궐에서처럼 점포를 내고 가노들이 생산한 미
곡이나 직물 등의 수공업 제품을 매매했을 가능성은 충분하다고 생각
한다. 충숙왕대에 관직자와 승려가 장사하는 것을 금지하였다는 기록
에서도(주27) 참조) 당시 관인층의 상행위가 성행하고 있었음을 알 수
있다. 다음의 기록에서도 그 가능성을 엿볼 수 있다.

　　또한 이웃 부인이 상자에 은병과 비단을 담아 가니 의원이 뒤를 좇
　아 갈취하였으나 부인은 알지 못하였다. 후일에 김의원이 귀하게 되어
　부인을 불러 은병과 비단을 주니 부인이 놀라 받지 않았으나 김의원이
　이유를 말하지 않고 억지로 주었다. (『高麗史』 권101, 列傳, 金義元)

　위의 기록은 어떤 이웃집 부인이 상자에 은병과 비단을 담아 가는데
의원이 뒤쫓아 가면서 갈취하였다는 내용이다. 은병과 비단은 당시에
도 고가품이었다. 상자에 담은 은병과 비단을 잃어버렸는데도 눈치채
지 못할 정도였다면 그 수량이 적지 않았을 것이다. 그러면 부인이 왜
이렇게 상당량의 고가품을 가지고 다녔을까? 시장에서 매매를 위한 것
이 아니었을까? 은병이 화폐였기 때문에 그런 느낌이 더욱 짙다.

　결국 상류층 여성들은 시장을 통한 매매활동에서 상당한 영향력을
가지고 있었던 것으로 추측되며, 시장은 여성들의 축재가 가능한 場의

---

63) 『高麗史』 권79, 食貨, 貨幣, 肅宗, "……又於街衢兩傍, 勿論尊卑, 各置店鋪,
　以興使錢之利……".

하나로 기능하였다.

3) 부를 추구하는 심성과 사찰

중세인들의 일상적인 삶 속에는 종교적 지향이 가득하였다. 새로 나는 물건을 얻으면 먼저 (불상 앞에) 바친 뒤라야 맛보았으며[64] 임금과 어버이를 섬기고 산사람과 죽은 사람을 봉양하는데 한결같이 불교식대로 하며 혹 그렇게 하지 않으면 뭇사람들이 괴상하게 여긴다고[65] 하였다.

병을 치료하는 것도 신앙에 의존하였다.

> 고려는 본래 귀신을 두려워하여 믿고, 음양에 얽매여 병이 들면 약은 먹지 않고 부자 사이 같은 아주 가까운 육친이라도 서로 보지 않고 오직 저주와 厭勝을 알 따름이다. (『高麗圖經』 권17, 祠宇)

즉 고려시대 사람들은 병이 들면 우선 신앙에 매달려 낫기를 빌었다. 일례로 명종 때 전주 승려 日嚴이 "눈먼 자를 다시 보게 하고 죽은 자를 다시 살게 한다."고 하자 임금이 내시 琴克儀를 보내 맞이하였다. 또 그가 보현원에 머무니 도성 사람이 귀천, 어른 아이 할 것 없이 달려와 마을이 텅 빌 정도였다고 한다.[66]

죽음에 임해서는 좀 더 신앙에 가까워졌다. 김구 처 최씨나 최서 처 박씨와 같이 죽음에 임박해 출가하거나 또는 절로 거처를 옮기는 경우

---

64) 李奎報,「王輪寺丈六金像靈驗收拾記」『東文選』 권67, "……凡所得新物 先奉之而後敢嘗……".
65) 李穀,「大都天台法王寺記」『東文選』 권71, "又其爲俗 凡事君事親養生送死 一以佛教 人或不然 群怪而衆訾之".
66) 『高麗史』 권99, 列傳, 諸臣, 林民庇.

를 종종 볼 수 있다. 사망 후에는 남녀를 막론하고 사찰에 빈소를 차렸
다. 신앙은 삶에서 죽음에 이르기까지 고려시대 사람들의 일상을 지배
하고 있었다. 재앙을 벗어나고 복 받기를 기원하는 신앙행위는 개인적
바램이나 믿음을 넘어 사회적 현상이 되었다.

그러면 고려시대 사람들은 무슨 복을 바라며 그렇게 빌었는가?

복의 내용은 시대와 사상에 따라 다소 다르겠지만 유교, 불교 등에
토대한 동양적 가치관속에서 공통적으로 나타나는 세속적인 바람 속
에는 부를 추구하는 심성이 강하게 자리 잡고 있었다.[67)

부귀를 누리는 것 그것은 복을 비는 심성 속에서도 중요한 자리를
차지하고 있었다. 「小林寺 重修記」에서 金令義가 "부귀는 사람이 모
두들 귀하게 여기는 것이나 나는 이를 얻지 못하였다."[68)고 탄식한 구
절에서도 이런 고려시대인의 염원을 읽을 수 있다.

그런데 주목되는 것은 불교국가인 고려사회에서 신앙행위를 주도한
것이 주로 여성들이었다는 점이다. 성리학적 이념체계를 토대로 한 조
선사회에서 각종 유교적 의례를 남성들이 주도했던 것과 대비되는 모
습이다. 고려시대 여성들은 대부분 독실한 불교신자였고 일상의 기원

---

67) 예로부터 복 가운데 제일 큰 복을 5복이라 했는데 이는 유교 경전인 『서경』
에도 나타난다. 洪範條에 5복을 壽, 富, 康寧, 攸好德, 考終命이라 하였다. 한
나라 桓譚이 지은 新論에는 5복을 長壽, 富, 無病, 息災, 道德이라 하고 청나
라에서 1825년 간행된 『重鐫函海』의 『通俗編』에는 壽富康寧, 子孫衆多라
하였다.
불교에서도 복을 강조한다. 붓다는 『五福德經』에서 다섯가지 복을 말하였는
데 첫째는 사람이 세상에 나서 오래 사는 것이요, 둘째는 세상에 큰 부자가
되어 재물과 보배가 많은 것이요, 셋째는 단정하게 잘 생긴 것이요, 넷째는
명예가 세상에 드러나는 것이요, 다섯째는 정신이 총명하고 지혜가 많은 것
이니라고 한 것이 그것이다(白法祖 譯, 『佛說賢者 五福德經』 1권, 高麗大藏
經 k-888). 이상은 황인규, 2003, 『고려 후기.조선초 불교사 연구』, 혜안, 86쪽
재인용.
68) 林椿, 「小林寺重修記」 『東文選』 권65.

이나 齋를 행하는 일에 중심이 되었다.

> 성중의 부녀는 존비 노소가 없이 어울려서 향도가 되어 齋를 베풀고 점등하며 떼를 지어 산사에 가서 승려와 사통하는 자가 간혹 있으니 일반 백성은 그 아들까지 벌하고 양반의 집에는 그 남편까지 벌한다. (『高麗史』 권85, 刑法, 禁令, 忠肅王 12年 2月 敎書)

> 우리 돌아가신 아버지를 섬기지 못하여서, 명절이나 伏日, 臘日이 되면 매번 몸소 제사를 드렸다. 또 일찍이 길쌈하여 이것을 모아서 저고리 한 벌 또는 바지 한 벌을 지어 제삿날이 될 때마다 靈位를 모신 자리를 베풀고는 절하고 이것을 바쳤으며, 곧 재에 나아가 무리가 많든 적든 버선을 지어가서 모두 중들에게 시주하였는데, 이것이 가장 잊지 못할 일이다. (「崔婁伯妻廉瓊愛墓誌銘」『高麗墓誌銘集成』)

위의 기록들을 보면 신분을 막론하고 喪祭때 불사를 찾아 齋를 올리는 것은 주로 여성들이었다.

무격이나 점복 신앙도 널리 퍼져 있었다.

김구 처 최씨는 귀신에게 제사를 지내거나 섬기지 않았으므로, 귀신 중에는 두려워하며 감히 가까이 하지 못하겠다고 말한 일도 있었다고 한다.[69] 권부 처 유씨는 무당이나 점쟁이의 말을 거의 입에 올리지 않았다고[70] 하였는데 귀신에게 제사지내지 않거나 점쟁이나 무당을 숭배하지 않았던 행동을 칭찬하는 것은 오히려 그런 행위가 보편적으로 행해지고 있었기 때문이었다고 볼 수 있다.

최서 처 묘지명을 보면 邪法에 기대지 않고 돈독한 불심을 가지고

---

69) 「金坵妻崔氏墓誌銘」『高麗墓誌銘集成』, "夫人性剛正無華 不事祀鬼神 鬼或有自言畏 而不敢近者 恐涉荒怪 於此不錄".

70) 「權溥妻柳氏墓誌銘」『高麗墓誌銘集成』.

있었던 박씨를 "참으로 훌륭한 여자다"[眞善女]라고 평하였다.[71] 불심
이 돈독하다는 것, 신앙이 좋다는 것은 고려사회에서 좋은 여자로 평
가 받는 조건의 하나가 될 정도였다.

이렇게 종교가 개인의 일상이나 사회 전반에 커다란 영향력을 발휘
하고 있었던 고려사회에서 여성이 신앙행위를 주도하고 있었다는 것
은 의미가 크다. 이런 상황은 가정과 사회에서 여성의 정신적 권위 획
득으로 이어졌을 가능성이 크기 때문이다. 실제로 여성의 종교적 권위
는 현실적 영향력으로 나타난다.

고려 후기 재상의 부인이었던 김변 처 허씨는 중국에서 無禪師가
오자 그를 따라가 법요를 들었으며, 중국인 승려인 철산화상에게 가서
대승계를 받았다. 또 감응사라는 절을 세우고 상당한 재물과 집안의
보물을 기울여 금은으로 사경을 하기도 하였다. 충선왕 3년(1311)에는
제천의 미륵대원, 봉화의 청량산, 열반산들을 유람하였으며, 그 외에
양산 통도사, 경주 등 전국의 유명 사찰을 찾아 다녔다.[72] 명절과 제사
때에는 나들이를 삼갔다고 할 정도였으니 전근대 여성들의 외출이 자
유롭지 못했으리라고 생각하는 일반의 통념과는 상당한 거리가 있다.
고려 여성의 신앙생활은 현대 여성들 못지 않게 자유로웠으며 신앙행
위는 가정의 울타리를 벗어나 타인과 교제하며 자신의 세계에 몰입할
수 있는 합법적인 통로의 구실을 하였을 것이라고 생각된다.

여성들이 거액의 재물을 아낌없이 시주하거나 대규모의 불사를 행

71)「崔瑞妻朴氏墓誌銘」『高麗墓誌銘集成』, "夫人稟性正直 不行邪法 崇信佛道
眞善女也 越大德九年乙巳 佳耦卒孀居餘一紀 享壽七十及 今延祐五年戊午
七月初二日 疾篤 遂知大期之難免 請妙蓮社主 法兩街都僧統木且刻草爲尼
法名省空 具法服受戒 仍捨一奴出家 至十一日午時洗浴 更衣呼子女等付囑
後事 合掌專念阿彌陀佛 當夕翛然而化氣息將絶 念佛之脣動而不止 氣盡然
後 兩手乃頹".
72)「金㫤妻許氏墓誌銘」『高麗墓誌銘集成』.

하는 일도 흔했다.

　　……깊이 불교[內敎]를 믿었는데, 임술년(신종 5, 1202)에 병이 들자 크게 서원을 세웠다. 당시 국가에서 홍국사□□보전을 보수할 때 부인은 백은 열 근을 시주로 바쳐 그 비용에 충당하였고, 혹은 □□伽□□□ 짓기를 끝내자 보제사□나한에 바치기도 하였으며, 또 □□□ 3만 명을 항상 공양하여 □□보내는 일을 하기도 하였다. (「盧琯妻鄭氏墓誌銘」『高麗墓誌銘集成』)

　　부인은 홀로된 지 20여 년 동안 어머니의 도리를 지키며 자녀들을 기르면서 모두 다 결혼시켰으나 재산은 줄어들지 않았다. 이에 이르러 마음을 극락에 두고 입으로는 그 세계를 다스리는 이의 이름을 외며, 이에 부처님께 향을 사르고 승려들을 공양하는 것을 일로 삼았다. 무릇 세 곳의 사찰을 창건하였는데, 夢禪寺는 공이 살아있을 때 함께 원을 세워 다시 새롭게 지은 것이고, 加恩蘭若와 雲龍寺는 돌아가신 아버지와 어머니의 무덤 가까운 곳에 명복을 빌기 위해 세운 것이다. 그러나 운룡사에 재물을 희사하는 것을 더욱 정성스럽게 하였다. (「許邕妻李氏墓誌銘」『高麗墓誌銘集成』)

　위의 기록은 모두 불심이 두터웠던 여성들의 사례며 거액을 시주했던 사례는 이 외에도 많이 발견된다.

　그런데 여기서 주목되는 것은 여성들이 신앙행위에 소요하는 재물의 규모가 상상을 초월할 정도라는 점이다. 절을 짓는데 노관의 처가 희사한 은 10근은 당시 적은 집 한 채 가격과 맞먹는 거액이었다. 더구나 승려 삼만 명을 항상 공양하였다는 것은 노관 처 개인이 했다고 보기 어려울 정도의 규모다. 삼만 명을 반승하는 것은 국가적 차원에서 가끔 시행되는 일이 있었다.[73] 묘지명에 결락이 있어 이런 엄청난 불사를 노관의 처가 독자적으로 감당했다고 확신할 수는 없지만 상당 부분 협조했던 것만은 분명해 보인다.

김변 처나 허옹 처의 경우와 같이 원찰을 세우거나 집안의 재화와 보물을 기울여 승려를 청하고 寫經을 하는 경우도 있었다. 허옹의 처는 남편이 살아 있을 때 함께 세운 몽선사 외에도 과부가 되어서 가은 난야와 운룡사 등 두 곳의 절을 더 세웠다. 김변 처 역시 감응사를 짓고 금은으로 불경을 사경하였다. 그 외의 불사를 영건한 것은 기록하지 않았다 하였으나 그녀의 열성적인 신앙생활로 미루어 볼 때 희사한 재물은 절 셋을 지은 허옹의 처 못지 않았을 것으로 생각된다.

이런 사례들은 당시 여성의 경제력을 짐작하게 하는 좋은 근거가 된다. 대규모 불사와 시주를 통해 상류층 여성들이 소유하고 있었던 재물의 규모가 상당하였다는 것이 반증되기 때문이다. 경제력을 행사하는데 특별히 다른 가족 구성원들의 구애를 받지도 않았던 것 같다. 신복사 중흥시 이를 주도했던 박쇄노올대의 처 김씨는 남편이 시주한 시골에 땅 12결, 광주의 서쪽 마을 땅 15결 등과는 별도로 지폐 500貫을 시주하였다.[74] 이렇게 여성이 별다른 장애요인 없이 자유롭게 신앙생활을 누릴 수 있었던 것은 여성의 종교적 권위와 신앙행위에 대한 사회적, 가정적 인정이 바탕되었기에 가능한 일이 아니었을까 생각된다.

그런데 상류층의 사찰 후원이 단지 개인적 염원이나 복을 비는데 그치는 것이었을까?

다시 허옹 처 이씨 묘지명에 주목해 보자. 내용 가운데서 허옹은 여러 자녀들에게 "이제 어머니가 족히 너희들을 돌보아 줄 것이니, 뒷일

---

73) 『高麗史』 권18, 世家, 毅宗 20年, "六月癸酉王如奉恩寺……(10월)戊戌飯僧三萬於毬庭 庚子設百座會于修文殿幸歸法寺 遂如玄化寺 幸僧性文房".

74) 李穀, 「高麗國贈匡靖大夫密直司上護軍朴公祠堂記」 『稼亭集』 권4 및 「大元高麗國廣州神福禪寺重興記」 『東文選』 권70.

에 대해 나는 걱정이 없다."라고 말하고 운명하였다. 허웅이 평상시 처의 가정관리와 경제적 능력을 인정하고 있었음을 추측해 볼 수 있는 대목이다.

과연 부인은 홀로 되어 20여 년 동안 8남매나 되는 자녀를 기르고 결혼시켰으면서도 재산이 줄어들지 않았다고 한다. 뿐만 아니라 사찰을 두 곳이나 더 세웠다. 탁월한 경제적 수완을 엿볼 수 있는 대목이다. 그런데 그녀는 왜 과부가 되어서도 두 군데나 사찰을 더 건립했을까? 그러고도 재산이 줄지 않았다는 것은 어떤 이유에서일까?

고려시대에는 왕실과 귀족들이 원당이라는 명목으로 거대한 사원을 경영하였으며 개인에 의한 원당도 많이 세워졌다.

태조의 시대에는 반드시 산천의 순역으로써 사찰을 세워 지리에 따라 편안케 하였는데 후대에는 將相, 군신과 무뢰한 僧尼 등이 산천의 길흉을 불문하고 佛宇를 세워 원당이라 이름하고 지맥을 손상시켜 재변이 자주 일어났습니다. 오직 폐하께서는 음양관에게 검토하게 하여 무릇 裨補寺社 이외에는 곧 없애 남겨 두지 못하게 하여 뒷 사람들의 觀望함이 되지 않게 하소서. (『高麗史』 권129, 列傳, 叛逆, 崔忠獻)

위의 기록을 보면 장상, 군신, 무뢰한 승려등이 산천의 길흉을 불문하고 불우를 세워 원당이라 이름하였다고 한다. 또 성종 때 "禁捨家爲寺",[75] 현종 때 "復禁人捨家爲寺"[76] 등의 기록을 보면 개인이 자기 집을 사찰로 삼는 경우도 적지 않았던 것 같다.

그런데 엄청난 규모가 아니더라도 사찰을 세우는 일에는 적지 않은 재력이 필요했을 것이다. 그렇다면 허웅의 처가 20년 동안이나 과부로

75)『高麗史』 권3, 世家, 成宗 4年 10月.
76)『高麗史』 권85, 刑法, 禁令, 顯宗 8年 正月.

살면서 몽선사 외에 두 군데나 더 사찰을 세운 이유는 무엇일까? 고려
상류층의 신앙행위가 다만 복을 구하는 관념적인 차원에 그치는 것이
었을까?

다음 사례를 보자.

> 시부모에게 효도하고 친척에게 인자하며 자녀를 예로써 가르치고 비
> 첩을 義로써 부렸다. 분을 바르지 않고 무늬 있는 비단옷도 입지 않았
> 으며, 무당이나 점쟁이의 말을 거의 입에 올리지 않았고, 원금과 이자
> 계산하는 것을 마음으로 부끄럽게 여겼다. (「權溥妻柳氏墓誌銘」『高
> 麗墓誌銘集成』)

위의 사례는 권부 처 유씨 묘지명의 일부다. 이 기록에서 "분을 바
르지 않고 무늬 있는 비단옷도 입지 않았으며, 무당이나 점쟁이의 말
을 거의 입에 올리지 않았고, 원금과 이자 계산하는 것을 마음으로 부
끄럽게 여겼다."라는 부분은 유씨의 덕을 칭찬한 것이다. 그러나 뒤집
어 해석한다면 당시 상류층 부인들에게서 그런 일은 오히려 일반적인
모습이었다는 사실을 말해 주는 것이 아닐까? 특히 주목되는 것은 원
금과 이자 계산하는 것을 마음으로 부끄러워하고 있었다는 사실이다.

고리대는 개인적으로 사사로이 할 수도 있었겠으나 관인층의 축재
나 이재를 다투는 행위를 천하게 여기는 분위기 속에서 그것을 드러내
놓고 하는 것은 사회적 비난의 소지가 다분하였다. 그렇다면 이를 합
리화 하는 방편의 하나가 혹 사찰을 통한 식리행위가 아니었을까?

고려 사원의 재정 운영은 기본적으로 자모법을 바탕으로 한 식리행
위를 통해서 충당하는 것이 일반적인 방식이었다.[77] 원래 불교계에서

---

77) 金富軾,「惠陰寺新創記」『東文選』권64, "……又俯以米穀 擧之取利 設粥以
施行人 至今幾於息焉"; 林椿, 小林寺重修記『東文選』권65, "功旣訖 以狀

는 복전사상에 입각하여 이식활동을 하였는데 복전은 복을 생기게 하는 전지라는 뜻으로 미래의 복전(열매)을 위해 씨앗을 뿌리는 행위를 말하는 것이었다. 이식활동을 통해 얻어진 재물로 빈궁한 자에게 대부한다는 것은 빈민구제의 의미를 가지고 있었다.[78] 그러나 사찰 운영경비나 선을 위한 방편 등으로 시작된 상행위나 식리 등이 점차 사원의 부를 축적하거나 민을 수탈하는 폐단의 원인이 되기도 하였다. 사원이 도를 닦고 복을 구하는 도량의 의미를 잃고 거대한 경제기구로 화한 경우도 적지 않았다.[79]

　敷聞于上 請於其寺 峙粟一千五百石 權子母之法 歲取其贏 以充供養 擇名緇十五人 約長年陁洛之法筵……"; 崔瀣, 「禪源寺齋僧記」 『東文選』 권68, "近者松坡相君 捨秔米一百五十苫 永充常住 歲滋其利 分爲三 每以七月三日 王妃卞韓夫人金氏之忌 正月一日 亡子讞部議郞文進之忌 輒修一齋 利貢冥福 又以正月十九日 爲公生朝 飯僧資福……"; 李穀, 「神孝寺新置常住記」 『東文選』 권71, "……吾不忍坐視 迺捨囊鉢之儲 得布爲五宗者一百五十 幷諸檀所施 三百餘疋 米若干拾碩 以爲新置常住之本 切用存本用息 以圖久長之利 以補匱乏之需……"; 李穡, 「報法寺記」 『東文選』 권75, "施布一千疋 存本取息……".

78) 경전에서도 돈을 빌려 주고 이자를 받는 식리행위를 합법적으로 인정하고 있었다. 長阿含 善生經 1절, "처음에는 먼저 기술을 배워라. 그 다음으로는 재물을 구하고 그리고 재물을 얻은 뒤에는 그것을 나누어 4분으로 만들자. 1분으로는 음식을 만들고 1분으로는 농사를 장만하고 1분은 모두 간직해 두어 급한 때의 쓰임에 대비하고 나머지 1분은 이자가 생기도록 농사꾼이나 장사꾼에게 빌려 주고……".

79) 『高麗史』 권129, 列傳, 崔怡, "初怡欲傳兵柄於若先 恐二男爲亂 皆送松廣社剃髮 並授禪師 萬宗住斷俗萬全住雙峯 皆聚無賴僧爲門徒 惟以殖貨爲事 金帛鉅萬計 慶尙道所畜米五十餘萬石 貸與取息 秋稼始熟 催徵甚酷 民無餘粟 租稅屢闕 門徒分據名寺".
　위의 기록은 무인집권기 최고집정자였던 최이의 아들이 출가해서 사찰을 근거로 축재하던 모습을 기록한 것이다. 사원을 이용하여 치부하는 상류층의 행태를 대표하는 예라 하겠다. 그 외에도 사찰을 통해 치부하는 사례는 여러 기록에서 볼 수 있다.
　『高麗史節要』 권31, 辛禑 7年 5月, "京都有一尼 自稱彌勒 人皆信之 爭施米

또 개인이 세운 원찰이나 중창을 주도한 특정 사찰은 시주자와 사적인 관계를 유지하고 있었을 가능성이 크다. 「소림사 중수기」에 김군이 사재 수만 냥을 내어 소림사를 중수하고 훗날 여생을 마칠 곳으로 삼겠다고 한 것을 보면 그는 소림사와 사적인 관계를 염두에 두고 있었을 가능성이 크다.[80] 또 松坡의 한 재상은 선원사에 멥쌀 1백 50석을 희사하여 영구히 상주하는 데 충당하고, 해마다 그 이익을 불려 셋으로 나누어 하나는 왕비 변한부인 김씨의 제삿날에 또 하나는 죽은 아들 헌부의랑 文進의 제삿날에 齋를 올려 명복을 빌고, 나머지 하나는 공의 일생을 위하여 중들에게 밥을 대접하여 복을 빈다고 하였다.[81] 이 기록을 보면 개인이 절에 시주한 곡식이 절의 통상적 운영경비보다 시주자 개인의 사적 용도에 충당되고 있었음을 알 수 있다.

이런 사례들을 통해 볼 때 원찰을 세우거나 특정 사찰에 거액의 시주를 하는 행위 등이 단순히 복을 빌기 위한 순수한 신앙행위로만 그친 것인가는 의문이다. 치부의 수단으로 이용했을 가능성을 배제할 수 없다. 허옹의 처가 몽선사 이외에 2개의 사찰을 더 짓고도 재산을 축내지 않았다는 것은 이런 상황과 관련이 있는 것이 아니었을까?

布 憲府 杖流之";『高麗史節要』권13, 明宗 22年 10月, "時 諸嬖妾子 皆剃髮 擇住名寺 用事納賂 僥倖者 多附";『高麗史節要』권3, 顯宗 19年 2月, "승려가 어리석은 민을 꾀어 재물을 모은다.";『高麗史』권85, 刑法, 禁令, 明宗 18年 3月, "道門의 僧人이……麤惡한 紙布를 강제로 빈민에게 대여하여 이익을 거둔다"는 등의 기록에서도 이런 상황을 알 수 있다.

80) 林椿, 「小林寺重修記」『東文選』권65, "金君觀其傾圮 慨然興歎曰 吾誓創玆宇 爲異日終老之所矣 遂堅願輸 出錢貨且鉅萬 爲工徒之費 作而新之 飾以金碧 頗極壯麗".

81) 崔瀣, 「禪源寺齋僧記」『東文選』권68, "近者松坡相君 捨秔米一百五十苫 永充常住 歲滋其利 分爲三 每以七月三日 王妃卞韓夫人金氏之忌 正月一日 亡子讚部議郎文進之忌 輒修一齋 利賁冥福 又以正月十九日 爲公生朝 飯僧資福……".

　요컨대 고려시대 여성은 신앙행위를 통해 종교적 권위를 확보하였으며 이는 가정과 사회에서 여성의 위상과 입지를 강화시키는 토대가 되었을 것이다. 가족의 길흉화복을 비는 어머니의 신앙행위는 가정 내에서 여성의 종교적 권위와 직결되었다. 원시시기 샤먼이 개인의 길흉화복을 좌우할 초월적 힘을 가진 존재라는 것을 토대로 정치적 권력을 갖는 것과도 일맥상통하는 모습이라 볼 수 있다. 金坵 처 최씨가 귀신 제사를 받들지 않아 귀신들 가운데 혹 말할 것이 있어도 감히 가까이 하지 못하였다고[82] 한 것은 여성의 종교적 힘을 암시하고 있다. 여성이 불사 등을 통해 대규모의 경제력을 행사할 수 있는 근거 역시 여기서 찾을 수 있을 것이라고 생각된다.

　제도와 이념 또는 인습과 관행, 어떤 것이 우리 삶의 모습을 결정짓는 요소로 더 유효한 것일까? 지금까지 역사에서는 주로 전자를 비중 있게 다루어 왔다. 그러나 역사적 현상 속에는 제도와 이념만으로 충분히 설명되기 어려운 부분이 산재한다.

　여성사를 다룰 때에도 비슷한 문제에 부딪친다. 고려 말 성리학이 도입되어 여성에 대한 제도적 규제가 강화되고 윤리규범이 변화해 가던 조선 전기까지도 여성의 사회적 위상과 삶의 모습은 고려적인 것을 상당기간 유지하고 있었다.

　여기서 우리는 역사적 규정 요소로서 인습과 관행을 생각하게 된다.

　제도와 가치관의 변화에도 불구하고 상당 정도 과거의 인습과 전통이 관행적으로 이어지는 모습을 볼 수 있기 때문이다. 따라서 일상을 통해 나타나는 당대인의 삶의 방식과 인식을 고려한 연구방식은 제도

---

82) 주69) 참조.

제3장 여성의 경제관념, 富의 추구, 가정 관리 135

사적 파악의 한계를 보완하는 데 상당히 유용할 것이다. 고려의 여성이 개방적이고 활달한 삶의 모습을 보이며 가족관계 속에서 상대적으로 높은 위상을 차지하고 있었던 토대가 무엇이었을까? 하는 의문에 보다 근본적인 답을 발견할 가능성도 기대할 수 있다. 이 글은 이런 문제의식을 토대로 하였다.

연구 결과 흥미로운 점의 하나는 고려시대 사람들이 여성의 경제력을 상당히 긍정적으로 평가하고 있었다는 것이다. 고려시대 사람들은 여성의 자질을 언급하거나 며느리를 고를 때 경제력이나 경제적 능력을 상당히 비중있게 여겼다. 혼인상대로 돈 많은 과부를 선호하거나 며느리를 고를 때 길쌈을 잘하는 부지런한 여성을 꼽았던 것이 그런 사례의 하나다.

이런 현상은 고려시대 여성의 경제력과 사회적 영향력이 상당했음을 반증하는 것이며, 여성의 경제관념과 축재 수완이 남성을 능가하는 경우도 있었다. 그러면 여성의 경제력과 축재의 근원은 어디에 있었을까?

물론 혼인제도나 재산의 남녀균분 상속제와 같은 제도적 측면에 기인한 부분이 컸을 것이다. 그러나 균분상속은 기본적으로 여성의 경제적 기여도가 없었다면 제도화되기 어려운 것일 수밖에 없으며, 여성이 상속받은 재산은 그것을 자의적으로 행사할 수 있는 사회적 여건이 갖추어져 있을 때 현실적 의미를 가질 수 있는 것이다. 따라서 좀 더 근본적인 이유를 찾아볼 필요가 있었다.

우선 고려시대 사람들은 남녀의 역할을 구분하고 가정 내에서 여성의 독자적 역할을 인정하였다. 관직과 같은 사회적 직책은 남성이, 가정관리는 여성이 담당하는 것으로 상호 역할을 구분했으며 사회참여나 관직진출이 여성에게 제한되었듯이 가정관리는 여성들의 독자적인 영역으로 남성이 관여하지 않는 것을 미덕으로 여겼다. 여성의 역할도 남성의 직책과 같이 婦職으로 인정했으며 집안에서의 내조도 부차적인 것으로만 여기지 않았다. 그리고 상류층 가정에서는 이런 남녀의 역할이 합쳐 가업의 두 축을 이루는 것으로 여기고 있었다.

이런 사회적 합의를 바탕으로 여성들은 가정경영 즉 가업의 한 축을 이루며 생산과 소비를 주도하였다. 특히 직포는 여성에게 생산자로서의 위상을 확고히 해 주는 토대가 되었다. 의식주의 한 축을 담당하고 살림살이를 주관하면서 여성들에게 가정과 시장은 축재와 경제력 행사의 장이 되었다.

또 하나 주목되는 요소는 고려시대 여성들이 종교활동에서 가지고 있던 권위였다. 신앙이 일상적인 삶의 방식과 모습 속에 깊숙이 자리 잡고 있었던 고려사회에서 여성이 신앙의례를 주도하고 있었다는 것은 상당한 의미를 지닌다. 고려시대 사람들의 삶 속에서 가정의 복을 빌고 재앙을 물리치는 신앙행위의 주도는 곧 종교적 권위의 획득으로 이어졌을 가능성이 크다. 가족의 길흉화복을 비는 의례의 주례자로서의 권위가 그것이다.

그리고 이는 현실적 삶의 방식에도 영향을 미쳤다. 여성에게 자유로운 신앙행위가 허용되었으며 신앙은 여성들이 합법적으로 가정 밖의 세계와 교류할 수 있는 통로가 되었다. 여성들은 이를 통해 타인과 교제하며 각종 정보들을 습득했을 가능성이 크다. 또한 신앙을 내세운 대규모 소비와 축재 등이 이루어지던 사찰은 여성들의 자의적이고 자유로운 경제력 행사의 장이 되기도 하였다. 고려시대 사람들의 종교적 인습이나 관행이 여성의 삶에 상당한 영향을 미치고 있었던 흔적이다.

결국 남녀의 가업경영에서 여성의 독자적 영역을 인정하고 평가했던 당시의 사회적 분위기나 신앙의례의 주도자로서 여성의 역할과 권위를 인정했던 종교적 전통, 여기에 가업경영을 토대로 한 경제권의 주도 등이 맞물려 고려 여성은 가정과 사회에서 상당한 입지를 확보할

수 있게 되었던 것으로 생각된다. 남녀 균분상속제 등 여성에게 유리
한 제도들도 결국은 이런 현실 상황 속에서 성립·지속되어 온 것이
아닐까 생각된다. 제도에 앞서 현실적으로 축재와 경제력을 행사할 수
있는 사회적 여건과 그를 뒷받침하는 제도 등이 맞물리면서 여성들이
상대적으로 우월한 사회적 지위를 누릴 수 있었던 것이다. 그리고 이
런 현상은 관행과 인습이 되어 성리학적인 새 가치와 제도, 규범이 도
입된 후에도 상당기간 이어지면서 조선 전기까지도 고려적인 모습을
잔존하게 했던 것이라 여겨진다.

이혜옥 | 한국외국어대학교 강사

제2부 집단 규범과 사회적 가치

제4장 관료·군 조직에서 규율과 복종

관료와 군인들은 항상 엄격한 위계 질서 및 정해진 규율에 따라 생활하는 것이 보통이다. 그리고 정신적, 육체적 교육과 훈련을 통해 끊임없이 국가와 조직, 상급자에 대한 충성심을 길러 위로부터의 명령 및 지시에 복종하도록 숙달됨으로 해서, 그들만의 독특한 가치관이 형성되기도 한다. 역으로 그들의 심리 상태는 조직의 운영에 심대한 영향을 끼치며, 이는 곧 체제를 유지하고 民을 지배하는 데도 크게 작용하였다.

조직과 규율에 대한 복종과 순종, 권위에 대한 충성과 존경, 그리고 이들을 의식화하는 과정 속에서 상하관계로 질서화되었던 관료 및 군인들의 가치관 형성에 대해 고찰해 보고자 하는 것이 이 장의 내용이다.

관료·군 조직의 규율과 복종은 어느 시기에서나 늘 존재했던 것들이다. 그런데 후삼국 시기를 거쳐 고려사회로 이행하면서 내용과 성격 면에서 상당한 변화가 일어났으며, 그 과정에서 새롭게 定型化되었다.

고려에 의한 후삼국 통일전쟁이 마무리된 뒤 사회 변동에 따른 체제 정비가 지속적으로 추진되었다. 체제의 운영을 책임졌던 관료 및 군 조직에서는 다른 부문에 비해 그 강도가 클 수밖에 없었다. 더구나 중앙집권화가 적극 추진되면서 규모나 정원이 급작스럽게 늘어나자 변화의 속도와 폭이 한층 더 증대되었다. 방대해진 조직의 효율적 운영을 위해서는 우선 구성원들의 규율 및 복종의 기조를 새롭게 구축해야 했으며, 이에 맞춰 복무 형태도 조정되어야 했다.

커다란 진통을 겪은 끝에 마련된 규율과 복종의 새로운 定型은 고려의 관료 및 군 조직의 가치관 형성에 크게 이바지하면서 뒷시기에 이르기까지 상당한 영향을 미쳤으며, 나아가 몇 차례의 사회 변동을 겪으면서도 하나의 유제로서 강고하게 잔존하기에 이르렀다.

1. 규율 및 복종의 새로운 定型

1) 전환기 새 질서 수립에 따른 진통

신라 말기에 본격화되었던 통치질서의 혼란은 이른바 후삼국 정립기를 거쳐 고려의 초엽에 이르기까지 계속되었다. 하지만 그저 혼란스럽기만 했던 것은 아니었다. 낡은 체제가 붕괴되고 새로운 질서가 만들어지는 데 따른 진통이 상당 기간 격렬하게 진행되었다.

흔히 신라 말의 정국 혼란을 언급할 때 자주 거론되는 것이 眞聖王 시절의 상황, 즉 뇌물이 성행하고 상벌이 불공정해지며 기강이 무너지고 해이해졌다는 것이다.[1] 이런 현상이 언뜻 진성왕의 개인적 소양에서 기인했던 것처럼 보일 수도 있겠지만, 오히려 당시 사회의 구조적 모순에서 파생되었다고 할 것이다. 왜냐하면 정치의 혼란상이 진성왕이 물러난 뒤에도 계속되었기 때문이다.[2]

---

1) 『三國史記』 권11, 新羅本紀, 眞聖王 2年.
2) 신라 하대의 정치사회 모순이 가장 첨예하게 드러났던 것은 왕위 계승을 둘러싸고 벌어졌던 정쟁이었는데, 150여 년간 20여 명의 왕이 교체될 정도로 심각했다(金昌謙, 2003, 『新羅下代王位繼承研究』, 景仁文化社 참조). 따라서

후삼국 가운데 가장 강력하게 反新羅의 기치를 내걸었던 泰封의 경우도 혼란스럽기는 마찬가지였다.[3] 태봉의 관리로 재직하던 시절에 왕건은 그의 군주였던 궁예에 대해 방자하고 포학하여 무고한 사람을 많이 죽이고 참소하고 아첨하는 무리들을 득세시켜 서로 음해를 일삼게 했다고 평가하였다.[4] 그 시절 '讒諛得志'의 상징적 인물은 阿志泰였다. 그는 궁예가 讒訴를 좋아하는 것을 보고 같은 靑州 사람인 笠全, 辛方, 寬舒 등을 모함하였다고 한다. 오랫동안 有司에서 이 문제를 해결하지 못했는데, 마침내 왕건이 나서서 眞僞를 분간하여 阿志泰를 죄에 伏하게 하여 뭇 사람의 심정을 快하게 하였다.[5] 諂諛에 능했던 阿志泰가 同州人이었던 笠全 등을 讒訴했던 이유에 관해서는 정확하게 알려진 바가 없는데,[6] 어쨌든 궁예의 입장에서는 靑州人 내부의 분열을 최대한으로 조장해서 반항하지 못하도록 하는 효과를 거두려 했던 것이 아닐까 한다.[7]

신라 말기의 정치계를 방불케 할 정도로 태봉에서도 조종 신료들 사이에 참소와 아첨 따위가 난무했던 것은 결국 체제 운영상의 문제에서 기인했다고 볼 수 있다. 현재까지의 연구 성과에 따르면, 신라의 司正

진성왕 때에만 혼란했던 것은 아니었다.

3) 궁예는 신라를 병탄할 생각을 가지고 國人으로 하여금 신라를 滅都라 부르게 하고, 신라에서 온 자도 거의 다 살해했다(『三國史記』 권50, 列傳, 弓裔). 신라를 滅都라 했던 것은 신라와 경주를 동일하게 보았던 것으로서, 궁예는 경주의 신라왕실과 진골귀족을 멸망시켜야 할 대상으로 간주하였다(鄭淸柱, 1996, 「新羅末·高麗初 支配勢力의 社會的 性格」『新羅末高麗初豪族研究』, 一潮閣, 195쪽).

4) 『高麗史』 권1, 太祖世家.

5) 『高麗史』 권1, 太祖世家.

6) 李貞信, 1984, 「弓裔政權의 成立과 變遷」『藍史鄭在覺博士古稀記念東洋學論叢』, 고려원, 61쪽.

7) 洪承基, 2001, 「弓裔王의 專制的 王權의 추구」『高麗政治史研究』, 一潮閣, 11쪽.

府에 비견되는 기구를 설립해서 시정을 논집하고 풍속을 교정하며 관
리들에 대한 규찰 탄핵의 임무를 담당케 하기보다는, 彌勒觀心法이라
는 비법을 내세워 신하에 대한 감시를 군주 스스로가 자행하였다고 한
다.8) 즉, 제도화되고 체계화된 관리, 감독에 의거하기 보다 군주의 신
비성이 크게 가미된 사적인 방식을 선호해서 적극 활용하였다.

심지어 궁예는 자신이 미륵관심법을 체득했기 때문에 부인의 陰事
까지도 알아낼 수 있다며, 만일 적발되면 곧 엄벌에 처하겠다고 공언
하였다.9) 실제로 정색을 하며 자신의 非法에 대해 간하던 부인 康氏를
두 아들과 함께 끔찍한 방법으로 살해하기도 했다.10) 반면에 커다란
위기를 맞이했던 왕건은 崔凝의 도움을 받아 순간적인 기지를 발휘하
여 모면하였고 오히려 정직하다는 칭찬까지 받았다.11) 이러한 일련의
사건을 계기로 해서 신료 사회에서 참소와 아첨 등이 거의 일상화되었
을 것으로 추정된다. 동시에 어느 누구라도 생존을 위해서 기꺼이 무

---

8) 李泰鎭, 1972,「高麗 宰府의 成立」『歷史學報』56, 5～6쪽. 이에 반해 궁예정
   권하에서 추진했던 관직체계의 변화 과정과 관련시켜 이해해야 하는데, 특히
   內奉省의 격상과 연관시켜 司正 기능이 추가되었을 것이라는 견해(趙仁成,
   1991,「泰封의 弓裔政權의 硏究」, 西江大 博士學位論文, 84～88쪽)와 함께
   사정부의 기능과 밀접한 관계에 있었던 刑律을 담당하는 기구와의 관련을 고
   려해야 한다는 의견도 제시되었다. 그에 따르면 궁예는 그의 五行 歷史觀
   에 따라 水德과 관련 형벌 중심의 통치를 강조했는데, 그로 말미암아 형벌을
   관장하는 기구로 義刑臺를 중요시했다고 한다. 이에 의형대는 기본적으로 형
   률을 담당하면서 여기에 사정부의 기능이 복합된 관부로 여겨진다고 한다(李
   在範, 1991,「後三國時代 弓裔政權의 硏究」, 成均館大 博士學位論文, 72～
   73쪽). 그러나 분명한 것은 阿志泰가 동향인 笠全 등을 모함한 사건을 유사
   가 수년 동안 해결하지 못했다는 점이다. 그것을 해결했던 것은 왕건이었는
   데, 주무 관서의 책임자 자격으로 처리했다고 보기 힘들다. 그러므로 궁예 정
   권하에서 관서들이 제기능을 충실히 발휘했다고 간주하기 어려운 점이 있다.
9)『高麗史』권1, 太祖世家.
10)『三國史記』권50, 列傳, 弓裔.
11)『高麗史』권1, 太祖世家.

조건적인 절대적 충성과 복종을 맹세하지 않으면 안 되었을 것이다. 아예 그것이 체질화되도록 최대한의 노력을 경주하였을 것으로 생각된다.

그런데 미륵관심법을 내세워 음사까지 알아낼 수 있다는 주장이 불교의 계율과 관계가 있다고 하는데,[12] 거기에 經文 20권을 직접 저술했다는 사실을 연관시켜 보면,[13] 궁예가 내걸었던 규율에는 불교의 신비주의적인 색채가 다분히 가미되어 있을 것으로 짐작된다.[14] 그 규율에 대해 심지어 왕후까지도, 따라서 모든 신민들이 무조건적으로 복종하도록 강요당했다. 어떠한 비판과 이의도 제기할 수 없었으며, 오직 절대적인 복종만이 강요될 뿐이었다.

하지만 태봉을 붕괴시키고 고려를 세운 왕건도 즉위한 뒤에는 구래의 통치 스타일에서 완전히 벗어나지 못했다. 前主의 실정을 강도 높게 비판하고 앞으로 維新할 것을 천명했던 즉위 직후에 내린 조서의 내용에 따르면,[15] 백성들에게 보다 완화되고 온건해진 방식으로 통치할 것임을 천명하였다.[16] 그러나 실제로는 사안과 경우에 따라 구래의 방식을 고스란히 답습하기도 했다. 대표적 사례로 靑州의 경우를 들 수 있다. 지방관을 파견하지 못했던 상황에서는 불가피한 측면이 없지 않으나, 變詐가 심했던 靑州에 대해 그 고장 출신 能達 등을 보내 감시를 계속하였다. 그 중의 일부가 新穀이 숙성하면 변이 생길지도 모

12) 趙仁成, 1991, 앞의 학위논문, 98~99쪽.
13) 『三國史記』 권50, 列傳, 弓裔.
14) 궁예는 불교사상에 입각해서 왕권 강화를 추구했는데 이를 神政的 專制主義로 파악하는 견해도 있다. 그에 따르면, 종교적으로 戒律의 엄수를, 세속적으로는 律令에 의한 法家的 지배를 표방했다고 한다(趙仁成, 1991, 앞의 학위논문, 93~102쪽).
15) 『高麗史』 권1, 世家, 太祖 1年 6月 丁巳.
16) 金哲埈, 1975, 「後三國時代의 支配勢力의 性格」 『韓國古代社會研究』, 知識産業社, 264쪽.

른다고 보고하자 이에 대비하는 군사적 조치를 즉각 취하였다.[17] 이때 '新穀이 숙성하면 변이 생길지도 모른다'는 말에 주목할 필요가 있다. 이는 농한기가 되면 거사할 수도 있다는 의미와 함께 그것을 조장하는 단서로서 수확이 끝난 뒤 수취와 관련해서 어떤 갈등이 일어날 수 있음을 염두에 두었던 표현으로 생각할 수 있다.[18] 즉, 정치적 갈등의 배후에 수취 문제가 내재해 있을 가능성이 높았다.

실제로 고려 태조 17년 5월의 이른바 禮山鎭 詔書에 따르면, 公卿將相으로 녹읍을 받았던 자들이 家臣을 보내 혹독한 수탈을 일삼아 民에게서 항의와 고소가 이어졌으나, 관리들이 사정에 끌리어 숨기고 비호함으로써 참을 수 없게 되자 원망과 비방이 크게 일어나고 있는 실정이라고 하였다.[19] 즉, 녹읍주들이 파견했던 가신들이 아무런 제재도 받지 않은 채 編戶之氓들을 과도하게 수탈하였다. 본래 녹읍의 수취 관계에 있어 징수량에 대한 기준이 정해져 있음에도,[20] 이를 어기면서 濫收하는 것이 상례였던 모양이다. 이에 녹읍민들이 때때로 관아에 나가서 부당함을 호소해 보기도 했다. 하지만 당시 관원들은 이 문제에 직접 개입하기가 힘들었다.

여기서 주목되는 점은 녹읍주 및 그를 둘러싼 가신들 간의 관계이다. 이때 가신들의 역할은 절대적인 충성의 표시로 주인이 정해놓은 규율에 따라 행동하며 어찌되었던 최대의 수확을 거두는 것이었다. 동

---

17)『高麗史』권92, 列傳, 王順式 附 堅金.

18) 이때 동요하던 靑州人들을 감시하기 위해 그 고장 출신을 파견했던 것은 충실한 성과를 기대하는 일반적인 고려 외에도 왕건이 두 집단을 이간시켜 대립·파쟁케 함으로써 청주세력의 분열을 꾀했던 것이 아닐까라는 견해도 있다(申虎澈, 2002,「後三國 建國勢力과 淸州豪族」『後三國時代 豪族硏究』, 도서출판 개신, 336쪽).

19)『高麗史』권2, 世家, 太祖 17年 5月 乙巳.

20) 李景植, 1988,「古代·中世의 食邑制의 構造와 展開」『孫寶基博士停年紀念 韓國史學論叢』, 論叢刊行委員會, 156~157쪽.

시에 과도한 수취에 반발하는 編戶之氓들을 억누르는 것도 또한 중요한 임무였을 것이다. 극단적으로 말해 가신에게는 녹읍민의 생활 보장이라든가 기타 다른 것들은 별로 문제가 되지 않았다. 녹읍주가 만든 규율에 절대적으로 복종하며, 가능한 한도 내에서 경쟁적으로 최대의 수탈을 감행해야 했다.

문제는 이를 제재할 만한 장치와 수단이 결여되어 있었다는 점이다. 사회 질서의 혼란으로 공권력의 개입이 껄끄러운 상황에서 자체적으로 정화되기란 사실상 어려웠다. 자연히 수취를 둘러싼 갈등과 반발이 더욱 더 거세어질 수밖에 없었는데, 그것은 다시 가신들 사이에서 참소와 아첨을 부추기는 요인으로 작용하게 되었다. 즉 갈수록 험악해지는 상황 속에서 살아남기 위해서라면 어떠한 극단적 행위라도 서슴치 않았을 것이기 때문이다.

이러한 사정은 녹읍을 둘러싼 수취 관계에만 국한되지 않았을 것이다. 아마도 정치계를 필두로 여러 방면에 만연되었을 것이다. 결과적으로 낡은 체제의 잔재가 청산되지 않은 채, 권력과 경제력을 장악하기 위한 정쟁에서 諂諛와 讒訴 등이 난무하는 상황이 좀처럼 해소되지 않은 채 악순환을 거듭하였다.

이 같은 정황은 태조 사후에도 쉽게 가시지 않았다. 광종대, 경종대에 이르러서도 여전하였다. 당시 사정을 비교적 상세히 전하는 崔承老의 상서에 따르면, '광종 말년에 세상이 어지럽고 참소가 일어나 죄 없는 사람들이 형벌에 연루되었으며 역대의 勳臣·宿將들이 죽음을 면치 못했는데, 경종이 즉위했을 때에는 40여 명의 舊臣만 간신히 살아남았을 뿐이며, 그 때도 해를 당한 사람이 많았는데 모두 後生·讒敵이었다'는 것이다.[21] 자칫 흔들릴지도 모르는 왕권을 안정시키고 존엄

---

21)『高麗史』권93, 列傳, 崔承老.

성을 드러내기 위해 부득이하게 방해되는 세력을 제거할 수밖에 없다
는 명분을 내세우기는 했으나, 그 방식은 여전히 구태를 벗어나지 못
했던 것으로 보인다.[22] 즉, 새로운 체제의 수립을 지향한다며 내걸었던
명분과 그것을 달성하기 위해 활용했던 수단 및 방법상의 괴리가 상당
히 컸던 것으로 생각된다.

그런데 경종은 讒敵을 제거하겠다는 명분에서인지 몰라도, 앞선 임
금 시절에 참소를 당했던 사람들에게 복수를 허락했는데, 드디어 서로
마음대로 죽이기를 시작하자 마침내 억울하게 해를 당하는 일들도 발
생하였다. 심지어 태조의 아들까지도 애먼 죽임을 당하는 사태가 초래
되자, 드디어 중단시켰다.[23]

사적인 복수의 허용은 법치국가에서는 좀처럼 보기 드문 현상인
데,[24] 비록 짧은 기간이라도 국가에서 이를 인정했다는 것은 참소 따
위의 횡행에 따른 당시의 정치 상황이 매우 심각했음을 반영한다.[25]
더구나 이는 공적인 판결권과 형벌권 및 규율을 무시한 채 사적인 이
해 관계에 따른 판단에 맡기거나 특정 계파의 지시에만 순종하고 복종
하도록 허용했던 사태로서, 그 자체가 일대의 사건이 될 만했다.[26]

이렇게 위태한 상황이 단지 왕권의 미약이나 제도 개선 작업의 미진
함 등에서 초래했다고 치부하기에는 다소 부족한 측면이 없지 않다.
단기간이나마 법치 자체가 부정되었기 때문이다. 아마도 시대의 변화

---

22) 河炫綱, 1988,「光宗의 王權强化策과 그 意義」『韓國中世史研究』, 一潮閣.
23) 『高麗史』권2, 世家, 景宗 1年 11月.
24) 任相爀, 1993,「高麗의 裁判에 관한 考察」, 서울대 法學碩士學位論文, 1쪽.
25) 이에 관해서는 盧鏞弼, 1998,「高麗 景宗初「復讐」許容의 思想的 基底」『韓
國思想史學』11을 참조할 것. 그런데 당시의 유학 및 유학자들이 국가의 법
치라는 것이 엄연히 존재하고 있는데 사적 복수를 정당하다고 인정했겠는가
는 의문이다. 만약 그랬다면 보다 심도 높은 검토가 필요할 듯싶다.
26) 任相爀, 1993, 앞의 학위논문, 71~73쪽.

에 따라 낡은 체제가 해체되는 과정에서 생겨난 모순이 정치, 경제 분
야 할 것 없이 혼란을 일으키며 숱한 후유증을 낳았고, 그 여파가 관
료·군 조직의 규율과 복종에도 고스란히 작용하였던 결과가 아닌가
한다. 어쨌든 이 같은 우려할 만한 사태를 맞이하여 근본적인 문제 해
결을 더 이상 미룰 수 없다는 위기감이 고조되었을 것임이 확실했다.

2) 새로운 정형의 모색과 正邪說에 대한 인식의 강화

건국 이후 상당한 시간이 흘렀고, 후삼국 통일까지 마무리된 시점에
서조차 과거의 낡은 잔재들을 제대로 청산하지 못한 채 여전히 혼란스
럽다면, 왕조의 통치질서가 곧 붕괴될지도 모른다는 위기의식도 덩달
아 고조될 수밖에 없었다. 이에 근본적인 문제 해결을 위한 대책 마련
이 시도되었다. 이미 태조의 訓要十條에서 임금이 민심을 얻기 위해서
는 諫言을 따르고 讒言을 멀리해야 한다면서 '從諫則聖'을 강조하였
다.[27] 하지만 훈요십조의 성격상 후대의 군주가 명심해야 할 교훈의
하나는 될 수 있으나,[28] 그 자체로서는 체제 운영의 변모를 가져오는
직접적인 계기가 되었다고 보기 어렵다.

보다 주목되는 조치로는 광종 9년(958) 後周人 雙冀의 건의에 따른
과거의 실시를 들 수 있다.[29] 신라의 讀書三品科 도입에 관한 논의를
통해 알 수 있듯이 그 전에는 대개 무술 실력에 의해 관리를 등용하였
는데,[30] 후삼국 시기에 들어와서도 사회의 전반적 분위기로 말미암아

27) 『高麗史』 권2, 世家, 太祖 26年 4月.
28) 弓裔의 엄위와 비교되는 왕건의 비전제성을 지향했던 바를 보여주는 대표적
   사례로 취급하기도 한다(金成俊, 1985, 「十訓要와 高麗太祖의 政治思想」
   『韓國中世政治法制史硏究』, 一潮閣, 37쪽).
29) 『高麗史』 권2, 世家, 光宗 9年 5月.
30) 『三國史記』 권10, 新羅本紀, 元聖王 4年春.

그러한 경향이 확산되었으면 되었지 축소되지는 않았을 것이다. 하지
만 이제부터 유학에 기초를 두고 문학적 소양을 시험하여 선발하겠다
는 것은 관료층의 성향 변화를 의미할 뿐만 아니라 국정의 운영체계까
지도 바꾸는 징조가 될 것이었다.[31] 이어서 경종 원년에는 토지제도의
근간이 되는 전시과를 창설하였다.[32] 이로써 녹읍제를 대신하여 수조
지분급제도가 시행되었다.[33] 이를 계기로 드디어 정치경제적인 질서
체계가 그 기저에서부터 점차 변모되기 시작하였다.

그리고 성종 2년에 3성 6부제가 도입되면서 중앙집권체제로의 개편
이 본격화되었다.[34] 다른 한편으로 이 체제를 효과적으로 운영하기 위
해 유교이념의 강화에 주력했는데,[35] 이보다 조금 전 최승로는 "釋敎
를 봉행하는 것은 몸을 닦는 근본이요, 儒敎를 봉행함은 나라를 다스
리는 근원이 됨"을 천명하였다.[36] 그리고 이에 입각해서, 통치 행위의

---

31) 고려의 후삼국 통일에 기여했던 功臣은 대부분 武人들이었는데, 통일 후 정
   치체제를 완성시켜 나가는 데 있어서는 오히려 장애가 되는 존재들이었다.
   그리하여 과거제를 실시하여 유교적 학식을 지닌 신관료군을 육성하려 하였
   다(金龍德, 1959, 「高麗 光宗朝의 科擧制度問題」 『中央大論文集』 4, 147쪽).
   따라서 과거의 실시는 관리 선발의 측면에서 새로운 통치질서의 수립에 적합
   한 인원들을 창출하는 계기가 되었다. 이에 관한 보다 구체적인 상황에 대해
   서는 朴龍雲, 1990, 『高麗時代 蔭敍制와 科擧制 研究』, 一志社 ; 허흥식,
   2005, 『고려의 과거제도』, 일조각 등의 연구 성과를 참조할 것.
32) 『高麗史』 권78, 食貨, 田制, 田柴科, 景宗 1年 11月.
33) 그런데 이때의 지급 대상은 官人에 한정되었는 데(姜晋哲, 1980, 『高麗土地
   制度史研究』, 高麗大出版部, 31~38쪽), 여기에 軍人이 포함되었을 가능성이
   있다고 한다(李基白, 1968, 『高麗兵制史研究』, 一潮閣, 146쪽). 그렇게 되었다
   면 전시과의 실시는 관료·군 조직 모두의 규율과 복종에서 매우 중요하게
   작용했을 것임에 틀림없다.
34) 『高麗史節要』 권2, 成宗 2年 5月.
35) 이정훈, 2004, 「高麗前期 三省六部制와 各司의 運營」, 연세대 박사학위논문,
   61~71쪽.
36) 『高麗史』 권93, 列傳, 崔承老.

상징적 존재로서의 군주, 관료, 군인, 그리고 승려 등의 위상 및 그들 간의 관계를 새롭게 정립할 것을 천명하였다. 먼저 승려는 그가 내세 웠던 원칙에 따르면, '理國之源'에 관여하기보다 '修身之本'에 충실해 야 하는 존재이기 때문에 속세의 정치에 직접 손을 대어서는 안 되었 다. 다음으로 군인은 시무책의 서두에서 나온 바처럼 馬歇灘과 鴨綠江 의 石城을 경계로 삼아 戎狄을 방어해야 했다.[37] 이어 소수의 驍勇을 지닌 侍衛軍卒들은 宮城을 숙위하는 일을 담당해야 했다.[38] 즉, 군인 의 기본 임무가 국경을 방어하고, 궁성을 숙위하는 것이며, 과거처럼 왕위쟁탈전에 뛰어드는 등의 정변에 가담하게 하는 것은 안 됨을 분명 히 했다.

그러므로 그의 논리에 따르면, '理國之源'에 충실해야 하는 것은 군 주와 관료였다.[39] 따라서 통치체제를 개편하는 시점에서 양자의 관계 를 재정립하는 것이 매우 시급하였다고 보았다. 이에,

> "만일 성상께서 마음을 겸손하게 가지고 늘 공경하고 두려워하는 마 음을 지니고 신하를 예로 대우하면, 누가 마음과 힘을 다하여 나와서 는 좋은 계책을 진언하고 물러가서는 바로잡아 도울 것을 생각하지 않 겠습니까. 이것이 이른바 임금은 신하를 예로써 부리며 신하는 임금을 충성으로써 섬긴다는 것입니다. 바라건대 성상께서는 날마다 하루하루 를 삼가 스스로 교만하지 말고 아랫사람을 접할 적에 공손함을 생각하 고, 만약 혹 죄지은 자가 있으면 경중을 모두 법에 의하여 논한다면 태 평의 위업을 곧 이룩할 수 있을 것입니다." (『高麗史』 권93, 列傳, 崔承 老)

---

37) 위와 같음.
38) 위와 같음.
39) 그 중에서도 군주에 대해 「小惠未遍」에서 떠나 理國에 專心하여야 하는 것 으로, 곧 개인적인 信仰의 문제와 理國하는 政治를 엄격히 구분할 것을 주문 하였다고 한다(金哲埈, 1975, 「崔承老의 時務二十八條」, 앞의 책, 372쪽).

라고 하였다. 먼저 군주가 타고난 절대적 존재임을 부정하고, 항상 경외하는 마음으로 예로써 신하를 대우하며 근신해야 함을 강조하였다. 다음으로, 죄지은 자가 있으면 경중을 헤아려 법대로 처리해야 한다고 했다. 전반이 근신과 예로써 신하들을 견인하는 일에 대해 초점을 맞추었다면, 후반은 문제가 있는 인물들의 처리 원칙을 밝힌 것이다.[40]

그리고 전반에 관련된 구체적인 실천에 있어, 상소문에서는 佛法의 崇信, 또는 불교적 행사 따위에 참여하는 것을 줄이는 대신에 특히 月令에 의거하여 정사와 공덕을 행할 것 등을 권유하였다.[41] 반면에 후반의 문제에 관해서는 구체적으로 명확하게 언급했던 것이 잘 보이지 않는다. 그런데 이 조목이 최승로의 太祖定績評에 상응하는 것이라는 견해가 있어 주목된다.[42] 만약 그렇다면, 태조가 "여러 사람의 진정과 거짓을 모두 알지 못함이 없으며, 만사의 안위도 먼저 알았기 때문에 상벌이 그 시기를 잃지 않고, 邪正이 그 길을 같이 하지 않으니, 그 勸懲하는 도를 알아 제왕의 체통을 얻었다"[43]는 것은 아마도 후반부의 문제에 해당하는 것이 아닐까 한다.

즉, 최승로가 태조를 이상군주에 가장 가까운 존재로 상정하고 논지를 펼치고 있음으로 해서,[44] 뭇신하들의 情僞를 알아 제때에 상벌을 행함으로써 邪正을 확실하게 분변하는 것이 임금이 해야 할 역할임을 역설한 것이다. 그 때 情과 僞, 邪와 正을 구체적으로 어떻게 구별할 수 있을지가 문제였다. 위 인용문과 연관시켜 보면, '좋은 계책을 진언하고 물러가서도 바로잡아 도울 것을 생각하는 신하'가 情과 正에 해

---

40) 이렇게 위 조문의 골자를 크게 두 부분으로 나누어 파악했던 것은 李基白外, 1993, 『崔承老上疏文硏究』, 一潮閣, 126~127쪽에 의거하였다.
41) 『高麗史』 권93, 列傳, 崔承老.
42) 金哲埈, 1975, 「崔承老의 時務二十八條」, 앞의 책, 380~381쪽.
43) 『高麗史』 권93, 列傳, 崔承老.
44) 河炫綱, 1988, 「崔承老의 政治思想」, 앞의 책, 155쪽.

당되어 포상의 대상이 될 것이며, 그에 반하는 자들이 僞와 邪에 속해 벌을 받아야 할 존재들이었다. 하지만 상소문에서는 더 이상의 자세한 언급은 보이지 않는다.[45] 따라서 구체적인 보충이 필요했다. 즉, 타고난 절대적 존재임을 부정하는 동시에 항상 경외하는 마음을 지녀야 하는 군주와 더불어 '理國之源'에 충실해야 할 관료들의 행위 양태에 대한 분명한 상이 제시되어야 했다.

그에 관한 구체적인 상을 제시했던 것이 성종 9년 金審言의 건의에 따라 劉向의 六正·六邪에 관한 說을 내외에 반시하고 관청의 벽에 써서 권계로 삼았던 일이었다.[46] 이때 성종이 교서를 내려 이르기를,

> "어제 右補闕兼起居注 金審言이 올린 封事二條를 살펴보니 첫째에, 周가 건국하자 姬旦이 無逸篇을 올렸고, 唐이 中興하니 宣宗이 百僚誠를 지었다. 說苑의 六正·六邪에 대한 文에 이르기를 대개 人臣의 행동에 六正·六邪가 있은 즉 六正을 행하면 영화가 올 것이오, 六邪를 범하면 욕됨을 당할 것이다." (『高麗史』 권93, 列傳, 金審言)

라고 하였다.[47] 이는 총론격에 해당하는데, 劉向은 『說苑』에서 조정에서의 人臣의 행동을 크게 正과 邪로 대비시키고, 그 각각에 대해 6개

---

45) 최승로의 상소문에서 새로운 시대의 관료상을 제시하지 않았다는 것은 결코 아니다. 다만 군주의 그것에 비해 상대적으로 덜 구체적이었던 것이 아니었을까라고 가정했을 뿐이다. 이 역시 현재의 연구 성과들을 검토하면서 추측해 보았던 것에 불과하며, 앞으로의 진전 여하에 따라서는 큰 폭의 수정이 불가피할 전망이다.

46) 『高麗史節要』 권2, 成宗 9年 7月.

47) 金審言이 올린 封事의 六正六邪論에 입각해서 관리들을 正臣과 邪臣으로 분류했던 것은 당시 중앙집권체제의 확립을 위한 官吏道의 수립에 필요한 것이었다는 지적이 나온 이래로(金哲埈, 1975, 「崔承老의 時務二十八條」, 앞의 책, 366쪽), 이에 대해 여러 각도에서 검토되었다가 마침내 金甲童, 1994, 「金審言의 生涯와 思想」 『史學研究』 48에서 상세하게 고찰되었다.

씩의 세부 사항들을 정리해 놓았다. 이때 김심언의 봉사에서 언급했던 『說苑』에서의 正邪와 최승로의 상소문에서 언급했던 것과는 차이가 있다고 생각되지 않는다. 왜냐하면 봉사와 상소문이 비슷한 시기에 제출되었다는 점, 그리고 같은 임금에 의해 기꺼이 받아들여졌으며, 그 제안자들이 유사한 계열에 속해 있다는 연구 성과[48] 등을 고려해 볼 때 확실한 것 같다.

이때 『說苑』을 인용하여, 封事에서 언급했던 正과 邪의 어디에 속하느냐에 따라 人臣, 즉 臣僚의 榮辱이 결정된다고 했던 부분을 주목할 필요가 있다. 뒤에서 다시 한번 거론하겠지만, 榮과 辱이 구체적으로 어떤 것이냐에 대해서는 상세하게 밝히지 않았다.[49] 즉, 정에 속한 행동을 했을 때 어떤 상을 받게 되는지, 반대로 사에 해당되는 것을 범했다면 무슨 벌을 받게 되는 지가 제시되어 있지 않다. 따라서 '榮辱'은 어떤 구체적인 포상 및 제재 조치를 담고 있는 법조문의 성격을 띤 것이 아니었다. 따라서 그것에 의거해서 어떤 강제적인 조치가 취해질 수 있는 것이 아니었다.

그렇다면 六正에 속하는 것으로 판정된 신료에 대한 榮은 과연 무엇인가? 반대로 六邪를 범한 인신에게는 무슨 욕됨이 기다리고 있는가? 양쪽 다 명확하지 않는데, 그럼에도 이를 통해 어떠한 실질적인 효과를 거둘 수 있는지를 일단 의문으로 남겨둔 채 조금 더 분석을 가해 보고자 한다.

먼저 六正은 聖臣·良臣·忠臣·智臣·貞臣·直臣의 道를 가리킨다. 좀더 구체적으로 서술하면, 聖臣은 흥망의 기미를 미리 알아 화란

---

48) 金哲埈, 1975, 「崔承老의 時務二十八條」, 앞의 책, 366쪽 ; 李基白, 1990, 「高麗 貴族社會의 形成」 『高麗貴族社會의 形成』, 一潮閣, 49쪽.

49) 이는 아마도 원본인 『說苑』에서도 마찬가지였을 것인데, 이에 관해서는 金甲童, 1994, 앞의 논문을 참조할 것.

을 사전에 예방하여 임금을 영광되게 하는 신하, 良臣은 임금을 예의 로써 권면하고 훌륭한 계책으로 인도하여 장차 그 미덕을 순종하고 그 악행을 匡救하는 신하, 忠臣은 부지런하고 賢者를 추천하는 데 게을 리 하지 않고 과거의 사적을 들어서 임금의 뜻을 勸勵하는 신하, 智臣 은 成敗를 일찍 파악하여 구제하고 화를 복으로 돌려 임금으로 하여금 종신토록 걱정이 없게 하는 신하, 貞臣은 법을 잘 지키며 職事에 충실 하고 검약하는 신하, 直臣은 아첨하지 아니하며 임금의 안색이 엄하더 라도 기탄 없이 과실을 맞대서 말하는 신하를 의미했다.50) 즉, 임금에 대한 무조건적인 충성 및 맹목적인 복종이 아니라 '正'으로 이끌 수 있 는 신하상을 구현하고자 했던 것이다.

다음으로 六邪는 具臣·諛臣·姦臣·讒臣·賊臣·亡國之臣의 행 위를 지적하였다. 具臣은 녹만 탐내고 公事에 힘쓰지 않으며 세속에 부침하여 좌우를 관망하는 신하, 諛臣은 아첨하고 아부하여 임금과 더 불어 오락을 일삼고 그 뒤의 해악을 돌아보지 않는 신하, 姦臣은 善人 은 시기하고 賢人은 미워하며 임금으로 하여금 상벌을 부당하게 하게 하고 호령을 행하지 못하게 하는 신하, 讒臣은 그릇됨을 잘 꾸며 안으 로는 골육의 친척을 이간시키고 밖으로는 조정에 난을 끌어들이는 신 하, 賊臣은 권력을 독차지하고 함부로 임금의 명령을 꾸며 스스로 貴 顯하게 하는 신하, 亡國之臣은 임금을 불의에 빠뜨리게 하고 붕당 등 으로써 임금의 총명을 가리워 흑백과 시비를 가리지 못하게 해서 임금 의 악을 사방으로 퍼지게 하는 신하를 의미했다. 끝으로 賢臣은 六正 의 道에 처하고 六邪의 술책을 행하지 않기 때문에 위로는 편안하고 아래로는 잘 다스린다는 것으로서 결론지었다.51)

이를 세부적으로 검토해 보면, 첫째로 위에서 제시된 六正과 六邪가

---

50) 『高麗史』 권93, 列傳, 金審言.
51) 위와 같음.

형태나 내용에 있어 서로 대칭을 이루고 있음을 알 수 있다. 즉, 聖－
具, 良－諛, 忠－姦, 智－讒, 貞－賊, 直－亡國이 그것인데, 철저히 善
惡과 情僞의 2분법적 구도를 취하고 있으며, 아예 그 중간 영역은 설
정되어 있지 않았다. 그러므로 이에 따르면, 무조건 신하들의 행위는
正과 邪로 확실하게 구분되는데, 혹시 사악한 인신으로 간주된다면 설
사 법적인 처벌을 받지 않았더라도 관리로서 생활하는 데에는 지장이
많았을 것이다. 어떤 면에서는 법에 의해 治罪되었을 때보다 훨씬 타
격이 컸을 것으로 짐작된다.

　둘째로 六正과 六邪의 내용에는 모호하고 추상적인 측면이 꽤 있다
는 점이다. 구체적으로 어떻게 무엇을 하면 良이 되고, 또 어떻게 하면
諛가 되는지가 어떤 경우에서는 명확하지 않을 수도 있었다. 즉, 임금
을 예의로써 권면하고 훌륭한 계책으로 인도한다는 것과 아첨하고 아
부하여 임금과 더불어 오락을 일삼는다는 것이 그때그때 처했던 상황
과 하나하나의 사안에 따라서는 얼마든지 바뀌고 달라질 수가 있는 것
인데, 어느 누가 그것을 正邪로 정당하게 판정을 내릴 수 있겠느냐의
문제다.

　만약 이것이 법률 조문에 해당되는 것 같았으면, 전담 기구로서의
法司 및 거기에 소속되어 있던 법관이 어떤 기준과 판례, 그리고 소신
을 가지고 재단할 수 있겠지만, 六正과 六邪는 처음부터 그렇게 될 수
없는 구조였으며, 다른 한편으로는 그것을 의식적으로 추구하지도 않
았다. 그렇다면 실질적인 효과를 거두기 위해서는, 우선 六正과 六邪
의 설에서 제시하는 가치 체계를 공유하되, 그것을 관료 사회의 전체
가 정당하다고 인정하고 받아들여 기꺼이 그에 따르며, 설사 그것 때
문에 손해를 본다고 하더라도 자신의 잘못으로 인정하는 풍토가 조성
이 되었을 때 비로소 가능할 전망이었다.

　셋째로 正과 邪에 있어 君臣의 位相이 절대적인 것임을 염두에 두

되, 대개 관계의 설정에서 군주에게 좋은 계책을 건의하거나 匡救하는 등의 행위를 정에, 그렇지 아니한 것들을 사로 해당시켰다. 이로 인해 임금과 국가에 대해 무조건 충성하고 맹목적으로 복종하며 기꺼이 자신을 헌신하고 희생한다고 해서 올바르게 되는 것이 아니라 군신관계 속에서 正의 실현을 통해 邪를 제거하는 일이 오히려 더 중요했음을 강조하였다.

반면에 신하의 행위 그 자체에서 파생된 것으로 正邪를 구분하는 것은 비중이 상대적으로 적었다. 가령, 貞臣처럼 법을 잘 지키며 직사에 충실하고 검약하는 신하는 정에 넣고, 具臣과 같이 祿만 탐내고 公事에 힘쓰지 않으며 세속에 부침하여 좌우를 관망하는 신하를 사에 해당시키는 것 등을 제외하고는, 대체로 군신의 관계 속에서 正邪가 구분되도록 했다. 이는 당시의 정치구조를 그대로 반영해서 신하의 행위를 正邪로 나누려 했음을 의미한다. 따라서 이념적인 모델을 제시하여 거기에 맞추게 하는 것과 더불어 현실 정치의 장 속에서도 분명하게 적용되도록 구성하였다.

그렇기 때문에 군신관계에 의거하여 벌어지고 있는 당시 정치 상황 안에서 正邪가 가능한 한 분명하게 노출되도록 하며, 그것을 여러 신하들로 하여금 능동적으로 받아들여 각자의 확고한 인식과 견해로써 지니게 하고자 했다. 즉, 그들의 심성적인 차원에서 이에 의거하여 확고한 규율화가 이룩되며 그에 따라 행위하게 함으로써 자연스럽게 복종하게 만들려는 것이다.

마지막으로 六正과 六邪, 특히 六邪의 설에는 謀叛 등과 같이 체제를 전복하는 자들의 내용은 들어 있지 않았다. 비록 '亡國之臣'이 있기는 하지만, 이는 임금을 잘못 인도해서 나쁜 길로 들어서게 해서 결국 나라를 망하게 하는 것을 의미하는 것이지, 자신이 직접 왕위를 탈취하려는 음모를 꾸미는 신하를 지칭하는 말은 아니다. 그것은 결국 六

正과 六邪의 설이 법조문과 같은 것이 아니기 때문에 모반 등과 같이 강제적인 제재가 반드시 필요했던 것들에 대해서는 비중을 두어 언급하지 않았다.

하지만 전체가 같은 가치 체계를 공유하게 된 신료 사회에서 六正과 六邪의 설에 입각해서 형성된 여론이 널리 확산되었을 때, 그것은 포상과 형벌 이상의 힘을 지니게 될 것이었다. 물론 그 이전에 관료 집단의 인식 체계에서 六正과 六邪의 설에 의거하는 규율 및 이에 대한 복종의 정당함을 스스로 인정해야 하는 단계를 반드시 거쳐야 했다. 즉, 六正과 六邪의 설이 관료 집단에게 하나의 확고한 가치관으로 각인되고, 그것이 하나의 행위를 평가하는 기준으로 작용하되 여기에 대해 이의를 제기하기 어려운 상태가 전제되어야 했다. 그때 비로소 충분한 위력을 발휘할 수 있게 된다.

그러나 六正과 六邪의 설에 대해 성종 및 그를 보좌했던 몇몇 신하들이 깊은 관심을 가졌다고 해서 그대로 구현될 수 있는 것은 아니었다.[52] 특히 초창기이기 때문에 확고한 실천을 위해 그것이 명확하게 구현되고 있음을 강제적 조치를 통해서라도 보여주어야 했다. 따라서 제도 정비작업이 추진된 성종대에 이어, 체제의 운영이 본궤도에 오르기 시작하였던 현종대에 이르러,[53] 마침내 구체적인 시행이 가시화된다. 물론 그 이전에 관료 및 군인 사회의 경제적 기저가 되는, 즉 녹읍제를 대신하는 職田 및 田丁의 분급제가 실시되어야 했다. 특히 그 구체적 시행과 관련해서 다음의 사료가 주목된다.

---

52) 성종은 六正과 六邪의 說을 담고 있던 교서의 끝에 "汝心敦補政 志切匡時 錄正邪二理 諷我襟懷 令內外諸司 用爲勸戒 其下內史門下 頒示內外司 存依所奏施行"이라고 해서 奏達했던 바대로 시행할 것을 명하였다(『高麗史』 권93, 列傳, 金審言).
53) 이정훈, 2004, 앞의 학위논문, 108~109쪽.

敎하기를 "무릇 犯罪로 職田을 押收당한 자에게 赦를 입게 하되 眞盜 및 公私文書를 僞造한 자, 財物을 받고 法을 굽힌 자, 監臨하면서 自身이 도둑질한 자, 諂曲奸邪한 자의 犯罪를 除한 外에는 다 職田의 還給을 許하라"고 하였다. (『高麗史』권5, 世家, 顯宗 16年 12月 戊午)

위에서 관료들이 죄를 범하면 직전을 몰수당했다가 사면령이 내리면 돌려 받도록 되어 있는데, 이때 제외되는 층이 있었다. 眞盜 및 僞造公私文書, 受財枉法, 監臨自盜, 그리고 諂曲奸邪所犯層이었다. 그런데 眞盜 이하 監臨自盜까지는 그 내용과 성격이 확실해 보이나, '諂曲奸邪所犯'이라는 것은 다소 애매하다.[54) 아마도 六正과 六邪의 설을 현실적으로 시행하는 데서 나타났던 것이 아닐까 한다.

그것은 이미 위 조치가 나오기 얼마 전, 六正과 六邪의 설과 함께 金審言의 封事二條에 포함되었던 刺史六條를 약간 간추려 손질해서 諸州郡縣의 守令이 봉행해야 할 6條로 제정해서 운영하였던 것,[55) 그리고 바로 뒤에 비록 其人과 百姓의 擧望이 적더라도 朝廷에서 顯達했거나 累代門閥者는 事審官으로 아울러 奏差하되, 일찍이 諂曲奸邪罪에 연좌된 자는 勿差하라고 했던 조치[56) 등을 통해 알 수 있다. 즉, 지방관이 봉행해야 할 것을 刺史六條에 의거해서 규정했다며, 일찍이 諂曲奸邪罪를 범했던 자를 사심관에 차임시키지 말라는 조치는 六正과 六邪의 설에 입각해서, 특히 후자에 해당되는 것으로 공인되었을 경우에는 현실적으로 인사상의 불이익을 주도록 했던 것을 의미했다. 그리고 더 나아가 사면령이 내려도 직전을 환급받지 못하는 중죄인의

---

54) 정치적 사건에 연루되어 처벌받았던 사람들로 추정해 보기도 했다(尹薰杓, 2002, 「고려시대의 官人犯罪의 行刑 운영과 그 변화」 『고려시대의 형법과 형정』, 국사편찬위원회, 91쪽).

55) 金甲童, 1994, 앞의 논문, 29쪽.

56) 『高麗史』권75, 選擧志, 銓注, 事審官, 顯宗 10年判.

하나로써 취급하도록 하였다.[57] 그만큼 강력한 실천 의지를 과시했던
것으로 생각된다.

한편 현종을 계승했던 덕종대에 이르면, 최충의 건의로 六正·六邪
의 文과 六條의 令이 다시 쓰여져 재위자들로 하여금 스스로 삼갈 바
를 알게 하도록 했다.[58] 그리고 문종대에, '曾犯諂諛 名載罪籍'[59]이라
고 해서 諂諛하는 관료로 인정되어 처벌받았을 경우에도 罪籍에 이름
이 오르도록 했으며 그에 따른 여러 가지 불이익을 주었다.

이러한 일련의 조치들에 힘입어 六正과 六邪에 관한 설은 신료 사
회에서 매우 빠르게 정착되었을 것이다. 일단 조기 정착을 위해 마치
법규에 준하는 것처럼 운영하였으며, 그에 힘입어 더욱 강력하게 실천
의 탄력을 받게 되었다. 여기에 유교가 통치체제의 이념으로 확고하게
뿌리내리면서 한 차원 더 높은 전개가 가능하였다. 그리고 마침내 신
료 사회의 근무 자세와 관련된 가치관으로 자리잡으면서 여론 형성에
중대한 계기가 되었으며, 그에 따라서 실질적으로 기능하게 되었다.

2. 具顯과 現實態

1) 관료 조직과 正邪說

六正과 六邪의 설이 관료 사회의 가치관으로 어느 정도 자리잡고
있었는지를 구체적으로 보여주는 자료는 그리 많지 않다. 다만 핵심이

---

57) 현종 18년 6월에 前工部侍郎 庾廩廉等의 143명이 비록 諂曲奸邪의 죄를 범
하였으나 이미 여러 차례 사면을 거쳤으므로 모두 罪名을 삭제하고 서용하라
는 교서가 내렸다(『高麗史節要』권3, 顯宗 18年 6月). 이로써 諂曲奸邪罪를
범한 관리의 수가 적지 않았음을 알 수 있다.
58) 『高麗史』권95, 列傳, 崔冲.
59) 『高麗史』권7, 世家, 文宗 9年 8月 己亥.

되는 正과 邪, 그리고 諫과 讒의 분별에 대해 거론했던 것들의 분석을
통해 이에 접근해 보고자 한다.

먼저 원간섭기에 붙잡혀간 충혜왕을 대신하여 갑자기 충목왕이 즉
위하는 사태를 맞이해서 李穀이 재상에게 보낸 글에서, "사람을 쓰는
것이 또한 정치의 근본인데, 사람을 쓰기는 쉬우나 알기는 어려운데,
邪正을 묻지 않으며, 고하를 논하지 않아 재물만 있으면 대접하고 세
력만 있으면 의지하며 나에게 붙는 자는 간사하고 아첨을 해도 진출시
키고 자기와 다른 자는 廉謹해도 물리친다면, 사람을 쓰기란 이미 쉽
지 않겠는가. 그런데 사람을 쓰는 것이 쉬운 까닭에 정치가 날로 어지
럽고, 그 때문에 국가가 위태로워지고 망하게 된다"[60]고 했던 것에 대
해 주목해 보고자 한다. 이는 당시 관리 등용에서 正邪와 姦諂·廉謹
을 제대로 분변하지 않음으로써 정치가 혼란스럽게 되었고, 드디어 국
가마저 위망에 빠지게 되었다는 주장으로 이해된다.

위에서 이곡이 파악했던 邪正의 문제가 반드시 六正과 六邪의 설에
의거했던 것으로 볼 수 있느냐에 대해 의문을 제기할 수 있다. 그저 보
편적 입장에서 논의했던 것으로 이해할 수도 있다. 그러나 지극히 위
태로운 정치 상황을 맞이하여 불특정 다수를 대상으로 해서 주관적인
생각을 표시했던 것이 아니라, 재상들에게 서신을 보내 동의를 구하고
자 했던 것에서 첫 번째로 정치의 요체라는 用人, 즉 인사의 '邪正의
不問'에 따른 혼란을 지적했다면, 그 현실적 연원이 결국 六正과 六邪
의 설에 귀착하는 것으로 보는 편이 자연스럽지 않을까 한다. 이곡이
재상들과의 공감대를 형성하기 위한 시도로서 서신을 보낸 것이기 때
문에, 어쨌든 양자가 심성적 차원에서 서로 통하는 기반이 필요했을
것이며, 邪正에 관한 한 다른 무엇보다 오래 전부터 익숙했던 『說苑』

---

60) 『高麗史』 권109, 列傳, 李穀.

의 說을 염두에 두었을 것으로 이해된다. 따라서 用人, 즉 인사 문제에
있어서는 邪正에 관한 설이 평가의 기준으로 자리잡았던 것으로 추정
된다.

다음으로 과연 무엇을 正으로 인식했는지, 반대로 邪란 어떤 것으로
파악했는지를 좀더 구체적으로 알아보면, 전자는 대체로 '己自不正 烏
能正人',[61] 즉 자신을 바르게 해야만 다른 사람도 바르게 할 수 있다는
것에 집약된다. 이는 다시 六正說을 통해 한 걸음 더 나아가, 자신이
올바르게 처신하며 공무를 집행하는 일도 중요하지만, 그것을 통해 임
금까지도 바르게 해야만 되었다. 이때 첫 단계의 홀로 바르게 사는 인
물에 대해 어느 정도 높게 평가하였다. 그러나 궁극의 단계인 다른 사
람, 특히 임금을 바르게 하는 데에 이르지 못했다면, 높은 평가는커녕
도리어 비난을 받기도 했으며, 심지어 반드시 해야 하는 지위에 있던
사람들, 예를 들면 재상이나 언관으로 재직하면서 그에 부합하지 못했
다면 준엄한 비판을 들어야 했으며, 도리어 邪人으로 취급될 수도 있
었다.

한편 邪의 경우, 공양왕대 간관이 상소에서 거론했던 바, "禹玄寶와
洪壽 父子는 본시 간사하고 아첨을 함으로써 남의 비위를 맞추어 지
위와 봉록을 횡취하였고 단지 자기 집만 알고 나라가 있는 줄을 모르
며 백성에 대해 한번도 생각하지 않았고 公道에 대해 한번도 언급하지
않았다"[62]라는 주장에서 그 대강을 다소간 파악할 수 있다. 여기서 우
현보와 홍수 부자가 간사한지 아닌지를 따지는 것은 중요한 문제가 아
니며, 다만 그들을 평가했던 논리가 주목된다. 이때 개인의 차원에 그
치지 않고 나라와 生民, 公道에까지 확대시킴을 볼 수 있는데, 아마도
六邪說도 그런 차원으로 문제를 제기했던 것으로 이해된다.

---

61) 『高麗史』 권105, 列傳, 鄭可臣.
62) 『高麗史』 권115, 列傳, 禹玄寶.

따라서 邪라는 것은 개인의 속성에서도 극복의 대상이 되는 것이겠지만, 궁극적으로 나라와 生民, 公道에 직접적으로 폐를 끼치는 것이기 때문에 커다란 문제가 된다는 것이다. 그리고 正은 그것을 바로잡아야 하는 것인데, 궁극에 이르면, 마땅히 그러한 임무를 수행해야 하는 지위에 있는 인물들이 제대로 다스리지 못하거나 수수방관하는 경우에 대한 엄중한 비판, 마침내 도리어 邪로까지 인식하고자 했다.

그런데 正邪說이 관료 사회에서 공통된 가치관의 한 축으로 자리잡고, 그에 입각해서 구성원들의 행위에 실질적인 영향을 끼칠 수 있도록 하기 위해서는 정을 부추겨 사를 억제하라고 교육하거나 권장하는 것만으로는 커다란 효과를 기대하기 어려웠다. 강력한 실천에 필요한 규율을 만들어서 이에 따르게 해야 했다. 그때 六正六邪說을 관청에 게시하는 정도로는 곤란하며, 내면의 의식세계 안으로 보다 깊숙이 침투시키기 위한 조치가 필요했다. 이때 적극적으로 활용하고자 했던 것이 이른바 '家業意識'의 계승 및 조직 운영상의 묘였다.

먼저 가업의식과 관련해서는 正邪說이 지닌 가치 체계를 새로이 주목해가던 시기에 살았던 皇甫兪義의 사례를 통해 그 단서를 파악해보고자 한다. 목종 말년에 金致陽一黨의 왕위 찬탈에 대한 음모를 분쇄하고자 현종 옹립의 중대한 임무를 띠고 파견되었던 황보유의에 대해 "뜻을 宗社에 두었고, 또 그의 父祖가 나라에 공이 있기 때문에 마땅히 가업을 추락시키기 않기 위하여 전심전력을 다 바칠 것이니 어찌 이 사람을 보내지 않겠는가"라는 추천의 말이 있었다.[63]

몹시 위급한 정치 상황에서 가장 신뢰할 수 있는 사람은 본인 자신의 능력과 의지도 중요하지만, 그 못지 않게 가업의 명성과 명예를 추락시키지 않을 사람이라는 믿음이 뒷받침되어야 했다. 하지만 가업의

---

63) 『高麗史』 권94, 列傳, 皇甫兪義.

명성을 후손이 추락시켜서는 안 된다는 것이 이전부터 늘 중요하게 여
겼기 때문에 이때에 이르러 특별하게 취급할 필요가 있을까라는 의문
을 제기할 수 있다. 그러나 지극히 복잡미묘한 정치 상황하에서 새삼
스럽게 강조되었던 正邪說이 결부되면서 종래의 인식과는 다른 변모
를 보여주게 된다.

현재의 임금인 목종이 간악한 무리들에게 둘러싸여 벗어나기 어려
운 지경에 처하자, 이를 타개하기 위해 신왕을 옹립해야 하는 매우 복
잡한 상황에서 요구되었던 忠은 단순한 복종에서 비롯되었던 것이 아
니라 正의 실현과 직결되는 것이었다. 특별히 지목하여 추천했다는 것
은, 아마도 황보유의의 가업 계승의 의식이 높은 지위 및 고귀한 혈통
따위를 이어받는다는 종래적인 의미가 아니라 중요한 순간에 정으로
써 사를 제압하는 것이 하나의 사명임을 깨달아 기꺼이 그에 나설 수
있겠느냐에 있었다고 할 것이다. 이렇듯 '가업의식'의 계승에서조차 正
의 실천을 매우 중시했다면, 신료 사회에서 正邪說에 입각한 가치관이
그만큼 깊숙하게 자리잡았음을 의미하는 것이기도 했다.

그 같은 추세는 시기가 내려올수록 더욱 강해졌는데, 그러한 사정은
다음의 사례를 통해 어느 정도 짐작할 수 있다. 공민왕대 왜적의 침입
으로 경성이 계엄 상태에 놓여 있던 상태에서, 宰樞들이 博弈과 戱謔
하는 것을 본 金敬直은 크게 탄식하면서, "비록 태평한 시절이라 하더
라도 재상은 戱謔해서는 안 되는데 전쟁의 피해와 기근을 구제하지 않
고 즐기고 있으니 나라가 망하지 않으려 한들 될 수 있겠는가. 만일 내
아버지가 살아서 이를 들었다면 곧 죽으려고 했을 것이다"라고 하였
다.[64] 아버지 金倫이 무척 강직했던 인물로서 邪로 흐르는 풍조를 목
숨을 내걸고 막고자 했음이 널리 알려졌다는 사실을 빗대어 당시 재상

[64] 『高麗史』 권110, 列傳, 金倫 附 敬直.

들의 행태에 대해 혹독하게 비판하였다.

이렇게 볼 때 시기가 내려올수록, 국가적인 정을 실현하는 행위가 곧 忠이며, 이것이 가업의 계승임을 내걸고 사에 해당하는 짓을 하는 사람들을, 비록 재상이거나 설사 임금이 하더라도 혹독하게 비판할 수는 사회 분위기가 점차로 고조되어 가고 있음을 알 수 있다. 이로 말미암아 정의 실현 추구가 곧 가업을 온전하게 계승하기 위함이라는 명분을 내걸며 비판을 가하는 사람들을 처벌하거나 숙청하는 일이 결코 쉽지 않게 되었다. 왜냐하면 명분 없는 처벌은 도리어 임금 및 권세가에게도 커다란 정치적 부담으로 작용할 수 있기 때문이었다. 심지어 최씨정권의 집정자였던 崔沆조차도 宋國瞻에 대해 宿憾을 가지고 있었지만, 물의를 피할 것을 고려해서 그에게 右散騎常侍를 제수하기에 이르렀다.[65] 아무리 무신정권의 집정자라도 관료 사회의 여론을 무시할 수 없었다.

그러므로 가업의식의 계승이 正邪說과 결부되어 전개될 경우에는, 단지 출세라든가 승진 등에만 국한되지 않고, 국가적인 正의 실현이 忠임을 인식하는 쪽으로 전개되기도 한다. 그리고 그에 의거해 마련되는 내재적 규율에 복종하는 문제에도 자연히 관심을 갖고 실행에 옮기게 되었다.

다음으로 조직의 운영과 관련하여 어떻게 正邪說이 활용되었는지를 알아보고자 한다.

供賓令 鄭又玄이 時政七事를 論하는 封事를 제출하였는데 왕의 뜻에 거슬린 바 있었다. 그래서 성종이 재상들을 불러 의논하기를 "又玄이 감히 직분을 넘어서 정사를 논란하였으니 죄를 주는 것이 어떠하냐?"고 물으니 모두 "지당하다"고 말했는데 유독 (徐)熙가 말하기를

---

65)『高麗史』권102, 列傳, 宋國瞻.

"옛날에는 諫하는데 官이 없었는데 越職이 무슨 죄이겠습니까? 臣은 재주가 없는데 부당하게도 宰相의 지위에 있으면서 직책을 다하지 못했으므로 관직이 낮은 者로 하여금 政敎의 得失을 論하게 하였으니 이는 臣의 죄입니다. 하물며 又玄의 論事는 심히 적절하니 마땅히 표창할 만한 일입니다"고 하니 성종이 깨달은 바 있어서 又玄을 監察御史로 발탁하고 熙에게는 繡鞍과 廐馬, 酒果를 하사하여 위로하였다. (『高麗史』권94, 列傳, 徐熙)

위에서 본래 供賓令의 직위에 있던 鄭又玄은 시정을 논할 수 있는 자격이 없었다. 따라서 그가 시정에 관한 封事를 올렸다는 것 자체가 越職의 행위로 간주되어 처벌되어야 했다. 그러나 재상이었던 서희의 옹호로 오히려 칭찬을 받으면서 승진까지 했다.

시정의 내용이 분명하지 않으나, 임금이 재상까지 불러 처벌을 논했던 것을 보면, 심상치 않았을 것이다. 특히 서희의 주장에 따르면, 재상급이나 언급할 수 있는 정도의 내용까지 포함되어 있었다. 그런데 무엇 때문에 鄭又玄을 서희가 옹호했던 것일까? 그리고 성종은 마음을 바꾸어 어째서 흔쾌히 이를 받아들였던 것일까?

원래 시정을 논할 수 있었던 것은 간관이었다. 따라서 간관의 고유한 업무에 해당되며, 그에 따라 간혹 혹독한 논사를 펼치더라도 원칙상 이로 인해 처벌을 받거나 불이익을 당해서는 안 되었으며,66) 오히려 그 역할을 제대로 수행하지 못할 때 비난과 공격을 받았다. 실제로 諫諍은 省郞의 임무인데, 法吏가 이것을 행하는 것은 잘못이라며 벌

---

66) 朴龍雲, 1980, 『高麗時代臺諫制度硏究』, 一志社, 99~102쪽. 그렇다고 諫官이 어느 경우에도 무사했던 것은 아니었다. 위 책에 따르면 武臣亂 이전에는 그렇게 심하지는 않았으나, 그 이후에는 비록 정당한 언론을 펼쳤음에도 쫓겨나거나 벌을 받는 일이 많았다고 한다. 그러나 원칙상 論事로 해서 간관이 해를 당하는 일은 없어야 했다.

을 받는 일도 있었다.[67] 한편 언관이 아님에도 중대한 문제를 가지고 상서했다고 해서 물의를 빚기도 했다.[68] 따라서 제도적으로는 간언에 관련된 것은 간관이 하는 것이 원칙이었다.

그런데 시정에 관한 논사가 만약 正邪說에 관련된 것이라고 한다면, 간관에만 한정시키지 않고 관료 중 어느 누구에게도 제기할 수 있는 자격을 부여하고자 했던 것이 서희의 의도였고, 성종도 그 뜻을 헤아려 기꺼이 수용했던 것이 아닐까 한다.[69] 즉, 六正六邪說을 내외에 반시하고 관청의 벽에 써서 권계하라는 명을 내리고 얼마 지나지 않은 시점에 그에 해당되는 내용이 포함되었을 것으로 보이는 時政七事를 비록 간관직에 재직하지 않는 자가 거론했더라도 흔쾌히 받아들이며,[70] 처벌 대신 격려를 보냄으로써 그런 풍조를 고무하는 자세를 손수 실천하고자 했던 것이 아닐까 한다. 그리고 이 일을 계기로 해서 보다 활발히 전개되었을 것으로 추정된다.

하지만 간관이 아닌 관료들의 한계가 어디인가는 명확하지 않다. 경우에 따라서는 범위를 벗어났다고 해서 처벌을 당하기도 했을 것이다. 그러나 이미 하나의 가치관으로 뚜렷하게 자리잡혀 그에 대한 공감대

---

67) 『高麗史』 권106, 列傳, 沈諹.

68) 『高麗史』 권120, 列傳, 尹紹宗 附 會宗.

69) 그러나 무작정 허용했던 것은 절대로 아니었다. "誹訕朝政 固有常刑"(『高麗史』 권16, 世家, 仁宗 10年 5月 丙子)이라고 해서 誹訕에 해당된다고 간주되면 법으로 처벌하도록 되어 있었다. 이때 誹謗과 正邪의 구별이라는 복잡한 문제가 제기될 것이나, 어쨌든 관료 사회에서는 그 나름의 판단 기준을 가지고 있었을 것이며, 그 중에는 그들 특유의 가치관에 입각했던 것도 포함되었을 것이다.

70) 鄭又玄이 時政七事에 관한 封事를 정확하게 언제 올렸는지는 확인되지 않는다. 다만 徐熙傳에 따르면, 성종 13년과 15년 사이에 일어났던 일로 기술되어 있다(『高麗史』 권94, 列傳, 徐熙). 그렇다면 金審言이 성종 9년 7월에 六正六邪說을 올리고 얼마 지나지 않은 시점의 일이었다.

가 형성되었다면, 대개 관대하게 처리하는 것이 일반적이었을 것이며, 오히려 보호하고 격려하는 데 힘썼을 것이다. 그것이 관료 사회의 규율을 온전히 유지하고 이에 흔쾌히 복종케 하는 기틀을 마련하는 일이었기 때문이다.

충목왕도 '차라리 한 사람의 代言이 적어질지언정 간하는 말을 거부하고 싶지 않다'고 하였다.[71] 즉, 측근 신하 한 명을 잃는다고 하더라도, 그것 때문에 간하는 말을 물리치는 임금이 되지 않겠다는 의지의 표현이라고 할 수 있는데, 그것이 곧 간관에게 국한되는 것으로 볼 필요는 없다. 그 점은 고종이 李白賁의 齋醮詞疏에 관련된 上言에 대해 "權知校書郎은 微官인데 서슴없이 직언한 것에 대해 가히 충신이라 할 것이다"고 했던 것을 통해 짐작할 수 있다.[72] 임금을 匡救하는 문제에 관해서는 어느 누구도, 심지어 微官이라도 이를 행할 수 있음을 의미하며, 이는 곧 六正說에서 거론되었던 신료관과 통하고 있다.

이는 다시 正의 쇠함과 邪의 성함으로 인한 폐해로 해서 임금의 총명이 가려지며 나라와 민생에 커다란 타격을 준다는 인식을 통해서도 확인되는 바이기도 했다. 충목왕대 張沆은 都堂에 글을 보내, "임금은 스승을 존경하고 향학심이 있으며 善道를 즐겨 듣는데, 憸邪者들이 정권을 농락하여 天上을 기만하고 형벌을 불공평하게 하여 무고한 사람들에게 해가 미치게 함으로써 和氣를 손상시켜 한발을 초래해서 민생을 피폐하게 만든다"고 했다.[73] 당시 일반적으로 잘못된 형정이 재변을 일으켜 막대한 민폐를 끼친다고 믿었는데,[74] 그렇게 된 궁극적 원인은 憸邪者들이 정권을 농락하여 天上을 기만했기 때문이라는 것이

---

71) 『高麗史』 권112, 列傳, 李公遂.
72) 『高麗史』 권22, 世家, 高宗 11年 閏8月 壬子.
73) 『高麗史』 권109, 列傳, 張沆.
74) 윤훈표, 2004, 「법과 규범, 관행에 대한 의식」『東方學志』 124, 105쪽.

위 주장의 골자였다.

따라서 憸邪者의 발호를 차단하며 억압하는 일이 매우 중요했는데, 일차적으로 그 책임은 재상과 간관에게 있었다. 제대로 하지 못했을 때에는 당연히 비난을 받아야 했다. 선종대 재상이었던 李子威는 入宋 表奏를 監校하다가 잘못해서 遼의 年號를 기재했던 일의 책임을 지고 파직되었는데, 얼마 지나지 않아 內嬖에게 干謁해서 복귀했다가 주위 사람들로부터 비난을 받았다.75) 內謁을 차단해야 할 사람이 도리어 조장하고 편승했다는 것에 대한 질책과 공격이었을 것이다.76)

간관의 경우, 명종대 王世慶은 남의 善함을 칭찬하기 좋아하였으며 국왕도 항상 直臣으로 불렀음에도, 9년간 諫省에 재직하면서도 단 한 건의 建白한 바가 없었으므로 物議에서 적다고 평가하였다.77) 아무리 다른 일을 잘 처리했고, 임금을 비롯한 여러 사람들이 칭찬하더라도 諫官으로서의 역할을 제대로 수행하지 못했을 때에는 그에 대한 평가가 좋지 못하였다.

심지어 최씨정권을 일으켰던 崔忠獻조차도, 省臺의 직분은 言事에 있으므로 임금에게 잘못이 있으면 과감히 諫하여 설사 악형을 당할지라도 달갑게 받아들여야 하는데, 지금은 그저 바람 부는 대로 물결치는 대로 행동하여 결탁할 생각만 하고 있다며 적합한 인재를 선택한 뒤에 직언케 할 것을 건의하였다.78) 省臺의 관원들이 憸邪者의 발호를 제대로 막지 못할 경우에는 커다란 사회 문제가 발생할 것을 무인들까

<hr />

75) 『高麗史』 권10, 世家, 宣宗 9年 8月 乙丑.
76) 얼마 뒤 李子威는 李資義와 결탁해서 정권을 농단했다는 혐의를 쓴 채 결국 쫓겨났다(『高麗史節要』 권6, 憲宗 1年 7月). 얼마만큼 양자가 밀착되었는지는 알 수 없으나, 자신의 행위에 따른 物議가 정치 생명에 치명적인 타격을 주었을 가능성이 있다.
77) 『高麗史』 권99, 列傳, 王世慶.
78) 『高麗史』 권129, 列傳, 崔忠獻.

지도 인식하고 있음을 알 수 있다. 그러므로 문신에게 있어서는 더 이상 말할 나위도 없을 것이다.

하지만 憸邪者의 발호를 차단하는 일이 재상이나 간관에게만 맡겨진 것은 아니었다. 만약 그렇게 되면 단순히 법과 제도의 차원으로 해결되는 문제에 지나지 않게 된다. 그 정도라면 관료 사회의 기본적인 가치관으로까지 자리잡힐 리가 없었다. 마침내 구성원 모두가 그에 공감해서 가치 체계를 공유해야 했다.

> 慶尙道를 안찰할 때 晉州副使 白玄錫은 부임하기도 전에 먼저 州吏가 지닌 銀幣를 쓰고 官에 도착한 뒤 御衣對綾羅絲價를 가혹하게 수탈해서 私用하였으며, 甫州副使 張倎은 집이 丹山에 있어 甫州와 가까우므로 州人을 보내 그 땅을 경작시켰다. (權)眂이 모두 탄핵하였는데 倎은 장원 급제했고, 玄錫은 이전에 省郞으로 있었는데, 똑같이 汚名을 쓰자 士林들이 이것을 수치로 여겼다. (『高麗史』권107, 列傳, 權眂)

위에서 사림들은 동료들의 파렴치한 행위를 수치스럽게 여겼다는 것을 잘 보여주고 있다. 극히 소수의 인사들이 저지른 잘못이라 하더라도 전체 사림의 위신에 큰 상처를 주었던 것이라면, 곧 전체의 수치로 간주하였다. 그것은 가치 체계를 공유함에 따른 공감대가 마련되고, 그에 따라 그 사회의 구성원 누구에게나 자신의 일로 기꺼이 받아들이는 인식체계가 확고하게 정립되었음을 의미하며, 이로써 그에 따른 규율의 마련과 복종이 하나의 가치관으로 승화되었음을 보여준다.

그런데 사림이 당시 관료 사회의 전체에서 압도적인 비중을 점했는가는 의문이다. 대개 과거제 운영과 관련해서 급제자들은 좌주문생관계라든가 同年 등으로 해서 유달리 유대의식, 집단의식이 강한 편이었다.[79] 그렇게 때문에 동료들의 행위에 대해서 어렵지 않게 반응할 수도 있을 것이다. 그렇다고 하더라도 어차피 사림은 점점 확대되고 있었으며, 이후 관료 사회에서 주류를 형성하게 된다. 마침내 사림의 원류들이 正邪說 등에 기초하여 마련했던 규율 및 복종을 자신들의 가치 체계로 인식하고 그것을 서로 굳건하게 공유코자 했다는 사실은 그 이후 상황 전개를 암시해 주는 대단히 중요한 지표로 간주되어야 할 것이다.

2) 군 조직 규율 운영에의 正邪說 浸透

군 조직에 있어서도 사회 변동과 체제 개편에 따른 새로운 규율의 마련 및 그에 대한 복종이 당면의 과제가 될 수밖에 없었다. 이때 관료 조직에서 볼 수 있는 것처럼 六正六邪說의 수용 등과 같이 유교 원리에 입각하는 일상적 가치 기준이 군 조직에도 서서히 침투하였다.

유학의 획기적 진흥을 위한 교육기관의 정비에 크게 공헌했다고 알려진 安珦이 사업을 본격적으로 추진하면서, 기금의 기부를 주저했던 武人 高世에 대해, "父子의 道는 만세의 규범으로, 신하가 임금에게 충성하고 아들이 어버이에게 효도하고, 아우가 형에게 공경히 하라고 가르치는데, '왜 무인이 돈을 내어 문인의 생도들을 양성해야 하는가'라는 것은 공자를 무시하는 짓이니 그래도 좋단 말인가?"라고 반문했더니 마침내 부끄러워하면서 기금을 냈다고 한다.[80]

비록 武人이라도 유학의 가르침 및 그 가치 체계를 거부할 수는 없었다. 따라서 正邪說에 입각해서 마련된 규율 및 복종에 대해서도 수긍할 수밖에 없었다. 그런 점을 잘 보여주는 실례가 무인정변 과정에

---

79) 허홍식, 2005, 앞의 책, 289~296쪽.
80) 『高麗史』 권105, 列傳, 安珦.

서 일어났다.

> 鄭仲夫의 亂에 (文)克謙이 省에서 직숙하고 있었는데, 변이 났다는
> 소식을 듣고 도망쳐 숨었더니 어떤 병사가 발자국을 따라 그를 체포하
> 였는데 克謙이 말하기를 "나는 前正言 文克謙이다. 임금이 만약 내 말
> 을 들었던들 어찌 오늘의 이 지경까지 되었겠느냐? 예리한 칼로 단번
> 에 결단내 주기를 원한다"라고 하니 그 병사가 이상하다고 여겨 諸將
> 앞으로 데려갔다. 諸將들이 말하기를, "이 사람은 우리가 평소부터 듣
> 던 이름이다. 죽이지 말라"하며 궁성에 가두었다. (『高麗史』 권99, 列
> 傳, 文克謙)

매우 위급한 상황을 맞이해서 문극겸은 간관으로 활동했던 시절의
명성을 이용하여 죽음에서 벗어날 수 있었다. 하지만 그 배경에 일개
병사에서부터 諸將에 이르기까지 정의롭다는 명성을 지닌 문인들까지
함부로 제거해서는 안 된다는 인식이 널리 확산되어 있었기 때문에 가
능했다. 극도로 무질서하고 혼란했던 시기였음에도 그런 정도로 규율
이 존재했고, 그에 기꺼이 복종했다는 것은 평소 깊이 뿌리 박혀 있었
음을 보여준다.[81] 따라서 군 조직의 구성원들, 특히 최하층부터 최상층
까지 正邪說 등에 의거해서 인물을 평가하며 그에 걸맞게 대우해야 한
다는 인식을 지니고 있었다.[82]

무척 혼란된 시기라 하더라도 최하부터 최상까지 가치체계를 상호
공유하며 그 규율에 따르고자 하는 인식이 강고히 유지되었던 것은 고
려의 군 조직이 지닌 특성에서 기인한다고 생각된다. 주지하듯이 고려
의 무반은 교육과 과거를 통해 등용되었던 것이 아니라 주로 무예가

---

81) 이는 文克謙에게만 국한되었던 것은 아니었다. 崔惟淸의 사례도 그와 유사하
    였다(『高麗史』 권99, 列傳, 崔惟淸).
82) 『高麗史』 권99, 列傳, 庾應圭.

뛰어난 군인을 발탁하였다.[83] 그러므로 자연히 무반과 군인 사이의 관계라든가 서로를 인식하는 바가 긴밀할 수밖에 없었다.[84] 반면에 오히려 같은 관료라 하더라도 문반과 무반이 상호 이질적인 요소가 상당히 많았다. 그렇기 때문에 대립과 갈등이 쉽게 표출될 여지가 충분했다.[85]

관료 및 군 조직의 특성에서 기인하는 문무의 대립과 갈등은 무인정권이 붕괴된 뒤에도 쉽게 해소되지 않았다. 심지어 공민왕대에 이르러 시가를 가로질러 도랑을 파면 武가 성하여지고 文이 쇠하여진다는 術家의 말을 그대로 믿은 당시의 鷹揚軍上護軍 金元命이 급기야 공사를 강행하기도 했다.[86]

이렇듯 문무의 대립과 갈등이 지속됨으로서, 문반을 중심으로 하는 유학적 소양이 농후한 집단에 기틀해서 마련된 규율 및 복종이 무반 및 군인들에게 짧은 기간 안에 쉽게 침투하지는 못했다. 여러 방면의 접근과 노력으로 상당한 정도로 공감대가 형성되어 가치 체계를 공유하기도 했지만, 여전히 나름의 특성을 유지했던 측면이 존재했음도 사실이었다.

군 조직의 규율 및 복종에서 초창기부터 강조되었던 것은 "싸움에 이기는 것은 화합에 있는 것이요 무리에 있는 것이 아니다(師克在和不在衆)"[87]라는 태조의 언급에 나타난 군사관이었다. 다시 말해 사졸의 마음을 얻어 그들로 하여금 기꺼이 충성하게 만들며, 그에 입각해서

---

83) 邊太燮, 1971, 『高麗政治制度史硏究』, 一潮閣, 306쪽.
84) 조선조의 무반은 대거 과거 중의 武科 출신들로 채워지는 경우가 많았다. 그 점에서 무반은 군인과 차이가 날 수밖에 없었다. 한편 문과 출신들이 주로 등용되는 문반과는 서로 통하는 부분이 새로 조성되었다고 할 것이다.
85) 兼帶 등을 통한 교류가 있었음에도 불구하고 文武班은 그들 사이에 개재한 엄격한 一線을 중심으로 격렬하고 끈기있는 대립 항쟁을 계속하였다는 지적은 매우 유의해야 것으로 생각된다(邊太燮, 1971, 앞의 책, 304쪽).
86) 『高麗史節要』 권28, 恭愍王 15年 4月.
87) 『高麗史』 권1, 太祖世家.

군의 규율을 엄수하며 장수의 명령에 복종하게 해야만 전쟁에서 승리를 얻을 수 있다는 뜻이었다. 억지로 충성을 표하게 만들려고 엄격한 규율을 유지해서 철저하게 복종시킨다는 취지로 군인만을 대상으로 하는 軍律을 별도로 제정하여 운영하기도 했다.[88] 하지만 여러 가지 다양한 변수가 존재했던 군 조직 운영의 특성상, 특히 전투 중에 돌발적으로 발생하는 상황 등에 대처하기 위해서는 그것으로는 충분치 않았다. 조직편성 체계의 특성이 최대한으로 발현되는 가운데 자발적으로 충성을 표하게 만드는 효과적인 수단, 특히 생활 속에서 익숙해지게 하는 그 무엇이 요구되었다.

기본적으로 고려군의 축을 이루었던 군인들은 전시과에 의거해서 군인전이 지급되었으며, 이는 田丁連立의 원칙에 따라서 운영되었다. 그러므로 군역을 부담하는 전정과 씨족이 고정되어 있었으며, 이를 위해 별도로 장적이 마련되었는데, 그것이 군반씨족에 관한 장적이었다.[89]

이러한 조직편성의 체계가 지닌 특성을 최대한으로 반영하면서 동시에 '師克在和不在衆'의 원칙에 입각해서 군인을 정신적으로 단합시켜 자발적인 충성을 보이게 하는 차원에서 규율을 마련하여 이에 복종하게 했다. 이를 위해 강조되었던 것이 이른바 擬制的인 가족관계였다. 동북면에서 여진과의 전투가 한창일 때 일어났던 사건에서 그 정형적인 모습이 잘 드러난다.

적이 숲 속에 매복하고 있다가 (尹)瓘의 부대가 그곳에 당도할 무렵에 급히 돌격하였으므로 부대가 모두 괴멸되고 겨우 10여 명이 남았을

88) 이에 관해서는 尹薰杓, 2003,「高麗時代 軍律의 構造와 그 性格」『史學研究』69 참조.
89) 尹薰杓, 2000,『麗末鮮初軍制改革研究』, 혜안, 21~23쪽.

뿐이며, 瓘은 겹겹이 포위당하였고 (吳)延寵도 화살에 맞아 형세가 심히 위급하였다. 이때 (拓)俊京이 용사 10여 명을 인솔하고 장차 구원하려 할 때 아우 낭장 俊臣이……만류하니 俊京이 말하기를 "너는 돌아가서 늙은 아버님을 봉양하라. 나는 한 몸을 국가에 바쳤으니 의리상 가만히 있을 수 없다"고 하더니 이어 크게 호통치면서 돌진하여 10여 명을 쳐죽였다.……瓘 등은 해가 저물어 英州城으로 돌아왔는데, 瓘이 눈물을 흘리며 俊京의 손을 잡고 말하기를 "이제부터 나는 너를 자식과 같이 생각할 터이니 너도 나를 아비와 같이 여겨 달라"고 하였다. (『高麗史』 권96, 列傳, 尹瓘)

위태로운 전투 상황에서 자신을 구해준 척준경을 윤관이 자식처럼 여기겠다고 공언하였다. 물론 척준경 또한 윤관을 아버지처럼 받들겠다고 맹세했을 것이다. 이처럼 전쟁터에서 공개적으로 元帥와 裨將의 관계를 넘어서 의제적이나마 부자관계를 맺었다는 것은 이전의 공적인 차원을 뛰어넘었음을 의미한다. 즉, 사적으로 더욱 더 친밀한 사이가 되었을 것이며, 어느 면에서는 운명을 함께 하겠다는 뜻으로 해석될 수도 있다.[90]

그렇기 때문에 국가에 충성한다는 의미에서 공식적이고 공적인 관계에 기반해서 마련된 규율 및 이에 대해 복종하는 것도 중시했지만, 각각의 단위로 해서 의제적인 부자관계에 입각해서 마련되었던 것에 대해서도 커다란 비중을 두었던 것으로 생각된다.

그런데 전기에만 의제적인 가족관계가 보이는 것은 아니었다.[91] 후

---

90) 다소 상황의 차이가 있지만, 무신집정자 중의 하나였던 慶大升은 휘하의 都房員들과 간혹 침식을 함께 하며 성의를 표하기도 했다. 즉 "大升懼 招致死士百數十人 留養門下 以備之 號都房 爲長枕大被 令輪日直宿 或自共被 以示誠款"(『高麗史』 권100, 列傳, 慶大升)이 그것이다. 이는 정치적 변란이 잦았던 시기에 신변을 보호하기 위한 부득이한 조치로 말미암았을 것이나, 아마도 당시 군 조직의 특질에서 그 원형이 유래되었을 것으로 짐작된다.

반기를 대표하는 장수였던 金方慶에게도 나타난다. 元의 官員에게 제출된 그에 대한 고발장에 '與子忻 · 壻趙抃 · 義男韓希愈及孔愉 · 羅裕 · 安社貞 · 金天祿等四百餘人'이라는 표현이 보이는데,[92] 그 중에서 '義男'이 주목된다. 그에 해당하는 韓希愈 역시 뛰어난 武將 출신인데,[93] 아마도 主將이었던 김방경과 한 때 의제적인 부자관계를 맺었던 것으로 추정된다.

한편 조선조 태종 때 成石璘이 올린 上書에 의하면, 고려 말의 유명한 장수였던 安祐 · 李方實 등이 梯己 · 心腹 · 手足人들을 거느리면서 위태로운 상황에서 크게 도움을 받았는데, 이를 본받아 將相들로 하여금 미리 자제와 친족 및 아는 사람들 중에서 재주와 힘을 지닌 자 몇 사람씩을 뽑아 급한 때에 쓸 수 있도록 대비할 것을 건의하였다.[94] 아마도 안우 · 이방실의 경우도 윤관 · 김방경 등과 마찬가지로 친족이 아닌 휘하의 將士들과 의제적인 가족관계를 맺었을 가능성이 매우 높다. 아마도 그에 힘입어서 전투를 안정적으로 수행했기 때문에 자연히 큰 공훈을 세웠던 것으로 추정된다.

그러나 휘하의 장사 등과 의제적인 친족관계를 맺고서, 그들을 전쟁터에서 최대한 활용하기에 앞서 자기의 친족들을 엮는 것이 더욱 절실했다. 특히 이는 군반씨족의 장적 등과 연계되어 대대로 군무를 업으로 삼는 가문을 형성하게 했을 것이다. 실제로 '世爲將',[95] '本兵家子'[96] 등의 표현이 나오는 것으로 보아 그런 가문은 아마도 將家, 또는

---

91) 무신정권 하에서도 유사한 경우가 있었는데, 金俊의 휘하였던 林衍은 그를 아버지로, 동생인 冲을 叔父라 했다고 한다(『高麗史』 권130, 列傳, 叛逆, 林衍).

92) 『高麗史』 권104, 列傳, 金方慶.

93) 『高麗史』 권104, 列傳, 韓希愈.

94) 『太宗實錄』 권13, 太宗 7年 1月 甲戌.

95) 『高麗史』 권94, 列傳, 安紹光.

兵家 등으로 불려졌을 것이다.

그러면 실제의, 또는 의제적인 친족관계에 입각해서 편성된 군 조직에서 규율 및 복종은 어떤 식으로 전개되었을까? 이 점을 알아보기 위해 고려 말에 官에 병사를 등록시키지 않고 諸將들이 각기 占하여 병사로 삼았던 牌記에 주목해 보고자 한다. 이를 거느리고 있었던 大將의 일부는 幕僚와 士卒 중에 여의치 않은 者가 있으면 욕설로 꾸짖고, 혹은 매질을 가하여 죽는 사람까지 발생하여 휘하의 군사로부터 원망을 받기도 했다고 한다.[97] 하지만 아무리 억울해도 관에 소속되어 있지 않았기 때문에 大將에게서 벗어날 수 없었으며, 철저하게 복종하는 수밖에 없었다.

패기를 통해, 각각의 대장이 통솔하는 부대별로 규율을 만들었으며 이에 복종하는 체계가 갖추어져 있음을 알 수 있다. 더구나 이는 국가기구나 다른 장수들로부터 공적인 승인 따위를 받지 않도록 되어 있었기 때문에 외부로부터 어떤 간섭이나 제재를 받지 않았다. 하지만 패기가 말기의 대내외적인 복잡한 정치 상황에서 만들어진 것이기 때문에 거기에 나타난 운영체계가 전시기에 걸쳐 모두에게 적용되었다고 말하기는 어렵다. 그러나 앞서 보았던 조직편성의 체계에 나타나는 여러 특성들이 패기에서도 큰 무리 없이 융합되는 것을 보면,[98] 그와 같은 규율과 복종이 어쩌면 널리 받아들여졌던 것이 아닌가 한다.

그러므로 국가의 공식적인 규율에 복종하는 것 뿐만 아니라 각각의

---

96) 『高麗史』 권100, 列傳, 盧永淳.

97) 『太祖實錄』 권1, 總書.

98) 전기적인 조직편성의 체계가 牌記의 그것과 어떻게 관련되는가에 대해 구체적으로 검토된 바가 없다. 다만 어느 정도 변질되었더라도, 일부는 잔존했을 것이며, 그 중에 규율 및 복종의 체계가 포함되었을 가능성이 컸다. 이는 崔忠獻이 자신이 거느리던 門客이 北征에 從軍하기를 請하자 流配를 보냈다는 사실에서 미루어 짐작할 수 있다(『高麗史節要』 권14, 高宗 3年 12月).

지휘관 및 군무를 가업으로 삼았던 兵家, 將家 등이 자기의 휘하들을 거느리기 위해 특별히 마련했던 것들에 대해 시행하는 것도 대단히 중요했다. 전자가 전체를 아우르는 틀로서 의미를 지녔다면 후자는 각 주체의 내적 단합을 도모하는 측면에서 매우 중시했을 것이다.

이렇게 볼 때 무인정권하에서 일어났던 현상, 예를 들면 "이제 重房에서 일을 제정하면 將軍房에서 저지하고 將軍房에서 의논을 제출하면 郎將房에서 저지하는"[99] 것이 큰 문제가 아닐 수도 있었다. 즉, 전체를 움직이는 세력과 각각의 주체들이 상호 합의하에 이해관계를 조정하여 모두에게 최대한의 실리를 찾아내는 방식이야말로 당시 군 조직의 편성체계에서 볼 때 가장 적합한 운영 방식이 아니었나 싶다.

그런데 군 조직 편성체계의 특성을 반영했던 규율 및 복종도 전체적인 큰 틀에서 正邪說에 의거하여 정의 실현을 통해 사를 제거하는 방향을 지향해야 했다. 하지만 그 과정에서 문무반의 갈등과 대립이 최고도에 달했던 무신정변의 발발 등으로 말미암아 일부 혼선이 빚어지기도 했다.

그 이후에 갈등과 대립을 근원적으로 해소하는 차원의 방도를 강구해 보려는 노력이 계속되었다. 마침내 공민왕대 '文武不可偏廢'의 기치 아래 武擧之科의 실시를 주창했던 李穡의 건의에서 그 단서를 발견하기에 이르렀다.[100] 이를 필두로 해서 禹玄寶等의 上疏를 통해 兵書取人之科의 채택 논의[101]를 거쳐 공양왕대 '文武二道 不可偏廢'이므로 武科의 실시를 제도화하는 단계에 이르렀다.[102] 이렇게 문무의 대립과 갈등을 해소하는 움직임과 함께 조선에 들어와 체제 개혁을 주

 99)『高麗史』권101, 列傳, 宋詝.
100)『高麗史』권115, 列傳, 李穡.
101)『高麗史』권81, 兵志, 兵制, 恭愍王 21年 10月.
102)『高麗史』권74, 選擧志, 科目, 武科, 恭讓王 2年 閏4月.

도하던 鄭道傳이 저술했던『朝鮮經國典』에서 六典 중에 유독 兵典만 '政'이라고 했던 것은 사람의 不正함을 바로잡기 위함 때문이라고 했다. 이어서 자기 자신이 바른 사람이 되어야 남을 바르게 할 수 있으며 그것이 곧 兵의 근본이 되는 것임을 주장하였다.[103] 이에 의거해서 宿衛軍이 단순한 把守者가 아닌 임금과 조정을 바르게 하는, 이른바 '正邦國'의 정치 행위를 수행하는 존재로 자리매김하게 되었다.[104] 한편 무과가 문과와 대등한 형식을 갖추고 정식으로 실시되었던 것은 조선조 태종대였다.[105] 이러한 일련의 조처들이 단계적인 계기가 되어 兵政의 성격이 크게 변모하고 武臣·軍士의 양태가 바뀌었는데, 이것은 군 조직의 편성체계가 그만큼 달라졌음을 의미했다.

마침내 군 조직의 규율과 복종에 있어서도 正邪說에 의거했던 가치체계가 뚜렷하게 정착되었다고 볼 수 있다.

후삼국 통일을 계기로 고려사회는 새로운 국면을 맞이하였다. 낡은 체제의 잔재들을 청산하기 위한 체제 정비에 박차를 가했다. 당시 이에 앞장 섰던 것은 관료 조직 및 군대였다. 가장 방대한 최고 권력 조직체라는 속성상 필연적일 수밖에 없었으며, 그 자체가 성공을 가늠하는 척도가 되기도 했다. 자연히 조직 내부의 개편이 추구되는 가운데 규율 및 복종에서도 종전과 다른 체계를 모색하였다.

성종대에 이르러 낡은 체제의 유산처럼 남겨진 神聖無非의 군주관

103)『朝鮮經國典(下)』, 政典摠序, "六典皆政也 獨於兵典言政者 所以正人之不正也 而惟正己者乃可以正人也 考之周禮大司馬之職 一則曰正邦國 二則曰正邦國 兵非聖人之得已 而必以正爲本 聖人重兵之意可見矣".
104) 尹薰杓, 2000, 앞의 책, 207쪽.
105) 尹薰杓, 1987,「朝鮮初期武科制度研究」『學林』9, 21쪽.

및 그에 입각해서 구축된 국가관에서의 탈피를 꾀했다. 그리고 金審言의 건의로 劉向의 六正·六邪에 관한 설을 내외에 頒示하고 勸戒로 삼아 무조건적인 충성 및 복종, 일방적인 헌신과 희생을 추앙하는 신료관에서 탈피하게 했다. 즉, 六正邪의 說이 행위를 평가하는 기준으로 작용해서 그에 의거한 규율의 마련과 복종이 이루어지게 했다.

군 조직에도 六正六邪說의 수용 등과 같이 유교적 원리에 입각했던 규율 체계를 도입하고자 했다. 그러나 관료 및 군 조직의 특성에서 기인하는 문무의 대립과 갈등으로 말미암아, 문반을 중심으로 하는 유학적 소양이 농후한 집단에 기틀해서 마련된 규율 및 복종이 무반 및 군인에게 짧은 기간 안에 쉽게 침투하지 못했다.

그러나 문무반의 갈등과 대립을 해소할 방도를 찾던 중 ‘文武不可偏廢’의 기치를 내걸고 武擧之科의 실시를 주창했던 李穡의 건의 등에서 그 단서가 발견되었다. 그리고 조선에 들어와 정도전이 『조선경국전』을 통해 육전 중에 유독 兵典만 ‘政’이라고 했던 것은 사람의 不正함을 바로잡기 위함인데, 자기 자신이 바른 사람이 되어서 남을 바르게 하는 것이 兵의 근본이 됨을 주장하였고, 이에 의거 宿衛軍을 단순한 把守者가 아닌 ‘正邦國’의 정치 행위를 수행하는 존재로 자리매김했던 것과 태종 때 武科가 文科와 대등한 형식을 갖추고 정식으로 실시되었던 것을 계기로 兵政의 성격 및 武臣·軍士의 양태가 바뀌었다. 마침내 이러한 단계들을 거치면서 관료 조직뿐만 아니라 군 조직의 규율과 복종에 있어서도 正邪說에 의거했던 가치 체계가 뚜렷하게 정착되었다.

윤훈표 | 연세대학교 국학연구원 연구교수

제5장 명예와 수치심의 사회적 배경과 기준

　골품제의 신라를 대신했던 고려는 지방의 호족을 중앙의 관료로 편입시키기 위한 정책을 적극 추진했는데, 과거제의 도입이 일대 전기가 되었다. 비록 문과와 잡과에 한정되기는 했지만, 가문의 혈통보다 개인의 능력을 기준으로 선발함으로써 전과 다른 유형의 관리들을 배출하게 되었으며, 이로 인해 공직 사회가 근본적으로 바뀌게 되었다. 능력을 인정받기 위해서는 학문의 연마가 필요했는데, 이것이 유학의 융성을 초래하였다. 그런데 학문의 성취가 공직의 취득에만 의미 있었던 것이 아니라 생활 태도에도 크게 영향을 끼쳤다. 단지 맡은 업무에 숙달하는 것뿐만 아니라 모든 면에서 모범을 보이고자 덕성의 함양에도 힘을 기울여야 했으며, 그 징표로 청백 등을 숭모하는 분위기가 널리 확산되었다.

　공직 사회의 변모는 그 구성원들의 개인적 삶에도 일정한 변화를 가져왔다. 특히 그 토대가 되었던 家를 중심하는 생활면에서나 일상의 가치관도 어떤 형태로든 영향을 받지 않을 수 없었다. 이는 다시 家에서, 또는 그와 관련해서 빚어진 여러 사건들이 정도에 따라 공적인 일로 치부되어 곧 바로 문제가 되는 계기를 낳게 했다. 즉, 가를 중심으로 공직과 사생활의 상호 연관이 그 어느 때보다 급속하게 진전되었다. 그 결과 모든 가치 평가의 기준이 가의 중핵을 이루었던 부자 및 부부 관계로 귀일하는 경향을 보이게 되었다.

이로 인해 가의 유지와 관련되는 여러 사항들이 개인 차원에서 해결되지 않고 체제의 문제로 비화해서 인식하는 정도로까지 발전하였다. 이에 가정의 도덕 규범이라 할 수 있는 家道가 어떻게 유지되느냐가 평가에서 중요한 잣대가 되었다. 그것은 가치관 형성에 그 무엇보다 크게 영향을 미쳤던 명예와 수치심에도 즉각 반영되기에 이르렀다.

고려사회의 성립 이후 구성원들의 성격 변화와 관련해서 공직의 의미가 바뀌었으며, 그로 인해 삶의 양상마저 조금씩 달라졌는데, 이런 경향이 내면의 의식 세계에도 어떤 형태로든 영향을 끼쳤을 것이다. 그것은 곧 가치관의 형성에 크게 관여하면서 후대에 이르기까지 끈질기게 잔존하였던 바, 매우 강하게 영향을 받았던 명예와 수치심에서 고스란히 드러났을 것이다.

1. 공직의 명예와 수치심의 태도

1) 관작의 취득과 그 의미

고려시대 사람들의 가장 큰 소망은 출세였다. 그저 높이 올라가는 것만이 아닌 존경을 받으면서 성취하기를 갈망하였다. 그러한 바람의 정도가 얼마나 컸던지는 『맹자』의 이른바 '三達尊'을 이곳저곳에서 자주 거론하는 것만으로도 어느 정도 짐작할 수 있다.[1] '三達尊'이란 조

---

1) 그 같은 경향은 왕효, 김방경, 권단 등의 고려시대 묘지명 등을 통해 종종 목격된다(金龍善編著, 1993, 「王侾墓誌銘」『高麗墓誌銘集成』, 翰林大學校 아시아文化硏究所, 188쪽 ;「金方慶墓誌銘」, 위의 책, 406쪽 ;「權㫜墓誌銘」, 위의 책, 426~429쪽). 심지어 李齊賢은 아들의 이름을 達尊으로 명명했다(『益齋亂藁』「櫟翁稗說後集 2」).

정에서는 爵과 같은 것이 없고, 향당에서는 齒와 같은 것이 없으며, 세상을 바로잡고 백성을 이끌어 나가는 데는 德만한 것이 없다는 것인데,[2] 작은 공직에서의 출세를, 치는 나이를, 덕은 개인의 인격을 의미했다. 각각을 모두 존귀하게 여겼지만, 어디까지나 일체를 득해야 했다.[3] 따라서 작을 받고 출세하는 것과 더불어 덕을 쌓았다는 평가가 필요하였다.

덕의 함양이 관작의 취득을 통한 출세에 직접 영향을 끼칠 수 있다는 인식이 점차 확산되면서 『맹자』의 仁義忠信과 善한 것을 즐기고 게을리 하지 않는 것이 天爵인데, 이것을 닦으면 公卿大夫와 같은 人爵이 따른다는 주장[4]을 심각하게 받아들이는 사회 분위기가 형성되었다. 구조상 관작을 성취해야 출세가 가능했기 때문에, 그 자체만으로도 소망을 달성하고 크나큰 명예를 얻는 것이었지만, 갈수록 덕의 수반이 강하게 요구되었다.

혈통에 의거해서 출세가 결정되었던 골품제가 해체되는 가운데, 고려에서는 초창기부터 국가적 통합을 촉진하고자 호족을 중앙의 관료로 흡수하는 정책을 추진하였다. 그 일환으로 개인의 능력에 근거하여 선발하는 과거제 등을 도입함으로써 관원의 성격이 조금씩 바뀌었다.[5] 이로 말미암아 관작 취득의 의미가 이전 골품제 사회와 크게 달라졌다. 그리고 공직자에 걸맞은 덕의 갖춤이 강조되면서, 평가와 연계되어 명예 문제에도 작용하게 되었다.

무인정권의 등장 이후 갑자기 비상하는 감이 없지 않으나 관직에 대

---

2) 『孟子』 公孫丑章句下, "天下有達尊三 爵一齒一德一 朝廷莫如爵 鄕黨莫如齒 輔世長民 莫如德 惡得有其一 以慢其二哉".

3) 본서 제3부 9장 참조.

4) 『孟子』 告子章句下, "孟子曰 有天爵者 有人爵者 仁義忠信樂善不倦 此天爵也 公卿大夫 此人爵也 古之人 修其天爵而人爵從之".

5) 金龍德, 1959, 「高麗光宗朝의 科擧制度 問題」 『中央大論文集』 4.

한 출처를 분명히 해야 한다는 인식이 널리 퍼지면서 작의 취득과 더
불어 덕성이 뒷받침될 때 명예가 더해지는 경향이 두드러졌다.[6] 그리
고 최말기에 이르러, 權近은 世道가 쇠퇴하여 권간이 권력을 쥐고 탐
관오리가 함부로 진출하는 시절이라면, 선비들은 몸을 깨끗이 하고 멀
리 떠나 적막한 곳에서 은둔했다가 世運이 흥왕하여 政化가 아름다워
지기를 기다려서, 조정에 진출하여 智力을 다해 功業을 성취시켜 백성
에게 혜택이 돌아가도록 해야 한다고 했다. 만약 시기와 의리를 헤아
리지 않고 나아가거나 물러나면, 벼슬하는 사람에게는 녹을 탐낸다는
기롱이 있게 되고, 은둔하는 사람에게는 자신만 깨끗이 한다는 책망이
있게 된다고 했다.[7] 따라서 작을 얻는 일이 시기의 적절함과 함께 의
리에도 합당해야 함을 분명히 했다.

드디어 작의 취득이 단순히 공직에 들어가는 것에 그치지 않게 되었
다. 후기의 문장가인 崔瀣는 士로 태어나 때를 잘 만나 벼슬이 현달하
고 녹이 어버이에게 미치게 하는 것이야말로 천하가 다 하고픈 소원일
것이라 했다.[8] 이는 신하가 되어 충성하고 자식이 되어 효도하는 것이
人道에 가장 큰 일이며, 立身에 가장 큰 절목이라는 말과도 통한다.[9]

---

6) 무인정권기를 살았던 林椿의 경우에서 잘 드러나는데, 그는 孟軻, 즉 孟子의
   '理進亂退'를 인용하여 자신의 처지 및 심정을 피력하였다(『西河集』권6, 上李
   學士啓, "理進亂退 孟軻亦與於伯夷 惟隱顯之隨時 乃聖賢之同致 絶世違俗則往
   而作山中宰 利物及時則出而爲帝者師 苟或獨善其身 莫如不俟終日").

7) 『陽村先生文集』권17, 序, 贈孟先生詩卷序, "士君子或出或處 其道無常 要適
   於時合於義而已 當世道之降 權姦竊柄 貪墨冒進則賢智之士高蹈遠引 以潛
   光於寂寞之瀕 及世運之方興 政化休美則彈冠振纓 以彙進於王庭之上 爭效
   智力 以就功業而澤斯民 故賢人君子 必觀世道之汚隆 以爲吾身之出處也 苟
   不度時義而進退 則仕者有冒祿之譏 處者有潔身之責 雖淸濁有間 其不合義
   則一也".

8) 『拙藁千百』권2, 崔御史爲大人慶八十詩序, "士生有遭遇 宦達而祿逮親 斯固
   天下所欲而願者也".

9) 『三峰集』권3, 序, 送宋判官赴任漢陽詩序, "爲臣忠 爲子孝 二者 人道之大端

결국 능력을 인정받아 좋은 관직에 올라 부모를 드러나게 하는 것이
곧 효임을 의미했다.

사회적 인정이 구조상 관직에 오르는 길 뿐이기에 취득이 곧 효가
되는 것은 당연했으며, 이는 개인의 차원을 넘어 가문의 영광으로서,
그 무엇으로도 대체할 수 없는 것이었다. 단지 '三達尊'을 통해 피력되
었듯이 덕성이 뒷받침되어야 했으므로 각각이 아닌 일체로 기능함으
로써, 자신 뿐만 아니라 그의 가문까지도 온전히 명예로워진다고 인식
하였다.

그로 말미암아 작의 취득이 곧 명예가 되지 못한 경우도 있었다. 일
례로 삼별초의 난이 일어났을 때 鄭文鑑은 반군측에 의해 承宣으로
임명되자, '적에게 붙어서 부귀를 누리느니보다 차라리 지하에서 몸을
깨끗이 하겠다'며 곧 물에 빠져 죽었다. 아내 邊氏도 동반 자살하였
다.[10] 정문감은 반란군에 가담하여 고위의 작에 오르는 것이 명예가
되기는커녕 수치가 될 뿐이라고 여겼다. 결국 죽음으로써 거부하였다.

관직과 연관된 명예는 지위가 높거나 특별히 소중히 여기는 자리일
수록 그 강도가 컸다. 먼저 '맑고도 요긴한 관직'이란 뜻을 지닌 淸要
職은 명예를 몹시 중시했다. 대개 臺諫職과 翰林院職, 그리고 관리 인
사를 관장하던 政官 등이 여기에 속했다.[11] 맡은 바의 소임이 중요했
기 때문에 비록 지위가 낮아도 권한과 책임은 어느 관직보다 컸고,[12]
그에 비례하여 기대치도 높았다.

閹人 黃石良이 연줄로 세력을 잡고 고향인 合德部曲을 縣으로 승격

而立身之大節也".

10) 『高麗史節要』 권18, 元宗 11年 6月.

11) 朴龍雲, 1997, 『高麗時代 官階・官職硏究』, 고려대학교출판부, 14~15쪽.

12) 朴龍雲, 1980, 『高麗時代臺諫制度硏究』, 一志社, 99~102쪽.

시켰다. (秋)適이 그 문안에 서명하지 않자 석량이 內豎 石天補·金光衍과 더불어 틈을 타 참소하였다. 왕이 성을 내어 즉시 그를 잡아서 巡馬所에다 가두라고 명하였다. 압송하는 자가 適에게 말하기를 "지름길로 가는 것이 좋겠다"고 했는데 適이 不可하다면서 "무릇 죄가 있는 자는 모두 有司로 돌아가며, 王所에서 칼[枷]과 쇄를 씌우는 법은 있지 않았다. 나는 마땅히 거리를 지나 사람들에게 이 모양을 보게 하려고 한다. 諫官으로서 칼을 쓰고 가는 것은 영예로 역시 족한 것이다. 하필 아녀자를 본받아 길거리를 다닐 때 얼굴을 가리우겠는가"라고 하였다. (『高麗史』권106, 列傳, 秋適)

위 사료를 통해 추적이 설사 모진 고난을 당하더라도 간관으로서의 체통을 끝까지 지킬 것을 행동으로 과시하고자 했음을 알 수 있다. 간관으로서 벌받고 쫓겨나는 것이 수치가 아니라 명예가 됨을 의식한 행위였을 것이다. 아마도 이를 지켜 본 사람들은 추적을 존경했을 것이다. 왜냐하면 그들의 가치관에 따르면 작을 차지하는 것뿐만 아니라 그 자리에서 어떻게 행동하느냐에 따라 평가해야 한다는 생각이 확고하게 자라잡고 있었기 때문이다. 추적 또한 은근히 그 점을 기대했을 것이다.

최고 지위에 올랐던 대신들에게도 예외가 아니었다.

(충렬왕) 2년에 密直副使版圖判書로서 사망하니 나이 44세였고 아들이 없었다. (崔)文本은 몸집이 크고 성질이 점잖으며 무게가 있고 행동이 구차하지 않아서 대신의 체통이 있었다. 일찍이 중국 사신이 와서 그를 보고 어떤 사람에게 묻기를, "너희 나라에 이런 인물이 몇이나 있는가?"라고 하였다. (『高麗史』권99, 列傳, 崔惟淸附文本)

위 자료에서 崔文本은 대신의 체통을 지닌 인물로 묘사되었다. 물론

그 내용이 모든 대신들에게 똑같이 적용되는 것으로 치부돼서는 곤란
할 것이다. 하지만 崔文本에 대해 '有大臣體'라고 표현했을 때에는 적
어도 당시 사회에서 심정적으로 동의하는 바가 있었기 때문일 것이다.
혹시 과장되게 표현되었을 수도 있고, 그의 가문이 지닌 영향력에서
기인했을 수도 있다. 하지만 '有大臣體'로 불리울만큼의 무엇이 있었던
것은 분명했다.

그런데 위에서 崔文本의 행동 거지에 관해서는 잘 소개된 반면 맡
은 바의 국무를 얼마만큼 소화해서 공을 세웠는지에 대해서는 명확하
게 서술되어 있지 않다. 이를 액면 그대로 받아들이면, 당시 사람들은
그가 얼마만큼 업무 추진능력을 지니고 있었던 가보다도 어쩌면 행동
거지를 더 중시했다고 볼 수 있다.

하지만 대신이 된 자가 업무에 능숙하지 않았다면 그것은 곧 인사의
난맥상을 뜻하며 이로 인해 커다란 정치적 혼란이 초래되었을 것이다.
그러므로 '有大臣體'라고 했던 것은 업무는 말할 나위도 없고, 행동거
지까지 따라주었기 때문일 것이다. 종종 언급되었던 '古之名臣無以過
也'[13]라든지 '有古大臣風',[14] '雖古人無以過之'[15]라는 평가에는 실무
능력뿐만 아니라 덕성도 포함되었을 것이다.

한편 공직자의 명예는 퇴직한 뒤에도 적용되었다. 우선 長壽를 五福
의 하나로 간주하는 사회 분위기 하에서,[16] 작을 지니며 오래 사는 것
이야말로 최고의 복으로 인식하였다. 中書令을 지낸 崔惟善이 아우이
며 守司空攝尙書令이었던 惟吉과 함께 연세 많은 자신의 아버지 崔冲
을 부축하여 國老들을 위해 마련된 연회장에 들어간 적이 있었는데,

---

13) 『高麗史』 권92, 列傳, 崔凝.
14) 『高麗史』 권99, 列傳, 李知命.
15) 『高麗史』 권112, 列傳, 李茂方.
16) 본서 제3부 9장 김인호의 글 참조.

이를 일대 盛事라 칭하면서 翰林學士 金行瓊이 시를 지어 축하하기를 '尙書令이 中書令을 모시고 乙壯元이 甲壯元을 부축하는구나'라고 하였다.[17] 한림학사가 시까지 지어 축하했다는 것은 단지 한 가문의 경사로 그치지 않고 사회적으로도 의미가 있음을 말하는 것이다. 주변의 부러움을 사는 것과 동시에 명예스러움으로 받아들여졌을 것이다.

관직에서 은퇴하여 한가하면서도 의미가 깃든 삶을 즐기는 사람에 대해서는 명예와 칭찬을 아끼지 않았던 사례가 종종 발견된다.

> (崔讜)은……신종 때에 中書侍郎平章事에 오르고 守太尉門下侍郎同中書門下平章事로 승진했다가 퇴직을 청원하여 드디어 치사하고 한가한 생활을 하였다. 서재에 雙明齋라는 현액을 붙이고 그의 아우 守太傅 (崔)詵과 太僕卿致仕 張百牧, 東宮侍讀學士 高瑩中, 判秘書省致仕 白光臣, 守司空致仕 李俊昌, 戶部尙書致仕 玄德守, 前守司空 李世長, 前國子監大司成 趙通 등으로 더불어 耆老會를 만들고 유유자적하는 생활을 하였으므로 당시 사람들이 그들을 '地上仙'이라 불렀으며 그들의 도형을 돌에 조각하여 세상에 전하였다. (『高麗史』 권99, 列傳, 崔惟淸附讜)

위에서 崔讜은 치사한 뒤 처지가 비슷한 전직 관료들을 모아 耆老會를 조직하여 한가한 생활을 영위하였음을 알 수 있다. 그런 모습이 지상의 신선들로 비춰졌다는 것은 당시 사람들에게 얼마나 강한 인상을 주었는지를 짐작케 한다. 더구나 돌에 조각하여 후세에 길이 전하고자 했던 것은 이를 모범적인 은퇴 생활의 표상으로 승화시키려 했음을 뜻하는데, 그 자체가 커다란 명예의 상징이 되지 않았을까 한다.

작의 취득이 명예를 얻는 것이었지만, 그에 따른 반작용도 만만치

---

17) 『高麗史』 권95, 列傳, 崔冲 附 惟善.

않았다. 불명예와 수치심을 유발하는 경우도 적지 않았다. 특히 나아갈 때와 물러설 때를 제대로 구분하지 못하면 혹독한 비난을 당하기도 했다.[18) 관직의 종류와 지위에 따라 다소간의 차이가 있는데, 일차로 간쟁과 규찰을 담당하는 臺諫職에 대해서는 그 강도가 더욱 컸다. 즉, 명예가 높으면 높을수록 가혹하게 작용했다.

鄭襲明은……인종 때 여러 차례 옮겨 國子司業起居注知制誥로 임명되자 郎舍 崔梓, 宰相 金富軾, 任元濬, 李仲, 崔奏 등과 상서해서 時弊十條를 말했는데, 閣門 밖에서 3일을 기다려도 답이 없자 모두 사직하고 출근하지 않으니 임금이 執奏官을 罷하고 諸處內侍別監 및 內侍院別庫를 減한 뒤 최자 등을 불러 視事하게 하였다. 정습명은 홀로 진언한 것을 전부 들어주지 않았다 해서 나오지 않았다. 右常侍 崔灌은 혼자 상서에 참여하지 않고 평상시와 마찬가지로 사무를 보았으므로 議者들이 비루하게 여겼다. 정습명은 김부식의 別第에 거주하고 있었는데 간관이 탄핵하기를 "정습명이 간관의 체통을 잃었으니 처벌하기를 바랍니다"라고 했으므로 起居注로 강직되었다가 이내 禮部侍郎으로 승진되었다. (『高麗史』 권98, 列傳, 鄭襲明)

위에서 정습명이 재상인 김부식의 별제에 거주함으로써 체통이 깎였다고 탄핵을 당해 쫓겨났다. 그의 행위가 간관으로서의 공적 활동과 무관했을지라도, 품위를 손상시키는 행위로 간주되었던 모양이다. 간

---

18) 尹淮가 쓴 百里奚論에 따르면 '君子를 귀하게 여기는 바는 지혜와 의리가 모두 극진하여 나아가는 것과 물러가는 것을 합당하게 하기 때문이다.'라고 했다(『東文選』 권99, 論, 百里奚論, "所貴乎君子者 以其知義之兼盡 去就之合宜也"). 이는 비록 조선 초에 서술된 군자론에 해당되는 것이지만, 그러한 인식은 이미 앞선 시기인 고려에서도 확고하게 자리잡았을 가능성이 높았다. 물론 거취와 관작의 취득과는 불가분의 관계에 있는 것이며, 그에 따른 명예와 불명예는 어쩔 수 없이 수반되기 마련이었다.

관은 공사를 막론하고 지체를 지켜야 하는 직이었기 때문에 아무리 개인적인 사소한 일이라 하더라도 물의를 빚거나 상도에서 벗어나면 가차없이 조치되어야 했다.

하지만 정습명의 행위 자체는 그렇게 크게 물의를 빚었던 정도는 아니었다. 오히려 심각했던 것은 간관의 책임을 다하지 못했던 右常侍 崔灌의 경우였다. 議者들이 비루하게 여겼다는 것은 당사자의 입장이 어떻든지 간에 상당한 수치임에 틀림없었다. 그의 거취를 둘러싼 여론을 통해 문제가 제기되었기 때문이다. 비록 공식적으로는 정습명이 간관직에서 쫓겨나 수치를 당했던 것처럼 보이지만, 자리를 유지했던 崔灌이 실질적으로 더 호되게 당했다고 볼 수 있다.

심지어 대간직은 쫓겨났다가 사면되어 복귀해도 용납되기 어려운 자리였다. 충숙왕 때 閔祥正은 司憲掌令으로 있다가 탄핵을 당했지만 사면을 만나 대간으로 복귀했다. 그 때 심지어 糾正에게조차 '蒙赦掌令'이라고 놀림을 당했으며, 어떤 관리로부터 공공연하게 "風憲官이 사면되어 복직되었다는 말은 옛날부터 듣지 못했던 일이고, 당신은 糾彈하는 일을 쉬지 않았느냐"는 조롱을 들었는데, 이 일을 전해들은 사람들이 모두 웃었다고 했다.[19] 사면되었다고 복직했던 것이 간관으로서 체통을 잃은 짓으로 간주되어 욕을 보고 비웃음을 당했다.

또한 아무리 대신이라도 지체에 맞지 않게 처신하면 혹독한 비난이 뒤따랐다.

(李英搢)이 刑部尙書로 뛰어 올라 염치없이 수탈하여 부유해지기에 이르렀는데 집이 으리으리하여, 사람마다 보면서 과하다고 하였다. 일찍이 金나라로 가는 사신 자리를 구하여 가게 되었는데 沿路의 郡縣에서 토색질하였으며 분주하게 백방으로 뇌물을 받아 챙겨 추악한 소

---

19) 『高麗史』 권107, 列傳, 閔漬 附 祥正.

문이 사방에 퍼졌다. 금나라 사람들이 그를 보고 말하기를 "네가 지난
날 義州戍卒로 있을 때 사람들이 모두 너를 짐승의 마음을 지닌 인간
이라고 불렀는데 너의 나라에 사람이 없어서 너 같은 인간을 고관으로
삼아 사신으로 보냈느냐?"고 하였으며 이르는 곳마다 욕설을 하고 禮
로 대하지 않았다. (『高麗史』권100, 列傳, 李英搢)

　위 자료는 李英搢이 金에 사신으로 갔다가 욕을 당한 사실을 잘 보
여주고 있다. 문제는 그것이 사신의 임무와 관련되었던 것이 아니라
국내에서 저질렀던 부정·부패와 탐욕, 그리고 사치에 관한 것들이었
다는 점이다. 국경지대에서 근무한 적이 있었기 때문에 혹시 그의 이
름을 기억하는 金나라 사람들도 있었을 것이다. 그런데 부정·부패, 그
리고 탐욕에 관한 소문이 상세히 전해짐으로써 그들로부터 혹독한 모
욕을 당하였다. 오히려 그의 출세가 확산의 계기가 되었던 셈이었다.
　해외에서까지 악평이 돌았다는 것은 어떤 면에서 출세가 수치를 일
으키는 인자로도 기능할 수 있음을 의미했다. 유사한 사례들이 적지
않은데, 僉議評理로 출세했던 鄭頎가 죽자 淸州人들은 '一兇去矣'라
고 했으며,[20] 監察大夫에 올랐다가 사망한 林貞杞를 애도하던 제국대
장공주에게 한 比丘尼가 "그의 죽음은 족히 괴이할 것 없습니다. 피로
써 몸을 이루었으니 그의 죽음이 빠른 것은 마땅합니다"라고 했는데,
이는 林貞杞가 백성의 고혈을 빨아 입신 출세했음을 비꼬면서 비난하
는 말이었다.[21] 한 개인에게서부터 외국인에 이르기까지 고위 공직자
의 수치에 대해 적나라하게 표현하는 분위기가 꽤 널리 유포되어 있었
다.
　공직에서 은퇴하는 경우에도 마찬가지였다. 70세가 되면 일단 작에

---

20) 『高麗史』권106, 列傳, 鄭瑎附頎.
21) 『高麗史』권123, 列傳, 林貞杞.

서 물러나는 것이 원칙이었다. 하지만 이를 어겨가면서 작에 집착하다
가 끝내 수치를 당하는 사례가 많았다. 중앙과 지방 관직을 두루 역임
하면서 성적이 좋았던 최우청이 72세에 이르러 치사를 청했다가 당시
사람들로부터 조소를 받기도 했다.[22] 본래 70세가 되면 치사해야 하는
데, 2년을 늦췄기 때문이었다. 이렇듯 규정을 어기고 치사하면 관직을
탐했던 인물로 낙인을 찍혀 명예까지 실추될 수 있었다.

출세해서 최고의 작에 오르는 것 자체가 명예였지만, 그 이상으로
강조되었던 것은 덕에 뒷받침을 받아서 행동하며 거취를 명확히 하는
태도였다. 그것은 곧 명예와 수치에 고스란히 반영되었다.

2) 학문의 성취와 덕성의 함양

관직을 취득하는 길은 여러 가지였으나 그 중에도 학문을 쌓아 과거
에 합격하는 것을 명예롭다고 여겼다. 음서를 통해도 지장이 없었고,
유리한 점이 없지 않았음에도 급제에 비해 존중받지 못했다.[23] 그것은
학문 성취의 결과를 과거의 합격 여부를 통해 검증하고자 했던 일반적
인식 때문이었다.

충렬왕 때 유명한 재상 홍자번은 일찍부터 학문을 좋아했는데, 선배
인 유경으로부터 "그대는 나이 스물이 못돼 이미 堂後가 되었는데, 어
찌 과거에 응시하여 대대로 급제할 영예의 길을 열지 않는가"라는 충
고를 듣고 응시했으나 합격하지 못한 채 南京留守判官으로 나갔다.[24]
홍자번이 능력이 있음에도 자발적으로 응시하지 않고 주위의 권유로
시험을 치렀던 것은 아마도 자신의 출세와 직결된 것이 아니었기 때문

---

22) 『高麗史』 권101, 列傳, 崔遇淸.
23) 허홍식, 2005, 『고려의 과거제도』, 일조각, 289~296쪽.
24) 『高麗史』 권105, 列傳, 洪子藩.

이었다. 그럼에도 응했던 것은 합격을 통해 실력을 인정받는 것이 명예가 됨을 스스로 인정했기 때문일 것이다.

그러나 학문의 성취가 단지 입신 영달하는 것에 그치지 않았다. 가문의 상승과 연결되어 마침내 家格을 높이고 家聲을 올리는 일에도 기여하였다. 여기에 덕성이 뒷받침되어야 함은 물론이다.[25]

최해가 쓴 朴華의 묘지명에 따르면, "집에서 여러 아이들을 자상하게 가르치면서, 반드시 학문에 힘쓰도록 권했다고 한다. 사람이 학문이 없으면 무엇으로 처세할 수 있겠느냐는 것이다. 그리고 허물이 있으면 엄하게 책망했기 때문에 다섯 아들이 교훈을 이어서 받들어 감히 게으르고 소홀히 하지 않았으므로 세 명이 과거에 합격하였으며 모두 어질고 능한 것으로 칭찬을 받았다"고 했다.[26] 이는 학문이 입신 출세에만 관계되었던 것이 아니라 올바른 처신과 밀접히 연관되어 있음을 보여주는 사례이다. 즉 덕성의 함양이 학문을 통해 이루어진다고 강하게 믿었음을 알 수 있다.

숙부였던 金周鼎이 金台鉉의 詞賦를 보고 기이하게 여겨, '우리 가문을 빛낼 자는 반드시 너인데, 내 형은 죽지 않은 셈이다'[27]라고 했던

───

25) 과거에 합격하기 위해서는 학문의 성취가 필요하였다. 이때의 학문은 유학인데, 성격상 관직의 취득을 통한 개인의 영달만을 목표로 삼았던 것은 아니었다. 수양을 통한 덕성의 함양 및 그 실천 또한 권장되었다. 그런 점은 전기를 대표하는 유학자인 崔冲의 사상 및 私學十二徒를 통해 잘 표현되었다(尹南漢, 1975,「儒學의 性格」『한국사』6, 국사편찬위원회, 243~249쪽). 하지만 처음부터 철저했던 것은 아니었으며, 전기로 올라갈수록 유학자들에게 군자적 도덕성을 구현하는 의무가 크게 부각되지 않았고, 시기가 내려올수록 보다 강화되었던 것으로 이해되고 있다. 이런 점은 馬宗樂, 2005,「高麗時代 儒敎史의 推移와 個性」『한국중세사연구』18에 잘 정리되어 있다.
26)『拙藁千百』권2, 故密直副使致仕朴公墓誌.
27)『高麗史』권110, 列傳, 金台鉉. 한편 공민왕 때 尹澤의 경우도 비슷했다. 세 살 때부터 학업을 시작했는데, 수업만 하면 곧 외워 警句를 말하는 것을 볼 때마다 조부였던 尹諧는 울면서 吾門을 일으킬 자가 바로 너이며, 먼저 간

것은 한갓 훌륭한 문장가나 고위 관직자가 되기를 바래서 했던 말은 아니었을 것이다. 적어도 한 가문을 크게 융성시킬 인재가 태어났음을, 그리고 꼭 그렇게 되기를 기원하는 뜻이 담겨져 있었다. 그러므로 학문의 성취에 의거한 출세는 개인적 성공뿐만 아니라 가문의 영광을 가져온다고 인식되었기에,[28] 항상 커다란 존중과 함께 최상의 명예로 간주되었다.

한편 金坵는 조부가 승려였던 관계로 급제한 뒤에도 출세에 많은 지장을 받았다. 심지어 권신 최이조차도 그를 구원하지 못해 濟州判官으로 전출시킬 정도였다. 그럼에도 문예 및 외교문서의 작성 등에 뛰어난 솜씨를 보여 법에 어긋나면서까지 臺諫職에 올랐다.[29] 특히 극히 어려운 지경에 처했던 濟州判官 시절에 副使로 왔던 崔滋를 위해 썼던 賦가 '此詩賦之準繩 汝謹藏之'[30]라는 높은 평가를 받았다는 사실이 매우 중요하게 작용했다.

金坵가 승진할 수 있었던 것은 무엇보다 학문적인 실력 때문이라고 할 수 있다. 중간에 圓覺經의 跋文을 짓다가 崔沆에게 잘못 보여 좌천되기도 했으나, 흠이 되거나 수치로 인식되지 않았다.[31] 물론 지나치게 자기 과시를 한다거나 다른 사람을 무시하는 태도를 취함으로써 질시를 받는 인물들도 있었다. 그로 인해 출세에 지장을 받기도 했다. 그럼에도 불리함을 명예롭게 극복할 수 있는 방법은 학문의 성취로서 인정

아들 守平이 죽지 않았다고 말했다는 것이다(『牧隱文藁』 권17, 栗亭先生尹文貞公墓誌銘幷序).

28) 이러한 예가 무수히 발견된다. 어려서부터 글을 잘 하였고 뛰어난 재질을 지녔던 한문준은 일찍이 그 아버지 한문충에 의해 "우리 가문을 흥왕하게 할 사람은 반드시 이 아이일 것이다"라는 평판을 들었다(『高麗史』 권99, 列傳, 韓文俊).

29) 『高麗史』 권106, 列傳, 金坵.

30) 위와 같음.

31) 『高麗史』 권106, 列傳, 金坵.

받는 길이었고, 거기에 덕에 의해 뒷받침되는 것이 중요했다. 후자를 겸하지 않을 경우에는 오히려 위세를 부리는 것으로 비난의 표적이 될 수 있기 때문이었다.

하지만 학문을 익혔다고 끝나는 것이 아니었으며, 실천이 수반되어야 했다. 공민왕에게 존중을 받았던 이인복은 도리어 그의 諸父였던 이승경으로부터 간신이라는 비난을 받기도 했다. 이승경은 그 이유를 묻는 왕에게 이인복이 평생 배운 것이 經濟의 術인데 한번도 진술하지 않았기 때문이라고 답했다.[32] 즉, 학문을 익힘은 실천을 전제로 한 것인데, 이것에 소홀했다는 비난이다. 經濟의 術을 실천하는 것이 정책의 건의 따위에 국한되지 않았던 것으로, 아마도 간언을 통해 임금까지 바르게 해야 한다는 뜻이 포함되었을 것이다. 왜냐하면 문답이 있은 직후에 이인복은 尙書左僕射御史大夫로 전직했는데, 이는 臺長의 직책이었다.[33] 따라서 이인복에게 간관의 직무에 충실할 것을 주문하였던 조처가 아닌가 한다.

馬岩影殿에 관한 공사에 대해 간하다가 공민왕의 분노로 사형에 처하게 된 柳濯을 구원하다가 도리어 죄수로서 심문을 받게 된 이색은, 자신의 출세가 군공도 실무의 능숙함에 따른 다양한 관직의 경험도 아닌 '文墨小才'를 임금이 알아주었기 때문에 이루어졌으며, 그로 인해 충성을 다할 것을 생각했기 때문에 과감하게 왕명을 거역하면서 잘못된 것을 바로잡고자 했을 뿐이라고 주장했다.[34] 이로써 학문의 성취는 출세뿐만 아니라 임금의 어긋남을 간하여 바로잡는 것도 포함됨을 보여주었다. 다시 말해 학문을 통한 출세가 존중되고, 명예스럽다는 것은 무조건 충성하고 복종하는 것이 아니라 잘못과 사특함을 바로잡는 것

---

32) 『高麗史』 권112, 列傳, 李仁復.
33) 朴龍雲, 1980, 앞의 책, 153~154쪽.
34) 『高麗史』 권115, 列傳, 李穡.

을 책무로 여겼기 때문이었다.

한편 이색은 은거자와 대비되는 仕者, 즉 벼슬하는 자의 특징을 다음과 같이 서술했다.

> "仕者란 이와 정반대로, 몸이 반드시 朝廷의 위에 서서 軒裳과 圭組로 화려하게 하고, 그 이름이 반드시 온 누리에 들리게 해서, 文章과 道德으로 갖추게 하는 것인데, 그렇게 하면 그 마음에 있는 바가 政事에 나타나고, 詩歌에 올라 사방에 빛날 것이니 마음을 어떻게 숨길 수 있겠는가?"(『牧隱文藁』권1, 南谷記_)

위에서 이색은 조정에서 벼슬하는 자는 이름이 널리 알려지는 것과 함께 문장과 도덕을 갖춰 훌륭한 정사를 펼친다면 詩歌의 불림을 통해 그 명성이 더욱 높아질 것이라고 주장하였다.

이때 문장은 학문의 성취를, 도덕은 덕성의 함양을 의미했다. 따라서 벼슬하는 자는 학문의 성취 및 덕의 뒷받침에 근거해서 올바른 정사를 펼칠 때 더 큰 명예를 얻을 수 있는 것임을 강조하였다.

다소 뒷시기의 서술이지만, 정도전의 이른바 일찍이 儒와 吏가 분리되어 있지 않았다는 주장도 주목할 필요가 있다. 그에 따르면, 도덕이 몸과 마음에 蘊蓄한 것을 儒者라 하고, 교화를 정사에 베푸는 것을 官吏라 이른다는 전제 하에 온축한 것이 바로 施用의 근본이 되는 것이며, 그 시용도 온축에서부터 미루어 나가는 것이고 보면, 유자와 관리는 한 사람이며 도덕·교화는 두 가지 이치가 아니라고 했다. 그런데 世道가 낮아짐으로부터 도덕은 詞章으로 변하고 교화는 법률로 바뀌어서, 유자와 관리가 갈라지게 되었다는 것이다. 그래서 유자는 관리를 속되다 배척하고, 관리는 유자를 썩었다고 나무라므로 세상에서 말하는 도덕과 교화는 모두 쓸모 없는 물건이 되고 말았다는 것이다. 그리고 그 사이에 간혹 儒術로써 吏治를 가식하는 자도 있었으나 역시 자기 사욕만을 채우려는 데 불과할 뿐이라고 했다.[35]

　정도전의 주장이 전시기를 관통했다고 보는 것에는 당연히 무리가 따르지만, 기본 취지만큼은 감안할 필요가 있다. 즉, 학문의 성취가 관직의 취득에 중요하며, 거기에는 덕의 뒷받침 및 그에 근거한 실천이 동반되어야 한다는 인식이 시대와 상황에 따라 심도면에서 차이가 있었더라도 기본적으로 저변에 깔려 있었다. 고려 말의 혼란한 상황을 맞이하여 儒와 吏의 분리가 두드려져 보이지만, 그렇다고 본 바탕이 훼손되었다고 치부하는 것은 곤란하다. 다만 성리학이 敎學으로서 기능했던 조선과 구별되는 것은 확실했다.

　결국 관직의 취득이 출세의 길이면서 동시에 덕을 실천해가는 도정이었다고 할 수 있다. 이때 양자의 연결고리 역할을 수행한 것이 학문의 성취였으며, 끊임없는 연마를 통해 목표에 접근해야 했다. 그리고 마침내 그에 의거해서 명예를 얻느냐, 아니면 수치를 당하느냐가 궁극적으로 결정되도록 사회가 구조화되어 있었다.

3) 관직 생활 태도와 청백의 추앙

　관직 생활을 수행함에 있어 근본이 되었던 덕목들, 예컨대 유능, 정직, 청렴, 충성 따위가 추앙되었고, 명예를 얻고자 하는 데도 필수였다. 그런데 업무에서의 유능함을 다소 예외로 취급한다면 대개 청렴으로 수렴되는 경향이 강했다. 반대로 부정·부패와 탐욕은 가장 수치스러

---

35) 『三峰集』 권3, 序, 送楊廣按廉庚正郞詩序, "嘗論儒吏之說 道德蘊之於身心 斯謂之儒 敎化施之於政事 斯謂之吏 然其所蘊者卽所施之本 而所施者自其所蘊者而推之 儒與吏爲一人 道德與敎化非二理也 自世道之降 道德變爲詞章 敎化易爲法律 而儒吏於是乎判矣 此斥彼爲俗 彼訾此爲腐 世之言道德敎化者 皆爲無用之長物 其間或有以儒術緣飾吏理者 亦不過自濟其私而已".

운 짓으로 평가되었다.

이규보는 洪州太守로 부임하는 큰아들 涵을 보내면서 쓴 古律詩에
서 이렇게 읊었다.

> "나라의 중신이 되어   公府坐潭潭
> 부디 가문의 명예 떨어뜨리지 말고   毋或墮家聲
> 아무개 아들답다는 칭찬 들어야 하느니   人許某家男
> 생전에는 만날 수 없을지 모르지만   眼前雖未見
> 사후에야 어찌 알아 보지 못할쏘냐   地下豈不諳
> 청백이 제일의 신조가 되고   淸白是第一
> 그 다음은 근신과 겸손뿐이야"   其次愼而謙
>
> (『東國李相國後集』권9, 古律詩, 辛丑三月三日送長子涵以洪州守之
> 任有作)

아들에게 관직 생활을 하면서 家聲을 떨어뜨리지 않도록 하고, 조상
을 욕보여서는 안 된다는 점을 주지시키면서 무엇보다 淸白을 강조하
였다. 위에 거론된 第一, 其次의 순서는 순전히 개인적 취향에 지나지
않을 수도 있다. 근신과 겸손이 청백보다 덜 평가받아야 할 이유는 전
혀 없었다. 그러나 청백을 제일로 내세운 것은 까닭이 있었을 것이다.
물론 무신정권의 혼란기를 틈타 부정·부패가 만연했기 때문이었다는
상황 논리를 내세울 수도 있다. 하지만 특정 시기에만 청백을 강조했
던 것은 아니었다.

청백을 제일로 치부했음은 정반대라 할 수 있는 부정·부패, 그리고
탐욕이 관직자에게 가장 악행이라는 것을 통해 재차 확인된다. 이규보
는 郡守 두어 사람이 贓罪를 범했단 말을 듣고 지은 두 수의 古律詩에
서 이렇게 표현했다.

"흉년들어 거의 죽게 된 백성   歲儉民幾死
앙상하게 뼈와 가죽만 남았는데   唯殘骨與皮
몸 속에 남은 살이 얼마나 된다고   身中餘幾肉
남김없이 죄다 긁어내려 하는가"   屠割欲無遺

"네 보는가 하수를 마시는 두더지도   君看飮河鼺
그 배를 채우는 데 지나지 않는다   不過備其腹
묻노니 너는 얼마나 입이 많아서   問汝將幾口
백성들의 살을 겁탈해 먹는 건가"   貪喫蒼生肉

(『東國李相國後集』권10, 聞郡守數人以贓被罪二首)

위에서 장죄를 범한 군수들을 백성의 고혈을 빠는 악귀처럼 묘사하
였다. 이 역시 개인의 취향 및 당시의 특수한 사회 분위기가 크게 반영
되었을 것이지만, 시대를 막론하고 여타의 것에 비해 강조되었음도 사
실이다.[36]

관직 생활에서 청백을 제일로 중시했던 것은 일반적 경향에서 비롯
되었지만, 동시에 당시의 통치구조에서 기인한 측면도 있었다.

崔碩은 충렬왕 때 사람으로 과거에 급제하고 여러 번 옮겨 昇平府使
로 되었다. 임기가 차서 내직으로 들어가 秘書郎이 되었다. 昇平에는
예부터 太守의 전임 때에는 말 8필을, 倅이면 7필, 法曹면 6필을 선사
하는데, 받는 사람이 골라잡는 관례가 있었다. 그래서 (崔)碩의 전근 때
에도 고을 사람들이 말을 가지고 와서 고르라고 청한즉 碩이 웃으며
말하기를 "말은 서울까지 가면 그만이지 골라서 무엇 하느냐?"라고 했
다. 집에 도착하자 말을 되돌려 주었으나 고을 사람들은 받지 않았다.

---

36) 이에 관해서는 金成俊, 1985, 「高麗時代의 良吏」『韓國中世政治法制史研
究』, 一潮閣 참조.

이때 碩이 말하기를 "내가 너희 고을 부사로 있을 때 말이 새끼를 낳았는데 그것마저 데려왔다. 이것은 나의 탐욕이었다. 이제 너희들이 받지 않는 것은 아마 나의 탐욕을 알고 겉으로 사양하는 것이 아닌가"라 하면서 망아지를 끼워서 주었다. 이때부터 그 폐단이 근절되었다. 고을 백성들이 頌德碑를 세우고 八馬碑라고 불렀다. (『高麗史』 권121, 列傳, 崔碩)

위 자료의 내용을 좀더 극단적으로 해석하면, 昇平人들이 최석의 송덕비를 은혜로운 정사 때문에 세운 것이 아니었다. 그저 관행으로 내려왔던 말을 사양하고 받지 않음을 기념하기 위해 건립했다고 볼 수 있다. 특히 송덕비 명칭을 八馬碑라고 했던 것에는 오히려 그런 측면이 강하지 않았을까 한다.

昇平의 위 故事가 반드시 그 곳에만 관행적으로 내려왔다고는 생각되지 않는다. 아마도 다른 곳에서도 그와 비슷한 유형이 존재했을 것이다.37) 대개 오래 전부터 내려오던 관행에 따라 관직을 옮길 때마다 법에 어긋나지 않는 범위 내에서 귀중한 물건이나 편의를 제공했을 것이다.

---

37) 고종 말엽에 濟州副使로 부임했던 金之錫의 경우도 대표적이었다. 당시 제주의 관습은 15세 이상의 남자이면 해마다 콩 1斛씩 바치고 또 수백 명의 아전들도 매해 말 1필씩 바쳤는데 副使와 判官이 이것을 나누어 가졌다. 그래서 부사나 판관으로 부임하면 가난뱅이도 모두 부자가 되었다는 것이다(『高麗史』 권121, 列傳, 金之錫). 뿐만 아니라 그와 비슷한 시기에 살았던 尹承解의 경우를 보면, 음서로 知水州事判官에 보직되었는데, 水州는 풍속이 후한 곳으로 일컬어져서 사람들이 모두 그곳으로 가기를 희망하므로 청렴하기가 어려웠고 정사는 모두 우선 편리한 방법으로 처리한 때문에 아전들은 그것이 버릇이 되어서, 자못 느슨하고 해이하여 기율이 없었다고 했다(『東國李相國全集』 권35, 碑銘墓誌, 登仕郎檢校尙書戶部侍郎行尙書都官員外郎賜紫金魚袋尹公墓誌銘). 이런 상황에서 水州의 지방관이 된다는 것은 특별히 불법을 저지르지 않고서도 관행적으로 얼마든지 재물 따위를 얻을 수 있었다.

그러므로 관리가 조금만 욕심을 낸다고 해도 곧 바로 민의 상당한 부담 증가로 이어지고, 그로 인한 피해가 클 것으로 짐작된다. 그렇다고 고사나 관행임을 내세우는 관직자에게 이의를 제기할 수도 없는 형편이었다. 이러한 사회구조 하에서는 청백이 제일로 간주되는 덕목이 될 수밖에 없었다. 반대로 부정·부패, 그리고 탐욕에 물든 인물들은 극히 나쁘게 치부되어 불명예와 수치의 상징으로 낙인되었을 것이다.

東北面兵馬使로 재직하던 庾碩의 淸德에 감화되었던 東北人들은 그를 부모로 여겼으며, 임기 만기로 돌아가게 되자 3년만 더 유임시켜 줄 것을 청원하였다.[38] 충숙왕 때 제주만호에 복직되었던 林淑에 대해 지방민이 匿名書를 저자에 붙였던 바, "林淑이 심히 탐오하여 온갖 수단으로 침탈하므로 인민들이 견딜 수 없는데 행성에서 다시 복직시켰으니 우리 백성들은 무슨 죄가 있단 말인가"라고 하였다. 또 행성 문에 글을 붙이기를 "左右司郎中 烏赤이 임숙의 뇌물을 받아먹고 법을 왜곡하여 놓아주었으니 만일 성부에서 이 사실을 추궁하지 않는다면 우리들 1천 명은 마땅히 上省에 신소하겠다"고 했다. 그로 인해 임숙을 파면하고 朴純仁을 후임으로 임명한 사건이 벌어졌다.[39]

익명서로 말미암아 지방관을 교체한다는 것은 매우 드문 현상에 속한다. 그럼에도 단행할 수밖에 없었던 것은 부정·부패와 탐욕에 관련되어 지역민의 불만이 극도로 고조되었던 것을 감안하지 않을 수 없었던 사정 때문이었다.

한편 탐욕스런 관리로 낙인찍힌 인물에 대해서는 이런 저런 형태로 사납게 대우했다. 이규보의 '술잔으로 貪臣을 친 데 대한 설'에 따르면, 술자리에서 員外郎으로 재적하던 崔洪烈이 누구라며 특별히 지목하지 않은 채 貪臣이 ·있으므로 술잔으로 그를 치려고 한다는 소리를 듣고

---

38) 『高麗史』 권121, 列傳, 庾碩.
39) 『高麗史』 권35, 世家, 忠肅王 10年 1月 己酉.

그대로 도망친 사람이 있음을 전하고 있다.[40] 이는 관직의 생활 태도
와 관련해서 명예와 사치가 구체적으로 어떻게 표현되고 적용되었는
지를 잘 보여주는 예라 할 수 있다.

2. 사생활에서의 가치와 실행

1) 家道의 유지

혈통에 의해 출세가 결정되는 골품제가 해체되고, 서서히 개개의 능
력을 시험 보아 선발하는 체제가 확립되면서 관리들의 유형이 변모하
기 시작했다. 더불어 공직 사회가 바뀌었는데, 그것은 각자의 일상적인
삶에도 영향을 주었다.

유형의 변화는 공직자의 생활 태도를 바꾸게 하는 계기로 작용하였
다. 특히 그런 일들이 학문의 성취에 근거하는 능력의 검증 등을 통해
이루어졌기 때문에, 일상의 삶에 대해서 상당한 정도로 제어하는 요소
로 등장하였다. 한갓 요행이나 행운에 힘입었던 것이 아님을 꾸준하게
보여줄 필요가 있었다. 이렇게 검증에 대한 관심이 높아지면서 상호
제어하는 분위기가 사회 전반에 점차 확산되었다. 이로 말미암아 공직
이 아닌 일상사에서도 일탈을 사전에 차단하고 자제하는 의식이 내면
에 서서히 축적되었으며, 이는 개개의 사생활에서도 크게 작용하였다.

그런데 사생활에 있어 토대가 되었던 것은 家였다. 고려시대 사람들
은 기본적으로 家의 일원으로 그 속에서 정체성을 느끼면서 살아가기
마련이었다.[41] 그러므로 사적인 면과 결부되어 일어나는 여러 가지 일

---

40) 『東國李相國全集』 권21, 說序, 垸擊貪臣說.
41) 이와 관련된 여러 문제가 본서 제4부 12장 이혜옥의 글에서 세밀히 다루어져
    있어 참고된다.

들과 그것을 둘러싸고 발현되는 심리적 양상들이 대개 가를 중심으로 전개되었다.

즉, 공직 세계의 변화가 그에 속한 사람들의 사생활마저 다소나마 바뀌게 했다면 구조상 그것은 결국 家의 문제로 귀결될 수밖에 없었다. 다시 역으로 家에서, 또는 그와 관련하여 빚어졌던 각종 사건들이 그 정도에 따라 공적인 일로 치부되어 문제가 되는 경우도 많아졌다. 이렇게 가를 중심으로 공직과 사생활의 상호 연관이 급속하게 진전되었던 것이 고려에 들어와 갑자기 일어났던 상황이 분명 아니었으나, 이전과 비교해 볼 때 차원이 달랐다.42)

이로 인해 모든 가치 평가의 기준이 가의 중핵을 이루었던 부자 및 부부 관계로 귀일하는 양상이 전개되었다. 예컨대 국왕을 어버이처럼 섬겨야 한다거나, 군대에서 장수와 휘하 군사들이 서로를 마치 부모와 자식처럼 헤아려 주어야 한다거나 목민관을 지역민이 부모와 같이 여기는 것을 이상으로 여긴다거나 등등으로 공적인 생활의 가치 기준이 대체로 가에서 파생하는 것에서 기인하였다.43)

그러므로 가의 유지와 관련해서 제기되는 여러 사항들이 단지 개인 차원에서 해결하는 것으로 머무르지 않고, 체제의 문제로까지 비화시켜 인식하려는 경향이 강해졌다. 따라서 가정의 도덕 규범이라고 할

42) 고려 전기, 특히 成宗의 治世에 이르러, 儒敎的 敎養으로 다져진 科擧出身의 新官僚層이 형성되어 新·舊官僚의 교체가 진행되었고, 사회적으로도 豪族的 社會體制가 豪族聯合的 형태의 高麗王朝의 국가체제에서 점차 집권적 관료체제로 변했듯이 가족 중심의 族的 체제변화를 일으켰으며 이러한 변화를 반영하듯이 儒敎的 禮敎秩序가 정립되었고 그 이념화가 이루어졌다고 할 수 있다고 한다(尹南漢, 1975, 앞의 논문, 236쪽).
43) 국왕을 어버이처럼 섬겨야 한다거나, 지방민이 수령을 부모처럼 여겼다는 사례는 도처에서 발견된다. 그것은 군대에서도 보이는데, 원수였던 尹瓘은 휘하 장수인 拓俊京에게 자식처럼 여길 것이므로 아비와 같이 여겨 달라고 주문하는 일도 있었다(본서 제2부 4장 윤훈표의 글 참조).

수 있는 家道가 흔들린다거나 훼손되는 대해서는 보다 엄중하게 대처
하였다. 그것은 특히 명예와 수치심에서 전형적으로 나타났는데, 가장
근원적인 것에 해당되었기 때문이다.

우선 가의 구성이 혼인에서 시작되므로, 이 문제 역시 여기에서 비
롯되었다. 한때 온 나라의 권세를 쥐고 국왕의 폐립까지 단행했던 林
衍은 아들 惟茂를 許珙의 딸과 결혼시키려 했다. 명문가와 손을 잡으
려는 의도였다.[44] 하지만 許珙은 賊臣家와는 혼인할 수 없다고 거절하
자 왕까지 나서 설득했으나 결국 이루어지지 않았다. 위협에도 불구하
고 끝내 다른 사람에게 딸을 시집 보냈다.[45]

이 사례는 정치적 희생까지 기꺼이 감수하고자 했던 허공의 마음 속
에 혼인을 통해 권력에 가까이 가는 것보다 가문의 명예를 지키려는
생각이 얼마나 강하게 자리잡고 있었는지를 잘 보여주고 있다. 즉, 권
력에 의해 희생되는 것보다 스스로 지켜왔던 가치를 상실하는 편이 훨
씬 더 큰 충격으로 인식했기 때문이었다.

혼인할 때 배우자의 출신 배경 및 신분을 매우 중시했다. 딸과 鄭可
臣을 결혼시키기로 약속했던 安弘祐는 빈한하지만 그래도 士族인데
향공의 아들을 어떻게 받아들일 수 있겠느냐고 후회했다. 마침내 그가
사망한 뒤 집안이 날로 기울자 혼인을 허락하였다.[46] 이렇듯 신분이
떨어지는 가문의 출신과 혼인하는 것을 수치로 여겼다.

하지만 배우자의 출신 성분이 나쁘다고 무조건 배척했던 것만은 아
니었다.

---

44) 許珙은 孔巖許氏 출신인데, 그의 집안은 武臣亂 전부터 귀족가문으로 뚜렷
한 위치를 점하고 있었다(朴龍雲, 1978,「高麗時代의 定安任氏・鐵原崔氏・
孔巖許氏 家門 分析－高麗貴族家門 硏究(2)」『韓國史論叢』3, 誠信女子大
學校, 69~70쪽).
45) 『高麗史』권105, 列傳, 許珙.
46) 『高麗史』권105, 列傳, 鄭可臣.

禑가 이인임의 집에 있었는데 (이)인임의 처가 큰 잔을 올리며 말하기를 "오늘은 三元인즉 삼가 祝壽합니다"라고 하였다. 우가 잔을 드리면서 "나는 한편으로 따지면 손자가 되고 또 한편으로 보면 婢壻도 되는데 이제 이렇게 마주 앉아서 술 마시는 것이 실례가 아닐까?"라고 농담을 하면서 이어 處容 가면을 쓰고 놀이를 하며 웃고 즐겼다. (『高麗史』 권136, 列傳, 禑王 12年 1月)

위에서 '婢壻'라고 했던 것은 임금이 이인임의 婢壻인 趙英吉이 낳은 鳳加伊를 취했던 것에서 연유했던 것이다.[47] 이것은 매우 특수한 상황에서 일어난 사건이지만 어쨌든 임금이 공공연히 자신을 '婢壻'라고 했다는 것은 혼인에서 배우자의 신분이 전부였다고 보기 어려운 면이 존재했음을 의미했다.

이런 사회 분위기 탓인지 庶女와 혼인하는 경우에도 출세에 큰 지장이 없었고, 수치심이나 모욕감을 느꼈던 것도 아니었다.[48]

오히려 권력과 재력을 쫓아서 혼인하는 것이 더 크게 문제가 되었다. 이는 義를 상하는 짓으로 간주되어 경멸이나 조소를 받는 일이 많았다. 고려 말에 이르러 어떤 高官이, 鳳池蓮이란 늙은 기생을 희롱하면서 "너희들이 돈 많은 중은 따르면서 士大夫가 부르면 왜 그렇게 늦게 오느냐"고 말하자 그 기생은 "요즈음 사대부들은, 돈 많은 장사치의 딸을 데려다가 두 살림을 꾸리거나 아니면 婢子로 妾을 삼는데, 우리가 진실로 緇素를 가린다면 어떻게 아침저녁을 지내란 말이오" 하고

---

47) 『高麗史節要』 권32, 禑王 10年 6月.
48) 金方慶이 北界를 진수하고 있을 때 龍岡의 官婢를 사랑하여 딸 하나를 낳았다. 蔡洪哲이 그녀를 娶해 河中, 河老를 낳았다. 그런데 채홍철은 前祗候로부터 여덟 차례 천전하여 相이 되었으므로 士林들이 이를 영예롭게 여겼다고 한다(『高麗史』 권108, 列傳, 蔡洪哲). 이 당시 士林들은 채홍철의 혼인에 대해서는 아무런 문제도 제기하지 않았다. 그리 심각하게 여기지 않았던 모양이다.

응답하므로 온 座中이 부끄러운 표정을 지었다고 한다.[49] 이는 혼탁해진 혼인 풍조에 대한 신랄한 풍자였다. 이렇듯 권력 및 재물을 얻기 위한 혼인은 혹독한 비난의 대상이 되었으며, 그로 말미암아 모욕과 수치를 당하기도 했다.

다음으로 가정 생활의 중심 축을 이루는 부부 관계를 보면, 고려시대에는 부부가 가업의 두 축을 이루고 있음을 전제로 역할 분담에 따른 각자의 맡은 바를 제대로 실행하기 위한 관계 설정이 다른 때보다 비교적 중시되었다.[50] 예컨대, 金元義 妻 印氏가 만류하는 자식들을 상대로 "紡績과 蠶織은 너희네들 文書와 筆硯 같은 것이니 어찌 잠시라도 놓을 수가 있겠느냐"고 했다는 말은 그 상징적 의미가 크다.[51] 비록 부인이라 할지라도 경제 활동 등을 통해 실질적으로 가업의 번성에 기여했을 때 자부심을 느끼며 이를 통해 인정받고 명예도 얻으려 했다.

한편 당대의 권신이었던 林衍이 개인 감정으로 羅裕의 장인인 趙文柱를 죽인 후 그에게 이혼할 것을 협박했으나 의리를 내세워 거절하였다. 그 뒤 삼별초의 난이 일어났을 때 妻들을 賊에게 빼앗긴 상당수 관리들은 다시 장가를 들었다. 반란이 평정되자 간혹 돌아온 처들이 있었지만 모두 버렸다. 나유 역시 새로 처를 얻었으나 맨 먼저 적군 속에

---

49) 『益齋亂稿』 권4, 詩, 昨見郭㹥龍.

50) 고려사회에서 부인의 지위와 역할이 조선의 그것과 달랐음을 실증적으로 밝힌 연구 성과들이 다수 제시되었다(井上和枝, 1990,「高麗時代の女性の地位について」『史學研究』190 참조). 그 중에서도 가사노동이 생산경제의 한 축을 담당할 정도의 비중을 점하고 있다는 사실에 근거해서 실제적인 부부관계가 모두 종속적이지 않았다고 주장하는 것은 유의해야 할 대목이라고 생각된다(이혜옥, 2004,「여성의 자아실현과 의식세계」『東方學志』124, 延世大 國學研究院 참조).

51) 『東國李相國全集』 권35, 碑銘墓誌, 金紫光祿大夫參知政事上將軍金公夫人印氏墓誌銘.

들어가서 옛 처를 찾아내고 귀환한 후 다시 부부가 되어 살았기 때문에 듣는 사람들이 의롭게 여겼다.[52]

나유의 행위가 의롭다는 것은 자기 잘못이 아니었음에도 처했던 상황으로 인해 쫓겨나야 했던 처를 버리지 않았기 때문이다. 이것이 순수한 애정에서 나왔는지, 명성을 얻고자 하는 욕심에서 비롯되었는지 명확치 않다. 어쨌든 외부의 피치 못할 사정으로 인해 문제가 생긴 배우자를 쫓아내는 일이 그리 바람직하지 못한 것으로 인식되었다. 즉, 무조건 깨끗하고 흠이 없어야 절개, 절의를 지킨 것이라는 믿음이 상대적으로 희박했으며, 그에 대한 평가가 반드시 긍정적이었던 것만은 아닌 것 같다.

반면에 가정의 화목과 단합을 제대로 이룩하지 못해 분란을 일으킨 것에 대해서는 비난에 따른 수치를 면하기 어려웠다.

> 李奕蕤의 처음 이름은 應誼이며 젊어서 급제한 후 벼슬이 여러 번 올라 直門下省이 되었으며 그가 건의한 것은 거의 다 왕의 마음에 들었다.……만년에 妾들에게 침혹하여 집안을 다스리지 못한 탓으로 그가 죽자마자 그 집안 여러 조카와 손자들이 재산을 다투어 서로 송사하게 되니 時論이 그를 비난하였다. (『高麗史』 권95, 列傳, 李子淵附 奕蕤)

李奕蕤는 훌륭한 가문 출신으로 고위 관직을 역임하면서 인심을 잃지 않았기 때문에 평판이 좋았다. 그럼에도 집안을 제대로 다스리지 못해 재산 분배를 둘러싸고 다툼이 일어나 공론으로 비난을 당하는 수치를 맛보아야 했다. 즉 가정 문제가 집의 울타리에서 벗어나서 사회로까지 비화되었던 전형적인 경우였다.

---

52) 『高麗史』 권104, 列傳, 羅裕.

비록 한 가정에 관한 일이라고 해도 제대로 가도를 세우지 못해 문제가 생겼을 경우에는 사회 문제로 비화되면서 마침내 심각한 수치심을 유발케 했다. 이렇게 되면 개인 차원에서 체면을 손상시키는 정도가 아니라 풍속의 교정 대상으로 낙인찍힘으로써 후손들의 공직 진출에도 많은 지장을 줄 수밖에 없었다.[53)

2) 효성의 실행

충혜왕이 원에 잡혀가자 재상들이 모여 대책을 논의하는 자리에서 선처 청원의 탄원서 제출을 주도했던 金倫이 "신하와 임금의 관계, 자식과 어버이와의 관계, 처와 남편과의 관계에 있어서는 서로 은혜와 의리를 다해야 하는데, 어버이가 죄를 뒤집어썼다면 아들이 어찌 구원하지 않겠는가? 황제의 의도를 추측할 수 없다는 것은 무엇을 의미하는가?"라고 소리치자 반대하던 사람들마저 침묵하였다.[54)

정치적 혼란을 틈탄 부원배의 책동과 원의 간섭으로 인해 끌려간 임금을 구하는 일이 마치 죄를 뒤집어 쓴 부모를 건져내는 것과 같다는 김륜의 주장에는 충과 효의 일치라는 의미가 담겨져 있었다. 그런데 정치적으로 매우 미묘한 상황에서 아무도 이의를 제기하지 못했다는 것은 위기에 처한 부모를 구하는 일이 자식으로서 무엇보다 우선해야 하는데, 이것이 임금에게도 적용된다는 명분을 내세웠기 때문이었다.

한편 병이 든 부친에게 자기 살을 베어 먹였던 거란 출신의 尉貂에 대해 임금이 詔書까지 내려주었는데, 傳에 이르기를 '孝는 모든 행실의 근원이다'라고 했고 또 '충신은 효자의 가문에서 구하라'라고 했다

---

53) 고려시대 臺諫들은 재산을 다투어 不睦한 가정 등에 대해 엄벌로 처리하였다 (朴龍雲, 1980, 앞의 책, 93쪽).
54) 『高麗史』 권110, 列傳, 金倫.

면서 먼저 고을에서 상을 주라고 했고, 재상들에게 褒賞을 의논케 하였다.[55] 심지어 모친의 병간호를 위해 잘 나가는 관직을 버리고 낙향했던 崔允通의 사례도 있었는데, 이로 말미암아 많은 칭찬을 받았다.[56] 부친상을 당하자 3년 간 廬墓 살이를 했던 廉信若에게도 旌閭를 내려주고 좋은 직으로 이동시켜 주었다.[57] 이렇듯 충효가 하나임을 누누이 강조해왔던 국가에서는 효행으로 이름난 사람에 대해 큰 관심을 갖고 그들의 명예를 추앙해주는 조처를 자주 베풀었다.

그런데 효행으로 포상을 받고 명예를 얻는 것은 극히 일상적인 일로서, 비단 이 시기에만 있었던 것이 아니었다. 다만 어떤 특징이 있었는가가 문제이다. 충숙왕 때 平壤府의 雜材署丞으로 있는 黃守는 70세가 넘는 부모를 모시고 살았다. 남동생 셋과 여동생 둘도 함께 지냈는데, 모두 다 한 가마솥 밥을 먹으면서 하루 세 끼 찬을 장만하여 먼저 부모에게 드리고 물러 나와서 같이 들었다. 20여 년을 이렇게 하니 자손들도 습관이 되어 해이해지는 일이 없었다. 이 사실이 姜融 등에 의해 조정에 보고되어 旌閭를 받았다.[58]

위에서 황수를 포함한 6남매는 부모의 연령을 고려한다면 모두 혼인하여 가정을 이루었을 것인데, 세 때 함께 밥을 지어먹었다는 것은 부모와 함께 살거나 분가했더라도 가까운 곳에 집을 두고 있음을 의미하였다.[59] 황수 남매가 특별히 다른 사람들보다 효성이 뛰어났기 때문에 그렇게 했던 것은 아니라고 생각한다. 매우 흔한 것은 아니더라도 당시로서는 있을 수 있는 경우가 아니었을까 한다.[60] 즉, 부모를 중심

---

55)『高麗史』권121, 列傳, 尉貂.
56)『高麗史』권25, 世家, 元宗 2年 1月 丁丑.
57)『高麗史』권99, 列傳, 廉信若.
58)『高麗史』권121, 列傳, 黃守.
59) 본서 제4부 12장 이혜옥의 글 참조.
60) 하지만 黃守의 가족과 같은 대가족인 거주는 일반적인 것이 아니었다고 한

으로 해서 한데 어울려 살다보면 자연히 그렇게 될 수밖에 없었을 것이다.

한편 김광재는 어머니보다 먼저 죽어서 宗族의 수치나 되지 않을까 두려워했다고 하는데,61) 이는 종족에 대한 평가가 개인의 생각과 가치관을 결정하는데 상당한 영향을 미치고 있었다는 사실을 드러내는 것이라 한다.62) 황수의 사례와 다소 차이가 있지만 어쨌든 개개로의 자립적인 생활 태도보다도 종족과의 연관이 그만큼 절실했을 것이다.

황수 남매라든가 김광재의 경우가 이 시기에 매우 흔한 것은 아니었더라도, 어디에서나 눈에 띄었을 것이다. 이런 상황이었기 때문에 상호간의 유대 강화를 위해 무엇보다 효성이 요구되었고 필요했을 것이다. 따라서 통치체제의 확립을 위해 권력으로부터 강요되었다던가 특정 이데올로기의 수용을 위한 교화에서 나왔다기 보다 당시 상황 속에서 가족의 생계 보장을 위해 자연스럽게 나타났던 측면이 없지 않았을까 한다.

그러나 역으로 효성스럽지 못하다고 분류된 사람은 가혹한 질책과 함께 최악의 수치를 당했다. 즉 불효자로 낙인찍히면 권세를 얻었다던가 고위직으로 출세했다던가 하는 것은 문제되지 않았다.

柳曼殊가 일찍이 巡軍萬戶가 되어 密直使 李恬의 不敬罪를 국문했는데, 이념이 유만수에게 말하기를 "당신은 지위가 재상에까지 이르렀는데도 불효하고 우애가 없다고 이름이 난 사람이므로 臺省에서 거듭해서 論한 바 있거늘 어찌 나를 국문할 수 있겠느냐?"고 하니 유만수가 부끄러워 낯빛이 붉어졌다. (『高麗史』 권105, 列傳, 柳璥附曼殊)

다(盧明鎬, 1988, 「高麗時代 鄕村社會의 親族關係網과 家族」 『韓國史論』 19, 서울대 국사학과, 173쪽).
61) 『牧隱文藁』 권17, 松堂金公墓誌銘幷序.
62) 본서 제4부 12장 이혜옥의 글 참조.

위에서 국문하러 갔던 유만수가 도리어 죄수에게 망신을 당하는 사정을 전하고 있다. 즉, 불효로 이름난 자가 감히 누구를 국문할 수 있느냐는 질책을 받고 모욕감과 수치심에 얼굴을 붉히고 말았다. 이렇듯 불효로 낙인찍힌 사람은 어느 순간에 누구로부터도 질책과 모욕을 당할 수 있었으며, 그에 따른 수치심이란 헤아리기 어려웠을 것이다.

하지만 불효라고 해서 무조건 일률적으로 무시당했던 것은 아니었다. 일례로 홍건적의 난 때 廉悌臣은 처자와 재산을 싣고 가는 車馬가 심히 성대하였는데 모친을 버리고 갔으므로 臺諫이 불효로 논핵하였다. 그로 인해 재상에 제수되고서 달이 넘도록 告身에 서명을 받지 못했다.[63]

난리 통에 모친을 버리고 처자와 재산 챙기기에 급급했던 인물을 재상에 취임시켜서는 안 된다는 것이 대간의 입장이었을 것이다. 언뜻 보기에는 대간의 주장은 매우 타당한 것처럼 인식된다. 하지만 공민왕은 廉悌臣의 인물됨을 높게 평가하였다.

> 兀剌의 전쟁에서 (廉)悌臣은 西北面都統使로서 諸將을 통솔했다. 군사가 돌아온 후 曲城伯에 봉하고 친히 초상을 그려 내려주고 다시 門下侍中에 임명하였다. 幸臣 金興慶이 청탁한 일이 많았으나 (염)제신은 들어주지 않았으므로 (김)흥경이 원망하는 소리를 냈다. 왕이 말하기를 "侍中은 中原에서 배웠고 성품이 고결하여 다른 廷臣에 비할 바가 아니다. 그리고 大臣의 用心은 네 알 바가 아니다."라고 하니, (김)흥경이 감히 다시 말하지 못했다. (『高麗史』권111, 列傳, 廉悌臣)

아무리 큰 군공을 세웠다고 하더라도 불효로 인정된 인물을 문하시중으로 임명하고, 그에게 불평하는 관리에게 성품이 고결하다고 언급

---

63)『高麗史』권111, 列傳, 廉悌臣.

했던 것은 지나친 감이 없지 않다. 비록 난리 통에 모친을 버리고 갔던 것이 분명히 잘못이지만, 그 뒤에 국가를 위해 큰 공을 세웠다면 용서하고 고관으로 승진시키는 것이 마땅하다는 논리에서 단행했던 조치가 아닌가 한다. 즉, 功과 過가 모두 있는데, 공이 과에 비해 크다면 상쇄되고도 남음이 있다고 인정했기 때문일 것이다. 따라서 불효를 저질렀다고 하더라도 국가에 많은 공적을 쌓았을 때 용서되고, 포상도 받을 수 있다는 것으로 그 이후에 전개되는 상황과는 대비되는 바가 적지 않았다.[64]

즉, 위 염제신의 경우 무조건 일률적으로 효와 불효로 구분해서 명예와 수치를 부여하기 보다 가족이 처한 상황 및 당시의 형편을 고려해서 평가하는 분위기가 널리 조성되어 있었기 때문에 가능했다.

3) 검약의 생활관

아무리 개인의 사생활이라 하더라도 사치가 검약보다 앞설 수는 없었다. 따라서 이런 원칙을 온전히 실천하는 사람은 큰 존경을 받았으며, 그에 따라 명예가 올라가는 것은 당연했다.

대신으로 크게 출세했던 허공은 성품이 공경하고 검소하여 산업을 일삼지 않았고 직위가 높아졌으되 식사는 한 그릇에 불과하였으며 베

---

64) 유교이념에 충실했던 조선과 여러 면에서 대비된다. 즉, 僧 宗範이 부친인 任瑞生을 칼로 찌르려는 것을 아우 琦가 제지하였는데, 종범이 그만 칼로 기의 코를 베었다. 이에 宗範을 형장 쳐서 제주도로 유배보냈다(『高麗史』 권37, 世家, 忠穆王 4年 12月 乙丑). 上護軍 韓仲良은 평소 사이가 좋지 않았던 형 韓仲寶가 잘못을 저질러 감옥에 가자 그의 악행을 기록한 익명서를 만들어 李存性第에 투입했다가 적발되었다. 이로 인해 두 사람 모두 형장을 맞고 변방으로 유배되었다(『高麗史』 권135, 列傳, 禑王 9年 5月). 앞의 두 경우는 강상죄에 해당되는데, 만약 조선이었다면 그런 정도의 처벌로 끝나지 않았을 것이다.

이부자리와 짚 깔개를 쓰고도 근심하지 않았으며, 여러 사람이 모인 곳에서는 말을 함부로 하지 않았고 혼자 편안히 있을 때에도 기대어 앉지를 않아서 마치도 큰 손님이라도 대하고 앉은 것 같았다고 한다.[65] 허공의 집안인 허씨는 大族으로 사치와 부유함을 과시하는 가문이었음에도[66] 항상 검소하게 지냈다.

관직자, 그것도 고관임에도 검약한 생활을 함으로써 높은 평가를 받았던 사람이 허공에만 국한된 것은 아니었다.[67] 심지어 가정의 경제생활을 도외시한 채 업무와 학문에만 몰두하였다가 진정한 관직자상으로 간주되어 높이 추앙되는 사람도 있었다.[68] 무인정권 시절 박인석은 古語를 인용하며 貧賤이 몸을 辱되게 하거나 사람을 그르치게 할 수 없다고 했다.[69] 또한 명종 때 散員同正 盧克淸은 빈곤하여 팔려고 내놓았던 집을 처의 실수로 원래의 값보다 더 받았다며 차액을 매수자인 玄德秀에게 돌려주었다. 그 과정에서, "내 평생에 義롭지 않은 일을 하지 않았는데 어찌 헐값에 사서 고가로 팔아 돈벌이를 하겠는가? 그대가 만약 따르지 않으려거든 집 값을 전부 돌려주겠으니 우리 집을 반환하라"고 했다.[70]

이들은 貧賤하다고 하여 명예스럽지 못한 방식으로 경제적 이익을 추구하는 일이 義에 어긋나는 짓임을 분명히 했다.[71] 자연히 검약이

---

65) 『高麗史』 권105, 列傳, 許珙.
66) 『益齋亂藁』 권7, 碑銘, 金文英公夫人許氏墓誌銘並序에 따르면 許氏는 許珙의 둘째 딸로, 大族 가문 출신임이 확인된다.
67) 관료들의 행장과 묘지명에 産業에 관여하지 않았다던가, 家業을 일삼지 않았다는 기록이 종종 나타난다(본서 제1부 3장 이혜옥의 글 참조).
68) 본서 제1부 3장 이혜옥의 글 참조.
69) 金龍善編著, 1993, 「朴仁碩墓誌銘」, 앞의 책, 309쪽.
70) 『高麗史』 권99, 列傳, 玄德秀.
71) 박경안, 2004, 「일상적 삶에 투영된 경제의식」 『東方學志』 124, 延世大 國學研究院, 45쪽.

생활의 중심 덕목이 될 수밖에 없었으며, 사치가 경우에 따라서는 상당한 불명예, 수치로 간주될 수 있었다. 그렇다고 사치가 무조건 배격되고 기피되었던 것은 아니었다. 그만한 가업을 지니고 있음에도 행사를 지나치게 간소하게 하면 사람들로부터 비난을 받는 경우도 있었다. 하지만 기본적인 생활 자세는 검약이었으며, 그것이 곧 義를 지키는 것으로 인식되었으며, 곧 명예를 지키는 것으로 간주되었다.

관직에서는 청백을 숭상하는 것에 대비해서 일상에서는 검약한 생활을 강조하는 것이 기본일 수밖에 없는데, 그렇다면 가정의 경제 활동이 어떻게 이루어졌는가가 문제다. 검약해야 한다며 아무것도 안하고 지낼 수는 없다. 그 부분을 메우는 일이 필요했다. 이에 다음의 사례가 주목된다.

> 13세에 權氏에게 시집가서 지금 領僉議司事永嘉府院君 菊齋公의 아내가 되었다. 舅姑에게 효도하고 친척에게 인후하며 자손을 예의로 가르치고 婢妾을 의리로 부리며, 얼굴에 粉을 바르지 않고 몸에 비단옷을 입지 않았으며, 무당·여승·점·비는 일 등을 드물게 말하고, 원금과 이자 계산하는 것을 마음에 부끄럽게 여겼으며, 국재공과 同居한 지 67년 동안 시종 조그마한 거역도 없이 和悅하였다. (『益齋亂稿』 권 7, 碑銘, 卞韓國大夫人柳氏墓誌銘幷序)

위의 菊齋公은 權溥를 가리키며, 그의 처 柳氏의 검약함을 칭찬하는 내용이다. 그런데 유씨가 '원금과 이자 계산하는 것을 마음에 부끄럽게 여겼다'는 것이 주목된다. 이를 뒤집어서 생각하면, 유씨는 고리대를 운영했음을 알 수 있다. 그 일이 명예스럽지 못하며, 조금 수치스러운 느낌도 들지만, 그렇다고 결코 해서는 안될 일은 아니었다. 가정 경제를 꾸려나가기 위해서는 때로는 필요했으며, 이에 힘입어 누추해

지지 않았다고 볼 수 있다.

일단 검약이 생활의 기본 덕목이었지만, 가정을 이끌기 위해서는 義에 해가 되지 않는 방법으로 수입을 얻고자 하는 것은 수치가 아니었다.[72] 그 중에 妻가 운영하는 고리대 따위도 포함되었다. 그런 점이 또다른 특징이 되기도 했다.

골품제에 기반했던 신라사회가 해체되고 그 여파로 일어났던 후삼국의 분열을 수습하여 통일에 성공했던 고려는 지방의 호족을 중앙의 관료로 편입시키는 적극적인 정책을 추진하였다. 그 과정에서 가문의 혈통보다 개인의 능력을 기준으로 선발하는 과거제의 도입이 일대 전기가 되어 전과 다른 유형의 관리들이 등장하게 되었다. 이로 인해 공직 사회가 바뀌었고, 그에 수반해서 생활 태도라든가 의식 등에도 변화가 일어났다.

공직에 나가기 위해서는 관작의 취득이 필수였으며, 그에 따르는 명예는 그 어떤 것에도 비길 수 없었다. 하지만 무조건 얻고자 하는 것도 곤란했다. 어디까지나 시기에 맞고 의리에 합당해야 하기 때문이다. 그러므로 나갈 때와 물러설 때를 구분할 줄 알아야 했는데, 이는 지위가 높거나 명예를 소중히 여기는 관직일수록 그 정도가 심했다.

관직으로 나아가는 여러 갈래의 길 중에서도 학문을 닦아 과거에 합격하는 것을 가장 명예롭게 여겼다. 그러나 학문의 성취가 입신 출세해서 영달하는 것에 그치지 않았다. 이는 가문의 상승과 연결되어 마침내 家格을 높이고 家聲을 올리는 일에 기여하는 것이기 때문이다. 덕의 갖춤을 중요시했던 관직 생활에서는 자연히 청백을 숭앙하였다.

---

72) 본서 제2부 6장 박진훈의 글 참조.

반대로 부정·부패한 인물들은 극도로 나쁘게 치부되어 불명예와 수치의 상징으로 간주되었다.

관리 유형의 변화는 공직자의 생활 태도를 바꾸게 하는 계기로 작용하였다. 특히 그것이 학문의 성취에 근거하는 능력의 검증 등을 통해 이루어짐으로써 한갓 요행이나 행운에 힘입었던 것이 아님을 꾸준하게 보여주어야 했다. 이로 인해 설사 공직에서 벗어났다고 하더라도 일탈하거나 함부로 행동하는 것을 자제하려는 의식이 내면에 서서히 축적되었으며, 이는 개인의 사생활에서도 크게 작용하였다.

사생활에 있어 토대가 되었던 것은 家였다. 家의 일원으로 그 속에서 정체성을 인식하며 살아갔다. 그러므로 사적인 면과 결부되어 일어나는 여러 가지 일들은 대개 가를 중심으로 전개되었다. 따라서 공직 세계의 변화가 그에 속한 사람들의 사생활마저 다소나마 바뀌게 했다면 구조상 그것은 결국 가의 문제로 귀결될 수밖에 없었다. 따라서 가의 유지와 관련해서 제기되는 여러 사항들을 단지 개인 차원에서 해결하는 것으로 머무르지 않고, 체제의 문제로까지 비화해서 인식하려는 경향이 강해졌다. 이로 인해 가정의 도덕 규범이라고 할 수 있는 家道가 흔들린다거나 훼손된 데 대해서는 엄중하게 대처했는데, 이는 명예와 수치심에서 전형적으로 나타나게 되었다.

가족 관계의 유지에 필수였던 효성의 실행에 있어서도 부모를 중심으로 해서 한데 어울려 사는 것이 기본 구조였기 때문에 상호간의 유대 강화를 위해 요구되는 측면이 강했다. 그러므로 체제 강화를 위해 위로부터 강요되었던 것과는 성격이 조금 달랐다. 따라서 효성을 다했다고 인정을 받으면 최고의 명예를 얻는 것이 당연했으나, 설사 불효로 낙인찍힌다고 해도 그 정황이라든가 공로 따위가 인정된다면 불명예나 수치로부터 벗어나는 것도 가능했다.

그리고 개인의 사생활이라 하더라도 사치가 검약보다 앞설 수는 없었다. 따라서 온전하게 이를 실천하느냐의 여부에 따라 명예와 수치가 갈리는 것도 당연했다. 그렇다고 사치가 무조건 배격되고 기피되었던 것은 아니었다. 그만한 가업을 지니고 있음에도 행사를 지나치게 간소하게 하면 사람들로부터 도리어 비난을 받는 경우도 많았다.

한편 이 모든 것을 분간하고 평가하는 궁극적 기준이 時論을 통해 표현되도록 했던 사회의 분위기가 서서히 형성되기 시작하였으며, 그것이 곧 이 시대를 특징짓는 상황으로 발전하였다.

윤훈표 | 연세대학교 국학연구원 연구교수

제6장 사치, 허영 그리고 검약

사치와 허영은 인간 본성의 원초적 문제이다. 또한 자기의 우월적 존재를 과시함으로써 경쟁에서 유리한 고지를 선점하는 면이 있다는 점에서 보면, 자연계에 보편화된 것이라고도 할 수 있다. 반면, 검약은 자기 절제를 필요로 한다는 점에서 사치와 허영에 비해 지난하고 어려운 일이었다. 쉽지 않은 노력이 따르는 것이었다.

한정된 자원에 의존하고 이를 공유하고 있는 인간 사회에 있어서 일반적으로 재화를 많이 소비하는 사치나 자기 과시인 허영은 부정적인 것으로 인식되어 왔다. 반면 자신이 소유한 재화라고 하더라도 절약·절제하는 검약은 일반적으로 옳은 것으로 여겨졌다. 농민의 한정된 농업생산에 의존하고 있었던 고려사회에서도 사치나 검약에 대한 이러한 인식이 일반적으로 공유되고 있었을 것이다.

사치와 허영, 검약의 문제는 역사학에서 별로 다루어지지 않은 주제이다. 단지 중세에서 근대로의 이행과정 즉 자본주의 경제체제의 발달과 관련하여 주목되었을 뿐, 중세사회를 설명하는 데 있어서는 독자적 연구주제로 인식되지 못하였다. 이는 우리나라 고려시대 연구에 있어서도 마찬가지이다. 현재 고려 말~조선 초에 이루어진 사치 금지에 대한 한두 편의 논문이 있을 뿐이다.[1] 그 이유는 이 주제가 전통적인

---

1) 김동욱, 1964, 「李朝前期 奢侈禁壓考」『향토서울』21 ; 김인호, 2000, 「高麗後

역사학의 주제에서 벗어난 면이 있고, 정치사나 경제사의 다른 주제들에 비해 중요성이 떨어지는 주변 문제로 간과되었기 때문일 것이다. 또한 인간의 원초적 본성과 관련된다는 점에서 인간 역사에서 장기 지속적인 것이고 일반화된 것이었으며, 따라서 그 시대적 특징이나 변화상을 고찰해 내기가 쉽지 않았기 때문이었을 것이다.

인간 심성과 관련된 다른 주제들과 마찬가지로 고려 사람들이 가졌던 사치, 허영, 검약에 대한 생각·관념들을 추출해 내기는 쉽지 않다. 이는 고려시대에 남아 있는 사료들이 주로 정치적인 면을 위주로 하여 재단된 자료들이라는 점, 따라서 개인의 심정을 토로하는 자료들이 적다는 점, 그리고 개인적 자료라 하더라도 詩 등 절제된 자료들이 대부분이라는 점에서 더욱 그러하다. 즉 인간 내면에 잠재하는 개인의 원초적인 관념이 솔직하게 외부로 발현되는 자료들이 매우 적다는 점에서 이 주제에 대한 연구는 쉽지 않다.

하지만, 고려시대 사람들의 삶과 역사를 보다 정확하고 올바르게 복원하고 이해하기 위해서는, 그들이 가졌던 실제 생각이나 관념들의 추찰이 중요하다고 생각된다. 이것이 비록 상황에 따라 매우 가변적이고 즉흥적인 모습을 가지는 것이라고 하더라도, 그리고 그러한 속에서도 전 역사 기간을 통해서 거의 변하지 않는 보편적인 모습을 띠고 있다고 하더라도, 고려 사람들이 사치·허영 및 검약에 대해 가졌던 관념은 또한 그 시대의 제 조건에 제약된 고유한 모습과 일정한 변화상을 가졌을 것으로 생각된다.[2]

期 經濟倫理와 奢侈禁止」『龜泉元裕漢敎授定年記念論叢』上, 혜안.

2) 이 글에서 다루려고 하는 사치, 허영, 검약은 각각의 주제로도 상당히 넓은 범위의 문제이다. 특히 허영의 경우, 사치와 관련된 경제적인 면의 허영에서부터 인간의 삶의 철학과 관련된 정신적 허영까지 매우 포괄적인 주제이다. 따라서 이 글에서는 사치와 관련된 경제적 허영에 한정하여 논지를 전개하려고 한다.

1. 惡德이 아닌 사치와 허영

고려국가는 농민이 생산한 농업 생산물의 수취에 의해 국가재정과 지배층의 생활이 유지되었다. 따라서 왕실이나 지배층의 과도한 소비는 항상 일반 농민층에게 전가되어 생산자계층인 농민들의 재생산 기반을 파괴할 염려가 있었다. 그러므로 관료들이 재물이나 이익에 집착하지 않고 재산을 모으지 않는 것이 찬양되었으며,[3] 지배층의 검소한 생활 역시 군자의 덕목으로 제시되었다. 崔繼芳의 경우 검소하고 충성스러웠을 뿐만 아니라 입는 옷이나 신는 신발이 가난한 선비보다도 못하였다는 점이,[4] 姜邯贊의 경우에도 평상시에 해지고 때 묻은 의복을 입고 있는 점이,[5] 李軾의 경우 살고 있는 집이 기울어지고 무너져도 고치거나 꾸미지 않았다는 점이[6] 그들의 생애를 서술한 자료에서 각각 긍정적으로 묘사되고 있다. 지배계층의 화려하고 사치스러운 생활 자체가 곧바로 농민층의 부담으로 연결된다는 점에서, 자신의 지위나 신분에 연연하지 않고 검약한 생활을 한 관료들은 농업경제하의 봉건사회에 이상적 관료상의 한 모범으로 제시되기에 마땅한 것이었다.

검약은 가장 많은 재화를 소비하는 왕실에서는 반드시 모범을 보여야 할 덕목이었다. 고려 태조가 다른 군주와 대비되어 지적된 점이 바로 인후하고 근검하여 인심을 얻고 있다는 것이었다.[7] 즉 한정된 재화 내에서 사회경제적 제 조건이 영위되는 당시의 상황에서, 지배계층 특히 국왕이나 왕실의 검약한 생활은 민으로부터의 수탈의 양을 적게 하

---

3) 許興植 편, 1984,「李軾墓誌」『韓國金石全文』中世上, 亞細亞文化社, 735쪽.
4) 許興植 편, 1984,「崔繼芳墓誌」『韓國金石全文』中世上, 亞細亞文化社, 557
   ~558쪽.
5)『高麗史』권94, 列傳, 姜邯贊.
6) 許興植 편, 1984,「李軾墓誌」『韓國金石全文』中世上, 亞細亞文化社, 735쪽.
7)『高麗史』권92, 列傳, 朴英規.

고 결국 愛民으로 귀결되는 것이었기 때문이다. 따라서 후비의 제일 덕목으로 항상 근검이나 절검, 검약이 제시되었고,[8] 검약해야만 자신의 몸을 보존할 수 있다[9]고까지 하였다. 국왕의 경우에도 절검을 숭상하여 궁실은 비바람이나 가릴 정도로 나지막하게 지었고 의복은 좋지 못한 것을 입어 다만 추위와 더위를 막을 뿐이었다는 王建의 사례[10]는 두고두고 후대 국왕이 지켜야 할 모범이 되었다.

이와 같이 지배층의 검약이 하나의 덕목으로서 제시되고 그 긍정적 의미도 강조되었지만, 이와 대비되는 개념인 사치가 고려사회에서 반드시 반대의 의미나 가치만을 가지는 것은 아니었다. 일반적으로 검약의 개념상 가치가 긍정적인데 반해 사치나 허영은 부정적인 의미, 나아가 비난의 의미까지를 내포하고 있다. 하지만 고려사회에서는 검약과 사치·허영이 대척되는 개념으로만 이해된 것은 아니었다. 즉 검약은 올바르고 긍정적인 것이고 사치나 허영은 부정적이고 악한 것이라고만 생각되지는 않았다.

가옥의 경우, 비바람과 추위를 막고 인간에게 안락한 잠자리나 거주지를 제공하는 기능에 충실한 정도면 된다는 생각을 가지고 있는 경우도 있었지만, 이러한 생각이 당시 지배계층의 일반적인 생각이었다고 보기에는 무리가 있다. 오히려 정치적 능력과 경제적 능력을 갖춘 사람들은 우선적으로 자신의 능력에 맞추어 거주지를 갖추고 꾸미려는 경향이 강했다.

당시의 가옥 건축에 대해 세상의 부귀한 사람들은 집을 지을 때에는 흔히 웅장한 재목으로 들보와 기둥을 우람하게 하여 장엄하고 호화스

8) 『高麗史』 권88, 列傳, 后妃, 神靜王太后皇甫氏 ; 『高麗史』 권88, 列傳, 后妃, 明懿太后 柳氏.
9) 『高麗史』 권88, 列傳, 后妃, 恭睿太后任氏, "儉約可以保厥身".
10) 『高麗史』 권93, 列傳, 崔承老.

럽게 한다는 것처럼,[11] 권력자나 재력가들이 가옥을 웅장하게 지으려
고 하는 경우가 오히려 일반적이었다. 鄭叔瞻처럼 커다란 저택 3~4區
를 지었는데, 그 규모가 몇 리에 달할 정도로 대규모인 경우도 있었
다.[12] 심지어 거실의 남쪽에 지은 누각의 크기가 손님 1천 명을 앉힐
수 있고, 누각 아래에는 수레 1백 대를 나란히 놓을 만할 정도로 거대
한 경우도 있었다.[13] 웅장함을 과시할 수 있는 樓觀은 원래 왕궁이나
절에만 있었는데, 개경 官道 양쪽에 있는 國相과 富人의 집에는 모두
설치되었다. 선의문에 들어서면 수십 가호마다 하나씩의 樓觀이 세워
져 있으며, 이러한 누관은 사치스러운 것이었다.[14] 환관들마저도 사치
와 화려함을 다하여 가옥을 짓고 있었다.[15] 이러한 경향은 왕실이나
중앙의 권력자들만이 아니라 지방의 유력자 계층도 마찬가지여서, 여
러 州·郡·縣과 亭·驛·津에서 豪右들이 다투어 큰 주택을 마련하
였다.[16]

　웅대한 규모로 건축되는 가옥에는 당연히 침실, 대문, 행랑, 부엌, 곳
간, 욕실 등 생활에 필수적인 공간만 배치되는 것은 아니었다.[17] 여유
가 있는 고려 사람들은 가옥을 자신의 의사에 맞게 치장하려고 하였으

---

11) 『東國李相國後集』 권11, 記, 「朴樞府有嘉堂記」.
12) 『高麗史』 권100, 列傳, 鄭世裕 附 鄭叔瞻.
13) 『東國李相國全集』 권24, 記, 「大樓記」.
14) 『宣和奉使高麗圖經』 권3, 城邑, 樓觀.
15) 『高麗史節要』 권11, 毅宗莊孝大王, 18년, 7월. 대표적인 예로 鄭誠을 들 수
　　있다. 그는 무려 200간의 행랑을 가진 집을 대궐 동남방에 지었는데, 곳곳에
　　누각을 세워 그 구조가 왕궁과 비슷하다고 하였다(『高麗史』 권122, 列傳, 宦
　　者, 鄭誠).
16) 『高麗史』 권93, 列傳, 崔承老.
17) 이러한 점은 寺院에서도 마찬가지였을 것이다. 津寬寺 水陸社에는 대문, 행
　　랑, 부엌, 곳간, 浴室, 靈室 등이 갖추어져 있었다(『陽村先生文集』 권12, 記
　　類, 「津寬寺水陸社造成記」). 그런데 특이한 점은, 浴室이 중·하 두 단의 좌
　　우에 각각 3칸씩이나 배치되어 있었다는 점이다.

며, 따라서 가옥 제도는 사치스러워질 수밖에 없었다.[18] 특히 집 내부
를 이상적인 거주 공간으로 꾸미기 위해 노력하는 경우가 많았다. 자
연의 이상적 경치를 거주 공간 내에 구현하는 것은 당시 지배계층 내
의 일반적 경향이었다. 이에 따라 지배층의 집에는 연못과 조그마한
언덕, 꽃밭과 정자 등으로 꾸며진 정원이 설치되었다.

李奎報의 「泰齋記」에 의하면, 知奏事 于公은 대궐 곁에 터를 잡아
집을 지었는데, 먼저 샘물줄기를 찾아 돌을 쌓아 우물을 만들고, 샘이
넘쳐흐르는 것을 이용해 큰 못을 만들고, 못에는 연꽃을 가득 심고 거
위와 오리를 놓아 길렀다. 또한 집 안에 風軒, 竹閣, 물 위의 정자와 꽃
으로 꾸며진 제방 등을 사치스럽게 설치하여 36洞 즉 온 천하의 경치
를 모두 갖추었다고 한다.[19] 집 주위에 화초를 심어 아름답게 꾸미는
일도 일반적이었다. 樞府 朴公의 有嘉堂에는 집 주위에 모두 18종의
노란 꽃을 심었으며, 더불어 40여 그루의 대나무를 빽빽이 심었다. 이
외에도 많은 기이한 화초를 길렀다.[20] 이러한 정원의 크기나 화려함도
권력의 징표가 되었으므로 권력이나 지위에 따라 그 크기나 화려함의
정도가 달라졌다. 예를 들어 崔怡는 소나무와 잣나무를 이식하여 園林
을 조성하였는데, 그 넓이가 수십 리에 달할 정도로 넓었다.[21]

정원의 이러한 모습은 궁궐의 경우에도 마찬가지였다. 예종은 화원
두 곳을 왕궁 남서쪽에 설치하였다. 樓臺를 세우고 담을 높이 쌓았으
며, 화초를 모으기 위해 민간에서 화초를 거두어 들였을 뿐만 아니라
많은 내탕고를 소비하여 송나라 상인에게서까지 사들였다.[22] 고려의
화초만이 아니라 중국에서 자라는 이국적인 화초까지, 가지각색의 화

---

18) 『宣和奉使高麗圖經』 권8, 人物, 守太師尙書令李資謙.
19) 『東國李相國全集』 권23, 記, 「泰齋記」.
20) 『東國李相國後集』 권11, 記, 「朴樞府有嘉堂記」.
21) 『高麗史』 권129, 列傳, 叛逆, 崔忠獻 附 崔怡.
22) 『高麗史節要』 권8, 睿宗文孝大王, 睿宗 8년 2월.

초들을 수집하여 花園을 장식했던 것이다.23)

  건축물 자체에도 여러 가지 치장이나 장식을 하여 화려함을 돋보이
게 하였다. 承制 崔公의 大樓는 푸른 구슬로 기둥을 꾸몄으며, 기둥의
밑은 옥으로 만든 신으로 받치게 하였다. 또한 용마루 밑에 서까래를
얹힌 마룻대는 말 조각상을 양각으로 조각하여, 말이 등으로 짊어지고
머리를 치켜 든 형상으로 만들었다. 또한 각종 날아가는 새와 뛰어다
니는 짐승들을 나무로 조각하여 장식하였다.24) 樞府 朴公의 有嘉堂은
장엄하지는 않았으나 모두 단청을 하여 문채를 내었는데, 그 찬란한
광채가 사람의 눈을 끌 정도로 화려함이 극도에 달했다고 한다.25) 淸
風閣의 경우에도 조각과 채색 단장이 울긋불긋하고 화려하여 사치스
럽다고 하였다.26) 누각에는 발과 장막이 화려하게 꾸며져 있는 경우도
있었다.27) 개경의 가옥들에 대해 십만 호의 집이 붉은 난간 푸른 기와
로 매우 사치스럽다고 표현한 것으로 보아,28) 일정 수준 이상의 집에
서는 기둥은 일반적으로 朱漆을 하였으며 지붕은 푸른빛이 나는 청기
와를 얹었던 것으로 보인다.

  이와 같이 가옥 건축에 있어서 화려함과 사치스러움을 다하려고 노
력하는 것은 당시의 일반적 풍속이었다. 따라서 고려시대에 居第를 화
려하게 다스림은 일반적 경향인 常流였다고 표현되고 있다.29)

---

23) 고려의 지배계층은 宋商으로부터 많은 물품을 구입하였는데, 이중에는 그들
   의 욕구를 실현하기 위한 사치품이 포함되어 있었다. 이에 관해서는 金庠基,
   1937,「麗宋貿易小考」『震檀學報』7 ; 徐炳國, 1973,「高麗·宋·遼의 三角
   貿易攷」『白山學報』15 ; 朴玉杰, 1997,「高麗來航 宋商人과 麗·宋의 貿易
   政策」『大同文化硏究』32 참조.
24)『東國李相國全集』권24, 記,「大樓記」.
25)『東國李相國後集』권11, 記,「朴樞府有嘉堂記」.
26)『宣和奉使高麗圖經』권27, 館舍, 淸風閣.
27)『宣和奉使高麗圖經』권3, 城邑, 樓觀.
28)『陽村先生文集』권4, 詩,「草屋歌」.

물론 화려하고 사치스럽게 장식된 가옥을 누구나 다 건축하고 소유할 수는 없었다. 일반적 여론에 있어서 자신의 지위와 어울리지 않은 크고 화려한 주택은 비난의 대상이 되었다.[30] 하지만 동시에 자신의 사회적·정치적 지위에 걸맞은 가옥을 가지는 것은 당연한 것이었다.

> 樓臺와 觀榭의 크고 작음과 번화하고 간소함은 또한 사람의 형세에 따라 각각 마땅한 정도가 있다.……그러나 공이 많고 덕이 커서 명망이 萬人을 압도하고 온 나라 사람들이 우러러보는 위치에 있는 자에 이르러서는 비록 극도로 크게 하더라도 사람들은 사치스럽다고 여기지 않고 오히려 좁다고 할 것이다. (『東國李相國全集』 권24, 記, 「大樓記」)

위의 기사에서 樓臺와 觀榭의 크고 작음과 번화하고 간소함은 사람의 형세에 따라 적당한 정도가 있다고 하였다. 건축물의 크기와 화려함을 결정하는 요소는 사람의 형세에 달린 것이다. 이때 사람의 형세란 일차적으로 그 사람의 신분이나 지위일 것이다. 이와 더불어 이를 결정하는 요소로 공로와 덕에 의한 명망을 들고 있다. 명망이 모든 사람을 압도하고 온 나라 사람들이 우러러보는 위치에 있는 사람은 그 집을 극도로 크게 하더라도 이는 사치한 것이 아니라고 하고 있다.

이러한 견해는, 자신의 지위나 신분 또는 공덕이나 명망을 표현하기 위해서는 웅장하고 화려하며 사치스러운 건축물을 지어야 한다는 논리가 될 수밖에 없다. 가옥이 사회적 신분, 공덕과 명망의 표상이 되는 한, 권력자나 세력가들에 의한 웅장한 가옥의 건축은 계속 시도될 수

---

29) 許興植 편, 1984, 「李公升墓誌」『韓國金石全文』中世下, 亞細亞文化社, 866쪽.

30)『高麗史』권97, 列傳, 金景庸 ;『高麗史』권99, 列傳, 崔惟淸 附 崔宗峻 ;『高麗史』권100, 列傳, 李英搢.

밖에 없었다. 오히려 자신의 정치적·경제적 지위에 어울리지 않는 곳을 거처로 삼는 것은 비루한 것으로 비난받을 수도 있었다.

권력자 金俊이 밤낮으로 공사를 하여 집 높이가 몇 丈이나 되고 정원의 넓이가 100보에 달하는 가옥을 신축하였는데, 이에 대해 그의 아내는 오히려 장부의 안목이 적기도 하다고 비난하였다.[31] 따라서 권력을 잡은 사람은 자신의 위세를 과시하기 위해 일차적으로 가옥 건축에 나설 수밖에 없었을 것이다. 고려 말에 권력을 다툰 印侯와 張舜龍, 車信이 극히 사치스럽고 커다란 집을 건축하는 데 경쟁적으로 나선 것[32]은 가옥이 그 소유자의 위세와 관련이 있었기 때문이었다. 웅장하고 사치스럽게 치장된 주택의 소유는 권력자들에게는 자연스러운 현상일 수밖에 없었다.

또한 웅장하고 사치스러운 건축물이 계속해서 지어졌다는 것은 이러한 건축물이 고려사회에서 일정한 의미를 가지고 나름대로의 역할을 수행하고 있었다는 징표가 된다. 즉 웅장하고 사치스러운 건축물이 당시 사람들에게 자연스럽게 받아들여지고 있었다는 것이다. 위세의 과시로서 지어진 건축물의 웅장함과 사치스러움은 가옥 소유자의 정치적·경제적 힘과 권위를 상징하는 하나의 징표가 되었고, 동시에 이는 권력자의 존경받을 만한 능력에 대한 중요한 근거가 되는 것이었다. 권력자는 이를 통해 민들에게 지배력과 영향력을 행사할 수 있었다.

사치스러움에 대한 긍정적 생각은 가옥에만 한정되는 것은 아니었다. 연회에 있어서도 마찬가지였다. 고려사회에서는 왕실이나 관청의 연회에서부터 종교 관련 행사, 마을이나 집안 행사 등 다양한 모임과 연회가 이루어졌는데, 이러한 연회는 남에게 자랑할 수 있을 정도로

31) 『高麗史』 권130, 列傳, 叛逆, 金俊.
32) 『高麗史』 권123, 列傳, 嬖幸, 印侯.

화려하고 사치스럽게 치러졌다.

　우선 연회 장소가 여러 가지 장식으로 화려하고 사치스럽게 치장되었다. 연회 장소에 수를 놓은 천막을 치고 黃簾을 드리우고 등을 후원에 설치하고 화산을 만들거나[33] 은과 자개로 장식된 커다란 盆에다가 빙산을 만드는 경우도 있었다.[34] 또한 연석이 비단으로 장식되기도 하였으며,[35] 병풍이나 족자, 요와 자리 등의 물건 등을 써 연회석을 장식하기도 하였다.[36] 그리고 여러 가지 꽃으로 연회장소를 장식하였는데, 생화를 쓰는 경우도 많았지만 비단 조각으로 만든 꽃인 絲花로 장식하기도 하였다.[37] 공민왕 초기에 연경궁에서 벌어진 연회에서, 장식용 꽃을 만들기 위해 소모된 베만 5천 1백 40여 필에 달했다고 한다.[38] 이 정도의 베를 소모했다면 연회 장소 전체가 천으로 만들어진 갖가지 꽃으로 가득 뒤덮였을 것이다. 나아가 연회를 화려하게 장식하는 것이 유행이 되고 경쟁이 되면서, 천만이 아니라 금을 사용하여 꽃을 만들기도 하였으며, 실을 꼬아서 鳳과 같은 장식을 만들기도 하였다.[39]

　연회에 따라서는 무대가 만들어지기도 하고 악사가 배치되기도 하였다. 의종 때 국왕을 위해 베풀어진 연회에는 누각 무대가 세워져 여러 가지 놀이가 행해졌다. 누각은 채색이 되어 있었으며, 금은·주옥·錦繡·羅綺·산호·玳瑁 등으로 화려하게 장식되었다. 또한 여기에는 管絃坊과 大樂署의 악사들이 배치되어 음악을 연주하였다.[40] 특히 음

---

33)『高麗史』권89, 列傳, 后妃, 淑昌院妃金氏.
34)『高麗史』권129, 列傳, 叛逆, 崔忠獻 附 崔怡.
35)『東國李相國後集』권10, 古律詩,「六月一日 朴學士暄 設華筵會客 幷邀予參 赴 酒酣 作詞 一首 贈之」.
36)『高麗史』권85, 刑法, 禁令, 忠肅王 후8년 5월.
37)『高麗史』권85, 刑法, 禁令, 忠宣王 2년.
38)『高麗史節要』권26, 恭愍王 2년 8월.
39)『高麗史節要』권20, 忠烈王 6년 3월.
40)『高麗史節要』권11, 毅宗 24년 1월.

악은 연회에는 빠지지 않았다고 생각된다. 최충헌의 경우, 연회에 특별히 악사를 불러 생황, 퉁소, 경쇠, 피리, 거문고와 瑟을 모두 갖추어 음악을 연주하게 하였는데, 악공의 수는 수십 명 이상이었던 것으로 보인다.[41] 좌주와 문생들의 연회에도 국왕이 內樂을 내려주었다.[42] 전문적인 악사가 갖추어지지 않은 연회라고 하더라도, 참석자들은 피리나 笙簧 등의 악기를 불어 흥을 돋우었다.[43]

연회에서는 가무를 즐겼으며,[44] 아름답게 치장된 기생들이 배석되었다. 崔承制의 경우 여가를 이용하여 호화스러운 연석을 베풀다가 기녀들의 아름다운 모습이 싫증나면 공을 차고 말을 달렸다고 하며,[45] 꽃구경 가는 왕손과 공자들은 새파란 저고리와 붉은 치마를 입은 기생들을 뒷 수레에 태우고 갔다고 한다.[46] 지방에서 베풀어진 연회도 마찬가지여서, 이규보는 시골 연회의 풍경을 "잔에 벽옥 같은 술을 따르고 곱게 단장한 기생까지 줄지어 앉아 있다"고 묘사하였다.[47] 일반적으로 天女의 모습으로 알려진 居昌 屯馬里 고분벽화에 나타난 여성들의 경우, 음악을 연주하면서 춤을 추는 장면으로 생각된다.[48] 기생들도 이처럼 연회에 참여하여 술시중을 들고, 음악을 연주하며, 춤을 추었다고 생각된다.

연회에는 호화스러운 만찬이 준비되곤 하였다. 우선 음식이 담겨진 그릇 자체를 자신의 신분이나 재력을 과시하기 위해 금·은이나 옥으

---

41) 「崔忠獻墓誌」『朝鮮金石總覽』上, 亞細亞文化社, 444쪽.
42) 『陽村先生文集』권16, 序類, 「賀門下左侍中平壤趙公浚詩序」.
43) 『東國李相國全集』권1, 古賦 六首, 「春望賦」.
44) 『高麗史節要』권20, 忠烈王 6년 3월.
45) 『東國李相國全集』권24, 記, 「大樓記」.
46) 『東國李相國全集』권1, 古賦 六首, 「春望賦」.
47) 『東國李相國全集』권17, 古律詩, 「坐上走筆 謝李詹事等諸公大設筵見慰」.
48) 이화여자대학교박물관, 1973, 『古墳壁畵』, 44~46쪽.

로 만들어진 것을 사용하기도 하였다. 의종대의 경우 사치하는 풍속이
성행해져 당시 그릇은 반드시 금이나 옥을 쓴다고 하였으며,[49] 충숙왕
후8년에는 금은의 술그릇 사용을 금지하기도 하였다.[50] 또한 수정으로
만든 잔을 사용한 경우도 보이며,[51] 음식을 대접하면서 칠보로 장식한
그릇을 진열하여 놓고 자랑스러워 한 경우도 있었다.[52]

연회의 음식도 풍성하게 차리는 것이 일반적이었다. 세속은 浮華를
숭상하여 무릇 공사 간에 잔치를 차릴 때에 다투어 더 낫게 하는 것을
자랑으로 숭상하는 형편이었다.[53] 최이는 음식을 대접하는 데 6개의
상을 마련했으며, 반찬이 극히 풍성하고 사치스러웠다.[54] 성대하게 연
회를 베풀면서 음식을 많이 차렸다거나[55] 좋은 술과 맛있는 음식을 준
비하는 것[56]은 연회의 일반적인 모습이었다. 시골에서 베풀어진 연회
의 경우에도 성대한 잔치를 열어 서울보다 사치스럽다고 하였다.[57] 당
시 연회의 풍속에 대해 사치함이 한도가 없어서 음식에도 잔과 쟁반이
지나치게 많다고 한 기록도 있다.[58]

그런데 이처럼 화려하고 사치스럽게 꾸민 연회에 대해 당시 사람들
은 당연한 마음을 넘어서 자부심마저 느끼고 있었다.

---

49) 『高麗史』권85, 刑法, 禁令, 毅宗 22년 3월.
50) 『高麗史』권85, 刑法, 禁令, 忠肅王 後8년 5월.
51) 『東國李相國全集』권17, 古律詩, 「庾公見和 復次韻奉答 二首」.
52) 『高麗史節要』권16, 高宗 33년 5월.
53) 『高麗史』권85, 刑法, 禁令, 明宗 22년 5월.
54) 『高麗史節要』권16, 高宗 33년 5월.
55) 「李侃墓誌」『朝鮮金石總覽』上, 亞細亞文化社, 438쪽.
56) 許興植 편, 1984, 「金晅墓誌」『韓國金石全文』中世下, 亞細亞文化社, 1095
    쪽.
57) 『東國李相國全集』권17, 古律詩, 「坐上走筆 謝李詹事等諸公大設筵見慰」.
58) 『高麗史節要』권6, 肅宗 1년 1월.

禪源社에 행차하였다. 崔怡가 왕에게 음식을 대접하면서 6개의 상을
앞에 차렸는데, 七寶로 장식한 그릇을 진열하여 놓고, 반찬이 극히 풍
성하고 사치스러웠다. 崔怡가 스스로 자랑하여 말하기를, "앞으로도
어찌 오늘 이것처럼 하는 자가 있으랴"라고 하였다. (『高麗史節要』권
16, 高宗 33년 5월)

최이는 칠보로 장식한 그릇에 지극히 풍성하고 사치스럽게 음식을
마련하여 놓고, 이와 같이 할 수 있는 사람은 없을 것이라고 대단히 만
족하고 있다. 호화스러운 만찬을 대접하는 것에 대해 스스로 자부심을
느끼고 있는 것이다. 호화스러운 잔치를 당연하게 여긴 것은 최이의
경우만이 아니었다. 무인들의 경우 준례에 따른 잔치의 비용이 浩繁하
였다는 것으로 보아 이들이 벌이는 잔치는 일반적으로 매우 호사스러
웠던 것으로 생각되는데, 金元義의 아내 印氏는 손수 이를 정밀하게
마련하여 내조를 잘 하였다고 칭송을 받았다.[59] 호사스러운 무인들의
잔치를 당시 사람들은 당연하게 받아들이고 있었던 것이다. 李仉의 경
우에도 음식을 많이 차려 성대하게 연회를 베풀어 아버지 항렬의 耆老
들과 어울린 것에 대해 그의 묘지명은 매우 긍정적으로 서술하고 있
다.[60] 즉 정성을 다해 연회를 베푸는 것은 당연한 것이었고, 그 정성의
모습은 연회에 준비된 장식이나 器皿, 또는 음식으로 드러나는 것이었
다.

따라서, 화려하고 호사스러운 연회는 당연하고 긍정적인 것이었다.
李軾은 날마다 손님들과 함께 하는 것을 좋아하고 잔치 베푸는 것을
즐거움으로 삼으니, 귀공자의 풍모가 있었다고까지 하였다.[61] 손님을

---

59) 金龍善 편, 1993, 「金元義 妻 印氏墓誌銘」『高麗墓誌銘集成』, 翰林大出版
部, 392쪽.
60) 「李仉墓誌」『朝鮮金石總覽』上, 亞細亞文化社, 438쪽.
61) 許興植 편, 1984, 「李軾墓誌」『韓國金石全文』中世上, 亞細亞文化社, 735쪽.

접대하는 연회를 베풀되, 특히 정성을 다해 호사스럽게 베푸는 것은
귀공자로서는 마땅히 해야 될 일이었던 것이다. 이는 다음의 사례에서
도 유추할 수 있다.

> 그대는 五侯의 부귀가 하늘을 치솟을 때
> 肉山・酒池를 보지 못했는가.
> 杯盤・器皿이 매우 사치스러웠으련만
> 수정잔으로 마셨다는 말은 듣지 못했네.
> (중략)
> 술잔은 사치스러워도 해될 것 없으니,
> 본시 손을 위로하는 정 때문일세.
> (『東國李相國全集』권17, 古律詩,「庾公見和 復次韻奉答」)

　유군은 水精杯를 소유하였다. 이는 肉山・酒池를 베푼 五侯도 가지
지 못했을 정도로 귀중한 물건이었지만, 술잔은 본래 손님을 위로하는
것이니 사치해도 해될 것이 없다고 하고 있다. 연회에서 쓰이는 물품
은 화려하고 사치스러워도 상관이 없다는 것이었다.
　이와 같이 화려하고 사치스러운 과시 또는 허영이라고 생각되는 행
동들이 나쁜 것으로만 규정되는 것은 아니었다. 표현하는 사람의 지위
나 권위에 맞는 사치스러움은 당연하고 긍정되는 것이었다. 오히려 그
렇지 않은 경우 인색하다는 비난이 따르는 것이었다. 지배층은 자신의
가옥이나 의복, 연회의 화려함을 통해 자신의 지위와 권위를 나타낼
필요가 있었다. 동시에 이러한 면을 통해 민들에게 자발적이고 위압적
인 복종심을 끌어내어야 할 필요성도 있었을 것이다.
　사치와 허영은 자기의 과시에만 그치는 것은 아니었다. 자신의 지위
와 권력, 재력이 대단하다는 점을 공개하는 것은 실제 정치적・사회적

삶에 있어서도 그러한 점을 행동으로 보여야만 하였을 것이다. 연회에서 손님 접대에 최선을 다해 화려하고 정성스럽게, 나아가 사치스럽게 꾸미는 것이 자신의 능력을 보여주는 것인 동시에 손님에 대한 최선의 존중인 것이었다.

권력이나 지위는 단순히 이를 소유하는 것만으로는 한계를 가지는 것이었다. 이것이 실제 인정받고 존중을 받으며, 나아가 그 지위나 권력·재력이 일정한 효용성을 발현하기 위해서는 그러한 능력을 가졌다는 일정한 표출이 반드시 수반되어야만 하였다.[62] 여기에 수반되는 사치스러움은 당연한 것으로 인정되었고, 이것이 일상적 관례로 고착되면서 자연스럽게 고려사회에 받아들여졌다고 생각된다.

이러한 생각은 이들의 삶 전반을 지배하는 것이었다고 보인다. 따라서 부모에 대한 효의 척도도 그 사람이 표현하는 물질의 양에 의해 평가되었다. 세상 사람들의 장례를 보니 모두 음식을 가득 차리는 것이 효라고 하는 것[63]이나 어버이를 그리는 마음의 간절하고 사무친 감정이 쌓여 무덤을 아름답게 꾸밀 수밖에 없다는 것[64]이 당시의 이러한 사정을 표현한다. 고려 사람들은 사치스럽지 않을 수 없었으며, 이는 결코 나쁜 것이 아니었다. 나아가 구경꾼들이 몰려들어 저자거리와 같았다고 하는 연회 등에서,[65] 일반 민들에 대한 권력자의 베풂은 당연한 사회적 의무가 되었을 가능성이 크다고 생각된다.

---

62) 토르스타인 베블런, 1899, 『유한계급론』(2005, 김성균 역, 우물이 있는 집).
63) 「朴仁碩墓誌」『朝鮮金石總覽』上, 亞細亞文化社, 436쪽.
64) 金龍善 편, 1993, 「蔡仁範墓誌銘」『高麗墓誌銘集成』, 翰林大出版部, 15쪽.
65) 『高麗史』 권89, 列傳, 后妃, 淑昌院妃金氏.

2. 신분·지위에 따른 사치·허영의 규제

검약과 사치·허영이 이분법적으로만 평가되지 않고 사치·허영이
일정한 한도 내에서 긍정되었지만, 모든 사람들의 사치와 허영이 긍정
된 것은 아니었다. 사치와 허영은 이를 행할 수 있는 사람에게만 허용
된 것이었다. 특히, 그 사람의 지위와 신분을 즉자적으로 표현해 주며
그것이 민들에 대한 영향력을 행사한다고 평가된 가옥이나 의복에 있
어서는, 일정한 규제가 있어야만 한다고 생각되었다.

웅장하고 화려한 건축물, 주택을 재력이 있는 누구나 건축하고 소유
할 수 있다는 것은 신분질서에 어긋나는 것으로 여겨졌다. 특히 건축
물이 가지는 사회적·정치적 의미가 분명하고 그 결과가 컸기 때문에
건축 행위는 일정하게 규제되어야만 하였다. 가옥은 그 사람의 지위를
표현하는 하나의 상징물로서의 기능을 하고 있었기 때문이다. 따라서
가옥 건축은 신분적 위계질서에 맞추어져야만 하였다.

> 禮記에 이르기를 '天子의 마루 높이는 9尺이요, 諸侯의 마루 높이는
> 7尺이다.'라고 하였으니, 이와 같이 원래 일정한 제도가 있었습니다.…
> …엎드려 바라건대 禮官에게 명하시어 尊卑에 따라 家舍 제도를 작정
> 하게 하여 中外로 하여금 모두 준수하게 하며, 이미 營造한 건물로서
> 제도에 초과되는 것들도 역시 철거하도록 함으로써 뒷사람들이 경계
> 하도록 하십시오. (『高麗史』 권93, 列傳, 崔承老)

가옥 규제의 이론적 근거는 유교이념이었다. 『예기』는 천자의 마루
는 9척, 제후의 마루는 7척으로 차등 규제하였다. 崔承老는 『예기』의
이러한 규정을 근거로 들면서 신분의 높고 낮은 정도에 따라 家舍 제
도를 정하고, 이를 전국에 하달하여 준수하도록 하며, 이미 건축된 가

옥이라도 제도에 초과되는 것들은 철거할 것을 주장하였다.

최승로는 사회적 신분과 가옥 크기의 일치를 주장한 것이었다. 이러한 논리적 근거에 따라 궁실이라고 하더라도 제도에 맞지 않게 큰 것은 비판되었으며,[66] 백성에게 부담을 지우는 과도한 규모의 화려한 주택은 철거토록 하자는 주장이 제기되었다.[67] 일반적인 여론에 있어서도 자신의 지위와 어울리지 않는 크고 화려한 주택은 비난의 대상이 되었다.[68] 특히 지위와 상관없이 여러 州·郡·縣과 亭·驛·津에서 豪右들이 다투어 큰 주택을 짓는 것은,[69] 지역사회의 농민층에게 직접적으로 영향을 준다는 점에서 중앙 정부나 관료들의 입장에서는 심각한 문제였다.

이러한 인식은 확산되어 건축물은 제도 즉 사회적 규범에 맞게 건축되어야만 한다는 생각이 점점 많은 지지를 얻어갔던 것으로 생각된다.

> 가-(1) 3단이 모두 3칸 집인데, 중·하 두 단은 좌우에 또한 浴室이 각각 3칸씩 있고 下壇은 좌우에 따로 祖宗들의 靈室을 각각 여덟 칸씩 설치했으며, 대문, 행랑, 부엌, 곳간 등 갖추어지지 않은 것이 없었다. 모두 59칸으로, 사치스럽지도 않고 누추하지도 않아 제도에 맞았다. (『陽村先生文集』 권12, 記類,「津寬寺水陸社造成記」)

> 가-(2) 이듬해 2월에 준공이 되려 하는데, 높지도 않고 낮지도 않아서 面勢에 맞았고 사치하지도 않고 누추하지도 않아서 時宜에 적합하였다. (『稼亭先生文集』 권6, 記,「韓州重營客舍記」)

---

66) 『高麗史』 권93, 列傳, 崔承老.
67) 『高麗史』 권95, 列傳, 魏繼廷.
68) 『高麗史』 권97, 列傳, 金景庸 ; 『高麗史』 권99, 列傳, 崔惟淸 附 崔宗峻 ; 『高麗史』 권100, 列傳, 李英搢.
69) 『高麗史』 권93, 列傳, 崔承老.

가-(3) 이 驛은 王京과 가장 가깝고 사신 행차가 오갈 때 반드시 쉬는
곳인데, 마루와 지붕이 낮고 누추하여, 국가에서 중국 사신을 높이
는 뜻에 맞지 않으니, 어찌 옛것을 헐고 새로 세우지 않겠는가 하
고, 곧 나라에 啓聞하여 결정을 얻었다. 이리하여 9월에 일을 시작
하여 재목을 구해들이고 기와를 굽되, 백성의 힘을 괴롭히지 아니
하고 농사철이 되기 전에 공사를 이루게 되었다. 중앙에 堂을 높이
세우고 좌우에 방[室]을 붙였으며, 바로 왼편 방 앞에 樓閣 세 칸을
세웠는데, 크고 높게 트였으나 사치스럽지도 않고 누추하지도 않았
다. (『陽村先生文集』 권14, 記類, 「金郊驛樓記」)

가-(1)은 津寬寺 水陸社를 조성한 것에 대한 평인데, 59칸의 진관사
수륙사는 사치하지도 누추하지도 않은 제도에 맞는 것이었다. 이는 가
-(2)도 마찬가지여서, 面勢에 맞고 사치하지도 않고 누추하지도 않은
객사를 긍정적으로 서술하고 있다. 가-(3)에서도 金郊驛樓의 사치하지
도 않고 누추하지도 않은 점을 지적하고 있다.

건축물이 사치스럽고 화려하며, 웅장하게 건축되는 것은 특히 民本
을 생각하는 사람들에게는 더 이상 긍정적인 것이 아니었다. 이는 비
루한 것과 마찬가지로 옳지 않은 것이었다. 그보다는 제도에 맞는다거
나 또는 時宜에 적합한 것이 올바른 것이었다. 민에 대한 직접적 영향
력을 가진 관청 건물이나 종교 건물마저도 예외는 아니었다. 물론 권
위를 가지기 위해 누추해서도 안 되지만 가-(3)에서 보이는 것처럼 백
성의 힘을 괴롭혀서까지 건축되어야 하는 것은 아니었으며, 자신의 지
위나 권위에 맞는 적당한 것이어야만 하였다. 실제로 고려 후기의 폐
행인 申靑의 죄목 중에, 자기 집에 높은 누각을 짓는 등 사치와 참월함
이 지나쳤다는 사항이 지적되었으며, 그 누각은 허물어버린 예도 있
다.70)

신분이나 지위에 따른 사회적 규제는 오히려 의복에 있어서 더 중요

하고 심각한 문제였다. 의복은 인간의 몸을 가린다는 점에서 기능적인 면을 뛰어넘어 禮와 밀접한 관련이 있는 것이었고, 따라서 의복은 필연적으로 그 옷을 입은 사람의 신분 및 지위를 나타내 주는 것이 될 수밖에 없었기 때문이다. 즉 의복은 그 옷을 입은 사람의 등급을 밝혀 주는 것으로 인식되었다.[71] 옷과 冠을 제대로 갖추어 입은 衣冠子弟[72]라는 말 자체가 사람의 지위와 신분을 표시하는 용어로 사용된다는 점이 의복의 그러한 성격을 노골적으로 나타내 준다고 하겠다. 특히 가옥은 한정된 공간에서 그 사람의 지위와 신분을 나타내주는 데 비해, 의복은 그 옷을 입은 사람의 신분과 지위를 즉자적으로 인식할 수 있게 해준다는 점에서 더욱 중요하였다.

그러므로 의복에 대해서도 일찍부터 차별을 두려고 하였다. 대표적인 사람이 최승로이다. 그는 신라 때에는 公卿, 百僚, 庶人들의 의복과 신발, 버선 등이 각각 品色을 가지고 있었으며, 이는 貴賤을 구분하고 尊卑를 분별하기 위한 것이라고 하였다.[73] 즉 최승로는 의복의 가장 중요한 기능을 신분 등급을 나타내주는 것으로 보았으며, 신분에 따라 차등적인 품질과 내용의 의복을 입는 것이 마땅하며 이에 대한 제도적 정비를 갖출 것을 주장하였다.

따라서 의복에 있어서도 사치와 검약은 선과 악으로 대별되는 일방적인 것은 아니었다. 검소한 의복을 입는 것이 찬양되고[74] 지나치게 사치한 것은 배격되었지만, 동시에 신분과 지위에 맞게 사치와 검약을 적절하게 조화하는 것도 중요하였다. 최승로는 이에 대해 의복 등 제도는 자기 나라 풍속에 따르게 하여 사치와 검약을 적절하게 할 것이

70) 『高麗史』 권124, 列傳, 嬖幸, 申靑.
71) 『高麗史』 권93, 列傳, 徐弼.
72) 『高麗史』 권23, 世家, 高宗 28년 4월.
73) 『高麗史』 권93, 列傳, 崔承老.
74) 『高麗史』 권94, 列傳, 姜邯贊.

라고 하였다.[75] 즉 자신의 신분이나 지위에 적합한 옷을 입는 것이 중요하였으며, 이것이 검약보다 더 중요한 요소로 판단한 것이었다. 비록 외국에서 산출된 것이라고 하더라도 公服이나 官服처럼 신분이나 지위와 직결되는 경우에는 이를 갖추어 입어야 하는 것이었다.

이처럼 의복은 그 의복을 입은 사람의 신분이나 지위를 즉자적으로 드러내 준다는 점에서, 신분을 뛰어넘는 의복을 입으려는 경향은 항상 존재하였다. 중외 서민들이 의복과 器物에 국왕을 상징하는 龍鳳의 문양을 넣어 규제의 대상이 되는 등[76] 고려시대 내내 신분이나 지위 상승을 위한 화려하고 사치스러운 의복을 갖추어 입으려는 욕구는 일반적인 현상이었다. 특히 고려 후기 이후 여러 가지 이유로 경제적 부를 갖추거나 특정 권력에 접근한 경우에 이러한 경향은 더욱 확대되었다. 編戶齊民이 상아 같은 것으로 신에 선을 두르고, 富商大賈들은 채색을 담에 입히는 일이 있었으며,[77] 양반의 처가 교외로 나갈 때 입는 옷인 露衣와 簷笠을 嗇夫와 노예의 아내들이 모두 입는[78] 현상이 발현되었다. 고려 말에는 다음과 같이 말할 정도였다.

　　이제는 貴賤의 구별 없이 異土의 물건을 다투어 사들여 길에는 제왕의 옷차림을 한 奴가 많고 거리에는 왕후의 장식을 한 婢가 널렸습니다. 원컨대 이제부터 士庶 工商 賤隷는 일체 비단옷과 金·銀·珠玉 등으로 장식하는 것을 금하여 사치하는 풍속을 단속함으로써 貴賤을

75) 『高麗史』 권93, 列傳, 崔承老, "車馬衣服制度 可因土風 使奢儉得中".
76) 『高麗史』 권85, 刑法, 禁令.
77) 『東國李相國全集』 권34, 敎書·麻制·官誥, 「李延壽爲守大尉門下侍郎同中書門下平章事判吏部事 金義元爲中書侍郎平章事判兵部事 崔瑀爲金紫光祿大夫參知政事吏兵部尙書御史臺事　史洪紀爲金紫光祿大夫知門下省事吏部尙書判工部事 敎書麻制各一道」.
78) 『高麗史』 권85, 刑法, 禁令, 忠烈王 14년 4월.

엄격하게 하소서. (『高麗史』 권85, 刑法, 禁令, 恭讓王 3년 3월)

　길거리에 제왕의 옷차림을 한 奴가 많이 돌아다니고 거리에는 왕후의 장식을 한 婢가 널렸다는 것이다. 이러한 현상이 당시의 실제 모습이었음은 비단옷과 금·은·주옥 등으로 장식하는 것을 금지하는 대상에 士庶뿐만 아니라 工商·賤隸까지도 포함한 것에서 알 수 있다.
　물론 이러한 현상은 收租奴와 같이 권력자와 연계된 일부 천민층에게 한정된 현상이었을 것이다. 특히 자신의 문지기들에게 紫色 옷을 입히고 칼을 차게 한 金存中의 경우처럼,[79] 자신의 從者들에게 위엄있는 제복과 도구를 갖추게 하는 것도 권력자들 본인의 권위를 강화하기 위한 방편이었다. 하지만 이러한 행위들은 모두 신분질서를 어그러뜨리는 것이었다. 귀천을 엄격하게 하기 위해서 강력하게 단속되어야 하는 것이었다.
　신분이나 지위에 따라 사치와 허영을 규제·강제해야 된다는 것은 가옥이나 의복에만 한정되는 것은 아니었다. 위에서 언급한 것처럼 이규보는 수정잔을 얻은 유군에 대해 이는 당연히 할 만한 사치라고 하였다. 그러나 그는 이어서 다음과 같은 시를 지었다.

　　庾君이 얻고 보니 진실로 서로 맞구나
　　다듬어진 얼음처럼 맑은 바탕 잠깐인들 흐리게 하랴
　　오래도록 물에 담겨도 녹슬지 않으리라
　　重寶는 마땅히 군이 얻어 간수해야 하리니.
　　(『東國李相國全集』 권17, 古律詩, 「庾公見和 復次韻奉答 二首」)

　위에서 이규보는 '유군이 얻고 보니 진실로 맞구나' 또한 '중보는 마

79) 『高麗史』 권123, 列傳, 嬖幸, 金存中.

땅히 군이 얻어 간수해야 한다'고 하였다. 즉 어느 누구나 사치스러운
연회를 베풀거나 또는 연회를 위한 器皿을 소유하는 것이 옳다는 것이
아니라, 이를 소유하고 과시할만한 자격이 있는 사람이 이를 소유하여
야 한다는 것이었다. 화려한 연회를 베풀만한 능력을 가진 사람, 화려
한 기명을 소유할만한 자격이 있는 사람이 베푸는 연회나 기명을 소유
하는 것은 해가 되는 것이 아니었지만, 그렇지 않은 경우 이는 마땅히
규제되어야만 하는 것이었다.

　광종으로부터 금 그릇을 하사받은 徐弼은 이를 사양하면서 이렇게
말했다.

　　　저는 외람되게 재상 자리에 앉았으니 이미 받은 은총만 하여도 과분
　　한데 또 금 그릇을 주시니 분수에 넘치는 것이라 더욱 송구스러우며,
　　또한 의복은 등급을 밝혀야 하며 사치와 검약은 治亂에 관계됩니다.
　　신하가 금 그릇을 사용하면 임금은 무슨 그릇을 써야 하겠습니까. (『高
　　麗史』 권93, 列傳, 徐弼)

　그 이유는 사치와 검약이 治亂 즉 국가 통치에 관련된 것이기 때문
이었다. 서필이 언급했듯이 의복은 등급을 밝히는 것이었다. 여기서 의
복이란 단순히 옷만이 아니라 그릇을 포함한 일체의 소유물을 포함하
는 것이며, 이는 자신의 신분적 질서에 맞는 것이어야만 올바른 것이
었다. 분수에 맞지 않는 금 그릇은 소유해서는 안 되는 것이었다. 국왕
이 사용하여야 하는 금 그릇을 소유한다는 것은 신분질서를 무너뜨리
는 것이며, 사치와 검약은 개개인의 등급이 허용되는 범위 안에서만
이루어져야만 하는 것이었다. 이것이 사치와 검약이 治亂과 관계되는
이유였다.

3. 검약으로의 진로

사치・허영이 검약과 대비되어 일방적으로 나쁜 것은 아니었다. 자신의 신분과 지위에 걸맞지 않는 사치와 허영을 과시할 때 이는 신분 질서를 깨뜨리는 행위로 규제의 대상이 되었지만, 신분과 지위에 맞는 적절한 사치와 허영은 긍정적인 것이었다. 물론 한정된 농업 생산에 의지하여 국가 운영과 지배층의 생활이 유지되었으므로 검약의 미덕은 강조되었다. 하지만 신분이나 지위를 뛰어넘는 과도한 사치에 대한 우려는 표방되었어도 지배층에게 검약이 강제되지는 않았다.

그렇지만 사치와 허영에 의한 과도한 물자의 소비 및 이에 따른 민의 부담 증대 때문에 사치・허영은 항상 정부 당국이나 지배층의 우려의 대상이었다. 이러한 인식은 다른 어떠한 사회경제적 활동보다 많은 물자와 재화를 필요로 하는 가옥 건축, 특히 궁궐 건축에 대해서 일찍부터 제기되었다.

> 影殿은 壯麗하여 천하에 비길 곳이 드물지만 백성을 수고스럽게 하고 재물을 소비하는 것이 이보다 심한 것이 없으며 수재와 한재가 다여기에서 기인되었으니, 마땅히 그 役을 파해야 한다. (『高麗史』권89, 列傳, 后妃, 明德太后洪氏)

건축에는 재목과 기와를 비롯한 많은 물자가 필요하였고, 노동력도 다른 어떤 경제 활동보다 많이 요구되었다. 그리고 소요되는 물자와 노동력은 가옥의 크기가 커질수록 기하급수적으로 확대되는 경향이 있었다. 특히 궁실을 비롯한 지배층의 가옥 건축은 피지배층의 노동력 동원과 물자 조달에 기인하고 있었다. 충목왕의 경우 궁궐을 신축하면서 민가의 재목과 기와, 주춧돌을 뜯어가거나 농기구마저 징수하였으며,[80] 최충헌이 웅장하고 화려한 집을 지을 때 그 토목의 역이 극심해서 국내가 근심하고 시끄러웠다.[81] 승려들마저 주택을 건축하고자 州郡의 長吏들을 통해 민을 징발하고 있었다.[82]

王孫 公子들의 부귀와 호사는 결국 농부로부터 나오는 것으로서,[83] 지배층의 사치는 기본적으로 생산자 계층의 생산 활동에 의해 이루어지고 있었다. 따라서 과도한 건축 활동은 지배체제를 위협할 수 있는 것으로 인식되었다. 가옥에 대한 과도한 사치와 허영은 규제되어야만 하였다.

건축물이나 가옥을 화려하게 짓는 것에 대한 우려의 인식은 고려 후기로 가면서 서서히 강화되었다. 물론 자신의 지위나 권위에 어울리지 않는 과도한 사치는 이전부터 부정적으로 인식되고 있었지만, 이와 더불어 한편으로 어떠한 사치이건 사치는 좋지 않다는 관념이 자라나고 있었다.

> 8월 을축일에 시작하였는데, 날 수로 50일 만에 인부 5백 명을 들여서 청사 4채를 지었다. 옛 규모보다 깊이와 넓이를 각기 석 자씩 확대하였고, 史庫와 남쪽 대문을 각각 두 채씩 지은 것이 모두 정도에 알맞았다. 전보다 나았으나 사치하지 아니하여 뒤에도 가히 계승할 수 있게 하였으니, 처음에 웃던 자들이 마침내는 부끄러워서 엎드렸다. (『稼亭先生文集』 권2, 記, 「禁內廳事重興記」)

위의 기사는 고려 후기 李穀이 지은 「禁內廳事重興記」의 일부분이다. 이에 의하면 청사는 원래보다 더 크고 좋게 건축되었지만 사치하

---

80) 『高麗史』 권124, 列傳, 嬖幸, 盧英瑞 附 宋明理.
81) 『高麗史』 권129, 列傳, 叛逆, 崔忠獻.
82) 『高麗史』 권93, 列傳, 崔承老.
83) 『東國李相國後集』 권1, 古律詩, 「代農夫吟」.

지 않아 뒤에도 계승할 수 있게 하였다고 되어 있다. 즉 사치한 것은 더 이상 올바르지 않은 것으로, 후세에 물려줄 수 없는 것으로 인식되고 있음을 알 수 있다.

이러한 관념은 연회에 대한 생각에서도 엿볼 수 있다. 延慶宮에서 베풀어진 연회에서 꽃을 만들기 위해 5천 필이 넘는 베가 사용되었으며, 이에 따라 물가가 폭등하고 국용이 고갈되었다.[84] 연회에서의 이러한 과도한 사치는 결국 民에게 전가되기 마련이었다. 따라서 국용을 과도하게 소모하고 민의 삶을 어렵게 하는 사치스러운 연회에 대한 비판이 증대되어 갔으며, 상대적으로 검소한 연회를 올바르게 여기는 관념 또한 증대되어 갔다. 金永暾의 경우 음식은 진미를 찾지 않는다고 하였으며,[85] 朴允文의 아내 김씨는 음식은 반드시 풍요함과 검소함의 중도에 맞게 하였다.[86] 柳墩은 충숙왕 복위년에 合浦에 부임하여 기생을 물리쳤으며, 음식을 먹되 맛을 찾지 않았으며, 잔치를 못 열게 하여 軍의 大體를 바로 얻게 되었다고 한다.[87] 權近은 安宗源에 대해

> 손님이 오면 반드시 술대접을 하였으나 풍성하고 사치한 것에 힘쓰지 않았으며, 거문고와 비파를 즐기지 않고 오직 예절과 마음으로 흡족하게 대접할 뿐이었다. (『陽村先生文集』 권38, 碑銘類, 「有明朝鮮國諡文簡公安公墓碑銘 幷序」)

라고 하였다. 손님이 오면 반드시 연회를 베풀어 손님에 대한 예의를

---

84) 『高麗史』 권38, 世家, 恭愍王 2년 8월.

85) 金龍善 편, 1993, 「金永暾墓誌銘」 『高麗墓誌銘集成』, 翰林大出版部, 540쪽.

86) 金龍善 편, 1993, 「朴允文 妻 金氏墓誌銘」 『高麗墓誌銘集成』, 翰林大出版部, 580쪽.

87) 金龍善 편, 2001, 「柳墩墓誌銘」 『高麗墓誌銘集成』(제3판), 翰林大出版部, 643쪽.

갖추었으나, 풍성하고 사치스럽게 연회를 마련하려고 하지 않았다. 거
문고와 비파를 즐기지 않았다는 것은 가무와 이를 연주하는 기녀를 즐
기지 않았다는 것으로 보인다. 대신 예의와 마음으로 손님을 흡족하게
대접했다. 즉 안종원과 같은 사대부들에게 연회에서 중요한 것은 화려
하고 사치스럽게 갖추는 물적인 것이 아니라, 연회를 준비하는 정성스
러운 마음과 손님을 최선을 다해 모시는 예절에 있는 것이었다. 사치
스러운 연회를 준비하는 것은 더 이상 당연한 것이 아니었으며, 검소
하더라도 마음과 예의가 담겨 있으면 족한 것이었다.

　이처럼 검약과 사치는 더 이상 서로 공존하지 않고 오직 검약만이
미덕으로 자리 잡아 나갔다. 신분이나 지위에 맞는 사치는 마땅하다는
관념과 지나친 사치는 옳지 않다는 부정적인 관념이 공존하던 것에서,
고려 말로 갈수록 사치는 부정적인 것이라는 생각이 더욱 강화되어 나
갔다. 韓脩의 경우 그의 묘지명에 "부유하고 귀한 가운데 자라났지만
화려하거나 사치스러운 일은 없었다"고 하였다.[88] 비록 부유하고 귀한
태생이라고 하더라도 그러한 신분이나 경제력에 맞는 화려하거나 사
치스러운 생활이 당시 부정적으로 평가되고 있었음을 알 수 있다. 나
아가 고려 말 姜淮伯은 宴安과 사치는 양심을 깎아 없애는 도끼라고
지적하고, 사치스러운 마음이 발생할까 두렵다고 사치에 대한 적대감
및 경계심을 노골적으로 표현하고 있다.[89] 이에 반해 검약적 생활에
대한 긍정적 인식은 널리 확산되고 칭송되었다.

　검약의 일방적 강조는 우선 고려 후기의 정치사회적 모순에 고민하
던 신흥사대부들과 국가 정책에 의해 주도된 면이 있다. 신흥사대부들
은 성리학적 이념에 따라 農本主義에 입각한 경제생산구조의 재확립
을 천명하였다.

---

88) 金龍善 편, 1993, 「韓脩墓誌銘」『高麗墓誌銘集成』, 翰林大出版部, 614쪽.
89) 『高麗史』 권117, 列傳, 姜淮伯.

농사짓는 것은 1년에 한 번이고 소금을 굽는 것은 1년에 두 번인데, 두 번 굽는 소금을 가지고 농민이 한번 경작한 곡식과 바꾸게 하면, 백성이 비록 소금을 쌓아 놓았다고 하더라도 만약 米穀이 없으면 어떻게 飢寒에서 구제되겠습니까. (『世宗實錄』 권109, 世宗 27년 8월 戊辰)

위의 사료는 조선 세종 때의 사료이지만 농본주의 사상의 단면을 엿볼 수 있다. 즉 식량이 되는 미곡의 가치는 절대적인 것이며, 따라서 비록 소금이 이익이 많이 창출되는 생산품이라고 하더라도 미곡 생산과는 비교할 수 없다는 것이다. 인간 생존에 필수적인 소금 생산에 대한 관념마저 이와 같다면, 다른 상품의 생산이나 상품의 매매 및 교역에 대한 생각은 더욱 부정적일 수밖에 없었을 것이다.

이러한 농본주의의 관념은 또한 소극적 民本主義와 연계되는 것이었다. 우선 굶주리는 백성들의 문제를 해결하기 위해서는 식량 생산이 최우선의 과제였다. 나아가 노력에 비해 이익이 적은 농업생산에 백성들을 묶어두기 위해서는 결국 농업생산물에 의존하여 생계를 유지할 수밖에 없는 다른 계층들의 과도한 사치 또한 억제되어야만 하였다.

豪勢한 집은 그릇을 금과 옥으로 만들고 商賈의 아내들도 비단옷을 입고 다니니, 어찌 부유하다 하지 않으랴. 그러나 衣食이 떨어져서도 利殖을 갚는 데 (허덕이고 있는) 자는 10에 8~9나 되었다. (李齊賢, 『益齋亂藁』 권9下, 「策問」)

호세한 가문이 금과 옥으로 만든 그릇을 사용하는 등 사치를 다하고 있는 것은 더 이상 민들에게 긍정적인 의미를 가져오는 것이 아니었다. 특히 부를 축적한 상인층의 화려하고 사치스러운 모습은 빈곤에 허덕이는 민들에게 심리적 동요를 가져오는 것이었다. 특히 이들의 상

행위나 고리대가 민들에게 직접적으로 영향을 미치고 있을 때, 즉 상
행위나 고리대를 통해 민들이 경제적으로 수탈을 당하고 있다는 생각
이 강해질 때 호세가나 장사치들의 사치스러운 생활은 민들의 좌절감
나아가 적개심을 야기할 수 있는 것이었다.

따라서 이러한 상황은 통제되어야만 하였다. 민들이 농업생산에 전
념하도록 하기 위해 지배계층을 중심으로 하는 사치와 허영의 행위는
금지되어야만 하였으며,[90] 신분질서도 재정비되어야만 하였다. 동시에
민에게는 恒産을 위한 恒心을 견지하도록 요구되었다.[91] 여기서 恒心
이란 농업생산에 전념하는 태도와 이를 위한 절검의 마음가짐 등을 포
함하는 것이라고 생각된다.

고려 후기 사대부들의 농본주의에 기초한 소극적 민본주의는 조선
왕조의 愛民意識으로 귀결되었다.

　　신들이 가만히 듣자옵건대, 나라를 보전하려면 반드시 먼저 民을 사
　랑해야 되고, 民을 사랑하려면 반드시 먼저 節用해야 된다고 하니, 검
　소함을 숭상하고 사치를 제거하는 일은 節用하는 큰 것이며, 賦斂을
　경감하고 폐단이 있는 법을 고치는 일은 民을 사랑하는 큰 것입니다.
　옛날의 그 나라를 잘 다스리는 사람은 토지의 생산을 헤아려 그 貢賦
　를 정하고, 재물의 수입을 헤아려 그 용도를 절약하였으니, 이것이 經
　常의 법입니다. 무릇 나라를 다스리는 사람은 반드시 먼저 이것에 삼
　가 해야만 되는데 하물며 창업의 초기이겠습니까? (『太祖實錄』권2,
　太祖 1년 10월 庚申)

90) 김인호는 농업생산력의 한계, 관료들의 수탈과 타락의 조장, 계층 간의 갈등
　　을 증폭시키고 신분질서를 흔드는 요인으로서 인식되어, 사치금지가 윤리화
　　·법제화하였으며, 이 문제의 해결은 지배층의 검약 강조로 나타났다고 하였
　　다(김인호, 2000,「高麗後期 經濟倫理와 奢侈禁止」『龜泉元裕漢敎授定年記
　　念論叢』上, 혜안).
91)『高麗史』권84, 刑法, 忠烈王 24년.

위의 내용은 조선 태조 1년 貢賦詳定都監에서 올린 글로서, 조선왕조 賦稅 수취의 기본 방향을 설파한 것이라 할 수 있다. 이에 의하면 국가의 유지와 지배층의 생활은 결국 토지의 생산에 의존하는 것이었다. 따라서 국가를 유지하기 위해서는 직접 생산자인 민을 보호하여야만 하였다. 민을 보호하고 사랑하기 위해서는 과도한 수취는 자제되어야만 하였고, 그러기 위해서는 결국 한정된 생산물의 과도한 소비는 억제되어야만 하였다. 여기에 검소함은 선이고 사치는 악이며, 검소함의 실천은 애민의 실천으로 귀결된다는 대의명분이 있는 것이었다.

하지만, 이러한 검약의 강조, 사치에 대한 부정적 인식의 증대는 사대부 또는 국가에 의해 일방적으로 주도된 것은 아니었다. 이는 이 시기 사람들의 삶 속에서 검약과 사치에 대한 관념이 변화되고 있었던 상황의 반영이었다. 고려 후기 특히 원 간섭기 이래의 사회경제적 조건 속에서 특정 지배계층에 의한 부와 권력의 집중 및 이의 발현으로서의 사치와 낭비 풍조, 이에 대한 성찰로서 농업생산과 사회신분제에 대한 재인식과 고찰이 이루어지고 있었다고 생각된다.

> (林貞杞는) 全羅道王旨使用別監으로 임명되자 가렴주구에 힘써 權貴들을 섬겼다. 뭇 사람들을 기쁘게 하여 자신에 대한 비방을 잠재우려고 新島句當使 韓允宜로 하여금 豪家들의 田租와 內庫米를 漕運하게 하였다. (『高麗史』 권123, 列傳, 嬖幸, 林貞杞)

> 林貞杞는 처음에 試官으로 되자 왕을 위하여 연회를 베풀었는데, 진기한 음식과 화려한 과일이 풍부하고 사치스럽기가 비할 바가 없었다. (『高麗史』 권123, 列傳, 嬖幸, 林貞杞)

위의 두 사료는 원간섭기 충렬왕 때 폐행인 林貞杞를 묘사한 글이다. 첫 번째 사료에서, 가렴주구를 통해 자신의 부를 확대해 나간 임정기는 동시에 이를 바탕으로 권귀들을 섬김으로서 권력에 접근하고 비호를 받을 수 있었음을 알 수 있다. 비정상적인 부와 권력의 추구는 항상 연계되어 이루어지고 있었으며, 이는 최종적으로 민에 대한 수탈로 이어질 수밖에 없었다. 또한 임정기가 豪家들의 田租와 內庫米를 조운토록 한 것을 통해, 국가권력 및 국가기구를 사적으로 이용한 권력자들의 치부 행위가 확산되고 있었음을 알 수 있다. 그리고 두 번째 사료에서 보듯이 특정 지배계층에 의한 부와 권력의 집중, 비정상적인 정치운영체계는 결국 사치스럽고 방탕한 형태로 드러나고 있었음을 알 수 있다.

비정상적인 방식으로 이루어진 부와 권력 집중, 사치스러운 재화 낭비의 여파는 어느 때보다도 크게 민들의 부담을 강화시켰다고 생각된다. 이에 따라 민들의 부정적 인식이 증대되고 감정은 악화되었다.

> 왕은 같은 날 林貞杞와 閔萱에게 붉은 띠를 하는 것을 허락하였는데, 사람들이 말하기를 "요새 邑宰들이 차고 있는 붉은 인끈과 같은 것은 모두 생사람의 피로 물들인 것이다"라고 하였으니, 두 사람을 가리킨 것이다. (『高麗史』 권123, 列傳, 嬖幸, 林貞杞)

민을 수탈하여 부와 권력을 추구하고 사치스러운 생활을 영위한 임정기와 閔萱에 대해, 당시 사람들은 그들이 찬 붉은 띠가 생사람의 피로 물들인 것이라고 하였다. 백성의 고혈을 짜서 호사스러운 생활을 한 데 대한 저주에 가까운 비난인 것이다.

이러한 현상은 임정기의 경우만이 아니었다. 고려 말에 裴元龍이란 자는 廉興邦에게 아부하여 養父가 된 후, 염흥방에게 집을 선물하였다. 반면 鷄林府尹이 되어서는 백성들을 침탈하였는데 쇠스랑까지 집으로 실어갔다. 이에 고을 사람들은 문어와 쇠스랑의 형상이 비슷했으

므로 鐵文魚. 府尹이라고 부르며 조롱하였다.[92]

　민의 비판적인 인식은 광범위하게 확산되었고, 더불어 체계화되어 나갔다.

　　어떤 사람들이 연극으로 극력한 勢家의 奴隷들이 民에게서 租를 빼앗아 들이는 형상을 연출하고 있었다. (『高麗史』 권126, 列傳, 姦臣, 廉興邦)

　사람들은 이제 연극으로 권력자들의 민에 대한 가혹한 수탈을 형상화하고 있었다. 물론 민으로부터 수탈한 재화와 권력에 따른 호사스러운 생활도 풍자하고 비판하였을 것이다. 개인 단위의 부정적 인식이나 감정적인 비난에 그치는 것이 아니라 그러한 비판의 감정이 체계화하고 논리화되고 있었으며, 또한 여론화되고 있었음을 알 수 있다.

　따라서 고려 후기 특정 정치권력자나 부를 축적한 자들에 의한 과도한 사치의 풍조 속에서, 근검으로 스스로 경계하여 세속의 화려함을 따르지 않았다[93]라고 하는 생활 태도에 대한 긍정성이 증대되어 나갔다. 이러한 생각은 일반적 인식으로 자리잡아갔고, 검약에 대한 절대적 강조와 사치에 대한 부정적 관념을 확대 재생산해 나갔을 것이다. 이른바 신흥사대부들의 성리학적 검약관은 바로 이러한 고려 후기 사회의 사치와 재화 낭비에 대한 민들의 부정적 인식과 연계되어 그 논리적 정당성을 획득해 나간 것이었다.

　나아가 절검 의식의 확대는 부의 적극적 축적에 대한 부정적 인식과 밀접한 연관을 가지는 것이었다. 검약이 강조되는 농본주의 경제체제에서는 확대 재생산적인 경제관계의 추구보다 기존의 家業을 상실하

---

92)『高麗史』 권126, 列傳, 姦臣, 廉興邦.
93)「金元義墓誌」『朝鮮金石總覽』上, 亞細亞文化社, 440쪽.

지 않고 단순히 자손에게 전달하는 것이 목표가 되는 축소 지향적인
관념이 밑바탕에 깔리게 되었다.

> 여기에서 子子孫孫에게 遺書하는 것은, 내가 이웃집 자손을 보니 그
> 조상들이 어렵고 고생스럽게 경영한 家業을 생각하지 않고 田宅을 모
> 두 팔고 異鄕으로 옮겨 거주하여 타인이 그 집에 들어오고 그 땅을 갈
> 아먹으니, 이것은 宗統을 엎어버리고 제사를 끊는 것과 다름이 없으니
> 그 상서롭지 못함이 이보다 크겠는가?……원컨대 너희들은 내가 전하
> 는 바의 적지 않은 조상의 田民과 家財 등을 자자손손 영원히 전하여
> 잃어버리지 말라. (李樹健 편, 1981, 「李遇陽許與文記」『慶北地方古文
> 書集成』)

　위의 자료는 조선 문종 2년에 작성된 재산상속 문서의 일부분이다.
遺書에는 유서를 작성한 사람이 가장 중요하게 생각한 내용이 담긴다
는 점에서, 유서를 작성한 사람의 가치관을 엿볼 수 있다고 생각된다.
나아가 유서에 담긴 교훈은 당시 사회의 일반적 가치관, 즉 재산상속
유서에는 당시 사회에서 일반적으로 올바르며 가장 중요하다고 생각
되는 경제적 관념이 투영되어 있는 것이다.
　그런데, 위의 유서에서 부모가 자손에게 재산을 물려주면서 당부한
핵심적 내용은 물려준 재산을 절대 잃어버리지 말고 자자손손 대를 이
어가면서 보존하라는 것이었다. 즉 자손의 가장 중요한 목적은 조상이
남겨준 遺業을 그대로 보존하여 다시 자손에게 물려줌으로써, 宗統을
잇고 제사를 이어나가는 것이었다.
　여기서는 적극적인 부의 추구, 영리행위보다는 농업생산과 이를 위
한 검약한 생활에 의한 가업의 보존이 무엇보다 우선시 될 수밖에 없
는 것이었다. 이러한 관념 하에서 사치는 당연히 더욱 부정적인 것으

로 규정될 수밖에 없었으며, 빈곤은 바로 사치와 개인의 태만 때문으로 귀결되는 것이었다. 이것이 유서에 작성되어 교훈으로서 훈시되고 있다는 점에서 볼 때, 이러한 관념은 당시 일반적으로 올바른 경제적 가치관으로서, 그리고 보편적인 생각으로 자리 잡고 있었다고 하여야 할 것이다.

일반적으로 사치나 허영은 부정적인 의미를 담고 있다. 사치스럽다거나 허영심이 많다는 것은 그 사람이 절제되지 못하고 분수 이상의 소비나 자기 과시가 심하다는 것을 의미한다. 이에는 단순히 부정적인 의미만을 넘어서 사회적 비판의 대상이 된다는 것을 의미한다. 사회적으로 생산된 재화를 과도하게 낭비한다는 측면에서 사치나 허영이 비판의 대상이 되는 것은 당연한 측면이 있다.

반면 검약은 절제된 생활, 자기 규제의 표현으로서 긍정적인 삶이라는 가치관을 반영하고 있다. 검약적인 삶을 통해 현재만이 아니라 미래를 준비하고, 나아가 한정된 자원을 절약함으로써 사회적으로도 기여한다는 의미를 내포하고 있다. 따라서 소비가 미덕인 현대 사회에서도 검약은 그 기능을 일정하게 담지하고 있다고 하겠다.

한정된 농업생산에 기반하고 있던 고려사회에서도, 당연히 검약은 긍정적인 의미를 가지는 것이었다. 하지만, 고려 사람들에게 반드시 검약과 사치가 미덕과 악덕이라는 이분법적으로 도식화되어서만 받아들여지지는 않았다.

고려 사람들에게 사치나 허영은 일견 모순되게 보이는 두 가지 관념이 상존하고 있었다. 과도하게 재화를 소비하거나 과시하는 것은 물론 부정적인 것이었다. 특히 자신의 신분이나 지위를 뛰어넘는 사치는 부정적인 것이었고, 법적인 규제의 대상이 되기도 하였다. 하지만 동시에 일정한 권력이나 지위를 소유한 사람이 자신의 위치에 걸맞은 사치를 하는 것은 당연한 것으로서 받아들여졌다. 소유하고 있는 지위나 권력은 일정하게 대중에게 공포되어야만 하였고, 이를 나타내기 위한 일정한 부의 과시는 불가피한 것이었다. 특히 그것이 신분적 지표와 관련된 것이었으므로, 일정한 사치는 불가피성을 넘어 당연한 것이었다. 지배계층의 이러한 사치는 일반 민에게도 당연한 것으로 수용되었으며, 이를 통해 지배층의 부의 과시를 위한 사치나 허영은 사회적 정당성을 획득하고 있었다.

하지만, 고려 후기 특히 원간섭기 이래 심화된 사회경제적 모순은 사치와 검약에 대한 고려 사람들의 관념을 일정하게 변화시켰다. 특정 권력자들에 의한 과도한 권력과 재화의 집중, 이와 관련하여 진행된 일부 상인이나 천민들의 사치스러운 생활은 당시 사람들에 의해 진지하게 고민되었다. 과도한 사치나 허영은 민 특히 농민층의 수탈 위에서 진행되었고, 고려국가의 경제체계의 순환구조를 파탄 지경에 이르게 하였다. 이러한 상황은 사치와 허영에 대한 고려 사람들의 부정적 인식을 강화시키고 체계화시켰다. 반면 검약은 절대적인 긍정성을 획득해 나갔다.

결국 고려 말 신흥사대부들은 農本主義 산업구조의 강화 및 이와 관련된 民本意識과 신분질서의 강화를 대의명분으로 내세우게 되었다. 이는 검약과 사치·허영을 미덕과 악덕이라는 이분법적인 관념으로 도식화하였다. 신흥사대부들의 이러한 검약관 및 경제관은 사치와 허영에 대해 비판적 의식을 강화시켜 나가고 있던 당시 농민층들에 의해 그 정당성을 확보할 수 있었다. 하지만 절검 의식만의 강조는 적극적인 부의 축적에 대한 부정적 인식을 바탕으로 한 것으로서, 한정된 농업생산구조의 단순 반복 재생산만을 우선시하는 것이었다.

박진훈 | 국민대학교 강사

제7장 公과 私의 구분과 가치 부여

이 장에서 다루려는 내용은, 고려시대 사람들의 일상적인 생활과 생각 속에서 公과 私가 어떻게 구분되고 있었는지 하는 점이다. 우리 학계에서 公과 私의 문제를 특정한 역사적 시기를 대상으로 본격적으로 다룬 경우는 아직 찾기 어려운데, 고려시대에서 이런 주제를 탐구하려는 노력은 더욱 드물다.[1] 뒤에 다시 이야기할 기회가 있겠지만, 그 이유는 여러 가지로 짚어볼 수 있을 것으로 생각된다.

하나는 연구자들의 관심이 아직 이런 주제에 미치지 못했다는 점을 꼽을 수 있을 것이다. 그리고 다른 하나는, 이 주제에 접근하여 마땅한 결론을 얻기가 어렵다는 점이다. 본서 총론에서도 언급되고 있지만, 한국의 경우에는 한국어를 그대로 표기할 수 있는 고유한 문자가 만들어진 시기가 매우 늦다. 따라서 오랫동안 漢字를 사용해오는 과정에서 지배층 사이에서 漢文을 구사하는 능력은 발달했겠지만, 우리의 고유한 생각과 생활 감각을 생생하게 드러낸 기록을 남기는 데는 매우 큰

---

[1] 불완전한 파악이겠지만, 고려시대의 토지소유관계에 대한 관심에서 公私 문제를 다룬 연구로 尹漢宅, 1995, 『高麗 前期 私田 硏究』, 高麗大學校 民族文化硏究所가 있다. 그리고 철학사에서 퇴계의 인식을 다룬 엄연석, 2004, 「退溪의 四端七情論과 公私의 문제」『退溪學報』 115 및 조남호, 2001, 「조선 주자학에서 공과 사의 문제」『法史學硏究』 23을 찾을 수 있다. 그러나 뒤의 두 연구는 이 장에서 거론하는 내용과는 크게 관련이 없다고 할 수 있다.

한계를 지닐 수밖에 없었다는 것이다. 公私 문제를 짚어볼 때도 마찬가지라고 생각된다. 定型化된 용어로 발견되는 것이 대부분인 만큼, 실제 생활 속에 드러나는 미묘한 뉘앙스의 차이를 판별하는 것은 매우 어렵다.

그러나 언어생활이 실제 사회생활·사고방식과 전혀 별개의 차원에서 이루어지는 것이 아니라고 한다면, 漢文투의 사고방식이 실제 생활과 아주 동떨어진 것이었다고 생각하기도 어렵다. 비록 매우 제한적인 범위 안에서나마, 漢文투의 표현 속에 어느 정도는 실제 생활을 반영하는 내용이 들어 있다고 판단하는 것이 온당할 것이다. 다만, 이렇게 반영된 내용을 어떤 방식으로 조금이나마 드러내어 설명할 수 있을 것인가 하는 점이 과제일 것이다.

우리가 이런 연구 상황에 놓여 있는 반면에, 일본 학계의 경우에는 公私 문제를 일본 역사 속에서 通時的으로 살펴보려는 노력이 제법 제출되어 있다. 그리고 비교사적으로 인식의 지평을 넓혀서 개괄해 보려는 노력도 찾을 수 있다. 일본 학계의 이런 노력을 뒷받침하는 것은, 일본사회가 公共의 여론에 의해 정책이 결정되고 집행되는 역사적 전통이 결여되어 있다는 것, 그리고 그 결과로 '시민사회'의 형성이 취약하다는 점 등에 관한 문제의식이 있을 것이다. 그리고 일본 고대국가의 구조가 갖는 고유한 특징에 대한 탐구라는 문제의식으로부터도 계발된 부분이 있다고 생각된다. 따라서 비록 그 수가 많지는 않지만, 일본의 연구들을 더러 참고하면서 도움을 받을 수 있을 것으로 생각된다.

이 장에서는 公私 관념과 관련하여 중국의 경우와 일본의 경우를 먼저 살펴보고, 다음으로 고려시대의 公私에 관한 여러 용례를 분류해 보기로 한다. 기대하는 만큼 선명한 판단근거를 찾아낼 수 없다고 해도, 이 작업 자체가 일차적인 것이라고 생각하기 때문이다. 그런 다음에 고려시대 사람들이 公과 私를 대하는 태도를 간단히 짚어보기로 한다.

1. 중국과 일본의 경우

중국과 한국·일본은 오랜 역사를 통해 한자 문화를 공유해왔다. 3국은 문자 생활의 공유는 물론, 문화교류를 끊임없이 이어오면서 철학과 가치를 공유하게 된 측면이 적지 않다. 그러나 어떤 면에서는 3국 각각의 고유한 역사 전개과정과 생활 풍토로 말미암아, 같은 문자를 쓰면서도 다른 의미를 담아 생각과 가치를 표현하는 경우가 있을 수도 있을 것이다. 따라서 公과 私라는 문제를 다룰 때, 중국과 일본의 경우를 함께 살펴볼 필요가 있다고 생각된다.

1) 중국의 윤리적인 公·私

後漢의 許愼은 公에 대하여 "平分이다. 八과 厶로 이루어지는데 八은 背를 뜻한다. 韓非는 '背厶가 公'이라 하였다"고 풀이하였다. 그리고 私에 대해서는 "姦邪이다. 韓非는 '蒼頡이 글자를 만들 때 自營을 厶'라 했다"고 하였다.[2] 그러나 이 설명이 곧 중국 公私 관념의 기원과 그에 대한 인식의 원형을 보여주는 것은 아니다.

한비의 근본적인 생각은 공권력을 긍정하고 사적·개인적인 것 모두를 공권력 아래에 종속시키는 것이었다. 이는 전국시대 여러 국가간의 항쟁을 하나의 권력 하에 취합하여 정치적 안정을 꾀하려 한 일반

---

2) 『說文解字』, "公 平分也 從八厶 八猶背也 韓非曰背厶爲公", "厶 姦邪也 韓非曰 蒼頡作字 自營爲厶".

적 추세를 배경으로 한 사고방식이었다.[3] 그리고 한비를 인용한 허신
의 설명, 즉 公=背私, 私=姦邪라는 풀이도 이러한 인식에 동의한 결
과라고 할 수 있다. 그러나 중국의 이러한 公私 인식은 전국시대 말 이
후에 나타나는 내용이다.

갑골문과 金文에는 私자가 거의 보이지 않으며, 한비가 말하는 自營
의 의미로는 볼 수 없다고 한다. 그리고 公자는 대부분 존칭의 의미로
사용되고 있으며, 그 이외에 公族·公田·公堂의 용례가 있지만 平分
의 뜻을 가진 公자를 찾는 것은 불가능하다.[4] 기원론적으로 보면, 중국
의 경우에 公 또는 公宮은 공동 작업장과 집회소였고, 公田은 공동 경
작지였다고 한다.[5]

이렇게 중국의 경우, 公자의 原義를 찾아보면, 갑골·金文의 시대에
는 공동체의 首長에 관한 것, 혹은 그에 대한 존칭, 혹은 공동체의 시
설·소유물 등을 가리키는 것이었다.[6] 이 시대, 즉 殷周 및 戰國 前期
에는 背反的이고 代立하는 公私 개념을 발견할 수 없다. 『시경』이나
『맹자』에서 언급되는 公田·私田은 단순히 소유관계의 차이를 나타내
는 데 불과하며, 상위와 하위의 차이를 가진다고 해도 배반적 대립관
계에 있지는 않다는 것이다. 이러던 것이 서로 대립하는 개념으로 사
용되기 시작한 것은 荀子에 이르러서부터였고, 한비는 이를 이어받아
그러한 배반·대립적인 公私 개념을 체계화한, 이른바 초기 創成者였
다고 한다.[7]

3) 澤田多喜男, 1976, 「先秦における公私の觀念」『東海大學紀要文學部』25, 1
쪽.
4) 溝口雄三, 2001, 「中國思想史における公と私」『(公共哲學1)公と私の思想史』
(佐佐木毅·金泰昌 編), 東京大出版會, 35쪽.
5) 加藤常賢, 1942, 「公私考」『歷史學研究』96 참조.
6) 溝口雄三, 2001, 앞의 글, 36쪽.
7) 溝口雄三, 1995, 「中國の公·私」『中國の公と私』, 研文出版, 42~43쪽. 澤田

公에 公正·公平 등 윤리적인 의미가 추가된 것은 전국시대 말기 이후였다. 그 결과 公은 首長에 관한 부분으로부터 연원하여 ① 公門·朝廷·國家·官府·爵位, ② 드러내놓고·共同, ③ 均等·平分·公平·公正이라는 크게 3종류 의미를 가지게 되었다고 한다.[8]

여기에 덧붙여, 중국사상사에서 公私 문제를 검토한 연구에서는, 중국의 公 관념에 天 관념이 깊이 침투해 있다는 점을 특징으로 꼽고 있다.[9] 즉 전국시대 말기 이래 道家계통 사상가 사이에 天·道·자연의 불편부당함을 公이란 말로 표현한 사례가 많이 보인다는 것이다. 국가 위에서, 국가를 초월하는 天下의 관념이 있고, 여기에 '天은 公正하다'는 道義 관념이 침투해 있었기 때문에 황제·왕조가 전횡을 자행하면 이를 一姓·一家의 私로 지탄하기도 했다는 것이다. 따라서 중국의 경우에는 이러한 관점에 서서 황제·조정·국가를 私, 인민·국민을 公으로 보는 경우도 있었다는 점이 특징이다.

이렇게 중국의 경우에 公과 私라고 했을 때, 私는 '그 자체'로서가 아니라 전체를 公으로 삼는 가운데 그 전체를 구성하는 일부였다. 따라서 私는 公을 통하여 주장되었다. 그리고 公은 개개의 사적 욕망을 용인하면서, 주체적인 私들을 균분원리에 의해 서로 연결하고, 또 개개의 私는 전체를 구성하는 한 단위로서 전체를 규정하는 한편 전체의 일부로서 규제받는 관계였다.[10] 公私는 原義的으로 배반의 관계에 있고, 이 배반에는 善惡·正不正의 윤리성이 있었으며, 그 윤리성은 집단의 내외를 불문하고, 더 나아가 때와 장소·지위를 관통하여 균일하

多喜男, 1976, 앞의 글, 5~6쪽에서도 公私의 모순대립, 公에 의한 私의 억압이라는 한비의 관념은 실은 순자에게서 나온 것이고, 순자가 公私 관념을 내면화·관념화한 데는 도가사상의 영향이 있었음이 지적되었다.

8) 溝口雄三, 2001, 앞의 글, 36쪽.

9) 이하 溝口雄三, 2001, 앞의 글, 40쪽~42쪽 참조.

10) 溝口雄三, 2001, 앞의 글, 46쪽 참조.

게 타당한 원리적인 보편성을 가지고 있었다. 조정과 국가·관부를 의미하는 公이 共同이란 의미보다 가치적인 우위를 차지하고 있었다.[11]

이상에서 정리한 公私 개념의 중국적 특징은 宋代에 들어와서 天理·人欲 개념과 결부되어 새로운 단계를 밟는다고 한다.[12] 즉 北宋 程伊川 등의 公私 관념을 보면 公은 善이며 私는 惡이 되고, 각각 궁정 혹은 부정해야 할 것이 된다는 것이다.[13] 중국의 이러한 公私 관념은, 한국의 경우를 생각할 때 시사성이 많다고 생각되는데, 특히 양자간에 의미상 큰 차이가 없다는 측면에서 그렇다. 이 점은 뒤에서 다시 언급할 예정이다.

2) 重層性을 띤 일본의 公·私

일본 고대·중세의 公私 관념은 중국과는 다른 특징을 가지고 있다. 일본어에서 公은 'オホヤケ', 私는 'ワタクシ'로 訓讀된다. 그런데 기원을 살펴보면 '私'(ワタクシ)는 어원을 알 수 없는 訓讀語였고,[14] 현대 일본어처럼 私(ワタクシ)가 1인칭 대명사로 정착한 것은 중세 후기, 즉 室町시대부터였다.[15] 그리고 オホヤケ는 '큰 ヤケ(大宅)'를 뜻하는 말에서 비롯되었다고 한다.

---

11) 溝口雄三, 1995, 「中國における公私槪念の展開」『中國の公と私』, 硏文出版, 7쪽 참조.
12) 溝口雄三, 1995, 위의 글, 8쪽.
13) 澤田多喜男, 1976, 앞의 글, 6쪽.
14) 水林彪, 2002, 「日本的 '公私' 觀念の原形と展開」『(公共哲學3)日本における公と私』(佐佐木毅·金泰昌 編), 東京大出版會, 6쪽.
15) 田原嗣郎, 1995, 「日本の'公·私'」『中國の公と私』(溝口雄三), 硏文出版, 108쪽 및 水林彪, 1996, 앞의 글, 96쪽. 水林彪, 2002, 위의 글, 13쪽에서는 일본의 幕藩體制에서 私라는 관계개념이 1인칭 대명사로 널리 정착한 것을 비교사적으로 특이한 현상으로 지적하고 있다.

家·宅이라는 한자를 사용하는 말로 'イエ'와 'ヤケ'가 있다. 'イエ'라고 읽으면 가족이 거주하는 건물을 가리키고, 'ヤケ'로 읽으면 택지와 건물로 이루어진 한 구획의 시설을 가리킨다. 'ヤケ'는 'イエ'에 비해 큰 규모의 시설이며 공동체적인 농업경영의 거점이었다. 'オホヤケ' 즉 '큰 ヤケ'는 'ヲヤケ'(小宅)와 대비했을 때 大宅·大家에 해당하는 의미를 갖고 있었다. 즉 公(オホヤケ)은 일본 고대 공동체에서 수확물과 공납물을 수취하여 저장하는 곳, 공동체 首長이 갖고 있는 祭政上의 지배기능을 가리키는 말이었으리라 추정된다.[16]

그런데 율령국가 성립기에 公이라는 漢字가 천황제 지배기구에 직접적으로 관련된 ミヤケ보다는 당시에 이미 古語化되어 있던 オホヤケ 관념과 결부된 것은, オホヤケ에 얽힌 고대 공동체적인 共의 이미지가 公자의 訓으로 어울린다고 생각되었기 때문[17]이었을 것이다. ミヤケ가 朝廷과 결부된 말인데 대해 オホヤケ는 在地豪族的인 성격을 가지고 있었다. オホヤケ는 재지호족을 首長으로 하여, 그 아래의 소공동체(ヲヤケ)를 종속시킨 더 큰 공동체의 중핵이었다.[18] 이렇게 'イエ'-'ヲヤケ'-'オホヤケ'가 중첩되면서 천황을 정점으로 한 일원적인 지배체제를 갖추고, 중국식 율령을 수용하여 성립한 것이 율령제 국가였다. 기원 단계부터 지니게 된 이러한 구조는, 중세 이후까지 公과 私의 重層性으로 연속되었던 것으로 이해된다.

---

16) 吉田孝, 1983, 「イエとヤケ」 『律令國家と古代の社會』, 岩波書店 참조. 吉田孝의 연구는 オホヤケ의 어원을 역사적으로 추적한 대표적인 연구로 꼽힌다.
17) 溝口雄三, 1995, 앞의 글, 4쪽.
18) 田原嗣郎, 1995, 앞의 글, 94쪽. ミヤケ가 朝廷과 관련된 것이고 オホヤケ는 재지호족과 관련된 것이라는 가설을 제기한 것은 溝口雄三, 1972, 「土着中國に對するこの土着日本」 『理想』 470(1995, 『中國の公と私』, 研文出版)였음을 吉田孝, 1983, 앞의 책, 101쪽에서 언급하고 있다. 이후 이러한 이해방식은 일본 학계에서 널리 통용되고 있다고 것으로 생각된다.

한자어 公私가 들어왔지만, 大化 이전 야마토語의 세계에서는 公과 私가 대립되는 개념으로 쓰이지는 않았다고 한다.[19] 또 公에 대해 私가 적극성을 갖고 성립하지도 못했지만,[20] 반국가적 내지 윤리적으로 나쁜 뉘앙스를 지닌 私의 용례도 그리 많지는 않다고 한다.[21]

어쨌든 중국으로부터 율령이 수용되면서 사회관계를 公과 私 2개 영역의 대비로 이해하는 사고방식이 도입되었다.[22] 公은 국가 · 朝廷 · 官 및 이를 담당한 지배층에 관련된 용어로 사용되는 경우가 압도적으로 많았다. 당시 일본에서는 사회와 국가의 분리라는 國制的 구조가 존재하지 않았기 때문에 일원적으로 편성된 정치사회의 상층부가 公으로 관념된 것이다.[23]

公과 私의 대표적인 용례를 보면, 大寶令(701)에서 公私의 관념을 표시하는 사례로 公田과 私田이 있다. 公田은 국가기구를 운영하기 위한 것이고, 천황 이외의 여러 개인들에게 할당되어 귀속시킨 口分田 등은 私田이었다. 같은 종류의 대비관념으로서 公廨와 私邸, 公奴婢와 私奴婢 등이 있었다.[24]

그런데 8세기 중엽 이후에는 이러한 公私 관념이 일정한 변용을 겪으며 일본적 公私 관념의 원형이 형성된다고 한다. 먼저 토지제도에서는, 기존에 私田으로 의식되고 있던 口分田이 公田으로 관념되게 되었다. 墾田永年私財法(743)의 성립 이후, 개인이 자신의 힘으로 개발하여 자손에게 계속 상속할 수 있는 墾田이 私田으로 관념되게 되고, 국

---

19) 水林彪, 2002, 앞의 글, 5쪽.
20) 田原嗣郎, 1995, 앞의 글, 101쪽.
21) 水林彪, 2002, 앞의 글, 10쪽 참조.
22) 水林彪, 1996, 「わが國における'公私'觀念の歷史的展開」『日本史における公と私』(歷史と方法編輯委員會 編), 靑木書店, 97쪽.
23) 水林彪, 2002, 앞의 글, 10쪽, 12쪽.
24) 水林彪, 2002, 위의 글, 10쪽.

가에 의해 여러 개인에게 반급되고 사후에 국가에 收公되는 口分田은
公田으로 의식되게 되었던 것이다. 국가적 관계가 公이며, 그 관계 밖
에서 운영되는 것이 私라는 의식이었다.[25] 국가적 관계를 公으로 간주
하는 관념은 더욱 확대되어서 平安시대(794~1185)에는 'オホヤケ'는
天皇을 가리키는 말로도 쓰였다.[26]

한편 율령국가 성립기에 公民은 오로지 귀족층을 가리키는 말이었
지만, 天平년간(729~748) 무렵부터 公의 관리 하에 있는 公田을 경작
하는 百姓도 公民으로 의식되게 되었다. 國制의 근간 부분에서 좁은
의미의 국가기구 내지는 그것을 담당한 귀족층만을 公으로 간주한 것
이 아니라, 광의의 국가적 관계를 公으로 의식한 '公(국가)－公田·公
民'의 체계가 8세기 중엽에 형성되었던 것이다. 그리고 그 국가적 관계
의 바깥에 私의 영역이 전개되었다.[27] 私는 公을 떠나서는 존재하지
못하지만 그 영역 자체를 용인받았고, 公과의 관계에서는 늘 하위에
있지만 姦邪라든가 道義的인 폄하를 받지는 않았다고 한다.[28] 8세기
중엽의 이러한 公私 개념은 그 이후 중세·근세까지 이어졌다.

일본 학계에서 논의된 公私 관념의 일본적 특징을 정리하면 다음과
같다. 중국의 公私가 公正에 대한 偏私라고 하는 正·不正의 윤리성
을 가진 것에 대해, 일본의 オホヤケ 對 ワタクシ는 그렇지 않다. 용례
상으로도 オホヤケ와 ワタクシ는 그 자체로서는 '공공연히' 對 '몰래',
'공식적인' 對 '비공식적인', 官事·官人에 대한 私事·私人의 뜻으로
쓰일 뿐, 윤리적인 공정함이라는 뉘앙스가 결여되어 있다[29]는 것이다.

25) 水林彪, 2002, 위의 글, 12쪽.
26) 溝口雄三, 1995, 앞의 글, 4쪽 ; 田原嗣郎, 1995, 앞의 글, 92쪽 ; 水林彪, 1996,
　　앞의 글, 108쪽.
27) 水林彪, 2002, 앞의 글, 12쪽.
28) 水林彪, 2002, 위의 글, 13쪽 참조.
29) 溝口雄三, 1995, 앞의 글, 6쪽 및 水林彪, 2002, 위의 글, 10쪽 참조.

즉 일본의 경우, 公私의 얽힘과 대립은 있지만 義理人情에 빗댈 수 있는 것이고, 결코 善·惡과 正·不正 차원의 대립은 아니다. 강하게 윤리성이 있다면 オホヤケ를 위한다는 명분이 지배측으로부터 또는 전체 의사로서 내걸어진 경우에 있어서이며, 그 경우 그 지배자나 전체 의지의 善·惡·正·不正은 전혀 문제가 되지 않는다[30]는 것이다. 이렇게 윤리성을 갖지 않은 公私 관념이 일본적 특징의 하나라고 할 수 있다.

다음, 두 번째 특징으로는 일본의 公에는 公平·公正과 관련된 부분이 없다는 점이다. 중국의 경우에는 황제가 지배자일 수 있는 것은 원칙상 公平이 기대되기 때문이며, 그렇지 않다면 황제는 단순히 천하를 독점한 獨夫, 民賊일 뿐이라는 역성혁명의 사상도 배경에 흐르고 있었다. 그런 한에서 황제는 背私의 윤리성으로부터 자유롭지 않다. 이는 일본의 천황이 무조건 또 무매개로 オホヤケ 그 자체인 것과 매우 다르다고 할 수 있다.[31]

세 번째 특징으로는 公私의 重層性을 들 수 있다. 家의 부지 안쪽을 최소의 私의 단위로 하고, 국가를 최대의 公으로 하는, 영역의 公私 구조가 일본의 특질이었다.[32] 일본의 中·近世史에서 公이 中層的으로 존재한다는 것은, 하급의 公이 상급의 公 앞에서는 私가 된다는 의미에서이다. 여기서 公私 관계는 중첩된다. 즉 幕府·將軍을 오오야케라고 한다면 公은 막부·장군이 대표한다. 이 경우 막부·장군이 公이고 藩·大名은 私인 것이다. 이는 大名의 所領을 私領이라 부르는 데서도 드러난다. 한편 藩內에서 公은 大名의 입장이다. 家臣의 처지는 그

---

30) 溝口雄三, 1995, 위의 글, 7쪽.
31) 溝口雄三, 1995, 위의 글, 6쪽.
32) 溝口雄三, 2001, 앞의 글, 49쪽. 일본의 중층적 公私관계와 그 역사적 변천과정은 水林彪, 2002, 앞의 글, 9쪽과 16쪽에 도표로 잘 설명되어 있다.

에 대해 私이다.[33]

이상에서 살펴본 일본의 公私 용례 및 관념은 주로 철학, 사상사 분야에서 이루어진 연구의 결과들이다. 일본 학계에서 이런 연구가 가능한 것은, 중국의 철학과 세계관이 일본의 문자 해독층에 철저히 침투하기 전에 고유한 문자가 성립해 있었기 때문이라고 생각된다. 어쨌든 이렇게 같은 한자를 쓰면서도 중국과 차이가 있다는 점에서 매우 흥미롭다.

2. 『고려사』에 쓰인 公과 私의 용례들

한국의 경우에 公私 관념을 기원론적으로 따져보는 것은 거의 불가능하다고 생각된다. 일본에서는 고유한 문자가 일찍 만들어져서 사용되었으므로 公私 관념의 역사적 변천을 추적할 수 있는 최소한의 단서가 있다. 그러나 한국은 15세기 중반에 와서야 한글이 만들어졌고, 그이후에도 官人·지식인들은 사물을 묘사하고 생각을 표현하는 데 한문을 써왔기 때문에 전근대 사회를 대상으로 이 문제를 검토하는 것은 매우 곤란한 형편이다.

따라서 고려시대를 대상으로 삼는 이 글에서는 검토 목표를 최소한으로 설정할 수밖에 없다는 판단이다. 아주 기초적인 차원에서 사전적인 용례를 먼저 정리해 본 다음에, 그것을 넘어서는 수준의 고유한 의미나 변화를 추적할 여지가 있는가 하는 점을 판단하는 것이다. 따라서 먼저 『고려사』를 중심으로 사전적인 용례를 정리해 보기로 한다.

---

33) 田原嗣郎, 1995, 앞의 글, 98쪽.

1) 官=公正으로 표상되는 公

신라나 조선시대처럼, 고려시대 사람들도 흔히 사용하고 있었던 公服·公文 등의 용례에서 보듯이, 고려시대 기록에 보이는 公이란 일차적으로는 官과 바꾸어 써도 뜻이 그대로 통하는 경우가 많다. 실제 그렇게 쓰인 경우가 가장 흔하므로 굳이 열거할 필요가 있을까 생각되기도 하지만, 몇 가지만 언급해본다.

> 가-(1) (왕건은) 公門에 드나들며 나라의 계획을 심의할 때면 늘 감정을 억누르고 삼갔고, 여러 사람들의 마음을 얻기에 힘쓰고 어진 이를 좋아하며 악한 자를 미워하였다. (『高麗史』 권1, 世家, 太祖 乾化 4년)

> 가-(2) 11월 정묘일에 翰林院에서 상주하기를 "서울과 지방의 州·府·郡·縣·寺院의 公私 門·館의 호칭 및 신료 이하의 이름에서 왕의 이름에 저촉된 경우 및 발음이 같은 것을 바꾸게 하기를 청합니다"하니 이를 따랐다. (『高麗史』 권10, 世家, 宣宗 즉위년 11월)

> 가-(3) 신묘에 教하기를 "……중책을 지고 폐단을 모두 없앴다. 다만 대신들의 수가 古制에 비하여 갑절이고, 公家의 의논도 서로 달라 매사가 지체되니 마땅히 덜어내야 하겠다.……" (高麗史』 권33, 世家, 忠宣王 1년 3월, 충렬왕 24년)

> 가-(4) 을유일에 元나라 宦者인 院使 金光秀와 僉院 迦刺撥皮가 와서 왕에게 楮幣 1만錠, 黃金 1錠, 白銀 9錠을 주니 왕은 모두 公府에 귀속케 하였다. (『高麗史』 권38, 世家, 恭愍王 3년 정월)

가-(1)은 왕건이 태봉의 궁예 휘하에서 복무하면서 여러 차례 공을 세워 시중이 되었을 때를 서술한 대목이다. 여기서 公門에 드나들며 나라의 계획을 심의한다고 했을 때, 公이란 국가·官을 가리킨다. 그리고 門은 구체적인 출입시설이라기보다는, 제도로 설치되어 운영되는 國家機構에 해당하는 조금 추상적인 표현일 것이다.

가-(2)에서 公이란 중앙과 지방의 관청 및 그 부속시설의 門·館을 가리킬 것이다. 이때의 門이란 구체적인 출입시설임은 물론이다. 그리고 문맥상으로 보면, 여기서의 私란 사원을 포함하여 개인을 함께 묶어 표현한 것이라 생각된다. 따라서 이때의 公도 官·국가와 동일한 범주에 해당한다고 할 수 있다. 가-(3)의 公家 역시 조정의 官府, 또는 그 관부에 소속되어 정책을 의논하는 대신을 뜻하는 표현이라 생각된다.

가-(4)는 조금 주목해서 살펴볼 필요가 있다. 공민왕이 원나라 사신이 와서 전달한 물품들을 받고서 모두 公府에 귀속시켰다는 것이다. 이때 공민왕이 취한 처신은 여느 경우와 좀 달랐기 때문에 강조되어 기록된 것으로 생각된다. 당시는 국가재정과 왕실재정이 엄밀하게 분리되지 않은 상태였지만, 이처럼 국왕 자신의 소유로 처리하지 않고 국가재정에 넣은 것을 "公府에 귀속케 했다"라고 표현하였다. 이런 표현의 바탕에는, 비록 국왕이라고 할지라도 국가 전체와 관련된 일이 아닐 때는 私라고 표현할 수도 있는 마음가짐이 깔려 있음을 짐작할 수 있다.[34]

이렇게 公門·公家라고 했을 때의 公은 국가, 관부, 관청과 통하는 의미를 지니고 있었다. 이것이 公의 여러 용례 가운데 첫 번째로 분류할 수 있는 경우이며, 『고려사』에서 가장 많이 쓰이고 있는 용례이기

---

34) 이와 비교하여 참고되는 기록이 "寶興庫는 忠肅王 後8년에 忠惠王이 사사로이 설치하였다(私置之)"는 표현이다(『高麗史』 권77, 百官志 寶興庫). 국왕이 하는 일도 국가 전체와 관련된 경우가 아니라면 私로 표현된 것이다.

도 하다.

다음으로 公의 두 번째 종류로는 '公正'·'公平'이라는 뜻으로 쓰인 경우를 들 수 있다. 이 용례도 매우 흔히 볼 수 있는데, 몇 사례를 꼽아 보면 다음과 같다.

> 나-(1) "인종은 겸손하여 조부와 손자의 禮로써 만나려 하였으나 (이자 겸은) 公論이 두려워 감히 그러지 못하였습니다. 대저 임금과 신하 의 분수가 일찍이 정해져 있기 때문입니다." (『高麗史』 권112, 列 傳, 李存吾)

> 나-(2) "상과 벌이란 나라의 큰 규범이어서 한 사람을 상 주어 천만인 에게 권하고 한 사람을 벌하여 천만인을 두렵게 합니다. 지극히 공 정하고 밝지 않으면(非至公至明) 핵심을 얻어 일국의 인심을 승복 시킬 수 없습니다.……그 가운데는 죄를 짓고 용서받아 풀려나거나 죄가 없어도 누명을 씻지 못한 자가 반드시 있을 것이니, 公道에서 두 가지 모두를 잃은 것과 같습니다.……전하께서 조정에 앉아 재 상과 신료들을 불러 친히 심사하여 억울한 경우가 없게 한 뒤에, 죄 있는 자를 내치고 그렇지 않으면 풀어준다면 인심이 승복하고 公道 가 행해질 것입니다." (『高麗史』 권117, 列傳, 鄭夢周)

나-(1)은 공민왕 때의 이존오가 신돈의 무례함을 지적하기 위하여 올 린 글로서, 일찍이 이자겸도 그런 무례를 저지르지 않았음을 들먹인 구절이다. 이 구절 속에 나오는 公論에서 公이란 官·국가와는 의미를 달리한다. 즉 이자겸이 꺼려한 公論은 여러 관료들의 비난에 해당할 것이므로 衆論과도 통하는 뜻이라고 생각된다. 다만 이존오의 언급에 등장하는 公論이란 표현은 단순히 '많은' 사람들의 여론이라는 뜻으로 그치지 않고, 公이란 공평하고 정당한 지적·비평·비판이라는 인식이 깔려 있다는 점을 함께 지적해 둘 필요가 있다.

　나-(2)는 정몽주의 상소문에 나오는 언급이다. 至公이라고 했을 때의 公이란 공평·공정의 의미를 전제한다. 그리고 公道라고 했을 때도 마찬가지로 '공평한 기준'·'공정한 도리'라는 의미가 된다. 公道라는 표현은 『고려사』에서 흔히 찾아볼 수 있는 경우이다. 공평·공정과 뜻이 통하는 公의 용례를 더 거론하면 다음이 있다.

> "얼마전 憲司에서 올린 몇 가지 일은 公論에 부합되는데도 전하께서 모두를 윤허하시지는 않았습니다. 이에 어리석은 제 이견을 감히 말씀드리고자 합니다." (『高麗史』 권112, 列傳, 朴宜中)

　이는 우왕 때 박의중이 올린 글의 일부이다. 박의중은 憲司가 건의한 여러 일들은 '公論'에 부합되는 것임에도 불구하고 국왕이 전부를 윤허하지 않았다고 하였다. 일부만 채택되고 일부는 채택되지 않은 것에 대한 불만이 배여 있는 말투이다. 여기서 박의중이 "公論에 부합된다"고 했을 때 公論이란, 일차적으로는 '여러 신하(관료)들의 의견' 즉 衆論과도 뜻이 통하는 표현일 것이다. 앞서 본 나-(1)의 公論과 뉘앙스가 비슷하다.

　그러나 그것으로 그치는 것일까? 조금 더 나아가서 생각해보면, 박의중의 문장에 나타난 '公論'이란 표현에는 '정당한 것'·'타당한 것'이라는 생각이 바탕에 깔려 있다고 생각된다. 그럼에도 불구하고 국왕이 윤허하지 않은 것이 남아 있으므로 재차 설득하기 위하여 글을 올렸던 것이다.

　公의 세 번째 용례로는 '드러내놓고'·'공공연하게'라는 의미가 있다. 이런 용례도 『고려사』에서 빈번히 찾을 수 있는 경우이다.

……吳仁澤·金達祥이 먼저 문무관을 添設하기를 건의하여 마침내 銓注를 맡으니, 참전했던 將士가 모두 超遷을 얻어서 사람들이 즐겨 종군하였다. 그러나 인사청탁이 크게 일어나고 뇌물이 공공연하게 행하여져(賄賂公行) 工匠·賤隷도 관직을 받지 않음이 없으니 官爵이 크게 넘쳐흘렀다. (『高麗史』 권114, 列傳, 吳仁澤)

慶尙州道 按察使 李洪靖이 청탁과 뇌물을 공공연히 행하므로(公行請謁) 刑部 員外郞 金祿延으로 대신하게 했더니 祿延이 긁어모으는 것이 洪靖의 갑절이나 되었다. (『高麗史』 권24, 世家, 高宗 45년 5월)

위에서 쓰인 公은 모두 '드러내놓고'·'공공연히'라는 의미이다. 특히 관리의 부정과 뇌물을 언급할 때 사용되는데, "뇌물이 공공연하게 행해진다(賄賂公行)"는 표현은 매우 흔히 찾을 수 있는 경우이다.

그리고 사회적 차원의 '公共'이란 개념으로 사용된 公자의 용례를 생각해 볼 수 있지만, 문헌 속에서 잘 찾아지지 않는다. 이는 기록에서 찾기 힘들다는데 그치지 않고, 실제 고려시대 사람들의 사고방식 속에서 이런 관념이 뚜렷하게 존재하지 않았기 때문이 아닐까 생각된다. 중국이나 일본의 경우에도 비슷한데, 왕조체제 아래서는 확산되기 어려운 개념이었고, 근대 시민사회 이후에 출현하여 확산될 수 있는 경우가 아닐까 한다.

이상 살펴본 公의 개념은 대략 3가지로 요약할 수 있지만, 그 의미를 다져보면 결국 서로 무관하지는 않다. 즉 국가·官이라는 것은 늘 공평·공정한(공평·공정해야 하는) 것이고, 따라서 숨길 것이 없이 드러나는 것이다. 다만 현재로서는 고려 이전의 기록을 포함하여 고려시대의 기록들에 보이는 公의 개념으로부터, 기원론적으로 어떤 공동체를 떠올릴 수 있는 여지가 거의 없다. 따라서 일찍이 漢字 문화가 정착되었기 때문인지, 아니면 일본과는 다른 역사적 과정을 밟았기 때문인지도 판단하기 어렵다.

2) 私=非官, 그리고 다양한 의미 변용

公이란 표현이 官을 뜻하는 용례로 널리 사용된 만큼, 私의 용례도 非官이란 뜻으로 쓰인 경우가 가장 많다. 公私라고 두 글자를 붙여 썼을 때는 '官과 非官'을 뜻할 때가 대부분이고, 이때 私는 한 개인이나 家門에 해당한다. 非官으로서의 私는 『고려사』 형법지에 公私奴婢와 동일한 뜻으로 사용된 官私奴婢라는 표현이[35] 대표한다. 이런 구분은 노비의 종류를 언급할 때 특히 분명하게 사용되는데, 다음 언급이 대표적이다.

> 士族의 집안(士族之家)에서 대대로 전하여 부리는 경우를 私奴婢라고 한다. 官衙와 州郡에서 부리는 경우를 公奴婢라고 한다.[36] (『高麗史』 권85, 刑法志, 奴婢)

이는 형법지 노비조의 서문으로, 엄밀하게 말하자면 고려시대 사람들의 표현이 아니라 『고려사』 편찬자들의 인식을 담고 있는 표현이라고 할 수 있다. 그러나 고려 이래로 일상적인 용어로 사용되던 것을 그대로 이어받은 결과라고 생각하면 자연스럽고, 이때 公奴婢가 속한 '官衙'는 중앙 관청, '州郡'은 지방 관청을 뜻할 것이다. 단, 私奴婢를 士族의 집안(家)에서 대대로 부리는 존재라고 설명한 구절에는 편찬자의 편의적인 인식이 스며들어 있다고 판단된다. 노비를 소유한 것은 士族에만 국한되지는 않았기 때문이다.

---

35) 『高麗史』 권84, 刑法, 戶婚.
36) "士族之家 世傳而使者 曰私奴婢 官衙·州郡所使者 曰公奴婢".

앞서 본 사례에서 公門이라고 했을 때 '公'이 官과 통하는 뜻을 가졌다면, 私門이라고 했을 때는 일차적으로는 非官의 범주를 일컫는다. 그리고 그 非官의 실체는 대개 개인이며, 때로는 개인으로 대표되는 가문일 수도 있다. 기록에서 흔히 보이는 私第・私家・私財・私奴 등도 같은 맥락의 표현들이다. 다음 사례들은 개인을 뜻하는 私의 용례들이다.

> 다-(1) 少府少監 韓令臣이 일찍이 典廐庫 判官이었을 때 私麤布를 몰래 官布 30필과 바꾸었으므로 職田을 몰수하고 田里로 내쫓았다. (『高麗史』 권17, 世家, 毅宗 5년 4월)

> 다-(2) 처음 정자를 지을 때였다. 役卒들은 개인적으로 식량을 가져왔는데(私齎糧), 한 사람이 매우 가난하여 스스로 (음식을) 조달할 수 없었으므로 役徒들이 함께 밥 한 술갈을 나눠서 먹였다. 하루는 그의 처가 음식을 갖추어와서 말하기를 "친한 사람들을 불러 함께 드시라"고 하였다. (『高麗史』 권18, 世家, 毅宗 21년 3월)

다-(1)의 私麤布를 어떻게 해석할 것인가는 조금 모호하다. '한영신 개인의 麤布'로 해석할 수도 있고, '민간에서 짠 麤布'로 해석할 여지도 있기 때문이다. 그러나 官布가 더 품질이 좋고 값도 비싸기 때문에 저지른 일이라는 점을 감안하면, 한영신의 행동은 창고에 보관되고 있던 官布를 '자신의 麤布'와 바꾸었다고 이해하는 것이 자연스럽지 않을까 생각된다. 이렇게 보면 다-(1)의 私는 추상적인 차원에서 '非官' 즉 민간을 뜻하기보다는 한 개인을 가리키는 뜻에 해당한다.

그리고 다-(2)는 衆美亭을 지을 때의 이야기인데, 흔히 의종의 실정을 거론할 때 자주 언급되는 기록이다. 여기서 토목공사에 동원된 역부들이 '私齎糧'했다는 것은, 국가기관에서 동원된 역부들의 식료를

배급한 것이 아니라 역부 개인에게 맡겼다는 뜻이다. 따라서 이때의
私는 '개인'이라는 의미로 쓰인 경우이다.

　이제 私의 두 번째 용례인 '드러나지 않게'·'몰래'라는 뜻으로 사용
된 사례들을 보자.

　　(문종) 36년 3월에 吏部尚書 崔奭과 知貢擧 取進士 崔淵 등 19인이
　　榜을 붙였다. 당시 大學生이던 田德祖 등이 論場에서 官에서 封한 詩
　　賦名紙를 몰래 뜯어보다가(私坼官封) 발각되었으므로 이듬해 봄에 시
　　험을 다시 본다는 것이었다.37) (『高麗史』 권73, 選擧, 科目)

　위의 사례는 私자가 사전적인 수준의 '몰래'라는 뜻에 잘 부합되게
쓰인 경우이다. 엄밀하게 따지자면 '사사로이'·'개인적으로'라는 의미
와도 통하지만, '몰래'라고 새겨 읽는 것이 문맥에 가까울 것으로 생각
된다. 그러나 私자가 사용된 문장들을 보면, 이렇게 문맥 속에서 '몰
래'라는 뜻이 분명하게 드러나는 경우는 흔치 않다. 오히려 '개인적으
로'와 뜻이 통하면서도 '몰래'라는 의미를 바탕에 깔고 있는 경우가 많
다. 다음 사례들이 그에 해당할 것이다.

　　공민왕 6년 6월에 下敎하였다. "鄕吏나 驛吏 및 古事의 賤隷들이 부
　　역을 피하기 위하여 마음대로 승려가 되어 戶口가 날로 줄어드니 지금
　　부터는 度牒을 받지 않으면 몰래 머리를 깎지 못하도록 하라."38) (『高
　　麗史』 권85, 刑法, 禁令)

---

37) "(文宗) 三十六年 三月 吏部尚書崔奭·知貢擧取進士崔淵等十九人 放榜 時
　　有大學生田德祖等 於論場 私坼官封 詩賦名紙 事覺 命來春改試".
38) "鄕驛吏 及公私奴隷 規逃賦役 擅自爲僧 戶口日蹙 自今 非受度牒者 毋得私
　　剃".

문종 33년 정월에 判하였다. "公私의 미곡을 漕運으로 운반하면서 梢工水手 등이 배가 난파되었다고 핑계대며 몰래 자신이 사용한 경우에 모두 몰수하라."39) (『高麗史』 권79, 食貨, 漕運)

위의 경우도 '개인적으로'·'몰래'라는 뜻으로 쓰인 私의 용례이다. 이런 의미에서 私자를 사용한 사고방식의 이면에는, 私라고 하는 것이 불법적이고 정당하지 않다는 생각이 바탕에 깔려 있다고 생각된다. 公이 정당하고 공평한 것이라는 생각을 아울러 바탕에 깔고 사용된 경우와 대비되는 표현이라고 할 수 있다.

결국 公이 갖는 정당성을 전제로 하고, 그에 대비되는 개념으로 私자가 사용되었을 때, 그 의미가 '개인적으로'라든가 '몰래'로 확장된 것은 그다지 이상한 일은 아니라고 생각된다. 다만 여기서 한 걸음 더 나아가서, 私자의 쓰임새가 '(몰래)사통하다'는 의미로까지 쓰이고 있는 점인 지적해 둘 만하다.

사통하다는 의미로 쓰인 私자의 용례는 『삼국사기』에서도 찾을 수 있다. 즉 고구려 건국신화를 소개한 곳에서, 柳花가 優渤水가에서 金蛙를 만나서 자신을 소개하는 내용에서 다음과 같은 표현이 사용되고 있다.40)

라-(1) 저는 河伯의 딸로 이름은 柳花입니다. 동생들과 함께 나들이 나왔을 때, 한 남자가 스스로 天帝의 아들 解慕漱라고 하면서 나를 꾀어 熊神山 아래 압록강 가의 집 안에서 사통하고(私之) 간 뒤에 돌아오지 않았습니다.……(『三國史記』 권13, 高句麗本紀, 始祖東明聖王)

---

39) "公私漕運穀米 梢工水手等 托爲敗船溺水 私自分用者 並令徵之".
40) 동일한 내용이 『삼국유사』에도 '國史 高麗本紀'를 인용하여 그대로 실려 있다. 이때의 國史란 『삼국사기』를 가리킨다.

라-(2) (궁예는) 늘 말하였다. "나는 彌勒觀心法을 터득하여 婦人의 陰私를 능히 알 수 있다. 만약에 나의 관심법을 범할 경우에는 곧 준엄한 법을 행할 것이다."41) (『高麗史』 권1, 世家, 太祖 乾化 4년)

라-(3) 역졸이 말하였다. "집이 가난한데 무엇으로 준비하였소? 다른 사람과 사통하여 얻은 것이요, 남의 것을 훔친 것이요?" 처가 말하기를 "(내가) 못생겨서 누구랑 사통할 것이며, 성격이 옹졸하여 어찌 도둑질을 하리오. 머리칼을 잘라서 팔아왔을 뿐이오." 그리고 머리를 보여주었다. 역졸은 목이 매어 밥을 먹지 못하였고, 듣는 이들도 슬퍼하였다.42) (『高麗史』 권18, 世家, 毅宗 21년 3월)

라-(1)~(3)의 기사에 쓰인 私자는 모두 '사통하다'는 뜻에 해당한다. 특히 라-(3)은 앞서 언급한 다-(2)에 이어지는 내용인데, 여기서는 私자가 여러 번 보이고 있지만 모두 '사통하다'는 뜻으로 쓰였다. 비슷한 용례는 다른 곳에서도 더러 찾을 수 있다. 이런 경우에 해당하는 사통하다(私)는 표현의 뿌리를 거슬러 올라가면, 私가 가지고 있는 뜻 중의 하나인 '몰래'·'드러내지 않고'라는 의미와 맥락이 닿는다고 생각된다. 그러나 최종적인 뜻을 가지고 분류하자면 私라는 표현의 세 번째 용례로 간주해도 될 것 같다.

3. 얼음과 숯, 天理와 人欲으로

비록 글자 뜻으로 보면 다양한 수준으로 확장된 의미를 담아 사용하고 있었지만, 크게 보았을 때 官(국가, 관청)-非官(개인, 민간)으로 대

---

41) "常自云 我得彌勒觀心法 能知婦人陰私 若有干我觀心者 便行峻法".
42) "卒曰 家貧 何以備辦 將私於人而得之乎 豈竊人所有乎 妻曰 貌醜誰與私 性拙安能盜 但剪髮買來耳 因示其首 卒嗚咽不能食 聞者悲之".

표되는 고려시대의 公·私는 대립하면서 때로는 충돌하는 개념이었다.
물론 기본적인 바탕에는 公의 절대적인 우위, 도덕적·윤리적인 우월
이 전제되어 있었다고 판단된다. 이런 가운데 고려시대 사람들은 公과
私를 엄격히 구분하고 있었다.

물론 이 주제와 관련하여 현재 접할 수 있는 자료는 官人 사회에 거
의 국한되어 있다. 이런 한계를 감안하면서, 고려시대 官人 사회의 일
상에서 公과 私를 구분하려 노력했던 모습을 찾아보면 적지 않은 사례
가 발견된다. 그 일부를 들면 다음과 같다.

> 마-(1) 表文을 올릴 때는 稱臣하게 하고, 王廷에서는 君臣의 禮를 행하
> 고 궁궐 안의 실내에서는 家人의 禮로써 상대한다면 公義와 私恩
> 은 두 가지가 서로 순조로울 것입니다. (『高麗史』권98, 列傳, 金富
> 軾)

> 마-(2) 宰臣이……각 官의 境內로 들어가면 중도에 그 官員이 宰臣 앞
> 에다……각기 禮를 갖추어 私狀 및 官中公狀을 올린다.……公私의
> 禮가 끝나면 돌아와 앉고 衙前과 長吏 이하가 들어와 뵙는다. (『高
> 麗史』권68, 禮志, 嘉禮, 外方城上錄事謁宰臣)

마-(1)은 외조부인 이자겸을 인종이 어떻게 대해야 할 것인가 하는
문제로 신하들 사이에 논란이 생겼을 때 김부식이 올린 글이다. 이 건
의를 받고 인종이 사람을 시켜 이자겸에게 물으니 "김부식의 의론이
실로 천하의 公論이니……그의 말을 따르시어 의심치 마시라"[43]고 대
답했다고 한다. 김부식의 건의는 이자겸이 득세한 당시의 정치적 분위
기를 감안하여 고안한 것이라고 할 수 있다.

---

43) 『高麗史』권98, 列傳, 金富軾, "資謙奏曰 臣雖無知 今觀富軾議 實天下之公
論也 微斯人 群公幾陷老臣於不義 願從其議勿疑".

그렇기는 하지만 公·私가 직접 겹치는 경우도 이를 구분하여 바라 보려는 경향을 드러내고 있음은 분명하다. 그래서 국왕이 대신과 회동 하면서 국가정책을 의논하는 자리인 王廷과, 궁궐 안의 실내로 구분하 면서, 공간에 따라 公·私의 禮를 달리 적용할 것을 주장한 것이다. 심 지어 官人들은 동일한 공간에서 만날 때도 公的인 예절과 私的인 예 절을 구분하려 하였다. 마-(2) 기사는 여기에 해당한다.

즉 마-(2)는 宰臣이 지방에 나갈 때, 해당 지역의 지방관과 아전들이 이를 영접하는 의례를 규정한 내용이다. 여기서 보면, 지방관이 중앙에 서 온 宰臣을 맞이하면서 올리는 문서도 私狀과 公狀으로 구분하고 있으며, 서로 인사하고 예를 취하는 형식 또한 公私를 구분하면서 함 께 행하도록 하였다. 상하의 관직자 사이에서도 그 관직을 매개로 한 공적 영역과 개인적 영역을 구분하여 취급하고 있는 것이다.[44]

한편 公私의 엄격한 구분을 바탕으로 公의 절대적 우위 속에 존재 한 私는, 公이 용인하는 범위 안에서 존립할 수 있었다. 그러나 어떤 경우에는 분명히 私에 해당하는 영역임에도 불구하고, 公의 용인 아래 서 公에 가까운 차원으로까지 존립한 사례도 찾을 수 있다. 다음 기사 를 보자.

무릇 私學은 문종 때 大師中書令 崔冲이 후진을 불러 모아 열심히 가르치니 관인 및 백성의 자제들이 문에 넘쳐나서 마침내 九齋로 나누 었다. (『高麗史』권74, 選擧志, 學校 私學)

(인종) 17년 6월에 判하였다. 東堂監試를 치른 뒤 諸徒 儒生 모이는

---

44) 현종 때 양반 관원들이 公處에서 私禮로 절하며 엎드리는 자를 처벌할 것을 주장한 禮部의 건의를 수용한 경우도 마찬가지로 꼽을 수 있다(『高麗史』권 85, 刑法志, 禁令, 顯宗 16년 4월).

날에 國子監이 모임을 주관하여 50일간 수업하고 파한다. 일찍이 절에 서 30일 동안 학습하고 私試하여 15수 이상을 製述한 경우에는 敎導 가 정밀하게 검토하여 각각 그 이름 밑에 '接寺 若干日, 私試 若干首' 라고 注記한 논평을 보고해야 바야흐로 모임에 참석하는 것을 허락하 였다. 諸徒의 敎導가 接所를 떠나지 않고 勸學한 경우에는 學官의 결 원이 있을 때 먼저 충원함으로써 襃獎을 보이게 하였다. (『高麗史』 권 74, 選擧志, 學校 私學)

崔冲이 운영한 교육기관을 '私學'이라고 표현한 것은, 학교란 기본 적으로는 국가에서 관장하는 公的인 제도라는 인식이 깔려 있기 때문 일 것이다. 국가에서 치르는 시험과 私學 내에서 자체적으로 학생들을 평가하는 시험을 구분하여 '私試'라는 표현을 쓴 것도 그러한 구분의 식을 반영한다고 생각된다.

그럼에도 불구하고 崔冲 개인 차원에서 행한 교육이 중요한 의미를 갖게 되자 학생들의 수학과정에 國子監이 관여하도록 조치하였고, 사 학의 敎導 중에서 성실한 자를 學官으로 충원한다는 원칙을 세우기도 했던 것이다. 公私가 구분된 가운데 私의 영역에서 행해지는 일이었음 에도 불구하고 국가적 차원에서 수렴하여 '準公的'인 대우를 해준 셈 이다.

公과 私를 구분하는 인식에 이어서, 양자를 바라보는 태도에 대해서 도 살펴보자. 고려시대 대부분의 기록에서 公과 私는 정당성·윤리성 에 대비되는 불법성·이기심을 표현할 때 대칭적으로 곧잘 사용되고 있다. 특히 관인의 처신을 논할 때, 公을 빙자하여 私를 추구하는 행위 에 대해서는 엄격한 비판이 따랐다. 이는 고려시대에 한정되지 않고, 조선시대는 물론이거니와 신라 통일기도 마찬가지였다.

여름 5월에 영암군 태수 일길찬 제일이 公을 등지고 私에 영위하여
(背公營私) 杖刑 100대에 처하고 섬으로 보냈다. (『三國史記』 권8, 신
라본기 효소왕 10년)[45]

'公을 등지고 私를 영위'하는 행위의 구체적인 내용이 드러나지 않
아 판단하기 어렵지만, 아마 도덕적으로 비난하는 수준을 넘어선 경우
가 아닌가 한다. 따라서 一吉飡 諸逸은 杖刑을 받고 섬으로 유배되는
처벌을 받았다. 이런 오랜 전통을 바탕으로 하여, 고려 초기부터 관인
들의 덕목으로 公에 충실할 것을 강조한 경우가 자주 보인다.

만약 公을 받드는데(奉公) 뜻을 두고 늘 허물이 없으면, 살아서 榮華
와 祿을 누리고 죽은 뒤에는 名家로 일컬을 것이고 자손에 이르기까지
우대하며 드러내어 상을 줄 것이다. 이는 오늘만이 아니라 萬世에 전
하여 규범을 삼겠다. (『高麗史』 권2, 世家, 太祖 17년 5월)

丙申에 敎하였다. "……모든 관료들은 조심스레 서로 협조하고 각기
직무에 충실하며, 청렴을 들추어내고 혼탁함을 떨치는 것을 본받고 公
을 등지고 私를 향하는가(背公向私)를 살펴야 한다." (『高麗史』 권4,
世家, 顯宗 즉위년 12월)

태조는 奉公을 강조하면서, 그 대가로 살아서 榮華와 俸祿을 누릴
수 있을 것이며 죽은 뒤에는 가문의 명예와 칭송까지 뒤따를 것임을
약속하고 있다. 물론, 이때의 奉公이란 태조 자신이 정점이 되는, 고려
왕조에 대한 충성이라는 측면이 강할 것이다. 마찬가지로 현종의 교서
도 관료들이 경계해야 할 사항으로 '公을 등지고 私를 향하는' 처신을
꼽고 있다. 만약 이를 어길 때는 부도덕한 처신으로 비난이 뒤따랐다.

---

45) "夏五月 靈巖郡太守一吉飡諸逸 背公營私 刑一百杖 入島".

이인임은 자신의 탐욕을 마음껏 쫓아 公을 줄이고 私를 살찌워서 녹
봉을 주지 못할 지경이 되게 하였고, 작은 혜택을 베풀어 虛名을 낚았
으니 당시 사람들이 비난하여 사직하였지만 (왕은) 허락하지 않았다.[46]
(『高麗史』권126, 列傳, 李仁任)

이인임의 경우는 워낙 기세등등하여 처벌을 주장하는 논의가 나온
것은 아니었지만, 여론의 비난이 일자 스스로 사직했다고 한다. 물론
국왕은 사직을 허락하지 않았다. 이 경우 외에도 '徇私背公'에 대한 비
난이나[47] '徇私廢公'에 대한 경계,[48] '憑公營私'·'憑公自利'에 대한 비
난[49] 등은 어느 기록에서나 흔히 찾을 수 있다.
한편, 이와는 반대로 公을 우선하거나, 公務에 전념했을 때는 칭송
이 뒤따랐다.

경자년 12월에 관례에 따라 光州監務가 되어서는 청렴결백하게 공
무에 전념하여 도리에 어긋난 적이 결코 없었다.[50] (金龍善 編,「梁元
俊墓誌銘」『高麗墓誌銘集成』)

長淵縣의 수령이 되어 나갔을 때는 청렴결백하게 공무를 받들어서
안찰사가 郡을 잘 다스린다고 조정에 보고한 경우가 두세 번이었다.[51]
(「閔瑛墓誌銘」, 위의 책)

---

46) "仁任 縱肆貪饕 瘠公肥私 致祿俸不給 顧行小惠以釣虛名 時人譏之 旣而辭
職不允".
47) 『高麗史』권33, 世家, 忠宣王 24년 10월.
48) 『高麗史』권34, 世家, 忠肅王 5년 5월.
49) 『高麗史』권75, 選擧志, 銓注 選用守令.
50) "庚子十二月 例受光州監務 淸白專公 絶特無倫".
51) "出守長淵縣 以淸白奉公 按部以理郡之事 申報朝廷者 再三".

물론 묘지명이란 死者를 비판하는 데 목적을 둔 것이 아닌 만큼, 상
투적인 표현일 가능성도 있을 것이다. 그러나 대부분의 묘지명이 관직
을 역임한 사람의 것임을 감안한다면, 위에서 든 것과 같은 표현이 들
어 있는 묘지명은 흔치 않다. 누구나 쉽게 행할 수 있는 처신은 아니었
던 것이다. 따라서 이런 표현을 마냥 상투적인 칭송으로만 간주하기는
어려울 듯하다.

여기서 '공무에 전념(專公)'하고 '공무를 받든다(奉公)'는 것은 관청
실무를 능력 있게 잘 처리한다는 의미로 그치지는 않는다고 생각된다.
청렴결백하다는 표현과 짝해 있기 때문이다. 따라서 공무는 청렴결백
하게 처리해야 마땅한 것이고, 그러기 위해서는 私欲·私利를 배제하
는 자세가 요구되고, 또 그래야만 칭송이 따를 수 있는 것이었다.

그런데 고려 말기로 가면서 公·私의 대비는 조금 더 극단적인 양
상을 보이는 듯하다. 물론 이전에도 公의 정당성과 우위성, 그리고 私
의 종속과 하위성은 전제되어 있었다. 그리고 양자는 곧잘 대비되는
표현으로 등장하였다. 그러나 다음 자료에서 드러나는 公私 관념은 이
전 시기와 비교할 때 매우 극단적으로 대립하고 있다는 느낌이다.

바-(1) 대저 천하의 이치(理)는 公과 私가 있을 뿐이며 천하의 도리(道)
는 善과 惡이 있을 뿐입니다. 그것이 양립하여 서로 용납되지 않는
것이 마치 향기로운 풀과 악취 풍기는 풀, 얼음과 숯이 상반되는 것
과 같습니다. 뭉뚱그려 가리켜서 통칭할 수 있겠습니까? (『高麗史』
권117, 列傳, 李詹)

바-(2) 대개 사람이 하는 일이 公義에 부합되지 않으면 반드시 私情과
맞습니다. 전하의 이 조치가 公義에 부합된다면 우왕·창왕의 무리
들은 모두 祖宗의 죄인이 될 것이며, 私情에 부합된다면 우왕·창
왕의 일당들을 놓아주어 후일의 우환으로 남겨두게 될 것입니다.

『高麗史』 권119, 列傳, 鄭道傳)

바-(3) "이인임이 나랏일을 맡으면서 私情에 이끌려 公義를 해치고, 人
慾을 쫓아 天理를 짓밟으며, 죄 있는 자를 살리고 무고한 자를 죽
였고……" (『高麗史』 권126, 列傳, 李仁任)

바-(1)에 나타난 것처럼, 고려 말기 이첨의 사고 속에서 公과 私의
개념은 극단적으로 대립하고 있다. 마치 善惡, 氷炭처럼 양립하여 서
로 용납될 수 없는 것이다. 바-(2)의 정도전의 언급에서는 公・私가 義
와 情으로 대비되고 있다. 바-(3)은 창왕 때 尹紹宗이 올린 상소의 한
구절인데, 여기서는 公・私가 天理・人欲과 대비되고 있다. 法理를 논
하거나 君臣 관계를 이야기할 때 公・私가 天理와 人欲으로 대비되기
도 하였다.[52] 이렇게 대립성・상충성이 강화된 인식은 宋學의 영향으
로 인한 관념의 변화[53]라고 생각된다.

4. 남은 의문과 향후 과제

원래 '公과 私'라는 주제를 상정할 때는, 고려시대의 여러 연구 분야
가운데 늘 논란의 여지가 많았던 토지제도에 대해 다른 방식으로 접근
할 가능성을 모색하려는 문제의식이 있었다. 그러나 연구가 진행되면
서, 현재 남겨진 자료만으로는 이 또한 분명한 한계가 있음을 알게 되
었다.

앞서 언급한 일본의 경우에는, 처음에는 私田으로 관념되던 口分田

---

52) 『稼亭先生文集』 권1, 「趙苞忠孝論」.
53) 溝口雄三, 1995, 앞의 글, 8쪽.

이 율령국가 완성기에 들어서면서 公田으로 관념되는 것을 추적할 단서가 있었다. 그리고 漢字로 표기되는 개념의 기원을 따져볼 수 있을 정도로 오래된 訓讀을 확인할 여지도 있었다. 고유문자가 일찍 성립했기 때문일 것이다.

그러나 한국의 경우는 한글 창제가 워낙 늦었고, 그 이후에도 식자층이 한자 사용에 강고하게 집착함으로써 고유한 생각을 담은 흔적을 추적하기가 쉽지 않다. 漢字의 침투로 인하여 고유한 낱말이 사라져버린 경우가 너무나 많은 것이다. 字典에서 찾을 수 있는 公·私의 뜻풀이조차 한자어에 기대어 이루어지고 있는 실정인 것이다. 따라서 이 글에서는 사전적인 수준에서 公·私의 의미를 더듬어보고, 고려시대 사람들이 公·私를 대하는 태도를 정리하는 데 그쳤다. 실험을 시작할 때와 달리, 결과는 애초의 문제의식에 미치지 못하게 된 셈이다.

이제 지금까지 살펴본 주제와 관련하여 몇 가지 의문을 남겨두면서, 향후의 과제에 대해 간단히 짚어보기로 한다.

公·私의 용례를 다룰 때 가장 중요한 과제 가운데 하나는 토지제도에서 公田과 私田 문제일 것이다. 관련 자료를 오해함으로써 1960년대까지 유지되었던 國有論은, 그때까지 주목하지 않았던 자료를 찾아내는 한편 기존 자료를 합리적으로 해석함으로써 이미 극복되었다. 그리하여 얻은 결론은 收租權의 귀속에 따라서 나뉘는 公·私 용례와, 소유권의 귀속에 따라 나뉘는 公·私의 용례가 있다는 점이었다.[54] 국가의 입장에서는 해당 토지의 소유권보다는 收稅 내지 收租權의 귀속처에 더 큰 관심을 기울이고 있었기 때문에, 수조권의 귀속을 기준으로 해서 公田·私田이라는 표현을 썼다고 이해하는 것이 일반적이다.

그리하여 고려시대의 여러 기록에 보이는 公田·私田의 용례를 해

---

54) 李成茂, 1978, 「高麗·朝鮮初期의 土地所有權에 대한 諸說의 檢討」『省谷論叢』 9에 잘 정리되어 있다.

석하는 데서 큰 의견의 차이는 없다. 다만, 다음 기사를 비롯하여 한 두 기록에 보이는 公田을 국유지로 볼 것인가, 국가 收租地로 볼 것인 가 하는 점이 여전히 논란을 남기고 있다.

> 광종 24년 12월에 判하였다. "陳田을 개간한 경우 私田이면 첫해 수 확을 모두 지급하고 이듬해에 田主와 반씩 나누며, 公田이면 3년에 한 하여 전부 지급하고 4년째에 비로소 법에 따라 租를 거둔다."(『高麗 史』 권78, 食貨, 田制 租稅)

『고려사』에 보이는 대부분의 公田 용례는 국가 또는 관청에서 收租 하는 토지를 가리키며, 私田은 개인 收租地를 가리킨다. 그런데 대부 분의 연구들은 위의 기사에 나오는 公田을 公的 所有地 즉 公有地(국 유지)로 이해하였고, 私田을 사유지로 이해하였다.[55]

복잡하게 고려해야 할 다른 변수들을 차치하고서라도, 이러한 해석 의 차이에 대한 근본적인 의문이 가시지 않는다. 『고려사』 식화지에는 다른 규정들도 실려 있다. 그런데 위에서 인용한 기록을 제외하면, 다 른 곳에서 쓰인 公田·私田의 용례는 收租權의 귀속처를 기준으로 해 석해도 별 무리가 없는 경우도 많다. 중앙 정부에서 논의하여 국왕의 재가를 얻은 결정문은 상당한 구속력을 가질 터인데, 여기에서 사용되 는 公田·私田이라는 표현이 경우에 따라 달라질 수 있다는 데 의문 이 생길 수밖에 없는 것이다.

앞 절에서 公·私의 여러 사례들을 열거한 데서 보았듯이, 토지문제 를 제외한 다른 公·私 용례를 분석함으로써 어떤 시사점을 찾아볼 가

---

55) 權寧國 外, 1996, 『譯註 高麗史 食貨志』, 210쪽. 이런 일반적 이해와 달리, 이 기록의 私田의 소유권이 국가에 있었다고 이해하는 연구는 소수이다(洪承基, 1985, 「高麗前期 家田과 朝家田의 稅額·租額과 그 佃戶의 經濟的 地位」 『歷史學報』 106 ; 2001, 『高麗社會經濟史研究』, 一潮閣).

능성은 별로 없다고 생각된다.56) 별도의 개념세계 속에 살고 있는 현
대 연구자들에게는 수십 년간 혼란을 안겨주었지만, 정작 고려시대 사
람들은 자신들의 뚜렷한 기준 아래 公田·私田이라는 표현을 공문서
나 사문서에 사용하면서도 착오와 혼란을 일으키지 않았다는 전제 하
에, 그 기준을 다시 모색해보는 노력이 요구되지 않을까 한다. 어쩌면
그것은 오늘날 비교적 간단하게 구분하는 수조권이나 소유권이라는
틀로 재단하기 어려운 기준일 수도 있을 것이다.

이와 관련하여 또 하나의 의문을 지적하면서 향후 과제로 남겨두고
자 한다. 고려시대 관인들은 公과 私 즉 국가·官과 개인 차원의 행동
이나 의례를 엄격히 구분하고자 했다는 점은 앞 장에서 이미 언급하였
다. 그러나 이런 기준만으로 판단하기에는 납득되지 않는 모습들이 눈
에 띈다. 다음 사례는 그 하나이다.

　　執政 王詵을 外地로 내쫓았다. 왕이 이전에 先朝(광종) 때 참소를 입
　은 자의 자손에게 복수할 것을 허락하였더니 드디어 서로 마음대로 죽
　여 원망 소리가 다시 일었다. 이때 王詵은 복수를 빙자하여 太祖의 아
　들 天安府院郎君을 矯殺하였다. 이에 詵을 내치는 동시에 마음대로
　죽여 복수하는 것을 금하였다.57) (『高麗史』 권2, 世家 景宗 원년 11월)

이는 잘 알려진 내용인데, 경종이 즉위한 직후에 광종대에 참소를
입은 사람들의 자손에게 복수를 허용했다가 폐해가 드러나자 곧 중지

56) 토지문제를 중심으로 한 公私의 용례를 검토하여 '公私의 대립과 통일'이라
　는 가설이 제안된 경우도 있다(尹漢宅, 1995, 앞의 책). 그러나 필자의 판단으
　로는 관련 자료를 정리하는 경우에서조차, 대립과 통일이라는 기준으로 분류
　해내는 것이 모호할 뿐 아니라 현실적으로 무리가 따르지 않나 생각된다.
57) "放執政王詵于外 王嘗許先朝被讒人子孫復讎 遂相擅殺 復致冤號 及是 詵
　托以復讎 矯殺太祖子天安府院郎君 於是 貶詵 仍禁擅殺復讎".

시켰다는 내용이다. 그런데 유의할 점은, 참소 입은 자의 복수도 아무 때나 가능하지는 않았고, 국왕(경종)의 허락이 있었을 때 비로소 행해졌다는 점이다. 그리고 그에 따른 혼란이 생겨나자 다시 국왕의 명령으로 금지시켰다는 것이다.

이를 公·私라고 하는 개념을 적용하여 다시 해석하자면, 국왕으로 표상되는 公의 용인 아래 私的인 복수가 허용되어 人身殺害가 자행되었던 셈이 된다. 서구 중세 초기의 '결투재판'이나 '근친복수'[58]를 연상케 하는 분위기이며, 한국사의 후대 사회에서는 상상하기 어려운 사건인 것이다. 그런데 경종 초의 이런 사건은 일회적으로 끝난 예외적인 사례는 아니었던 것 같다. 다음 경우가 있기 때문이다.

(김광중이) 일찍이 심부름꾼 朴光升을 아껴서 衣食을 주어 기르고 다른 사람에게 부탁하여 隊校에 넣었다. 정중부의 난 때 박광승이 김광중을 인도하여 다른 사람 집에 숨기고 밀고하여 살해하였다. 후에 김광중의 아들 김체가 順安縣令이었을 때 마침 裵純碩이 兵士를 징발하였다. 김체가 군사를 훈련하며 응했는데 박광승이 祭告使로 온다는 소식을 듣고 먼저 사람을 보내 박광승의 아비를 蔚州에서 체포하였다. 그리고 박광승을 붙잡아 함께 順安에 이르러 부자가 서로 보게 하였다. 먼저 그 아비를 죽이고 박광승에게 "네 아비가 불쌍한가?" 하니 박광승이 "그렇다"고 했다. 김체가 "아비를 사랑함은 같거늘 어찌 은혜를 저버리고 내 아버지를 죽였느냐?" 하니 박광승이 대답하지 못했다. 마침내 그 팔을 잘라 軍中에 두고 몇 縣을 두루 돌린 뒤에 죽였다. (『高麗史』 권101, 列傳, 金光中, 金帶)

은혜를 저버린 박광승의 행위로 인해 아버지가 죽임을 당한 김체가,

58) 마르크 블로크 저, 한정숙 옮김, 2001, 『봉건사회Ⅰ·Ⅱ』, 한길사, 318~328쪽 참조.

나중에 기회가 닿았을 때 박광승과 그 아버지까지 두 사람을 모두 잡아 죽였다는 내용이다. 아버지가 죽음에 이르게 한 당사자뿐만 아니라 그 아버지까지 두 사람을 살해한 것, 또 私的인 복수를 위해 公的인 휘하 병졸을 부려서 목적을 달성했다는 것, 아무도 그의 행동을 제지하지 않고 순순히 따랐다는 것, 김체는 스스로의 행동을 자신의 임지 부근 지역에까지 과시한 것, 그 이후에도 김체가 처벌받지는 않은 것 같다는 것 등은 모두 국가에서 정하여 公的으로 통용되는 刑律이 존재하는 상태에서는 쉽게 상상하기 어려운 모습들이다.

여기서 지금까지 살펴보았던 公·私의 개념 구분이 여전히 불완전한 것임을 느낄 수 있다. 적어도 宋學을 받아들여서 公·私를 天理·人欲(善惡·氷炭)으로 극단적으로 상충시키는 고려 말기의 상황이 아니라면, 실제 일상생활 속에서는 오랜 역사적 관행을 바탕으로 公·私가 층위를 달리하면서 병존·교차되는 상황도 상상해 볼 수 있지 않을까 한다.[59]

『高麗史』 경종 원년조를 보면 이런 식의 복수는 잠깐 허용되었다가 곧 금지된 듯하지만, 김광중의 아들 김체의 행동을 보면 그렇지 않은 것이다. 경종이 복수를 허용한 것도 당시의 관행에 따른 것이었고, 워낙 폐단이 심해지자 일시 금지했다고 보는 것이 자연스럽다. 그리고 그 이후에도 이런 식의 복수가 관행적으로 가능했다고 생각되는 것이다.

중국의 경우에도 몇 가지 조건 아래 개인적인 차원의 복수가 공적으로 허용되는 경우가 있었고, 후대로 갈수록 금지되는 추세였다고 한다.[60] 이런 공통점을 감안하더라도 公과 私를 구분하고 있었던 사회에

---

59) 科田法을 제정할 시점이면 이미 극단적으로 엄격한 公私의 구분 관념이 정착한 상태라고 생각된다. 따라서 이때의 기준으로 고려 중기 이전의 용례를 가늠하는 것도 신중할 필요가 있지 않을까 한다.

서 개인적인 복수가 행해지고, 주위 사람들에게 자연스레 받아들여지던 분위기는 주목할 만한 것이라 생각된다. 후대적인 관념으로는 간단히 설명되기 어려운, 여러 독립적인 영역의 복합체를 당대의 관점에서 이해하고 오늘날의 언어로 설명해야 하는 과제가 남아 있는 것이다.

하일식 | 연세대학교 사학과 교수

---

60) 仁井田陞, 1959, 『中國法制史硏究(刑法)』, 東京大出版會, 317~323쪽 및 西田大一郎, 1974, 『中國刑法史硏究』; 천진호 외 옮김, 1998, 신서원, 117~144쪽 참조.

제3부 일상의 금기와 종교 및 제의

제8장 다양한 금기와 질병을 대하는 태도

사람은 누구나 평화롭고 행복한 삶을 추구한다. 그러나 우리가 살고 있는 세계에는 다양한 형태의 불안 요소가 자리잡고 있다. '禁忌'라는 것은 초자연적인 힘과 위험한 사물에 대한 공포 심리의 반영으로 이 경우 사람들은 보수적이고, 폐쇄적이며 자기 구속적인, 자기 안위적인, 소극적 방어 조치를 취하게 된다고 한다.[1] 이를테면 금기는 경계를 의미하며 모호함을 구별하여 사회질서를 유지하는 데 매우 엄격한 기초가 된다. 따라서 금기를 어길 경우에 불안이 조성되어 재앙이 따른다는 것이고 그러한 재앙에는 죽음이 있을 수 있고 질병도 이에 해당된다.

그런데 전염병에 대한 과학적 치료가 가능해진 것은 19세기 후반부터였다. 뿐만 아니라 개인의 육체적 기능이나 행동은 자연적·사회적 환경과 밀접히 결부되어 있기 때문에, 육체나 행동의 이상에 대한 해석과 이것에 대한 대응은 문화적 차이에 따라 다르다. 금기를 『辭源』에서는 '謂忌諱也'라 하였으며 서양어로는 'Taboo'로 알려져 있다. 또한 고려인들은 '거리낌(拘忌)'으로 표현하기도 하였다.[2] 이처럼 금기는 어떤 형태로든 어느 시대, 어느 민족에게서나 발견되는 것이면서도 문화

1) 장범성, 2004, 『중국인의 금기』, 살림, 7~8쪽.
2) 박경안, 2004, 「(중세 한국인의) 일상적 삶에 투영된 경제의식」『東方學志』 124.

적 경험 혹은 사회통제 형태에 따라 개념상의 차이를 보이고 있다.

서로 다른 기원을 갖는 금기들은 한편 다양한 가치관을 반영하는 것이기도 하지만 역으로 사회의 진화과정에 영향을 미치는 요인도 되었을 것이다. 그렇다면 고려인들은 어떤 금기를 갖고 있었으며 그러한 금기들은 어떠한 배경을 갖고 있었고 당시 사회구조와는 어떠한 연관이 있었을까? 나아가 질병을 어떻게 이해하고 대처하였을까? 이 글에서는 바로 이러한 점들을 살펴보고자 한다.[3]

1. 행복한 삶의 추구와 금기 유형

1) 자연재해[4]

인종 때 고려를 다녀간 바 있는 徐兢은 그의 견문기인 『宣和奉使高

---

3) 이 글을 쓰면서 참조한 문헌은 다음과 같다. 프레이저 저, 張秉吉 옮김, 1977
·1982, 『황금가지 Ⅰ·Ⅱ』, 삼성출판사 ; 車柱環, 1978, 『韓國道敎思想硏究』,
서울대학교 출판부 ; 金泰坤, 1981, 『韓國巫俗硏究』, 집문당 ; 李丙燾, 1980,
『高麗時代의 硏究』, 亞細亞文化社 ; 朱越利 編, 2001, 『當代中國宗敎禁忌』,
民族出版社 ; S. 프로이트 저, 김현조 옮김, 1993, 『토템과 금기』, 經進社 ; 이
중생 저, 임채우 옮김, 1999, 『언어의 금기로 읽는 중국문화』, 동과서 ; 金基
德, 2001, 「高麗時代 開京의 風水地理的 考察」『韓國思想史學』17 ; 윤이흠
·김일권·최종성, 2002, 『고려시대의 종교문화』, 서울대학교 출판부 ; 최창
모, 2003, 『금기의 수수께끼-성서 속의 금기와 인간의 지혜-』, 한길사 ; 장
범성, 2004, 『중국인의 금기』, 살림출판사 ; 金斗種, 1966, 『韓國醫學史』, 探求
堂 ; 金南柱, 1988, 「高麗時代에 流行된 傳染病의 史的硏究」, 서울대 보건대
학원 박사학위논문 ; 申貞均, 1992, 「佛敎의 疾病觀과 그 療法」『韓國佛敎文
化思想史(下)』, 伽山佛敎文化振興院 ; 장인성, 2000, 「고대 한국인의 질병관
과 의료」『韓國古代史硏究』20 ; 宋淳禎, 2000, 「高麗時代 疫疾에 대한 硏
究」『明知史論』11·12 ; 姜到炫, 2004, 「高麗後期 性理學 수용과 疾病 대처
양상의 변화」, 서울시립대학교 석사학위논문.

4) 여기서 말하는 자연재해에는 天災地變 혹은 疫疾 따위를 포함한다.

麗圖經』(이하 『고려도경』으로 약칭)에서 고려인들은 당시 城 부근의 산은 음양설에 의한 사위(陰陽之忌)가 있으므로 나무의 벌채를 금하였다고 한다.[5] 아마도 이는 개경 주변이 아닐까 생각되는데 '松嶽'이라고도 불리었을 정도로 소나무 숲이 우거져 있었던 것으로 여겨진다. 그러나 처음부터 이처럼 울창한 소나무 숲이 있었던 것은 아니었다.

일찍이 신라의 풍수가 八元은 康忠에게 소나무를 심어 암석을 드러나지 않게 하면 삼한을 통합하는 자가 나올 것이라고 하였다고 한다. 원래 이곳은 말하자면 산형은 뛰어났으나 나무가 없는 동산(山形勝而童)으로 풍수상 부족함이 있었다. 실제로 송악은 암석이 많아 비만 오면 토사가 흘러내리므로 나무를 심어 보호하였다.[6] 말하자면 풍수적 치수 개념[7]에 의한 일종의 裨補林이었다. 고려의 위정자들은 바로 이런 점 때문에 숲의 관리에 유독 신경을 썼던 것이며 사람들로 하여금 함부로 출입조차 못하게 하였던 것이다.

그런데 특이하게도 서긍은 이와 같은 일련의 상황을 음양설[8]을 통해 설명하였다. 위의 글을 보면 당시 위정자들은 법제적 조치가 아니더라도 나무숲과 관련된 사위 즉 금기개념을 통해 자연스럽게 숲의 출입을 통제할 수가 있었던 것 같다. 바로 그러한 측면은 고려인들의 음양설에 대한 믿음이라고 하는 전제 위에 가능한 일이었다. 그와 같은 믿음은 다음 서긍의 기록을 통해서도 확인된다.

고려는 본디 글을 알아 도리에 밝으나 음양설에 구애되어 꺼리기 때문에, 그들이 나라를 세움에는 반드시 그 형세를 관찰하여 장구한 계

---

5) 『高麗圖經』 권23, 雜俗, 樵.
6) 『高麗史』 권12, 世家, 睿宗 원년 2월 을해.
7) 金基德, 2001, 앞의 논문, 84~88쪽.
8) 여기서 말하는 陰陽說은 정확히 말하면 風水說에 해당된다. 음양설은 풍수설보다 큰 범주의 말이지만 고려시기에는 같이 혼용되었다.

책을 할 수 있는 곳인 연후에 자리잡는다. (『고려도경』 권3, 城邑, 形勢)

　나라를 세우는 초창기에 민의 광범위한 지지가 무엇보다도 선결과제가 되었을 법한 시기에 음양설에 따라 계책을 세운다는 것은 또한 그에 대한 믿음이 상대적으로 컸기 때문일 것이다. 말하자면 음양설에 대한 백성들의 믿음이 없었더라면 그와 같은 국가적 결정을 하지는 않았을 것이란 뜻이다.

　그렇다면 음양설에 대한 믿음은 어디에 근거한 것일까? 문종 원년 3월에는 일식이 있었는데 어사대는 이를 미리 알리지 못한 책임을 물어 春官正 柳彭과 太史丞 柳得韶를 파면하도록 주청하였다. 왜냐하면 음양원리에 따라 역산만 확실히 한다면 그 변화를 미리 짐작할 수 있는데도 불구하고 담당관리가 미리 예측하지 못한 것은 계산을 소홀히 하였기 때문이라는 것이다.[9] 같은 시기에 참고용 '陰陽書'와 같은 것도 있었다. 문종 35년 12월 계해일에 知太史國事[10] 梁冠公은 이를 근거로 臘日을 변경할 수 없다는 견해를 밝히고 있다.[11] 오늘의 관점에서 보면 미신적이라고도 할 수 있는 擇日의 문제가 당대에는 나름의 기준과 판단의 근거를 갖고 다루어지고 있었던 것이다.

　이처럼 고려인들이 음양설에 의지하는 데에는 당시로서는 이치에 맞는 것으로 여겨지는, 보편적 가치로 인식되었기 때문이었을 것이다.[12] 이 시기 사람들은 음양의 두 氣를 통해서 자연을 해석하여 흉사

---

9) 『高麗史』 권7, 世家, 文宗 元年 3월 초하루.
10) 太史局(나중의 書雲觀)은 공식적으로는 天文, 曆數, 測候, 刻漏의 일을 맡고 있었는데 이는 음양설과 불가분의 관계를 이루고 있었다.
11) 『高麗史』 권9, 世家, 文宗 35년 12월 계해.
12) 물론 여기서 말하는 음양설이 이른바 음양사상과 반드시 일치한다고 말할 수는 없을 것이다. 다만 이 시기 고려사회가 음양을 바탕으로 하는 자연관을 광

를 두려워하고 금기하면서 장래에 대비하는 한편 실제 재변이 예상되
는 경우 적극적으로 액막이를 써서 이를 막고자 하였다.

> (예종 4년 6월) 병술일에 다음과 같은 명령을 내렸다. "근자에 동쪽
> 변경이 편안하지 못하여 군사와 마필이 피폐하게 되었으니 이는 땅 기
> 운이 쇠퇴하여진 까닭이다. 음양비술로 액막이를 해야 되겠으니(宜以
> 陰陽祕術禳之) 司天坮와 太史局의 관원 및 산관들은 각각 대책에 대
> 한 글을 제출하라!"(『高麗史』 권127, 列傳, 叛逆, 妙淸)

여기서 말하는 동쪽 변경이란 여진족과 접경지대를 말하는데 접경
지역의 군사적 불안 상황을 정확히 판단하지 못한 것은 아니었을 것이
다. 다만 고려인들은 그렇게 액막이를 하면 무언가 효과가 있을 것으
로 믿고 있었기 때문이었다. 인종 6년 妙淸 일파의 음양비술도 바로
그러한 예의 하나였을 것이다. 즉 서경 林原驛의 땅은 음양가들이 말
하는 大華勢인데 만약 이곳에 궁궐을 짓고 옮겨 앉으면 천하를 차지할
수 있어서 금나라가 방물을 바치고 스스로 항복할 것이며 36개 나라들
이 모두 조공하게 되리라는 것이었다.[13] 당시 고려는 금나라의 위협에
직면하고 있었으므로 국가적 재난이 초래될지도 모른다는 위기의식을
느끼고 있었다. 따라서 묘청의 주장은 그와 같은 위협으로부터 벗어날
수 있는 주술적 액막이 효과를 말한 것이었다.

이처럼 고려인들은 국가적 중요 행사에 있어서조차 음양설에 바탕
을 둔 해석을 하고 있었다. 이 시기 음양설은 자연의 질서를 설명하는
하나의 척도로 인식된 듯하다. 그리고 국가라고 하는 하나의 공동체는
이러한 자연의 질서에 순응해야 융성한다는 것이며 거스릴 경우 해악

범위하게 받아들이고 있었다는 점을 지적하고 싶은 것이다.
13) 『高麗史』 권127, 列傳, 叛逆, 妙淸.

이 끼칠 수 있다고 생각한 것이다. 그런 점에서 보면 음양설에 의한 금기가 국가적 흉사를 막기 위한 소극적 대응이라면 액막이는 적극적 대처방식이었다. 이 시기 공동체적 금기의 특징은 음양설을 토대로 하면서도 당대인들의 복합적 자연관[14]을 반영하여 다양한 형태로 전개되었다는 데에 있었다.

가령 태조 왕건이 남긴 훈요십조 가운데에도 地德이 훼손되므로 함부로 사원을 짓지 말라든가 서경의 경우 水德을 거스르지 말라는 내용 그리고 산형과 지세로 보아 차현 이남은 逆處이니 사람을 쓰지 말라는 것들[15]은 풍수에 따른 전형적인 금기사항이라고 하겠다. 이는 금기가 정치세력 혹은 사원세력을 통제하거나 혹은 보호하기 위한 수단으로 쓰여졌음을 뜻하는 것이다. 임종에 앞서 특히 호족들의 움직임에 촉각을 세우지 않을 수 없었던 상황을 감안한다면, 풍수를 통해 나라의 운명을 안정시켜 보고자 했던 태조 왕건의 정치적 계산을 엿볼 수 있다. 이는 풍수가인 도선의 권위를 빌린 것이긴 하지만 당시 풍수설에 대한 고려인들의 일반적 심성을 이용한 측면이 강하다. 그렇지 않았다면 비록 도선의 말이라 하더라도 설득력을 갖기 어려웠을 것이고 따라서 왕실의 안정이라는 자신의 정치적 목적을 이룰 수도 없었을 것이다. 풍수를 전문으로 삼아 생계를 꾸려나가는(相風水賣術爲生) 사람도 있었다는 사실[16]이 이를 말해준다.

도선의 풍수사상이 갖는 독창성은 흉사를 막기 위해 비보적 성격을 가미했다는 점에 있는 것이지만 또한 그러한 이론의 바탕에는 풍수설을 바탕으로 불교의 기복신앙적 관점이 섞여 있었다. 이를테면 문종 9

---

14) 윤이흠, 2002, 「고려 종교사상의 특성과 흐름」『고려시대의 종교문화-그 역사적 상황과 복합성-』, 서울대학교출판부, 50쪽.

15) 『高麗史』권2, 世家, 太祖 26年 4월.

16) 『高麗史』권124, 列傳, 王三錫.

년 10월 병신일에 문하성은 태조가 사원을 창건한 것은 배치되는 산천 정기를 진압하려는 것이었으므로 새로이 사원을 증설하기 위하여 산천의 기맥을 훼손시키면 반드시 재해가 생길 것이라고 하였다.[17]

요컨대 풍수설에 반하는 사찰의 置廢 혹은 수리 문제는 재앙을 막기 위해서는 신중을 기하지 않으면 안되는 금기사항이었다. 그러나 고려왕조는 풍수지리설에 대한 일반적 믿음에 기초하여 이를 금기를 통해 적절히 이용함으로써 빈번한 재변 등 위기국면을 벗어나고자 한다든가 혹은 왕업의 연장을 추구하였다. 고종 4년 술인 李知識의 말을 듣고 乾元寺를 부수어 北兵을 막으려 했다든가 賢聖寺로 거처를 옮긴 사실은 바로 그와 같은 예였다.[18]

한편 음양설 혹은 불교적 자연관에 바탕을 둔 금기의식과 대응은 유자들에 의해 견제되기도 하였다. 이를테면 문종은 부처님의 힘을 빌려 재변을 막아 나라를 행복하게 할 수 있다고 생각하였으나 문하성의 신료들은 달마가 양 무제에게 한 말을 빌어 '無爲功德'을 숭상하되 '有爲功德'은 숭상하지 않는다고 하였다.[19] 유자로서 국왕의 무분별한 풍수지리적 인식을 경계하고자 한 것이다. 인종조의 명신이었던 林完도 천재지변과 관련하여 이를테면 도량(道場), 齋, 기도(醮)와 같은 불교 내지는 도교적 대응에 관해서도 한낱 외식에 불과한 것으로 생각하였다.[20]

이 무렵 유자들의 천재지변에 대한 대응은 국왕의 修德의 차원에서 이루어져야 한다는 것이었다. 이를테면 正殿을 피하고 시장을 옮긴다든지, 도축을 금한다든지, 일산과 부채를 부치지 못하게 한다든지 하는

---

17) 『高麗史』권7, 世家 ; 文宗 9년 10월 丙申.
18) 『高麗史』권22, 世家, 高宗 4년 11월 정미.
19) 『高麗史』권7, 世家, 文宗 9년 겨울 10월 丙申制.
20) 『高麗史』권98, 列傳, 林完.

일련의 금기사항은 기후불순을 재변으로 보고 그 원인을 天人合一思
想에 바탕을 둔 天人感應의 입장에서 처리하고자 한 것이었다. 홍범에
기초를 둔 이와 같은 인식은 기본적으로 농경문화를 바탕으로 한 유교
적 자연관이 작용한 것이며 금기의식의 바탕에는 농업생산력을 보존
함으로써 체제안정을 담보하려는 정치적 의도가 깔려 있었다.

2) 일상 생활 속에서의 금기

혼히 사람이 살아가면서 누릴 수 있는 복을 다섯 가지로 분류한다.
고려인들도 오복을 다 누리고도 귀하게 되는 경우는 혼치 않은 일로
생각하였다.[21] 그러나 인간이라면 누구나 만복을 누리고 싶어한다. 그
래서 불행에 빠지지 않도록 혹은 불행에서 벗어나도록 忌諱하는 경우
가 생기는 것이다. 이를테면 충렬왕이 환갑이 되자 術者들은 '換甲厄
年之說'을 내세워 은혜를 베풀어 액운을 면할 것(推恩肆宥)을 주문하
자[22] 國師僧은 사냥을 중단함으로써 小心修德할 것을 주문하였다.[23]

사람이 나이 들어 61세가 되면 이른바 회갑 혹은 환갑이라 하여 잔
치를 베풀어준다. 이는 출생한 해의 간지가 되돌아왔음을 뜻하는데 이
때부터 남의 나이를 먹는다고 말하기도 한다. 여기서 말하는 액운이란
새로운 출발을 시작하는 경계지대에 있을 수 있는 불안의식을 반영한
것으로서 원한을 산다든가 혹은 살생을 한다든가 하는 따위의 재앙을

---

21) 金龍善 편, 2001, 「崔繼芳 墓誌銘」(예종 12년) 『高麗墓誌銘集成』, 한림대학교
    출판부(이하 인용하는 묘지명의 출처는 같음), "「洪範」의 五福이란 장수(壽),
    富, 건강(康寧), 덕을 좋아함(攸好德), 천명을 누리고 죽음(考終命)을 말하는
    것이다. 사람으로 이 다섯 가지 복을 갖추고도 귀하게 된 이는 일찍이 보지
    못하였다".
22) 『高麗史』 권31, 世家, 忠烈王 22년 정월 갑신.
23) 『高麗史』 권31, 世家, 忠烈王 22년 2월 병인.

초래할 수 있는 일을 금기시하는 풍습이 있었음을 보여준 것이다.

금기는 인간관계의 측면에서도 중요하였다. 이를테면 고종 2년 가을 7월에 어떤 사람이 중방에 말하기를 "대궐 서쪽에 있는 尙藥局에서 늘 약을 찧으니 山西의 旺氣를 훼손할까 두렵다"고 하자 중방에서는 왕의 명령도 없이 상약국, 尙衣局, 禮賓省 등 도합 40여 채의 집을 헐어 버리고 중방을 옮겨지었으며 또 千齡殿 옆으로 새 길을 내어 왕래하게 하였다.[24] 상약국에서 약을 찧는 것은 의례 있는 일이었으나 무신측에서는 자신에 대한 일종의 저주로 비치어 금기시하였던 것이다. '산서의 왕기를 훼손할까 두렵다'는 말은 음양의 조화와 관련된 풍수적 관점으로서 체제의 취약성에 따른 무신세력의 잠재적 불안감을 금기의 형태로 내보인 것이라 하겠다.[25]

고려인들이 음양에 얽매였다는 사실은 그들의 자연관을 반영한 것이지만 이러한 금기에는 오랜 삶의 경험에서 유래된 측면이 있었다. 병이 들면 父子 사이처럼 아주 가까운 육친이라도 서로 보지 않는다는 내용[26]은 '避病 혹은 避接'에 해당하는 것이며 아마도 오랜 경험에서 습득된 지혜였을 것이다. 이와 같은 예는 건축물에도 나타난다. 충렬왕 3년 가을 7월 觀候署는 우리나라에는 산이 많으니 만일 높은 집을 짓는다면 반드시 地氣를 쇠모, 손상시킬 것이라고 하면서 천지, 남녀의 관계와 마찬가지로 건축물도 자연과 인간의 조화로운 질서체계를 통해 이해하고자 하였다.[27] 이와 같은 판단은 농업을 영위하면서 정착생활을 하는 고려인들에게 있어서 자연은 생산의 터전이었으므로 거스

---

24) 『高麗史』 권22, 世家, 高宗 2년 4월 7일.
25) 금기는 체계 外緣의 경계를 압박하는 위험 등으로부터 사회의 질서를 유지하기 위해 형성된 것이다(최창모, 2003, 앞의 글, 33쪽).
26) 『高麗圖經』 권17, 祠宇.
27) 『高麗史』 권28, 世家, 忠烈王 3년 7월.

르기보다는 순응하면서 생산력을 보존해야 한다는 경험적 사고에서
나온 것으로 생각된다.

　음양설에 따른 拘忌의 예는 특히 擇地라든가 택일과 관련된 경우가
많았다. 이를테면 의종이 鄭誠의 저택을 慶明宮으로 삼자 음양가들이
그 집터는 개가 머리를 들어 주인에게 짖는 형세이므로 국왕이 있을
자리가 못된다고 하였든가28) 崔允儀 등을 시켜 白州에 별궁을 창건하
게 하자 술자들끼리 서로 말하기를 "이곳은 鄭道詵의 이른바 庚方의
돌 호랑이(客虎)가 머리를 쳐들고 와서 덮치는 형세로 되어 있는데 여
기에 궁궐을 창건했으니 앞으로 나라에 위급한 환난이 생길까 두렵다"
고 한 것29)이 그러한 예이다. 건축물은 거기에 사는 인간들의 삶의 형
태를 반영하는 것으로서 주택의 구조, 위치 혹은 방위와 같은 것이 집
안의 흥망성쇠와 관련이 있다고 생각하는 것이다. 따라서 금기를 갖게
된 것은 그와 같은 생활상의 습관 혹은 질서를 벗어나지 않으려는 의
식의 표현이라고 할 수 있다. '음양가', '술자'라고 하는 부류의 사람들
은 음양설을 바탕으로 풍수적 관점에서 자신들의 소신을 말했을 것이
고 이들의 말은 존중되었던 것이다.

　한편 택일문제와 관련하여서는 이를테면 사신으로부터 조서를 받는
다든가30) 親祭를 거행한다든가31) 등의 경우에 길일을 택하여 날짜를
정하였으며 나아가 국가간의 외교행위를 할 경우에도 날짜가 중요하
였다. 그러나 일상적 삶에 있어서도 택일문제가 중요하였으리라는 점
은 충분히 추측할 수 있다. 이를테면 명종이 최충헌 세력의 위세에 눌
려 오랫동안 환궁을 미루자 최충헌은 "구기의 설을 믿고 오랫동안 거

---

28) 『高麗史』 권18, 世家, 毅宗 11년 12월 계축.
29) 『高麗史』 권18, 世家, 毅宗 12년 9월 경신.
30) 『高麗史』 권65, 禮志, 賓禮, 迎大明無詔勅使儀.
31) 『高麗史』 권89, 列傳, 后妃, 明德太后洪氏, 忠惠王 원년.

처하지 않았으니 이것이 도리어 음양에 배치되지 않는다는 것을 어찌 알 수 있겠는가" 하면서 길일을 택하여 天命을 받으라고 했던 사실이 이를 말해준다.[32] 택일과 관련하여 흥미 있는 것은 당대인들이 금기문제를 귀신의 역할과 연결하여 이해하고 있었다는 점이다.

> 일이 끝나자 임금(禑王)이 "오늘이 무슨 날입니까"라고 묻고는, 책력을 가져오게 하여 보며 말하였다. "귀신이 날뛰는 날(猖鬼日)이니, 잠시 쉬기로 합시다." 선생은 일찍부터 음양의 拘忌를 싫어하였으므로, 꿇어앉아 아뢰기를, "임금이 天時를 받드는 일은 이와 같은 데에 있지 않습니다. 원하건대 전하가 행하고자 하면 곧 행하면 되는 것이니, 귀신이 날뛰는 것이 무엇이 해롭겠습니까."라고 하자 임금의 얼굴빛이 변하였다. (「安輔 墓誌銘」, 禑王 4年)

귀신이 날뛰는 날이니 날이 바뀌면 제수하겠다는 것이다. 그러니까 당시 사람들은 날짜와 음양의 상관관계를 잘 알고 있었을 것이며 중요 행사를 행함에 있어서는 택일을 하였던 것이다. 이에 유교적 사고를 가진 安輔는 음양에 구기됨을 꺼려서 바른 소리를 했다는 것이다. 이 무렵 비록 유교적 지식들에 의해 거부되기는 하였으나 음양설은 여전히 고려인들의 믿는 바로서 일상적 삶을 규제하는 역할을 하였던 것이다.

3) 청정 생활과 금기

금기에는 두 가지 측면이 있다. 즉 신성한 것에 대하여 몸을 조심하는 경우와 부정에 대하여 그것을 기피하는 경우가 그것이다. 비종교적

---

32) 『高麗史』 권129, 列傳, 叛逆, 崔忠獻.

인 금기가 불운이나 행운과 관련이 있다면 종교적 금기는 죄와 징벌의
문제와 관련이 있다.[33] 불교라든가 도교는 각 종교로서의 일정한 계율
이 있으며 금기와도 관련이 있다. 이를테면 불교 경우에는 연기설과
관련하여 청정으로 근본을 삼아 온갖 더러운 것을 멀리하고 탐욕스러
운 생각을 없애기 위한 계율이 있었으며 불도는 속인과 구별되는 계율
을 엄격히 지키게 하였다.[34] 그런데 승려가 아닌 속인의 경우에 이와
같은 계율은 의미가 없었겠으나 그럼에도 불구하고 일정한 불교적 금
기가 존재하였다.

> 일찍이 그가 병들어 누워 있을 때 태조가 태자를 보내서 문병하고
> 육류를 먹으라고 권하면서 말하기를 "자기 손으로 짐승을 죽이지만 않
> 으면 그만이지 고기를 먹는다고 해서 무엇이 나쁘겠는가?"라고 하였으
> 나 최응은 굳이 사양하여 먹지 않았다. 그래서 태조가 그의 집에 가서
> 말하기를 "그대가 고기를 먹지 않는 것은 두 가지 잘못이 있다. 첫째로
> 자기 몸을 보전하지 못하여 종신토록 모친을 봉양할 수 없으니 불효
> 요, 둘째로 자기 수명을 길이 유지하지 못하므로 나로 하여금 좋은 보
> 필을 일찍이 잃게 하니 불충이로다"라고 하니 최응이 그제야 비로소
> 고기를 먹기 시작하더니 과연 건강이 회복되었다. (『高麗史』 권92, 列
> 傳, 崔凝)

최응이 고기를 먹지 않으려 한 것은 청정의 결심으로서의 살생을 금
하고자 하는 불교적 거리낌 현상으로 보인다. 이에 태조는 효와 충의
논리로서 설득하고 있다. 그가 결국 고기를 먹게 되었다는 것은 금기
를 지키지 못하고 俗에 충실한 결과가 되었다. 당초 그가 금기를 지키
고자 했던 것은 비록 몸은 속인이었으나 불도로서의 聖의 경지에 이르

---

33) 최창모, 2003, 앞의 책, 43쪽.
34) 『高麗史』 권7, 世家, 文宗 10년 9월 병신.

고자 했음을 보여준 것이다.[35)]

　그런데 불가에서는 고기뿐만 아니라 술도 금기에 속했던 것으로 보인다. 그밖에 이른바 五辛 혹은 五葷(혹은 五菜)[36)]이라고 하여 마늘·달래·무릇·김장파·세파 따위도 금기의 대상으로 삼았다. 이와 같은 음식을 금기시했던 것은 분노 혹은 음욕을 자극할 것이라는 생각 때문이었다. 이를테면 이규보는 나이 들어 경서공부를 그만 두고 불경(楞嚴經)을 읽을 정도로 부처를 섬겼다.[37)] 이 무렵 그는 오신을 금하여 사후 악귀가 입술을 핥는 형벌을 면하고자 하였다.[38)] 결국 그는 힘든 과정을 통해서 오신을 끊을 수 있었다.[39)]

　이와 같은 금기는 성과 속의 경계로서의 의미를 갖고 있었다. 승려가 아니더라도 금기를 지킴으로서 성의 경지에 도달할 수 있다고 하는 의식이 있었음을 보여준 것이다. 이를테면 權旺은 葷菜와 고기를 40년이나 먹지 않았다. 비록 승려는 아니었지만 在家하여 불도에 뜻을 두고 청정의 금기를 지킴으로써 성의 경지에 도달하고자 하였으며 스스로를 거사[40)]로 칭하였다.[41)] 사람들은 그가 비록 몸은 속세에 있었지만 주육을 끊고 선업을 닦았으므로 끝내 하늘이 내려준 부처님(靈運之佛)

---

35) 聖이란 종교의 기본적 개념의 하나로 종교현상이 지닌 독자적 성질 또는 가치를 말한다.
36) 道家에서도 五辛이 있었는데 부추·자총이·마늘·평지·무릇 따위가 있었다. 이는 음욕·분노가 유발된다고 생각하여 금식의 대상이 되었다(『漢韓大字典』).
37) 『東國李相國後集』 권5, 고율시, 臥誦楞嚴有作二首.
38) 『東國李相國後集』 권5, 고율시, 始斷五辛有作.
39) 『東國李相國後集』 권6, 고율시, 斷牛肉.
40) 居士라는 의미는 덕이 높고 才藝가 있으나 벼슬에 뜻을 두지 않는 인사를 말하기도 하지만 在家하며 불도에 뜻을 둔 사람을 가리키기도 한다(『漢韓大字典』).
41) 『高麗史』 권107, 列傳, 權旺.

이 되었다고 표현하였다.[42]

　당시 고려인들은 제사지낼 경우에도 흔히 채소를 쓰는 일이 하나의 풍속처럼 인식되고 있었다.[43] 불교적 금기를 실천에 옮겨 성의 경지에 이르고자 하는 생각은 당시에 일반적 풍속이었던 것이다. 더구나 소를 천시하지 않고 육식을 기휘하는 현상은 농경사회에서 생산수단의 보존이라는 절박한 현실적 요구와도 관련이 있었다.[44] 이와 같은 일은 긍정적 측면이 있었을 것이지만 결국 인간으로서의 삶의 질을 떨어뜨리는 결과도 초래하였다. 따라서 여말 이색은 극복해야 할 풍속으로 인식하게 된 것이다.[45]

2. 질병에 대한 이해와 치료

1) 원인에 대한 해석

　금기의식이 당대인들의 자연관과 밀접한 관련이 있다고 보는 바 질병과 그 원인에 대한 해석도 마찬가지로 볼 수 있다. 신 또는 초자연적 존재에 대한 의존성은 그러한 측면을 보여준다. 그러나 질병에 대한 해석이 반드시 그런 것은 아니었다.

　이를테면 원종 10년 가을 7월 林衍이 중서사인 郭汝弼을 통해 몽골에 보낸 '進王遜位表'를 보면 昛(충렬왕)은 원종이 병이 들어 부득이 손위하게 되었다는 사실을 밝히면서 병이 든 원인을 '被陰陽之寇'[46]로

---

42)「權旵 墓誌銘」, 忠宣王 4年.
43)『東國李相國前集』권22, 고율시, 論四時饗先事略言.
44)『東國李相國後集』권6, 고율시, 斷牛肉.
45) 박경안, 1999,「姜希孟의 家學과 農業經營論」『實學思想研究』10・11, 357～364쪽.
46)『高麗史』권26, 世家, 元宗 10년 7월.

이해하였다. 말하자면 섭생에 있어서의 음양의 부조화를 말하는 것이
다. 이렇게 질병의 원인을 섭생에 돌리는 태도는 이미 오래 전부터의
일이었음은 앞서 인용한 崔凝의 이야기를 통해서도 알 수 있다. 뿐만
아니라 질병은 정신적 요인이 있음도 잘 알고 있었다. 이를테면 순종
은 부왕인 문종이 죽자 과도한 애통과 쌓인 근심으로 병에 걸리게 되
었다고 술회하고 있다.[47] 말하자면 질병의 원인을 육체적 요인과 더불
어 피로 혹은 스트레스와 같은 정신적 요인도 중요하였음을 인식하고
있었다.

　이와 같은 측면들은 굳이 의학적 지식이 없더라도 스스로 자각할 수
있다는 공통적 특징을 보인다. 말하자면 굳이 의원이 판단해주지 않는
다 하더라도 어느 정도는 스스로 병의 요인을 판단할 수 있지 않았겠
느냐 하는 것이다. 최응의 경우에도 병석에 눕기까지 이른 것은 병의
원인을 몰라서가 아니라 불교적 금기에 대한 심성적 판단이 앞섰기 때
문이 아니었을까 한다. 태조 왕건이 섭생의 논리가 아닌 충효의 논리
를 들면서까지 말한 것은 그 때문이었을 것이다.

　삼국 이래로 중국과의 문물교류를 통해 의술의 수준도 높아졌을 것
으로 생각된다.[48] 그러나 과학적 지식이 일천했던 당시에 질병의 원인
을 정확히 모르는 경우가 보다 일반적이었을 것으로 생각된다. 바로
그런 경우에 치료를 위해서는 원인 구명을 하지 않으면 안되었을 것이
고 따라서 그 내용은 당대의 자연관에 토대를 둔 상식 수준에 머물 수
밖에 없었을 것은 당연한 이치다. 이를테면『고려사』세가 및 예지에

47)『高麗史』권9, 世家, 順宗 즉위년 을미.
48) 金南柱는 당시 의학교육에 쓰여졌을 법한 秦·漢·晉·唐·宋代의 교재들
　　을 분석하여 病理論의 발전을 추적하여 內外因論에서 小宇宙論에 이르기까
　　지 발전과정이 있었을 것으로 판단하였다(金南柱, 1988, 앞의 논문, 23~27
　　쪽).

는 溫神 즉 돌림병 귀신에게 제사를 지냈다는 기록이 보인다.[49] 돌림
병 귀신에게 제사를 지냈다는 것은 질병의 원인을 귀신의 소행으로 간
주하고 있었음을 뜻한다.

이렇듯 돌림병을 귀신의 소행으로 인식하게 되면 병의 예방과 치료
과정에서 귀신을 달래는 일이 중요하게 된다. 한국을 비롯하여 중국·
일본 등에는 寃鬼와 관련된 민간신앙이 많다. 이를테면 원통하게 비명
에 죽었거나 처녀·총각으로 죽은 영혼 등이 사람에게 해를 끼치고,
또 연고가 없이 죽은 혼이 이승을 헤매며 사람을 놀라게 하는데, 이들
은 음식을 대접하고 위로를 하면 물러가고 다시는 해를 끼치지 않는다
는 것이다. 이는 질병의 원인을 망자의 원한에 의한 것으로 보는 것이
다.[50] 『高麗史』 기록에도 비슷한 내용을 볼 수 있다.

> 李永의 자는 大年이니 安城郡 사람이다. (중략) 이자겸이 韓安仁을
> 죽인 후 이영을 한안인의 매부라 하여 공모자로 몰아 진도로 귀양 보
> 냈는데 어떤 사람이 이영에게 말하기를 "당신의 어머님과 아들이 장차
> 적몰당하여 관청의 노비로 된답니다"라고 하였더니 이영이 (중략) 술
> 을 한 말이나 마시고 분이 북받쳐서 죽으니 사람들이 애석히 여겼다.
> 이 소식을 듣고 이자겸이 술사를 보내서 그의 시체를 길가에 묻게 했
> 더니 지나는 마소들도 감히 밟지 못했으며 혹 학질에 걸린 사람이 그
> 무덤에 기도를 드리면 병이 떨어지곤 하였다. 급기야 이자겸이 패망한
> 후 이영의 아들이 고쳐 장사하기를 청원하고 무덤을 파고 본즉 시체가
> 변하지 않은 채 있었다. 그래서 조정에서 그에게 첨서추밀원사 벼슬을
> 추증하고 이부에 명령을 내리어 그의 죄명을 장부에서 삭제하게 하였
> 다. (『高麗史』 권97, 列傳, 李永)

---

49) 『高麗史』 권63, 禮志, 雜祀, 肅宗 5년 6월 무오 및 同王 6년 2월 병신.
50) 무속신앙에서 환자굿 즉 병굿은 병의 원인을 亡者의 원한으로 보고 解寃에
역점을 둔다.

戶長의 아들인 이영은 자존심이 강한 사람으로 관에 있으면서 평판도 좋았다. 그러나 그는 자신의 노모가 적몰되어 천한 종노릇을 하게 될 것이라는 말을 듣자 술을 한 말이나 마시고 분에 복받쳐 죽었다. 그렇다면 여기서 왜 이자겸은 당시 술사를 보내서 시체를 묻었을까? 왜 지나가던 마소들도 감히 무덤을 밟지 못하였고 학질에 걸린 사람도 무덤에 기도를 드리면 병이 나았을까? 이자겸이 패망한 후 이영의 아들이 시신을 개장하기를 청하였을 때 국가는 왜 이를 들어주었을까?

이는 고대 이래의 무속적 질병관과 관련이 있어 보인다. 이를테면 중국과 마찬가지로 고대 한국인들은 원한을 품고 죽은 사람은 사후 안식을 얻을 수 없어서 癘鬼가 되어 병을 일으킨다고 생각하였다. 즉 질병의 중요한 원인이 여귀의 빌미라고 생각하였던 것이다.[51] 이 시기 술사는 음양오행설에 근거하여 각종 災異와 질병을 다스리는 사람이었다. 이자겸이 술사를 보낸 것은 이것이 빌미가 되어 초래될 사태를 미리 알고 미연에 방지하고자 한 것이라고 생각된다. 분에 복받쳐 죽은 만큼 억울하게 죽은 원귀의 힘은 워낙 컸기 때문에 마소들은 이를 피했으며 학질 귀신조차 놀라 달아난 것으로 생각을 했던 것이라고 하겠다. 이 무렵 고려인들은 이와 같은 질병관을 믿고 있었으며 국가도 이를 무시할 수 없었으므로 天人相關의 입장에서 마무리하고자 한 것이라고 판단된다. 귀신을 다스리는 일을 술사에게 맡겼다는 것은 질병에 대한 인식이 음양적 사고와 밀접히 연관되어 있음을 보여준 것이다.

삼국시대 이래로 불교적 자연관의 보급은 기왕의 질병관에 변화를 가져온 것으로 보인다.[52] 불교의 자연관은 인간을 포함한 宇宙萬有는 땅·물·불·바람의 四大로 이루어졌다고 보고 사대의 균형과 조화여

51) 장인성, 2000, 앞의 논문, 252~259쪽.
52) 金斗種, 1998, 앞의 책, 36~41쪽.

부에 따라 건강체냐 아니냐의 판단을 하게 된다.[53] 불교에서는 병을
일으키는 요인을 四大不調·飮食不節·坐禪不調·鬼·魔·業病 등
여섯 가지로 보는데 앞의 4가지를 現世失調病으로, 뒤의 2가지를 先世
行業病으로 분류한다. 말하자면 전생에 사람을 구타하고 고문하고 감
금하는 등의 고통을 주면 今生의 병이 되고, 음식과 좌선 등 몸가짐을
바르게 하지 못하면 병이 생긴다는 것이다. 앞서의 불교적 금기현상은
이러한 관점과도 연결되어 있다. 천태 이후 음양오행설의 수용은 불교
적 의술을 발전시키는 데 기여했을 것으로 보인다.

한편 유교적 자연관에 따라 질병을 하늘의 견책으로 보기도 하였다.
정치의 좋고 나쁨에 따라 오행에 변화가 생기게 되며 그로 인해 나쁜
기운이 발생하여 일식·혜성·한발·지진 등과 함께 癘疾이 일어난다
는 것이다.[54] 이를테면 문종 원년 가을 7월에 長淵縣의 백성 文漢이
신이 들렸다고 허튼 말을 하면서 광승을 부려 자기 부모를 살해하고
또 친누이동생과 어린아이 등 4명을 죽이자 그를 棄市하는 한편 당시
현령이었던 崔德, 元尉, 崔崇望을 파면하였다.[55]

오늘날 같으면 아무리 잔인한 범죄를 저질렀다고 해도 이른바 정신
감정을 통해 일반 범죄와 구별한다. 그러나 당시로서는 정신질환에 대
한 지식이 없었으므로 자연재해와 마찬가지로 해석되어 그 원인을 교
화의 문제로 귀속시킨 것이다. 형부에서 수령의 파면을 요청하고 왕도
이를 따르게 된 것은 결국 교화의 책임을 다하지 못한 때문이라는 것
이다. 수령의 파면을 실상 군주 자신에 대한 하늘의 견책으로 받아들
인 것이 된다.

---

53) 申貞均, 1992, 앞의 논문.
54) 李熙德, 1999, 「삼국의 地變과 정치」『韓國古代 自然觀과 王道政治』, 혜안, 133쪽.
55) 『高麗史』 권7, 世家, 文宗 원년 7월.

하늘의 견책이라는 인식은 국왕 개인의 질병에 대해서도 적용되었다. 왕에게 이와 같은 영향이 미친 것은 그만큼 금기사항이 많았기 때문이라고 한다.[56] 이를테면 정종은 임금이라는 높은 지위에 있으면서 10리나 되는 절간에 도보로 가서 佛舍利를 모시었고 또 7만석이나 되는 곡식을 단 하루 동안에 여러 중들에게 나누어주었는데 결국 병이 나고 말았다. 이와 같은 행위는 불교적 차원에서 보면 공덕심의 발휘로 이해할 만하다. 그러나 이에 이제현은 하늘의 견책으로 판단하였다.[57] 불교와 유교에서 보는 자연관의 차이였다.

2) 치료 유형

우리나라는 이른 시기부터 질병을 국가적으로 관리하였으며 삼국시대에는 이미 이를 다스리기 위한 독자적 의서도 있었음을 기록을 통해 알 수 있다.[58] 또한 신라의 옛 제도를 계승[59]한 고려는 성종조에 이르러 선진 의술을 도입하였으나 여전히 한계가 있었다.

성종 6년에 최지몽이 병으로 누우니 성종이 의원에게 명령하여 약을 주고 친히 그 집에 가서 문병하였으며 말 두 필을 귀법사와 해안사에

---

56) 제사장이나 왕처럼 특정한 계층에 속한 이들에게 특히 많은 금기가 뒤따르는 것은 이들이 신과 가까이 할 수 있는 위험지대에 노출되어 있기 때문이었다 (최창모, 2003, 앞의 책, 31쪽).
57) 『高麗史』권2, 世家, 李齊賢贊.
58) 『三國遺事』에는 桓雄이 인간사 360여 가지를 주관하는 것 가운데 主病을 하였다는 기록이 있으며, 또 『三國史記』에는 疫病에 관한 기록이 나와 있다. 한편 醫書에 관해서는 고구려의 『高麗老師方』이 唐나라의 『外臺秘要方』에 인용되어 있고, 신라의 『新羅法師方』과 백제의 『百済新集方』이 있었다는 기록도 있다.
59) 金斗種, 1998, 앞의 책, 113~114쪽.

회사하고 중 3천 명에게 음식을 먹이며 기도하게 하는 등 일체 병을 고칠 수 있는 방법이라면 해 보지 않은 일이 없었다. (『高麗史』 권92, 列傳, 崔知夢)

최지몽의 병을 치료하기 위하여 의원을 보내 진료하게 하고 약을 주었으며 그 후에도 布施와 반승 그리고 기도를 하였고 그리고 나서도 병이 낫지 않자 온갖 형태의 치유 방법이 동원되었다고 한다. 이처럼 당대의 의술로 치유될 수 없는 경우에는 부처님에 의존하거나 주술행위 등 여러 가지 방법을 생각했던 것으로 보인다.

불교의 치료 방법에는 물리적 요법과 정신적 요법이 있는데, 전자에는 풍병·열병·당뇨법·황병·단식요법 등이 있었다. 그러나 불교의 교리와 관련하여 이보다는 환자 자신의 질병 퇴치를 위한 정신적 자세를 확립하고 적극적인 노력을 경주하는 데서 가능성을 찾고 있다.[60] 이를테면 고종 때의 任益惇은 역병이 돌자 수령으로서 몸소 승려와 도사를 거느리고 나발과 경쇠를 치며 대반야경을 외우고 다녔다.[61] 또한 趙仁規(1127～1308)는 병석에서도 관음보살상을 그리게 할 정도로 불심이 매우 높은 사람이었는데, 살고 죽는 것은 명에 달린 것이라고 하면서 굳이 의약을 물리쳤다.[62] 병중에서의 태도로 보아 아마도 그에게 있어서 병으로 지내기보다는 내세에 보다 관심이 많았는지도 모르겠다.

그런데 이러한 경우에서 주목되는 것은 실제 그 치유 효과가 있었다고 표현하고 있다는 점이다. 이는 역병에 대한 직접적 치료 방법이 없

---

60) 따라서 불도의 수행은 그대로 불교의학의 치료수단이라고 할 수 있다(申貞均, 1992, 앞의 논문, 972쪽).

61) 「任益惇 墓誌銘」, 高宗 14年.

62) 「趙仁規 墓誌銘」, 忠烈王 34年.

었던 탓이기도 하겠지만 부처님의 도움으로 병이 나을 수 있을 것이라
는 믿음이 있었기 때문에 가능한 일이었다.[63] 그러나 이와 같은 정신
요법은 그 성격상 치유 대상이 제한적일 수밖에 없었다. 따라서 이 시
기 승려들은 특히 포교목적상 의술을 갖춘 경우가 많았던 것으로 보인
다. 이를테면 趙簡의 종창을 수술한 醫僧의 경우가 이에 해당된다.[64]
그는 외관만 보고도 병세의 진행사항을 빤히 들여다보고 있었다. 그만
큼 의술에 조예가 깊은 사람이었다. 그는 환자를 치료함으로써 선업을
쌓은 셈이고 나아가 불심을 심어주게 되었을 가능성이 많다. 그러나
승려의 의술은 정신적 치료를 강조하는 불교교리에 적합한 것은 아니
었다.

　도교와 관련하여 헌종 원년 봄 정월 초하루에 혜성이 나타났을 때
왕은 나이가 어려서 자신을 반성할 줄 모르고 다만 內醫 3~4명을 불
러들여 方書에 대하여 물어 보았다고 하였다.[65] 방서란 方術에 관한
책을 말하는데 당시 질병의 해석과 치료에 도교적 원리가 이용되었음
을 암시한 것이다. 실제로 앞에서 승려와 함께 다닌 도사의 경우 이외
에도 구체적 치료사실을 기록한 자료도 보인다. 이를테면 여말 李穡은
자신의 눈병 치료를 위해 碧雲을 찾았는데 그는 도사로서 의약에 밝은
사람이었다.[66]

　　대 이슬은 방울방울 눈을 씻어 맑게 하고 손바닥 속에선 번갯불이
놀래듯 달아나네. (중략) 진맥의 비결 전수받고 손만 대면 금세 알아 귀
신도 놀랄 만큼 오장육부를 훤히 보네. 해동에서 그의 의술 덕을 안 본
이 있으랴만 그 중에서도 牧翁이 제일 고마워해야 하리. (『牧隱詩藁』

63) 과거 궁예의 관심요법도 비슷한 경우로 생각된다.
64) 『高麗史』 권106, 列傳, 趙簡.
65) 『高麗史』 권10, 世家 ; 憲宗 원년 1월 1일.
66) 이색 지음, 임정기 옮김, 2003, 『국역목은집7』, 209쪽.

권32,「楊碧雲來 吟出絶句 旣去和成三首」)

한편 주술행위에 관해서는 고려는 본래 귀신을 두려워하며 믿고 음
양에 얽매여, 병이 들면 약은 먹지 않고, 父子 사이 같은 아주 가까운
육친이라도 서로 보지 않고 오직 저주와 厭勝을 알 따름이라는 서긍의
기록[67]이 참조된다. 당시 형편으로 보아 의원이라든가 치료약을 구하
기가 어려웠던 것도 사실이지만[68] 의도적으로 약을 안먹었다고 보기
는 어렵다. 오히려 이는 음양설과 관련하여 혹은 귀신을 숭상하는 고
려인들의 심성과 관련이 있어 보인다.

이를테면 胡宗旦은 송나라에서 睿宗 때에 고려에 건너와 귀화 벼슬
한 사람으로서 박학·능문 또한 엽승에 통하였다고 한다.[69] 여기서 말
하는 엽승이란 주문을 해서 상대방을 굴복시킨다는 의미가 있다. 즉
귀신에게 기도하여 남에게 화를 주게 한다는 것이다. 이는 풍수와 관
련된 용어로서 일종의 모방주술 혹은 동종주술에 속한다. 말하자면 비
슷한 것끼리 서로 통한다는 원리에 근거한 주술로서 다음의 홍복원의
경우도 이에 속한다.

> 홍복원이 은밀히 무당을 시켜서 나무를 깎아 인형을 만들어 그 손을
> 결박하고 머리에 못을 박아서 땅 속에 묻거나 혹은 우물 속에 넣어서
> 저주를 했다. 일찍이 도망쳐서 원나라에 가 있던 교위 李綢가 왕순을
> 통하여 그 기미를 알고 황제에게 보고했더니 황제가 사람을 보내서 확
> 인시켰으므로 홍복원은 말하기를 "아이가 학질로 앓기에 이것으로 (악
> 귀를) 진압(厭)하였을 따름이고 다른 뜻은 없다"고 하고……(『高麗史』
> 권130, 列傳, 洪福源)

---

67)『高麗圖經』권17, 祠宇.
68)『高麗史』권3, 世家, 成宗 8년 2월 경진.
69)『高麗史』권97, 列傳, 劉載.

여기서 무당은 홍복원의 하수인이지만 저주의 주체이기도 하다. 엽
승의 방법도 구체적으로 나와 있다. 이를테면 나무로 인형을 만들어
손을 결박한 다음 못을 박아서 땅에 묻거나 우물 속에 집어넣고 주문
을 외는 것이었다. 아마도 이렇게 하면 귀신이 놀라서 도망가리란 생
각을 했음직하다.

그런데 홍복원이 실제 무슨 이유로 엽승을 했는지는 정확히 알 수가
없다. 다만 그는 학질을 쫓기 위해 악귀를 진압하였을 뿐이라고 하였
다. 따라서 우리는 당시 학질은 약을 먹는 것과 같은 일상적 처방으로
는 치유될 수 없는 역병으로 취급되어 흔히 엽승으로 치료하곤 하였음
을 알 수 있다. 그렇다면 이는 원귀를 쫓는 의식 즉 무당을 통한 굿과
관련이 있을 것이다.

당시 무당은 신에게 제사지낼 뿐만 아니라 醫巫로서 기능하여 엽승
과 祈禳으로 재난, 질병을 물리치는 일을 담당하였다. 이를테면 인종
은 그의 24년에 병이 위독하자 점을 쳐보니 이자겸의 빌미(崇) 즉 귀신
이 씌웠다 하므로 귀양보냈던 이자겸의 처자를 그들의 고향인 인주로
옮겼으며 또 무당들은 척준경의 빌미라 하매 척준경의 관직을 다시 돌
려주고 그 자손을 소환하여 벼슬을 주었으며[70] 새로 쌓은 김제 벽골지
의 제언을 끊기도 하였다.[71]

한편 『고려사』에는 피병에 관한 기록이 자주 보인다. 이를테면 충렬
왕의 병세가 악화되자 재상들은 영선을 중단하고 방생을 청하였으며[72]
김방경의 집으로 옮겨 병을 치료했다는 것이다. 그리고 나중에는 정인
사라는 사찰에서 지냈더니 차도가 있었다는 것이다. 피접은 병을 치료
하기 위해 잠시 조용한 곳으로 옮기는 것으로 되어 있다. 그러나 간혹

---

70) 『高麗史』 권17, 世家, 仁宗 24년 2월 병신.
71) 『高麗史』 권17, 世家, 仁宗 24년 경신.
72) 『高麗史』 권28, 世家, 忠烈王 3년 7월 觀候署言.

환자가 아닌 측근들이 피접에 나서는 경우도 있었다.[73] 피접의 장소는
왕실의 다른 궁궐, 불사가 압도적이며 사삿집으로 때로는 도관으로 옮
긴 경우도 있었다.[74]

따라서 피병을 통한 질병의 치료라고 하더라도 그 방법은 다양하였
던 것으로 추측된다. 그런 점에서 보면 피병은 병치료를 위한 보조수
단으로 이해하였던 것으로 보인다. 따라서 질병이 발생하면 피병과 동
시에 한편으로는 병을 치료하기 위하여 처방약을 먹기도 하고[75] 죄수
를 풀어준다든지 혹은 방생을 한다든지 법석을 열기도 하지만[76] 때로
는 주술적 수단도 동원되었던 것으로 추측된다.[77]

고려시대 사람들은 음양설을 자연의 질서를 설명하는 하나의 척도
로 인식하였다. 그 결과 음양의 두 기를 통하여 자연을 해석하여 흉사
를 두려워하고 구기함으로써 이 무렵 금기와 관련된 내용은 고려인들
의 심성을 반영하는 상징적 의미를 가졌다.

이 시기 공동체적 금기의 특징은 음양설을 토대로 하면서도 당대인
의 복합적 자연관을 반영하여 다양한 형태로 전개되었다는 것이다. 당
시 지배층은 풍수설이라든지 불교 혹은 유교적 자연관과 관련된 금기
를 국정운영에 적절히 활용함으로써 민심을 통제하여 결과적으로 중

---

73) 『高麗史』 권30, 世家, 忠烈王 15년 2월 정축 ; 『高麗史』 권34, 世家, 忠肅王 6
   년 9월 무자.
74) 『高麗史』 권6, 世家, 靖宗 12년 4월 정묘 ; 『高麗史』 권13, 世家, 睿宗 6년 경
   인 ; 『高麗史』 권30, 世家, 忠烈王 18년 11월 계유 ; 『高麗史』 권31, 世家, 忠烈
   王 26년 3월 경신 ; 『高麗史』 권37, 世家, 忠穆王 4년 10월 병인.
75) 『高麗史』 권10, 世家, 宣宗 9년 3월.
76) 『高麗史』 권123, 列傳, 鄭世臣.
77) 『高麗史』 권123, 列傳, 廉承益.

세 사회체제의 안정에 기여하였다고 하겠다. 개인의 일상적 삶에 있어서도 음양설은 인간과 자연, 인간과 인간의 관계 속에서 경험에서 유래한 다양한 형태의 금기를 낳게 했으며 그 결과 이를테면 건축, 택지, 택일 등과 관련한 여러 금기들은 주거문화에서 일상사에 걸친 광범위한 영역에서 당대인들의 행동양식을 규제하였다. 종교와 관련하여 이를테면 불교의 경우 승려와는 달리 속인의 경우에도 청정의 금기를 지킴으로써 성의 경지에 도달할 수 있다는 의식이 있었으며 따라서 비록 승려는 아니지만 재가하여 불도에 뜻을 두고 청정의 금기를 지키는 풍습은 당시 고려사회에 일반화된 것이었다.

　한편 삶과 죽음의 경계에서의 질병에 대한 두려움은 금기문제와도 무관하지 않다. 선진 문화의 접촉에 따른 차이를 보이지만 고려인들의 질병관은 대체로 음양설에 바탕을 둔 것으로 이해되며 질병의 원인을 정확히 모르는 경우 무속신앙을 위시한 불교, 도교 등 당대의 자연관에 머물 수밖에 없었다. 이를테면 돌림병의 원인을 귀신에게 돌린다든지 혹은 하늘의 견책으로 보는 경우가 바로 그러한 예였다. 따라서 치료에 있어서도 엽승과 기양과 같은 주술적 방법 이외에 부처님에 의존한다거나 피병을 한다든가 하는 형태로 치료가 복합적으로 이루어지는 경우가 많았던 것은 그 때문이었다.

박 경 안 | 충북대학교 중원문화연구소 전임연구원

제9장 성속의 경계와 개인적 넘나듦

    인간들에게 성스러움이란 무엇일까? 성스러움이란 종교적인 사람들에게 의미가 있다. 서양의 중세사회처럼 고려시대에는 불교가 그들의 삶 곳곳에 영향을 미치고 있었다. 물론 불교만이 이들의 생각과 가치를 뒷받침했던 것은 아니다. 도교나 유교, 민간신앙 등도 고려시대인들의 삶과 생각 속에 섞여 있었다.

    종교적인 고려인들에게 성스러움과 속된 것의 경계는 어디였을까? 그리고 성스러움은 이 사람들의 삶과 생각에 어떤 영향을 주었을까? 오히려 이 질문은 반대로 해야 맞을 것이다. 고려시대인들의 생각에 성스럽다고 느꼈던 것이 무엇인가라고 말이다.

    성스럽다는 것은 하나의 가치이고 추구하는 이상이다. 그리고 그 반대되는 가치와 삶은 속된 것이 된다. 이것의 실제 모습과 다양성은 말할 나위가 없다. 성스러움은 당시인들에게 특정한 시간과 공간, 행위나 의식, 물건 등에서 모두 나타날 수 있기 때문이다.[1] 예컨대 종교나 신앙의 장소는 공간적으로 성스럽게 느껴질 수 있는데, 이런 곳은 다양

---

[1] 이에 대해 엘리아데 저, 이은봉 옮김, 1998, 『성(聖)과 속(俗)』, 한길사가 고전적 논저로 참조된다. 엘리아데는 성속이 세계와 역사 속의 두 가지 존재양식으로 구별된다고 보았다. 그러나 우리의 관심은 성속의 종교학적인 것에 있지 않다. 그보다 우리는 고려시대인들의 성속에 대한 관념과 양자의 경계, 그리고 삶에 미치는 영향을 살펴보려는 것이다.

했다. 흔히 부처가 모셔진 사찰뿐만 아니라, 심지어 개인집에 신을 모신 곳도 믿는 사람들에게는 같은 성스러운 가치를 지녔을 것이다.[2]

또한 성스러운 시간이란 우리를 더욱 당혹케 한다. 이것은 대개 종교의식이나 축제 등이 치루어지는 시간일 것이다. 쉽게 말해 예배나 제사 등의 의식은 이를 거행하는 사람들에게 성스러운 시간이 된다.

또한 성스러운 물건은 신앙의 대상이 되는 것들이다. 불상, 탑, 불경 등은 물론이고 고승들이 사용했던 물건, 나아가 부도탑이나 사리 등이 여기에 해당한다. 각종 제사의 도구가 여기에 포함된다.

신앙의 대상은 아니지만, 국왕이나 고승들에 대한 존경은 그들에 대한 성스러운 가치로 표현되기 쉬웠다. 찬양하는 노래, 그림은 이들에 대한 성스러움을 불러일으키는 도구였다. 뛰어난 종교지도자나 국왕의 존재는 고려시대인들에게 성스럽게 여겨졌을 가능성이 크다.

한마디로 중세시대에 성스러움이란 그들에게 일상이었다. 오히려 그렇기 때문에 성스러움과 속됨의 경계는 때로 모호해질 수 있었다.

여기서는 모든 성스러움의 존재를 다룰 수는 없다. 그러기에는 너무 많은 범주를 취급해야 하기 때문이다. 혼란스러움을 막기 위해 이 글에서는 취급해야 하는 범주를 제한한다.

특히 이 글에서는 성스러움을 지탱하는 관념과 행동양식에 관심을 두고 싶다. '성스럽다'는 관념과 의식의 저편에는 '속된' 것이라는 대

---

2) 예컨대 무인집권자 이의민은 두두을 사당을 성스럽게 생각했을 것이다. 원래 두두을은 경주인들이 믿던 木偶 귀신이었는데, 이의민이 자기 집안에 堂을 짓고 날마다 제사하면서 복을 빌었던 대상이다. 하루는 그 사당에서 곡성이 울려 이의민이 물어보니, 두두을 귀신이 "내가 너의 집을 오랫동안 지켜 주었는데 이제 하늘이 재화를 내리려 하니 내가 의탁할 곳이 없어서 울고 있다" 라고 했다(『高麗史』 권128, 列傳, 李義旼). 이것은 이의민의 몰락을 합리화하는 이야기이지만, 동시에 그의 두두을에 대한 신앙과 성스러운 가치도 보여 준다.

차항이 존재한다. 물론 양자의 사이에는 수많은 중간적인 스펙트럼이 존재한다.

첫 번째 관심은 성스러움 삶이 어떤 것인가를 살펴보는 것이다. 성스로운 행동이란 종교적 삶에 대한 추구와 함께, 이를 뒷받침하는 계율과 생각 등에서 찾을 수 있다. 이 문제에 쉽게 접근하기 위해 우리는 고려시대인들의 불교적 삶을 우선 다루려 한다.

불교적 삶이란, 생활 속에서 그것이 규정하고 있는 계율이나 신앙을 지키는 것에서 출발한다. 그런데 이것들은 일생 동안 이를 추구한 승려 같은 종교인들만이 해당되지 않는다. 오히려 그것보다 평범한 일상 속에서 승려 같은 생활을 추구했던 사람들이나, 또는 일상과 종교인의 경계를 오갔던 인물들이 관심의 대상이다. 특히 어떤 이들은 유교나 도교적 가치를 지향하면서도, 불교적 삶을 희구하였다. 이렇게 양자를 넘나들었던 사람들의 의식 구조와 모습을 보려 한다.

때로는 세속의 명예와 경제적 부, 권력 등을 추구한 인물들이, 모순 없이 지고한 불교적 가치와 삶을 지향하는 경우도 많았다. 이런 사람의 삶은 불교에서 말하는 '出世間'이나 '還俗', '居士' 등의 관념으로 통하였다.

이에 대한 고찰로 우리는 조선시대 유교가 사회적 가치의 근간이 되었을 때와 다른 모습을 볼 수 있다. 조선시대처럼 단일한 가치의 지향은 그것과 다른 삶을 추구하는 것을 인정하지 않는다. 그런 점에서 우리는 고려시대 성속의 경계를 살펴보는 것이 역사학적 고찰이라고 보는 것이다.

1. 성스러운 삶을 추구한 방식

1) 승려로의 길

성스러운 삶이란 무엇일까? 고려시대에 우선적으로 떠오르는 것이
불교 승려가 되는 삶이다. 승려의 길은 세속적 가치와 인간관계를 어
느 정도 단절하는 것을 전제로 한다. 따라서 이 길은 가족들의 세속적
인 바램과 거리가 있을 수 있다.

광자대사는[3] 8살에 출가하려고 이를 부모에게 알렸다. 그러나 부모
는 허락하지 않았다. 결국 대사는 눈물을 흘리며,

> "출가하여 도를 닦는 것도 이익 됨이 없지 않습니다. 단지 翁子가 비
> 단 옷을 두른 것이 山僧이 털옷을 입는 것보다 낫겠습니까!" 거듭 슬
> 피 울고 여러 번 여쭈었다. (부모님이) 깊은 생각과 간절한 정을 진실로
> 저버리기 어려워 한 번 허락하자 이튿날 부모님 곁을 떠났다(한국역사
> 연구회편, 1996, 「대안사 광자대사비」『譯註羅末麗初金石文』(下), 혜
> 안).

이처럼 출가의 길은 대개 일찍부터 시작했다. 고려시대에는 11~15
세 사이의 출가가 가장 많았다.[4] 광자대사의 어머니 박씨는 어려서부
터 속된 음식을 먹지 않았고, 자라서는 불사를 부지런히 닦았다고 한
다.

이런 집안의 분위기 속에서도 출가에 대한 가족들의 반대는 적지 않
았다. 광자대사는 자신의 출가가 갖는 이익을 부모들에게 설득하여 겨

---

3) 광자대사는 864년(신라 경문왕 4)에 출생하여, 945년(고려 혜종 2)에 입적했다.
   그는 신라 말기부터 고려 초기의 인물이지만, 출가에 대한 경향은 고려시대
   에도 비슷했을 것이다.
4) 김용선, 2004, 「고려승려의 일대기」『고려 금석문 연구』, 일조각, 326쪽.

우 허락을 받았다.

광자대사의 말은 시사하는 바가 크다. 옹자의 비단 옷과 산승의 털 옷에 대한 대비가 그것이다. 옹자란 인물은 중국 漢나라 때의 朱買臣 이다. 그는 집안이 가난해 부인이 도망갈 정도였지만, 후일 武帝 때에 는 고위직에 올라 부귀를 누렸다.[5] 이 말은 당연히 승려와 속세의 가 치 중에서 부귀롭게 사는 것보다 전자가 우월하다는 주장이다. 승려가 된다는 것은 현세적 가치가 아닌 성스러운 가치에 자신의 평생을 거는 일이었다.

물론 광자대사와 다른 경우도 있었다. 고달원 원종대사는,

　　나이 겨우 13세 때 아버지께 말씀드리기를, "비록 지혜의 가지는 모 자라지만 깨달음의 나무가 되고자 합니다." "내 비록 보는 눈은 없으나 일찍이 너의 善根은 보았다. 너는 의당 부지런히 배양하여 좋은 과보 를 닦도록 하여라." 대사는 다행히 소원대로 아버지의 승낙을 얻어 곧 머리를 깎고 출가하였다. (한국역사연구회편, 1996, 「고달원 원종대사 혜진탑비」, 앞의 책, 376~377쪽)

출가가 가족들에게 안타까운 일이었음은 가족관계의 절연을 뜻했기 때문이다. 광자대사의 집안처럼 독실한 불교신자의 입장에서도 출가는 쉬운 선택이 아니었던 것 같다. 원종대사의 경우에도 승낙을 받긴 했 지만, 가족애의 아쉬움이 나타나 있다.

그래서 출가 이후에도 가족들과 관계를 완전히 끊지 않기도 했다. 고려 말 普愚는 13세에 출가했다가 37세(1338년, 충숙왕 복위 7)에 자 신의 고향인 양근에 돌아와 어버이를 모시고 1년 정도 생활하였다.[6]

---

5) 한국역사연구회편, 1996, 앞의 책, 250쪽의 註32.
6) 普愚, 『太古集』, 行狀(1972, 『한국의 사상대전집』 4, 동화출판사). 여기에 의하 면 보우는 1301년(충렬왕 27)에 출생, 13세에 회암사 광지선사 밑에서 승려가

뒤에 그는 친척들을 모아 家를 이루는 한편, 자신이 살던 廣州 迷元莊을 縣으로 승격시키기도 했다.[7]

이처럼 친족들과 교류하기도 했다. 최관오는 수리사의 주지였다가, 1158년(의종 12)에 사망하였다. 그의 묘지명에는 "불경을 강독하는 나머지 시간에는 손님을 기쁘게 맞이하고 宗族들을 잘 대해주었다"[8]고 했다.

그는 개경 오산원의 큰 길가에서 겨울 동안 施與場을 열어, 여행하거나 왕래하는 사람들에게 음식을 나누어주었다. 이렇게 자비정신을 실천하던 그는 자신의 친족까지 돈독하게 대우했다. 친족들에 대한 대우는 유교적 가치관을 지닌 사람들에게는 주목할 만한 행동이다.

사실 고려시대의 불교승려 중에서는 유교적 가치에 따라 행동하는 사람도 있었다. 천태 숭산사 장로인 이씨가 그러했다. 그는 1361년(공민왕 10)에 홍건적이 침입하자 부모를 모시고 피난했다. 그러다가 부모가 사망하자 그 곁에 여묘를 지어 삼년상을 마쳤다.[9]

여묘살이는 당시 세속에서 보편적인 것이 아니었다. 이색이 우리 유자와 비교하기 드물다고 한 칭찬함은 나름의 이유가 있었던 것이다. 앞서 아버지인 이곡은 당시 여묘살이의 대가로 정려문을 만들어 주던 문제를 지적했다. 당시 사대부들이 집안 노비를 자기 대리로 여묘살이를 시킨다고 비난했던 것이다.[10]

3년간의 여묘살이는 쉬운 일이 아니었다. 조선시대에도 노비나 승려가 당사자를 대신하는 경우가 제법 있었다.[11] 그러나 여묘살이가 유교

되었다. 그리고 1338년 3월부터 1년 정도 어버이를 모시고 생활했다.

7) 『高麗史』 권38, 世家, 恭愍王 1년 5월 己丑.

8) 金龍善 編著, 1993, 「(僧)崔觀奧 墓誌銘」 『高麗墓地銘集成』, 한림대 아세아문화연구소.

9) 李穡, 『牧隱文藁』 권5, 無隱菴記.

10) 李穀, 「寄朴持平詩序」 『稼亭集』 권9.

적 입장에서 신성한 의무임이 분명하다. 숭산사 장로는 불교 승려로
이를 행한 드문 경우였다. 불교식 화장보다 그가 부모에 대한 효와 인
연을 그만큼 중시한 결과일 것이다.[12] 물론 불교도 부모에 대한 효도
를 중시하고, 이를 위한『부모은중경』등이 간행되어 있었다. 그래서
寫經, 誦經, 참회, 공양, 持戒, 布施 등의 신앙생활이 부모의 은혜를 갚
는 효행이라고 보았다.[13]

　하지만 승려로 가족관계를 지속한다는 것은 일반인들이 신앙생활로
효를 실천하는 것과 다른 문제다. 그렇기에 승려의 비문에서 출가를
승낙받는 장면이 들어가고, 그것도 겨우 허락된 것처럼 묘사된 것이
아닐까? 아무래도 고려시대에는 불교신앙이 일상 속에서 차지하는 비
중이 컸기에 가족과의 지속적 관계가 자연스럽게 이루어졌던 같다. 물
론 모든 승려가 그랬던 것은 아니었을 것이다.

　사실 이들의 의식 속에서 불교신앙과 유교 사이에 구별은 있었지만,
고려 말까지 삶에서 갈등 요소가 되지는 않았다.

　　지원 무인년(1338년, 충숙왕 복 7) 8월에 대부인이 세상을 떠나자 그
　　곳에서 장사하니 지평이 묘소를 모시고 있으면서 흙을 모으고 나무를
　　심으며, 또『예기』를 읽는 겨를에 염불도 하고 사경도 하여 명복을 빌

---

11)『明宗實錄』권14, 明宗 8년 2월 己巳. 조정에서는 개인노비 要光이 사찰을
　신축한 죄로 全家徙邊하는 것을 논의했다. 그 경위는 지방 사람들이 부모의
　분묘에 종을 거처하게 할 수 없게 되어, 승려로 대신한 점에 있었다. 그래서
　요광은 승려의 거처, 즉 사찰을 지은 죄로 사법처리 대상이 된 것이다. 이는
　고려 말 이래 노비가 대신하는 여묘살이를 반증해 준다.
12) 고려시대 모든 사람들이 불교식 화장을 했던 것은 아니다. 현재까지 묘지명
　등으로 밝혀진 화장의 비율은 30% 이상으로 추정되고 있다(鄭吉子, 1983,
　「高麗時代 火葬에 대한 考察」『釜山史學』 7).
13) 金勳埴, 1997,「麗末鮮初 儒佛交替와 朱子學의 定着」『한국 고대·중세의
　지배체제와 농민』, 지식산업사, 391쪽.

면서 그 喪期를 마쳤다. (李穀,「寄朴持平詩序」『稼亭集』 권9)

주인공 박윤문은 후일 밀양군이 되었는데, 여묘살이에서 『예기』를 읽으면서 불교신앙생활도 계속하였다. 여기서 유교식 상례와 불교신앙과의 갈등은 보이지 않는다. 그의 부인인 김씨 역시 밤에는 불경을 외우고 낮에는 길쌈을 하면서 나이가 들어서도 게을리 하지 않았다.[14] 신앙생활이 이들 집안에서 중요한 비중을 차지했음을 보여 준다.

이처럼 평소 신앙생활이 유교나 세속적 가치와 부딪치지 않았다. 물론 성스러움의 추구가 곧바로 신앙생활이지는 않다. 그러나 고려시대인들의 신앙활동은 성스러움에 가까이 가려는 계단이었다.

그래서 세속적 삶을 살다가 성스러움의 경계에 발을 딛게 되는 경우가 있었다. 후일 명문가로 된 집안출신인 권단은 원래 승려가 되는 것이 꿈이었다. 그러나 그의 아버지는 집안을 일으키는 책임을 맡기려고 1254년(고종 41)에 문하녹사직을 구해 왔다. 할 수 없이 권단은 이 직에 부임하였다.[15]

그는 앞서 본 승려들과 달리 아버지의 만류를 뿌리칠 수 없었다. 이른바 '집안을 일으키는 책임'이라는 세속적 가치와 타협했기 때문이다. 『고려사』에는 그가 승려가 되는 장면이 사실적으로 묘사되어 있다.

그는 성질이 청렴 검소하고 겸손하였으며 불교를 깊이 믿어서 육식을 40년간이나 하지 않았다. 자손들이 때에 맞추어 새 옷을 갖다 드리면 반드시 전에 입었던 헌 옷은 벗어서 가난한 사람들에게 주었기 때문에 궤 속에는 언제나 여벌 옷이 없었다. 그는 스스로 호를 몽암거사

14) 金龍善 編著, 1993,「朴允文 妻 金氏 墓誌銘」, 앞의 책, 580쪽.
15) 金龍善 編著, 1993,「權㫜 墓誌銘」, 앞의 책, 427쪽, "嘗有物外想 大人以多方勤留 要付克家之 任於甲寅求爲門下錄事 公不得已就焉".

라고 하였다. 강남의 승려 紹瓊이 바다로 고려에 왔을 때 권단은 출가하여 그를 스승으로 섬기려고 했는데, 아들 권부가 막을까 봐 두려워하여 뜻대로 하지 못하고 있었다. 마침 권부가 어디 나가고 없는 틈을 타서 선흥사에 도망해 들어가서 머리를 깎아 버렸다. 권부가 달려와서 큰 소리를 내어 통곡하였으나 권단은 말하기를, "나의 깎은 수염과 머리를 다시 붙이겠느냐. 이것은 나의 평소부터의 희망이었다."라고 하였다. 그러다가 병을 만나서 가부좌한 채로 죽었다. (『高麗史』 권107, 列傳, 權㫜)

권단은 말년에 꿈이었던 승려가 되는 것을 자식 몰래 이루었다. 이미 평소 생활에서도 그는 승려와 같은 행동을 하고 있었다. 그래서 그의 묘지명에는 "비록 속세에 있었지만 이미 신령한 운명의 부처가 되었다"[16]라고 표현하고 있다.

권단은 1311년(충선왕 3) 사망할 당시에 84세였는데, 관직에서 은퇴한 해가 1289년(충렬왕 15)이다. 재상의 지위까지 올랐고, 은퇴 이후에도 국왕이 그의 벼슬을 계속 올려주었다. 한 마디로 권단은 세속적으로 최고의 가치를 성취한 인물이다. 그런 그가 아들의 만류를 뿌리치고 자신의 평소 소망을 이루었다. 그의 나이 77세 때였다.

권단의 경우는 성스러움에 대한 열망과 세속적 가치와의 상관관계를 잘 보여준다. 그의 아들 권부가 승려되는 것을 막으려 했음은 그것이 세속적 부자관계의 단절을 의미하기 때문이다. 권부의 통곡은 이를 대변해준다.

결국 권단은 자신의 아버지가 열망하던 집안을 일으키는 일을 성취했다. 그 정점에서 그는 개인적 갈망을 추구해 버린다. 평소에 그가 소망하던 성스러움으로의 길이었다. 이런 경우가 많은 것은 아니지만 고

---

16) 金龍善 編著, 1993, 앞의 책, 427쪽.

324 제3부 일상의 금기와 종교 및 제의

려시대 성속의 가치를 대하는 태도의 일단을 보여준다.

2) 생활 속의 추구-거사

권단은 평소에도 몽암거사라고 하면서 승려와 비슷한 생활을 했다. 이처럼 '거사'라는 이름을 걸고 생활하는 사람들이 고려시대에는 많았다. 심지어 유학자임에도 거사라고 표방하는 인물들이 많았다. 예컨대 성리학자인 이제현은 자신의 호를 따서 익재거사라고 하였다.[17] 그리고『삼국사기』의 저자인 김부식 역시 자신을 거사라고 표현하였다.[18] 물론 이렇게 '거사'라고 표현한 것에는 다층적 의미가 있었다. 거사가 불교적인 그것만을 의미하지 않았다.

무인집권기에 이규보는 스스로 백운거사라고 불렀다. 그럼에도 그의 삶에서는 불교적 냄새가 전혀 나지 않는다. 그가 생각하는 거사란 권단처럼 술과 고기를 끊고 금욕적인 삶을 사는 존재가 아니었다. 오히려 그는 반대의 삶을 추구하였다. 그는 자신을 도교에 입각한 거사라고 생각했다. 즉『태현경』을 만든 양웅을 본받았다는 것이다.[19]

양웅은 불교적인 거사가 아니었다. 그는 자신의 백운거사라는 호를 설명하는 자리에, 어떤 경우에 거사로 불리는지 질문 받았다. 이에 이규보는 "산에 거하거나 집에 거하거나 오직 도를 즐기는 자라야 거사라고 부를 수 있는데, 나의 경우에는 집에 거처하면서 도를 즐기는 사람"[20]이라고 단언했다.

세속에서 도를 즐긴다는 의미는 당나라 시인 이백[21]이나 송나라의

---

17) 李齊賢,「雲錦樓記」『益齋亂藁』권6.
18) 金富軾,「興天寺鍾銘幷序」『東文選』권49.
19) 李奎報,「留醉閔判官光孝家主人乞詩走筆贈之」『東國李相國全集』권3.
20) 李奎報,「白雲居士語錄」『東國李相國全集』권20.
21) 이백의 호는 靑蓮居士이다. 그의 호가 등장하는 글은 崔致遠,「謝高秘書示長

소식(소동파)을 거사라고 부르는[22] 것과 같은 맥락이다. 여기서 거사란 속세에 살지만 그 세속적 가치를 추구하지 않는 사람이라는 이미지를 풍긴다. 일상생활이 전제되어 있다는 점은 이들에게 성속의 경계를 넘나드는 가치관을 부여한다.

고려시대에 거사라고 불리는 인물들이 주로 선택한 것은 불교적 삶이었다. 앞서 권단처럼 이들은 관료생활 중에, 불교신앙에 빠져 들기도 했다. 이는 중년의 나이에 삶을 반추해 본 결과일 수도 있었다. 1077년 (문종 31)에 사망한 이정은 불혹의 나이 때부터 불교(因果)를 깊이 믿어 근무하는 시간 이외에는 대장경을 읽었다는 것이다. 그는 생애 최후의 순간에 불은사라는 절에서 사망할 때까지 의관을 단정히 하고 아미타불을 읊조렸다. 그리고 보살 8계를 받고난 후에 작고했다.[23] 그의 삶은 승려가 아니지만, 그러한 생활로 일관된 것이다.

이런 경우는 고려시대인들에게서 자주 찾아진다. 예컨대 1170년에 사망한 왕원은 유교와 불교에 두루 통했는데, 중년부터 불교에 독실하여 항상 『법화경』을 읽었다는 것이다.[24] 1296년(충렬왕 22)에 관직에서 물러난 최서 역시 자신을 소헌무저거사라고 부르면서 항상 『금강경』을 읽었다.[25] 고려 후기 유명한 재상인 채홍철 역시 관직에서 물러난 뒤에 자신을 중암거사라 부르면서 항상 불교와 거문고, 책, 약을 짓는 일을 일과로 삼았다.[26]

歌書」『桂苑筆耕』 권19(『崔文昌侯全集』, 1972, 성균관대학교 대동문화연구원, 397쪽).

22) 李奎報, 「醉中走筆贈李淸卿」『東國李相國全集』 권2. 당송시대 문인들이 자신의 호에 거사를 붙이는 일은 흔한 일이었다.

23) 金龍善 編著, 1993, 「李頲 墓誌銘」, 앞의 책, 29~30쪽.

24) 金龍善 編著, 1993, 「王源 墓誌銘」, 앞의 책, 213쪽, "自中年 篤好內典 常讀 法華經 幾乎萬卷".

25) 金龍善 編著, 1993, 「崔瑞 墓誌銘」, 앞의 책, 422쪽, "自号笑軒無著居士 常頌 金剛經".

거사로 유명했던 이자현의 경우는 빼놓을 수 없다. 그는 태락서승으로 근무하던 중에 갑자기 관직을 버리고 춘주 청평산에 들어가 문수원을 만들었다. 이후 예종이 여러 차례 조서를 내려 그를 불렀다. 그러나 그는 개경 성문을 다시 밟지 않겠다는 맹세를 들어 거절했다.[27] 어쩌면 이런 세속과의 단절행위가 그의 명성과 위상을 올려주었는지도 모른다.

모든 사람들이 이러한 불교거사적 삶을 지향한 것은 아니지만, 중년이나 퇴직 후에 불교신앙에 깊숙하게 빠져드는 경우가 많았던 것도 사실이다. 그러나 이런 경우가 조선시대 사대부들에게는 허용되기 어려운 일이었음도 분명하다.

물론 신앙이 지나쳐 지식인들의 비웃음거리가 되는 경우가 간혹 있었다. 윤관의 아들 윤언이의 경우였다. 그는 1149년(의종 3)에 정당문학으로 근무하던 중에 사망하게 되는데, 유교경전인 『역경』에 대한 주석서인 『역해』를 저술했다. 그런 그가 만년에 불교신앙으로 인해 금강거사라고 하면서, 관승이란 승려를 사귀었다.

관승은 한 사람만이 들어갈 암자를 만들었고, 윤언이와 더불어 먼저 죽는 사람이 이곳에서 좌선하여 죽기로 약속했다. 후일 윤언이가 그곳에서 죽으면서 관승에게 알리게 된다. 그런데 당시 지식인들은 국가의 재상으로 교화에 관심이 없이 허황된 행동으로 사람들을 미혹시켰다고 이를 비난했다.[28] 이는 당시인들이 관료로 추구할 가치에 대한 세속적 공감대가 있었고, 이것이 개인적 믿음과 충돌하기도 했음을 보여

---

26) 金龍善 編著, 1993, 「蔡洪哲 墓誌銘」, 앞의 책, 508쪽.

27) 『高麗史』 권95, 列傳, 李子淵 附 李資玄.

28) 『高麗史』 권96, 列傳, 尹瓘 附 尹彦頤. 윤언이는 형제 가운데 두 사람이 승려가 되었고, 생애 동안 김부식으로 인해 정치적 굴곡을 겪어야 했다. 이런 배경으로 그는 불교신앙에 빠져 세속적 가치를 극단적으로 허무하게 여기는 태도를 가졌는지 모른다.

준다.

2. 성속의 경계와 생각

1) 성속의 경계와 가치 충돌

성속의 경계는 종교적 입장에서 볼 때 뚜렷할 수 있다. 단적인 것은 종교인의 삶을 살 때에 생기는 양자의 경계이다. 문제는 양자의 가치가 충돌할 경우다. 이것이 성스러움과 세속과의 경계를 가르는 일이 된다. 승려 역시 한 국가와 사회의 성원이라는 점에서 양자의 갈등은 언제나 내재하기 마련이다.[29] 이 점은 불교가 동아시아 사회에 수용된 이래 한국만의 문제는 아니었다.

그렇다면 고려시대인들이 추구했던 세속적 가치는 어떤 것이었을까? 당시 사람들은 이렇게 말하고 있었다.

대저 천하를 통틀어 언제나 존중되는 것이 세 가지가 있으니, 덕이 하나이고, 나이(齒)가 하나이고, 벼슬(爵)이 하나이다. 군자가 세상을 살면서 그 중 하나나 둘을 얻는 것도 오히려 힘들거니와 하물며 셋을 얻겠는가. 그 셋을 얻어서 빠진 것이 없는 이는 오직 우리 상락공(金方慶)뿐이다. (金龍善 編著, 1993, 「金方慶 墓誌銘」, 앞의 책, 406쪽)

시대를 넘어 존중하는 것이 세 가지 요소라는 말이다. 덕은 개인의

---

29) 우리는 양자의 충돌 사례로 신라 승려인 圓光의 세속오계를 들 수 있다. 이것은 고대사회의 일이지만, 불교와 세속적인 가치와의 타협을 보여준다. 그리고 이런 타협적 모습은 성속의 경계를 이해하는 것에 도움을 줄 수 있다. 특히 불교와 세속적 가치와의 타협은 세속오계 가운데 '殺生有擇'에서 찾을 수 있다.

인격 등을 뜻하고, 나이는 장수를, 그리고 벼슬(爵)은 세속적 출세를 말한다. 원래 이 말은 『맹자』에서 인용한 것이다.[30] 그리고 이 말은 왕효의 묘지명에도 나온다.[31]

『맹자』에서의 의미는 사람이란 세 가지를 다 갖추어야 한다는 것이다. 즉 통치계층은 조정과 향당(지역사회)에서 일정한 역할을 하면서 자신의 도덕성 고양에 힘써야 한다는 내용이다. 그런데 그 의미가 고려시대에는 세속에서 추구하는 사회적 가치처럼 바뀌었다.

1257년(고종 44)에 만든 묘지명에는 다음과 같은 말이 나온다.

> 「홍범」의 오복에는 작위와 공명은 들어 있지 않다. 수를 누린 것을 첫째로 치기 때문에, 만일 대장부가 이 세상에 태어나 젊은 나이(妙岭)에 공명을 얻고 부귀를 누렸다면 □ 그것으로 족한 것이다. 어찌 감히 장수하지 못한 것을 아쉽게 여기겠는가. 생각하건대 공이 그러하다고 할 수 있다. (金龍善 編著, 1993, 「崔沆 墓誌銘」, 앞의 책, 387쪽)

유교경전인 『서경』 홍범에 등장하는 5가지 복은 장수, 부, 건강(康寧), 덕을 좋아함(攸好德), 천명을 누리고 죽는 것(考終命)을 말한다.[32] 대개 이는 인간사회에서 사람들이 추구하는 보편적인 세속가치들이다.

그런데 여기서는 홍범의 5복에 작위와 공명을 더하고 있다. 이러한 말들이 묘지명에 상투적으로 등장하는 것은 그만큼 당시인들에게 일반적인 세속가치였음을 반증한다. 사실 이런 것들은 본인의 노력에 달려 있겠지만, '복'이란 말처럼 때로 운명이나 하늘이 내려주는 것으로 생각하였다. 호부상서로 퇴직하는 허재는 죽고 사는 것과 화복이 하늘

---

30) 『孟子』 권4, 公孫丑章句下, "天下有達尊三 爵一齒一德一 朝廷莫如爵 鄕黨 莫如齒 輔世長民 莫如德 惡得有其一 以慢其二哉".
31) 金龍善 編著, 1993, 「왕효 墓誌銘」, 앞의 책, 188쪽.
32) 『書傳』 권4, 周書 洪範.

에 달려있다고 하면서, 자신의 퇴직을 운명으로 받아들이고 있다.[33]

그의 퇴직은 묘지명에서 권귀들의 모략처럼 묘사되어 있지만, 『고려사』에는 국왕인 인종의 뜻이라고 하였다.[34] 그런데 그는 묘지명에서 봉록이 끊어지게 되어 생계를 걱정하고 있다. 이것은 세속적 가치를 추구하는 그의 일면을 보여주기도 한다.

이러한 세속가치들은 때로는 성스러움을 능가하는 유혹이 되기도 하였고, 때로는 성스러움에 종속하거나 타협으로 이어지기도 했다. 인간의 운명을 믿음체계와 연결시키면, 세속가치는 성스러운 가치와 섞일 여지가 있었기 때문이다.

2) 和光同塵의 논리

어떤 사람들은 세속적 추구를 끊고 성스러운 길로 완전히 접어들었지만, 양자를 모순 없이 병행하는 경우가 있었다. 이자현은 그런 사람 중 하나였다. 그는 관직을 버리고 청평산에 들어가 문수원을 만들었다. 그곳에서 그는 국왕이 부르는데도 만나러 오지 않았다. 일종의 세속가치의 버림이었다.

그러나 훗날 그는 남경에서 국왕을 만난다.

왕이 다시 그를 찾아 보고 사람의 천성을 수양하는 요결을 물었더니 그는 "탐욕을 버리는 것보다 더 좋은 방법은 없습니다."라고 대답하고 『심요』라는 책을 저술하여 왕에게 바치니 왕이 보고 감탄하며 그를 극진하게 대접하였다.……그는 65세에 죽었는데 성질이 인색하여 재산을

---

33) 金龍善 編著, 1993, 「許載 墓誌銘」, 앞의 책, 81쪽.
34) 『高麗史』 권98, 列傳, 許載. 허재가 과만이 되자 왕이 그를 병부상서로 임명하고 즉시 치사를 명령했지만, 간관들이 논박하여 호부상서로 임명해 그만두게 했다. 이 기록에는 국왕의 의지가 강하게 암시되어 있다.

많이 모으고 물건과 곡식을 축적하였다. 그래서 사람들이 그를 미워하였다. (『高麗史』 권95, 列傳, 李子淵 附 李資玄)

이자현은 평소 불교의 도를 닦았다. 그는 국왕에게 과욕이 가장 좋은 수양법이라고 설명했지만, 현실생활에서는 성질이 인색해 재산축적에 힘을 기울였다. 물론 이자현 자신이 축적된 재산으로 개인적인 사치를 하지는 않았을 것이다.

그러나 이자현 자신은 이런 이중적 태도를 모순으로 느끼지 않았다. 그것은 단언하기 어렵지만, 개인과 사회적 가치가 나뉘어도 문제라고 보지 않는 생각 때문이라 여겨진다. 즉 특정한 가치나 윤리가 기준이 되지 않는 사회이고, 이로 인해 양자의 모순된 병행이 모순으로 느껴지지 않는다는 뜻이다. 예컨대 최승로가 개인적 수양은 불교, 그리고 사회적 책임은 유교의 가치관에 입각하자는 것과 같은 맥락이라고 할 수 있다.[35]

성속의 구분은 이렇게도 드러나고 있었다. 곽여란 사람은 이자현을 만난 후에,

청평의 산수가 해동에도 으뜸인데 / 예서 뜻밖에 고인을 만났네그려
30년 전에 같이 급제한 우리 / 천 리 밖에 각기 나뉘어 살았네
흰 구름 골에 드니 더러움이란 없고 / 밝은 달이 시내를 비치니 티끌이란 있을쏘냐
목격하고 말을 잊고 한참 앉았노라니 / 담연히 서로 비치는 두 사람의 옛 정신
(「贈淸平李居士」 『東文選』 권12)

---

35) 『高麗史』 권93, 列傳, 崔承老.

이라고 하였다. 곽여는 속세와 단절된 삶을 살고 있는 이자현에 대한 찬양과 동감을 표했다. 곽여는 처사로 불렸으며 도교적 삶을 추구했다.[36] 그가 말하는 흰 구름 골의 풍광은 속세적 더러움과 대비된다. 그것은 인간사회를 속계, 자연세계를 성계로 보려는 소산이다. 여기에는 도가적 삶의 지향이 묻어나고 있다.

그런데 인간과 자연세계의 대비 속에서, 양자 사이가 완전히 단절된 것은 아니었다. 자연세계 속의 이자현과 인간사회에서 온 곽여가 만나는 지점은 그들이 추구한 '옛 정신'에서 동질성을 찾을 수 있다.

이러한 지향은 유학자인 김부식에게도 동일하게 나타난다.

  俗客들 아예 못 이르는 곳을 / 내 올라오니 마음이 맑아지네
  산 모양은 가을에 더욱 좋을씨고 / 강 빛은 밤에 더 환하구나
  흰 새는 훨훨 날아 어디론지 가버리고 / 외 배는 살살 혼자 잘도 떠가네
  생각하니 부끄럽구나, 달팽이 뿔 위에서 / 반평생을 공명 찾으며 허둥지둥 보냈다니
  (「甘露寺次惠遠韻」『東文選』권9)

그는 속객들이 갈 수 있는 곳과 자신이 올라온 곳을 구분하여, 성속의 경계를 나누었다. 김부식이 방문한 감로사는 자연경관이 뛰어난 곳인데,[37] 功名을 추구하는 속계와 달라 일종의 성스러운 장소로 생각했던 모양이다.

여기 김부식의 의식 속에는 반평생을 보내면서 추구하던 공명의 허

---

36) 『高麗史』 권14, 世家, 睿宗 11년 4월 丙寅.
37) 감로사는 개성부의 五鳳峰 아래에 있는 사찰이다(『新增東國輿地勝覽』 권4, 開城府 上 佛宇). 원래 이 절은 이자연이 중국에 갔다가 윤주 감로사의 경치가 좋아 이를 기억했다가, 고려에서 같은 장소를 찾아서 만든 곳이다.

망함과 감로사에서의 감동이 교차한다. 이 감동은 자기 존재의 왜소와 성스러운 자연의 영구함을 대비한 것에서 나왔을지 모른다. 그리고 이 의식은 평소 거사 생활을 자처하는 것과 같다.

그러나 김부식은 속세와 단절하려 하지는 않았다. 그가 지은 「兜率院樓」란 시에서,

> 말속이 구구하게 모두 부산한데 / 나 혼자 중선 다락에 올라 얼굴을 펴네……
> 산야의 늙은 농부 나를 굳이 피하지 마소 / 이 나도 和光하여 세상에 섞여 살려네
> (「兜率院樓」『東文選』 권12)

김부식 자신은 누각에 올라 세상과 떨어져 있는 존재라고 보면서, 일반 늙은 농부와 섞여야 한다는 의식을 보여준다. 그래서 그는 '和光同塵'이란[38] 말로 이를 표현했다. 이 말은 원래 재주를 가지고 있으면서도 자신을 드러내지 않고 세상사람들과 섞여 사는 것을 뜻한다.

불교에서는 부처와 보살이 깨달음의 지혜를 감추고 중생을 구원하기 위해 세속에 태어나 번뇌를 같이 하며, 중생을 불법으로 인도하여 가는 의미로 쓰인다.[39] 『삼국유사』에 등장하는 혜숙과 혜공이 이런 경우일 것이다.[40] 이들은 고대의 인물이지만, 편찬자 일연은 이러한 승려의 사회적 역할에 주목했을 것이다.

성계에서 속계로 가는 길은 이렇게 열려 있었다. 이규보는 승려가

---

38) 老子,『道德經』 권4, "和其光 同其塵".
39) 한국역사연구회 편, 1996, 「고달원 원종대사 혜진탑비」, 앞의 책, 387쪽의 註 66).
40) 『三國遺事』 권4, 義解, 二惠同塵. 제목인 '同塵'이 '和光同塵'의 약어이다. 이들은 속세에 묻힌 거사적 삶을 살았다.

속세와 인연을 끊는 것이 옳다고 하면서도, 이것만으로는 작은 절의라
고 했다. 그래서 그는 이렇게 이야기했다.

　　통달한 사람은 그렇지 않고, 사물과 어울리지만 물들지 않고, 세상과
　함께 살아가면서도 세상에 집착하지 않는다. (李奎報, 「送璨首座還本
　寺序」『東國李相國全集』권21)

　승려의 길이 속세와 단절에 있지만, 이규보가 볼 때 達人은 세속과
어울리며 사는 것이라는 주장이다. 이런 주장의 저변에는 성속의 연계
의식이 들어 있다. 그것은 '화광동진'과 같은 의미인 것이다. 세상사람
이나 속세와의 어울림과 참여행위가, 곧바로 대중의 구원과 맞아 떨어
지기 때문이다. 물론 이런 논리만으로 승려의 현실참여가 애기될 수는
없다. 대승불교의 출발 자체가 일반대중과의 밀착과 현실참여라는 지
향점을 가지고 있기 때문이다.

　사실 승려생활을 하다 환속하는 것이 고려시대에 문제가 되지 않았
다. 특히 무인쿠데타(1170) 이후 사람들이 난을 피해 승려가 되었다가
환속한 경우가 많았다.[41] 비록 정식 승려는 아니지만 노인수의 경우는
흥미롭다.

　1216년(고종 3) 그가 삭주 분도장군 시절에 금산 왕자의 군대 수만
명이 침입해 왔다. 그러나 노인수는 절에서 불공만 드렸다. 척후병이
와서 적군이 국경 안으로 침입했다고 보고했다. 그럼에도 그는 거란군
역시 사람이라서 차마 죽일 수 없다고 했다. 결국 그가 사흘간 절에서
있는 사이에 적들이 고을 전체를 유린했다.

　이후에 장군을 잃은 그는 늙은 어머니가 있었는데 돌보지 않고 승려
의 옷을 입고 변산승사로 찾아가서 몇 해를 지냈다.

---

41)『高麗史』권102, 列傳, 李仁老.

최이가 편지를 보내기를, "만약 그대가 온다면 복직시켜 주겠다."라
고 하니 노인수가 대단히 기뻐하였다. 그는 즉시 서울로 와서 복직되
었고 얼마 안 가서 대장군으로 올라갔다. 노인수는 최이의 총애를 받
게 되었는데 그는 남의 장점과 단점을 평론하기 좋아하여 그것이 화복
으로 되기 때문에 사람들이 모두 그를 눈흘겨 보았다. (『高麗史』 권
101, 列傳, 盧仁綏)

이처럼 노인수는 자신의 사회적 직책을 방기했는데, 그 원인은 독실
한 불교신앙이었다. 개인적 불공이 관료로서의 책임보다 앞서 있었다.
불교적 믿음에서 그는 적들을 함부로 죽일 수 없는 동질적 인간이라고
보았다. 이는 고려왕조 성립 이래 여진이나 거란인을 '人面獸心'으로
보는 것과 다른 시각이다.

물론 노인수가 적과 전투할 자신이 없어서 불공을 핑계로 했는지도
모른다. 그렇지만 그 뒤의 이야기를 보면 그의 신앙심이 만만치 않음
을 알 수 있다. 그는 늙은 모친의 봉양도 하지 않고 거의 승려 같은 생
활로 몇 해를 보냈다.

그의 행위는 당시인들에게 비판거리였다. 후일 최윤광이란 사람은
거란군 침입 때와 모친의 일을 불충불효한 행위였다고 비난했다. 노인
수는 이런 항변에 어떤 대답도 하지 못했다. 그 자신도 사회적인 보편
윤리, 즉 세속의 도덕을 인정하고 있기 때문이다.

그의 세속에 대한 관심은 승려 같은 생활을 했지만 끝내 승려가 안
되었다는 점, 그리고 집권자 최이의 부름에 즉시 응했다는 점에서 쉽
게 알 수 있다. 결국 노인수의 승려적인 삶은 세속과의 단절이 아닌 신
앙에 입각한 도피적 성격이 강하게 느껴진다.

사실 고려시대 승려가 정치나 권력과 관련을 맺는 일은 흔했다. 신
돈의 경우를 들지 않더라도, 국왕과 궁인 사이에 나온 자식인 小君들

이 그러했다. 소군이란 중국에서 '제후의 아내'를 뜻하지만, 고려에서
는 천인인 왕자이면서 출가한 승려를 말한다.[42] 즉 궁인이 국왕의 자
식을 낳으면, 머리를 깎아 승려로 만들었던 것이다.[43]

특히 명종이 낳은 첩의 자식들은 10여 명이나 되었는데, 모두 소군
이 되어 권력과 밀착했다. 예컨대 왕선사는 열 살 때에 승려가 되었는
데, 의복이나 작위가 嫡子와 같았다. 그는 궁궐에 출입하면서 권세를
떨쳤다. 다른 소군들도 모두 벼슬을 받고 유명한 절에 거주하면서 뇌
물을 받았다.[44] 이들의 추종자들이 주변에 생기면서, 그 폐해는 늘어갔
을 것이다.

이런 부류는 성스러움을 추구하는 승려로서 존경의 대상이 되지 못
했다. 양식 있는 사람들은 이들을 비난했다. 민식은 당시 관료들이 소
군인 洪機 등을 찾아가는 상황에서, 동생의 권유를 물리치고 이를 비
난했다. 그는 이들을 '무지개 중(虹沙彌)'이라고 부르면서, 장차 나라를
망칠 존재라고 했다.[45] 승려의 세속적인 정치참여는 이렇게 환영받지
못했다.

이는 속계와 단절된 성계의 인물의 직접적인 정치참여에 대한 거부
감 탓이었을 것이다. 여기에는 성속의 구분과 사회적 역할에 대한 가
치가 작용하고 있었다.

물론 대부분의 승려들은 존경받거나 성스러운 존재로 인식되었다.
특이하게도 그것은 그들의 수양으로 인한 德만이 아니고 겉모습으로
도 그러했다.

스님은 풍채가 당당하여 키가 8척이나 되었다. 공경대부로부터 사나

42) 許興植, 2004, 「고려시대 小君의 신분상 특성」『고려의 문화전통과 사회사
상』, 집문당, 345~346쪽.
43)『高麗史』권26, 世家, 元宗 6년 4월 己未.
44)『高麗史』권90, 列傳, 宗室, 小君善思 ; 宗室, 孝寧太子祈.
45)『高麗史』권101, 列傳, 閔令謨 附 閔湜.

운 군졸에 이르기까지 (스님을) 바라보면 얼굴빛을 가다듬고 단정히 하며, 뒤로 물러나면서 "참으로 천하의 大福田입니다"라고 말하지 않는 이가 없었다. 조정에서 법천사 승려들이 횡포를 부린다는 소식을 듣고, 스님에게 명하여 그 절로 옮겨가 주지하게 하였다. (金龍善 編著, 1993, 「金德謙 墓誌銘」, 앞의 책)

이 승려는 체구가 큰 편이었으며, 이것 자체로도 카리스마를 연출했던 모양이다. 그래서 사람들은 그를 쳐다보는 것만으로 단정한 분위기가 되었다. 법천사 승려들의 말썽이 그의 카리스마로 해결될 수 있었다.

그렇지만 고승으로 생각된 인물들은 외양적인 것 이상으로 존숭되었을 것이고, 성인으로 추앙될 경우에는 말할 나위가 없었다.[46] 물론 성인은 불교에만 있는 것은 아니며, 유교에서도 존재한다. 그렇지만 유교의 성인은 주로 중국 고대인 삼대시대의 군주이거나 공자와 같은 인물들로 고려시대에는 과거의 존재일 뿐이다.[47] 그렇지만 불교에서 부처가 되는 것은 자신의 불성을 깨닫거나 수양을 통해 어느 시대나 가능했다. 더구나 그 사회적 범주는 지배층만이 아닌 보통사람까지 가능했다고 여겨졌다.[48]

---

46) 고대시대의 聖人을 이상적 인간상과 결부시켜 본 논문은 金英美, 2004, 「신라인의 이상적 인간상」『韓國思想史學』23 참조. 고려시대에는 國師나 王師 등 이외에도 승려의 존중은 기본적인 것이었다.

47) 공자에 대한 존숭이 문선왕묘를 통해 공식적으로 이루어졌다(『高麗史』권62, 禮, 吉禮 中祀 文宣王廟). 개인적인 존숭 역시 많이 이루어졌다. 예컨대 『삼국사기』저자 김부식은 공자가 人倫의 으뜸이고 봉황새는 조류의 왕인데, 이름이 다르지만 그 德이 같다고 한다. 그리하여 공자는 百世의 스승이 된 성인이라고 하였다(「仲尼鳳賦」『東文選』권1). 이런 존숭의 태도는 고려시대 동안 거의 변함이 없었다.

48) 신라 중대 이후에 자신의 노력에 의해 성불하는 것이 가능해졌다(金英美, 1994, 『新羅 佛敎思想史 硏究』, 민족사).

　나아가 역사적 인물을 성스럽게 여기는 것은 당연했다. 여기서는 성속의 경계를 오갔던 원효의 사례만으로도 충분할 것 같다. 이규보는

　　내가 영수좌 足庵에게서 소성거사의 像을 보고 삼가 두 번 절하고
　나서 찬을 짓는다.
　　털을 깎아 맨머리면 원효대사요 / 털을 길러 관을 쓰면 소성거사로다
　비록 몸이 천이나 백으로 나타난다 해도 식별하기 쉬우니 / 이 두 가
　지 형상을 한 것은 한바탕 희롱일 뿐이지.
　　(李奎報, 「小性居士贊 幷序」『東國李相國全集』 권19)

　그는 원효와 소성거사라는 양자의 삶에 대해 존경하였다. 양자는 겉모습의 차이일 뿐이라는 것이 이규보의 생각이다. 이것은 불교에서 부처의 형상이 다양하지만 그 법은 한 가지라는 생각을 시로 표현한 것이다. 원효와 소성거사로의 삶은 우리가 다루는 성과 속계를 오갔던 대표적 경우다. 두 삶의 본질이 같다는 인식, 이것이 바로 성계와 속계의 경계를 넘나드는 인식적 바탕이 아닐까?
　한편, 동시대에 살았던 임춘은 강원도 낙산의 서쪽을 지나면서 기괴한 모습을 한 소나무를 보면서 이렇게 쓰고 있다.

　　洞天은 깊숙하고 고요하며 구름 어린 물은 흐릿하여 아마도 인간이
　경계가 아니고 仙靈이 사는 곳인 듯하여, 高士의 숨은 자취가 완연히
　있었다. 나는 옛날 신라의 원효와 의상 두 법사가 신선굴 속에서 관음
　보살을 가까이 보았음을 감탄하고, 스스로 기골이 평범하고 속되어 만
　나지 못하고 돌아감을 탄식하였다. (「東行記」『西河集』 권5)

　임춘은 낙산사 근처에서 그 곳을 성스러운 곳이라고 느꼈다. 그는
이곳이 동천 즉 신선이 사는 곳이라서 속계가 아니라고 했다. 즉 高士

라는 은일해서 사는 사람들의 자취가 있는 곳이라고 했다.

임춘이 성스럽다고 느낀 것은 도교적인 생각 때문만은 아니었다. 그는 낙산사 주변에서 자신이 본 기이한 소나무의 모습을 '관음솔'이라고 생각했다. 관음솔이란『삼국유사』에서 원효와 의상이 관음보살을 만났다는 설화에 등장하는 소나무다.[49]

특이하게도 임춘의 이야기는『삼국유사』와 조금 다르다. 그가 살던 시기는『삼국유사』가 나오기 전이므로, 그가 본 원효 이야기는 다른 자료에 따랐을 것이다.

임춘이 본 자료에는『삼국유사』와 조금 다르게 되어 있을지 모른다.『삼국유사』에는 원효가 관음의 진짜 모습을 보기 위해 성스러운 굴에 들어가려 했는데, 큰 풍랑으로 끝내 불가능했다고 나온다. 그런데 임춘은 원효와 의상이 관음을 모두 보았다는 식으로 말한다.

분명한 것은 임춘이 낙산사 주변을 성스러운 곳으로, 의상과 원효를 성스러운 존재로 보았다는 사실이다. 임춘은 이와 대비해 자신을 비하시켜 지극히 평범하고 속된 존재라고 하였다. 성속의 대비인 것이다.

이 낙산사의 원효와 관음 이야기는 당시에 상당히 많이 퍼져 있었다. 1229년에 이규보가 쓴「유자량 묘지명」에는

관동 지방의 원수가 되었을 때 낙산사에 이르러 관음에게 예불하니, 갑자기 파랑새 두 마리가 꽃을 물어 옷 위로 떨어뜨렸고, 또 바닷물이 한 움큼 가량 솟아올라 그의 이마를 적셨다. 세상에서 전하여 오기를 "이 곳에 파랑새가 있으나 무릇 부처를 배알하는 사람 중에서 그만한

49) 一然,『三國遺事』권3, 塔像4, 洛山二大聖觀音正趣調信. 원효는 들판에서 한 여인을 만났다. 당시 들판에는 소나무가 서 있었고, 그 나무 밑에서 신 한짝이 놓여 있었는데, 관음상 밑에도 다른 한 짝의 신이 놓여 있었다. 비로소 원효는 들판의 여인이 관음의 화신임을 알았다는 것이다. 그리고 이 소나무에는 파랑새가 앉았다.

사람이 아니면 보이지 않는다."라고 하였으니, 이 일은 공의 두터운 덕과 지극한 미더움에서 그렇게 된 것이다. (李奎報, 「銀淸光祿大夫尙書左僕射致仕庾公墓誌銘」『東國李相國全集』 권36)

유자량은 독실한 불교 신자였다. 그는 임종하기 전날에 불교의 팔계문을 열람한 후에, 다음날 아침에 세상을 떠났다. 그가 낙산사에서 만난 파랑새는 앞서 『삼국유사』에 나오는 '관음솔'에 앉았던 파랑새와 같은 존재로 보았음이 분명하다. 유자량의 기적 이야기는 그가 성스러움에 근접한 인간이었음을 돋보이게 하는 서술적 도구였다.

낙산사의 원효와 의상 이야기는 상당하게 퍼져있던 설화였고, 낙산사와 이들 지역의 성스러움을 보여주는 것이었다. 이처럼 성스러움이란 종교의 특성인 초월성과 영원함 속에서 고려시대인들에게 드러나고 있었다.

3) 성서로움에의 갈망과 고민

성스러움에 대한 추구와 갈망이 강할수록 그에 대한 믿음과 숭앙 역시 그렇게 되기 마련이다. 이로 인해 불교사원을 직접 세우기도 하고, 성스러운 곳에 대한 순례도 뒤따랐다. 여기서는 승려들을 제외한 일반인들의 그것만을 약간 보아야 할 것 같다.

원래 순례란 종교를 믿는 사람들에게 보편적인 행동이다.[50] 유럽의 경우에도 기독교신자들은 상당수 순례에 참여했고, 특히 예루살렘과

---

50) 순례란 궁극적으로 종교적 행동이며, 그리스도의 유적을 통해 천국에 갈 수 있다는 믿음에서 시작되었다. 최상의 순례란 그리스도의 행위를 그대로 모방하는 것이다. 기본적인 개념은 만물의 주인이신 주를 위해 자신의 고향, 나라, 재산과 세속적 즐거움을 버리고 떠나는 것이다(설혜심, 2001, 『온천의 문화사』, 한길사, 37쪽).

로마의 순례는 부유층의 특권에 속했다.[51] 고려시대에 여행이 어느 정도 일반 사람들에게까지 보편화되었는지는 알 수 없다. 당시 순례여행이 어느 정도였는지를 알기 어렵다는 뜻이다.

그래도 성물이 있거나 유명한 사찰 등이 있는 곳은 순례의 대상지였다. 특히 양산 통도사의 경우는 석가여래의 진신사리로 인해 순례대상이 되었던 곳이다. 그런데 1379년(우왕 5)에 당시 주지인 월송은 이곳 석가여래의 정수리뼈와 사리 4과를 가지고 개경에 오게 된다.[52] 그가 찾아온 사연은 2년 전에 왜적이 통도사로 쳐들어와서 자신이 사리를 가지고 도망쳤다는 것이다. 문제는 올 해에 또다시 왜적이 쳐들어왔고, 절의 노비를 매질하면서 자신과 사리의 행방을 추격했다는 점이다. 이에 주지는 사리를 들고 개경까지 오게 되었다. 사리는 왜적이나 고려인들에게나 동일한 가치를 지니는 성물이었다.

당시 사리 소식을 들은 불교신도들은 물밀듯이 몰려와 예배하고, 일부는 이를 나누어 가졌다. 문하평리 이득분과 고위관료, 일부 승려들이 그 사람들이었다.[53] 이후 1년 뒤에 이득분이 이색에게,

> 과거 강남에 있을 적에 감옥에서 매질이 난무하던 그 시기에 생환을 기원할 목적으로 내가 직접 본국의 명산을 예배하고 다닌 적이 있었는데, 그 때 통도사도 실로 나의 눈 안에 들어 있었다. 그러다가 돌아오고 나니, 현릉께서 특별히 향을 내리면서 나에게 직접 각처를 찾아다니며 예배를 행하라고 명하였다. 그래서 다시 통도사를 찾아가서 요청한 결과 사리 6매를 얻었으니, 나와 사리 사이에는 뭔가 인연이 없다고

---

51) 필립 아리에스 등 편, 2002, 『사생활의 역사』 3, 새물결, 130~131쪽.
52) 李穡, 「梁州通度寺釋迦如來舍利之記」 『牧隱文藁』 권3.
53) 구체적 내역은 이득분 3매, 영창군 왕유 3매, 시중 윤환 15매, 회성군 황상의 부인 조씨 30여매, 황상의 부모 1매, 천마산과 성거산 승려 각각 3매, 4매 등 이다.

는 말할 수 없을 것이다. (「梁州通度寺釋迦如來舍利之記」『牧隱文藁』권3)

라고 했다. 이득분은 환관 출신으로 우왕의 총애로 인해 찬성사에 오른 인물이다. 그는 『고려사』에서 아귀처럼 탐욕스러워서 뇌물을 받아들이고 불의한 짓을 많이 했다고 묘사되어 있다.[54] 그럼에도 그는 불교 신앙심이 깊었던 모양이다.

이득분은 각 지역의 사찰을 순례했고, 통도사 역시 그 대상이었다. 공민왕은 그에게 降香使의 자격을 주어 여러 곳에 파견했다. 그 결과 통도사에서 그는 사리를 얻어낼 수 있었다. 이런 사리가 있는 통도사는 성스러운 장소였고, 신자들에게 주요한 순례 대상지였을 것이다.

독실한 신자가 아닌 사람들에게도 사찰이 주는 감흥은 적지 않았다. 고려 말 이색은 원나라의 연경에 유학가면서 서해도와 평양부의 경계에 있던 큰 고개인 자비령을 넘어 다녔다. 이 고개에는 나한당이 자리잡고 있었고, 여기서는 멀리 동선참이 보였다. 이색은 이곳을 두 번 지나면서, 그 중에 한 번은 문 안에 들어가 예배를 드리기도 했다. 그런데 이곳을 중창한 주지의 글 요청에 대해, 그는

자비령이 높다랗게 우뚝 서 있는 가운데, 나한당이 그 사이에서 아름답게 빛을 발하고 있으니, 숨을 몰아쉬면서 험한 산길을 오르다가 나한당을 한 번 눈으로 접하게 되면, 마음이 어찌 시원해지지 않겠는가. 더군다나 말에서 안장을 내리고 마음껏 조망해 보거나 향을 피워 올리면서 예배하노라면, 氣息도 평온해지고 몸과 마음도 고요해질 것이니, 비록 잠깐 동안이라 할지라도 사람에게 유익함을 안겨 주는 것이 많을 것이다. (「慈悲嶺羅漢堂記」『牧隱文藁』권3)

---

54) 『高麗史』 권122, 列傳, 宦者 李得芬.

라고 했다. 험한 고개를 힘들게 오른 여행객이 느끼는 쾌감을 배가하
는 곳, 그것이 나한당의 존재이유였다. 휴식할 곳이 보인다는 안도감뿐
만 아니라, 이곳은 예배로 인해 앞으로 펼쳐질 여행의 안녕을 빌 수 있
는 장소였다. 여기서 이색은 나한당의 신성함보다는 나한당의 기능에
중심을 두고 있지만, 신앙심 깊은 신자들이 느끼는 감회는 그보다 강
했을 것이다. 나한당과 같은 곳은 수미산을 향해 나아가는 佛者들이
중간에 쉬는 化城처럼 여겨졌을 것이기 때문이다. 그렇기에 이들은 산
속의 나한당과 그 경역을 성스럽게 생각했을 수 있다.

　이러한 성스러움은 고려시대인들의 삶을 끌어당기는 힘이었다. 성스
러움에 대한 믿음이 클수록 신비주의적 경향 역시 같이 등장한다. 그
믿음은 전염병에 대해 이렇게 나타났다.

> 기유년(명종 19, 1189)에 황려의 수령이 되었는데, 바야흐로 부임하자
> 마자 온 경내에 역병이 돌고 있었다. 공이 즉시 몸소 승려와 도사들을
> 거느리고 『대반야경』을 외우게 하면서 마을을 두루 돌아다니자, 사람
> 들이 나발(螺)과 경쇠(磬)소리를 듣고 마치 술이 깨고 꿈이 깨는 듯하
> 였다. 이로 인해 점차 차도가 있으면서 병이 나은 사람들이 매우 많았
> 다. (金龍善 編著, 1993, 「任益惇 墓誌銘」, 앞의 책, 347쪽)

　황려(여주)의 수령이 된 임익돈은 전염병에 대해 승려와 도사로 대
처했다. 그렇다고 그가 신앙에 미혹된 사람도 아니었다. 왜냐하면 그가
안동대도호부 판관이 되었을 때 산촌에서 농사짓는 소를 잡아 岳廟에
제사하는 것을 금지시켰기 때문이다. 농사에 필요한 소의 확보가 지역
제사보다 중요하다고 여겼다면, 이런 인물이 신앙심만으로 이런 일을
하지는 않았을 것이다. 아마도 그는 불안한 민심을 잡기 위해 신앙을
이용했을 수 있다. 이것이 가능한 까닭은 그만큼 신앙이 지니는 힘이

당시인들에게 컸기 때문이 아닐까?

물론 과도한 믿음이 주는 신비성은 합리적 사고와 충돌하기 쉽다. 고려 말기 주자학을 받아들인 일부 유학자들이 그런 경향을 지녔다. 한 예로 윤택은 공자의 가르침으로 국가통치의 근본으로 삼으라고 주장하면서, 승려 보우의 한양천도 주장에 반대했다.[55] 그러한 그가 아들과 손자에게 남기는 유언의 마지막에, "내가 죽거든 거리낌에 얽매어 (拘忌) 불교방식(浮圖法)을 쓰지 말 것이고 사치하게도 하지 말라"[56]고 하였다. 이는 불교나 민간적 장례방식에 대한 비판이지만, 새로운 유교적 가치가 들어서고 있음을 말해준다. 그것은 이제 성스러움의 기준과 가치가 일부 변화하고 있음을 보여주는 것이었다.

우리는 이제 마지막으로 성속의 경계를 고뇌하던 한 승려의 시를 살펴보려 한다. 13세기 유명 승려인 원감국사 沖止(1226~1293)가 그 사람이다. 몽골과의 전쟁을 경험한 그는 우연히 중국 晉나라의 「郭文傳」을 읽다가 다음과 같이 소회를 밝혔다.

나 일찍 들었네. 곽문이 / 어려서부터 산수를 사랑한 것을……
곽문은 세속의 선비지만 / 초탈한 생각 항상 그러하거늘
슬프다! 승려란 사람 / 마땅히 그래야 하거늘 오히려 그렇지 않구나
배부르고 따뜻함만 생각하면서 / 遊獵의 뜻 그치지 않고
악착같이 일생을 지내면서 / 마침내 부끄러워할 줄도 모르네
나를 돌아보니 본래 서생인데 / 어릴 때부터 궐리에 놀면서
이름은 金牓의 첫머리에 썼고 / 자취는 옥당의 선비들과 같이 했네
그 땐 淸紫의 뜻이 있었는데 / 어찌 지푸라기를 줍는데 그치랴
하루 아침에 혼자 머물기를 사모해 / 벼슬 버리기를 헌신짝 버리듯 했어라

55) 『高麗史』 권106, 列傳, 尹諧 附 尹澤.
56) 金龍善 編著, 1993, 「尹澤 墓誌銘」, 앞의 책, 578쪽.

산수 사이에서 / 일생을 높이 날고자 하였네
어찌할거나 장애의 뿌리 깊어 / 업력의 시킴을 벗어나기 어려워라
여러번 총림의 주인이 되어 / 매일 대중과 같이
들을 수 없는 것도 듣고 / 보고 싶지 않은 것도 보았네……
(冲止 著, 秦星圭 譯, 1988, 「偶閱晉人郭文傳……成二十八韻」『圓
鑑國師集』, 아세아문화사, 41~42쪽)

무척이나 긴 내용이지만, 요지는 곽문과 같은 세속의 선비조차 초탈
한 삶을 살았는데, 자신과 같은 승려는 오히려 세속과의 끈을 절연하
지 못하는 것에 대한 고민이다. 물론 충지가 개인적인 욕구를 위해 세
속과 관계하지 않았다.

충지는 일생을 돌이키면서, 서생 출신으로 공자의 가르침에 따라 살
려고 했다. 그래서 그는 학문을 하여 金牓, 즉 과거시험에 합격하여 벼
슬을 했다. 그러한 충지가 벼슬을 버리고 승려가 되었지만, 세속과 관
계를 끊을 수 없었다. 그것은 총림의 주인이 되어 대중들과 만나게 되
었기 때문이다. 이를 통해 세속의 일들에 조언하고 관여할 수밖에 없
었다.

이러한 고민은 신라인 원광이 토로했던 말과 같은 맥락이 엿보인다.
원광은 고구려를 치기 위해 수나라에 보내는 걸사표를 지으라는 명령
을 받았다. 그는 자기를 보존하기 위해 남을 없애는 것이 승려의 행위
가 아니지만, 貧道가 대왕의 땅에 사는 이상 그 말에 따를 수밖에 없다
는[57] 것으로 이를 합리화시켰다. 이것은 고려시대에 들어와서도 마찬
가지였다.[58] 성속의 경계를 넘나들며, 양자의 가치 사이에서 고민했던

---

57) 『三國史記』 권4, 新羅本紀4, 眞平王 30년.
58) 한국역사연구회 편, 1996, 「광조사 진철대사비」, 앞의 책(下), 25쪽. 태조가 자
    주 그를 초빙하는 서신을 보낸 것에 대해 대사는 "率土에 거주하는 자가 감
    히 윤음을 거절할 수 있겠는가? 만일 임금을 뵙게 되면 질문을 받게 될 것이

사람들에게 세속은 떠날 수 없는 곳이었다. 그것은 불교가 현실 사회 속에서 영향력을 가지는 이유이기도 했다.

　성스러움과 속됨은 대차항처럼 서로 대립되는 가치처럼 보인다. 그러나 실제로 양자의 경계를 완전하게 나눈다는 것은 불가능하다. 그래서 우리는 양자를 넘나들면서 고민하는 고려시대인들의 모습을 쉽게 볼 수 있었다. 여기서는 주로 불교를 중심으로 한 성계와 일반 사회를 속계로 상정하여 살펴보았다.

　물론 성스러움은 그들의 삶 곳곳에 자리잡고 있었고, 불교 이외의 신앙형태로도 자기 모습을 드러낸다. 오히려 일반인들은 생활에서 만나는 지역제사나 무당, 토속적 신앙 등에서 더 신성함을 느꼈을 수 있다.

　특히 유학자들이 비판하는 혹세적이고 도취적인 믿음은 이를 더욱 부채질했을 것이다. 예컨대 무인집권기 일엄이란 승려에 대한 존숭은 그 훌륭한 사례가 된다.[59] 전주에 살던 일엄은 병을 고치는 것으로 알려져 당시 모든 사람들에 의해 성인처럼 받들어졌다. 이것은 신성함이 하나의 힘이 되어 사람들을 움직인 경우이고, 역사 속에서 보편적인 사례였다. 그것은 다르게 보면 인간사회의 세속적 갈망이 성스러움으로 포장되어 나타난 것이었다. 곧 영원함에 대한 갈망과 개인의 현재 문제의 해결을 성스러운 것에서 추구하려는 속성 때문에 나타나는 것이었다. 현재 삶에 대한 불안과 질병 치료, 출세나 가문의 번성과 같은 세속적 추구가 역으로 성스러움으로 포장된 갈망과 하나로 이어졌기

다. 부족이 있기 때문에 나는 장차 개경에 가려 한다."고 했다. 이것 역시 동일한 고민의 소산이다.
59) 『高麗史』 권99, 列傳, 林民庇.

때문이다.

물론 성스러움은 중세인들에게 중요한 가치였으며, 속세의 그것과는 차별적이고 이상화된 것이었다. 그러나 우리는 불교적 이념 등을 통해 성스러움과 세속적인 것과의 구별과 인식에 대해서는 충분히 생각해 보지 못했다. 이 점은 앞으로 다루어져야 할 문제다.

하나의 전망은 다음과 같이 내려볼 수 있다. 분명히 고려시대인들에게 불교는 신앙뿐만 아니라 삶의 곳곳에서 자리잡고 있었다. 그것은 당시인들의 생로병사라는 삶의 과정에 불교가 깊숙이 관여하고 있었기 때문이다. 따라서 그들이 생각하는 성스러움의 가치는 불교와 관련이 깊을 수밖에 없었다.

이 가치에 대한 관념은 고려 말 주자학이 들어오면서 상층부부터 점차 변화하게 된다. 예를 들어 '거사'란 관념이 고려시대 동안 일상에서 승려와 같이 생활하는 것과 은일하는 사람을 동시에 지칭하는 것이라면, 이것은 후자의 관념만으로 점차 남겨진다. 가치기준이 주자학으로 바뀌어가면서 불교적인 관념이 탈색해 가고, 그에 따라 성스러움의 그것 역시 기준과 범주가 달라져야 했던 것이다. 그러나 여기서는 이런 문제까지 다루지 못하였다. 다만 이 장에서는 성과 속의 가치와 관념, 그리고 그 세계를 오가는 사람들의 이야기와 삶의 형태만으로 우선 마무리를 하려 한다.

김인호 | 광운대학교 교양학부 조교수

제10장 국가, 지역 차원 祭儀와 개인적 신앙

오늘날 신앙은 개인의 영역이지만, 자신이 속한 가족이나 집단의 신앙과 다를 경우 종종 갈등이 발생한다. 사실 신앙이 개인의 영역으로 된 것은 서구에서도 그리 오래되지 않았다.[1] 중세 고려사회에서는 국가 또는 지역 공동체가 주관하는 公的인 祭祀가 유난히 많이 시행된 것으로 나타난다.[2]

국가나 지역 공동체는 제사의 일정한 규범을 만들어 구성원 전체가 참여할 수 있도록 하였는데, 이때 제사는 공동체의 축제로 승화한다.[3]

---

[1] 프랑수아 르브룅, 「종교개혁들 : 공동체적 예배와 개인적 신앙」 『사생활의 역사 3』, 새물결, 2002(Philippe Ariés · George Duby, *Histoire de la vie privée*, éditions du Seuil, 1985), 103~118쪽 참조. 서구에서 개인 신앙이 강조되기 시작한 것은 16세기 종교개혁 이후이지만, 그때에도 교회공동체의 역할이 배제된 것은 아니었다. 유아세례, 첫 영성체, 혼배성사, 종부성사 등 개인의 종교의례도 소교구나 교회공동체에 소속되었음을 나타낸다고 보았다.

[2] 이는 통일신라나 조선과는 다른 모습이다. 국가 차원의 祭儀만 해도 『高麗史』 및 『高麗史節要』 凡例에 따르면 제사는 일상적인 행사였으며 사찰 행차나 보살계 받는 것, 도량의 設行 등은 왕의 일상 행사여서 특별한 경우만 기록했다고 한다. 그럼에도 佛敎 행사는 『高麗史』에 기록된 것만 1천 2백여 회에 이른다(金炯佑, 「高麗時代 國家的 佛敎行事에 대한 硏究」, 동국대 박사학위논문, 1992, 201~223쪽).

[3] 민속학에서는 '공동체 신앙'이라 하여 주로 마을 단위의 洞祭 또는 村祭를 대상으로 하지만, 이 장에서는 구성원 전체가 참여하는 국가 또는 지역 차원의 祭儀를 뜻한다.

축제와 함께 집단적으로 거행되는 祭儀[4]에서 공동체의 구성원은 자유
로울 수 없다.[5] 고려시대 사람들의 宗教的 心性을 파악하기 위해서는
국가 및 지역 차원에서 시행되는 祭儀에 주목할 필요가 있다.

　현재까지의 연구는 주로 유교, 불교, 민간신앙 등 개별 종교의 측면
에서 접근하여 많은 성과를 거두었다.[6] 하지만 종교를 망라한 公的 祭

---

4) 기존 연구에서는 종교의식을 祭祀, 祭儀, 儀禮 등 다양하게 표현하였으며 儒
教, 佛教, 道教 등 국가 차원의 모든 종교의례를 망라한 용어는 사용된 적이
없다. 이 장은 잠정적이나마 '집단적으로 제사를 지내는 의식'(연세대 언어정
보개발연구원 편, 1998,『연세 한국어사전』, 두산동아)이라는 의미에서 '祭儀'
로 통일하였다. 자세한 설명은 강은경, 2004,「고려시대 祀典의 制定과 運用」
『한국사연구』126, 119쪽 주1) 참조.

5) 서구의 중세사회에서도 이러한 특성이 지적되었다. 필립 아리에스,「'사생활
의 역사'를 위하여」『사생활의 역사 3』, 17~31쪽 참조.

6) 분야별 연구 성과는 강은경, 2004, 앞의 논문, 120~121쪽 참조. 참고한 글은
다음과 같다. 여동찬, 1970,『고려시대 護國法會에 대한 연구』, 서울대출판부
; 金泰永, 1973,「조선초기 祀典의 성립에 대하여」『역사학보』58 ; 한우근,
1976,「조선왕조 초기에 있어서의 유교이념의 실천과 신앙·종교」『한국사
론』3, 서울대 국사학과 ; 李熙德, 1984,『高麗 儒教政治思想의 研究』, 일조
각 ; 李熙德, 2000,『高麗時代 天文思想과 五行說 研究』, 일조각 ; 徐閏吉,
1986,「高麗時代의 密教 研究」, 동국대 박사학위논문 ; 李範稷, 1991,『韓國
中世禮思想研究-五禮를 중심으로-』, 일조각 ; 金炯佑, 1992, 앞의 학위논
문 ; 金海榮, 1994,「『詳定古今禮』와 高麗朝의 祀典」『국사관논총』55, 국사
편찬위원회 ; 金海榮, 2004,『朝鮮初期 祭祀典禮 研究』, 집문당 ; 최광식,
1994,「新羅 大祀·中祀·小祀의 祭場 연구」『역사민속학』4 ; 최광식, 1995,
『고대 한국의 국가와 제사』, 한길사 ; 최광식, 1996,「新羅와 唐의 大祀·中祀
·小祀 비교연구」『한국사연구』95 ; 최광식, 2002,「新羅 國家祭祀의 체계와
성격」『한국사연구』118 ; 安智源, 1999,「고려시대 국가 불교의례 연구」, 서
울대 박사학위논문 ; 김종명, 2001,『한국 중세의 불교의례』, 문학과지성사 ;
金澈雄, 2001,「高麗時代 雜祀 研究」, 고려대 박사학위논문 ; 金澈雄, 2001,
「고려 國家祭祀의 體制와 그 특징」『한국사연구』118 ; 金澈雄, 2003,『韓國
中世 國家祭祀의 體制와 雜祀』, 한국연구원 ; 金澈雄, 2007,『韓國中世의 吉
禮와 雜祀』, 경인문화사.

儀를 설명하기에는 미흡하다. 특히 위기에 직면했을 때 시행된 집단적인 祭儀에는 어떠한 공동 인식이 있었는지 해명되지 못하였다. 이 장에서는 신앙의 주체였던 국가 및 지역의 公的 祭儀에 초점을 맞추어 분석함으로써 고려시대의 특성을 밝히고, 그 특성이 개인에게 어떻게 구현되었는지 고찰하려고 한다.

公的 祭儀에서 대상이 되는 神은 매우 다양하게 나타나는데, 그 認定 과정을 통해 神에 대한 기본 인식을 찾아볼 필요가 있다. 그러한 기본 인식은 위급한 상황에서 더욱 실제적으로 표현된다. 국가 또는 지역 공동체가 위기에 직면했을 때 어떤 대상에게 무엇을 기원했는지 살펴본다면, 그들이 믿고 기대하였던 대상의 실체도 파악할 수 있을 것이다.

祭儀의 성격은 절차에서 구체화된다. 公的 祭儀는 국가나 지역에서 공식으로 시행한 만큼 당연히 담당 기관과 관리가 있었고, 대부분 제의를 주관하는 主祭者가 별도로 있었다. 제의 절차에서 主祭者는 어떠한 역할을 하였으며 공동체 성원은 어떤 방식으로 참여했는지 구체적으로 그려냄으로써, 祭儀가 공동체 차원에서 갖는 의미도 추론할 수 있으리라 생각한다.

마지막으로 公的 祭儀에 나타난 특성이 공동체에 소속된 개인에게는 어떻게 나타났는지 살펴볼 필요가 있다. 公的 祭儀는 좁게는 郡縣을 단위로, 넓게는 국가를 단위로 하는 공동체의 규모로 民을 조직하고 동원할 수 있는 對民 動員力을 갖는다.[7] 비록 다양한 신분과 상황에서 살지만, 각 사람이 공유했던 神에 대한 인식은 무엇이며 그들의 바람은 무엇이었는지 밝히고자 한다.

이러한 연구를 통해 고려사회에서 다양한 종교의 祭儀가 병행하여

---

7) 안지원, 1999, 위의 논문, 6~7쪽 참조.

시행될 수 있었던 배경으로서 당시 공유했던 종교의식의 실체에 다가
갈 수 있으리라 기대한다.

1. 公的 祭儀의 의식

1) '萬物 財成者'에 대한 공동의 인식

고려시대 국가 및 지역 공동체에서는 대상 신에 대한 認定, 主祭者
의 선정, 제사 시기, 참여집단, 봉헌물 등 祭儀 전반에 대한 규정을 정
하여 직접 관여하였다.[8] 국가나 지역 공동체의 제사는 종교적 행위인
동시에 국정을 운영하는 중요한 수단이었기 때문이다.[9]

國家 祭儀에 대한 祀典은『高麗史』禮志에 儒敎式 제사로서 大
祀・中祀・小祀와 그밖에 雜祀 등 일부만 전하지만,[10] 조선 건국 직
후 예조에서 올린 祀典 개편안[11]을 통해 祀典 전체의 내용을 추정할
수 있다. 여기에는 여러 神廟와 州郡의 城隍 및 檀君과 箕子에 대한
제사, 각종 佛事,[12] 道殿과 神祠에 대한 醮祭[13] 등 불교와 민간신앙

---

8) 나희라, 2003,『신라의 국가제사』, 지식산업사, 15쪽 참조.
9) 井原今朝男, 1999,「祭りと文化統合-農村生活の宗敎性」『中世のいくさ・
   祭り・外國との交わり』, 東京, 校倉書房, 102~103쪽에서 일본의 平安시대
   부터 鎌倉시대까지 제사는 政事로 집행되었다고 하였으며, 강은경, 2004, 앞
   의 논문, 123~128쪽에서 고려의 國家 祭儀도 정치운영의 일환으로 시행되었
   음을 밝힌 바 있다.
10) 吉禮의 성격에 관해서는 金海榮, 1994, 앞의 논문, 73~74쪽 참조.
11)『太祖實錄』권1, 太祖 元年 8月 庚申.
12) 김형우, 1992, 앞의 논문, 84~90쪽. 고려 전 시기에 걸쳐 시행된 정기적인 불
    교행사는 1~2월의 연등회와 天帝釋 도량, 3월이나 4월의 藏經 도량, 6월의
    菩薩戒 도량, 7월의 盂蘭盆齋, 9월 또는 10월의 藏經 도량과 仁王百高座 도
    량, 10월의 서경 팔관회, 11월의 개경 팔관회 등이 있다. 인왕백고좌 도량은 2
    년 또는 3년마다 거행되었다.

부분이 폭넓게 포함되어 있다. 또한 郡縣마다 다양한 神祠가 존재했는데 郡縣의 三班, 즉 鄕吏 조직이 祭儀를 주관하였다.[14] 지방사회의 통치조직이 지역 차원의 公的 祭儀를 거행한 것이다.[15]

고려사회에서는 다양한 신앙의 대상을 어떻게 통치 차원으로 승격시킬 수 있었을까. 이와 관련해서 公的 祭儀의 대상을 선정하는 과정을 참고할 필요가 있다. 이미 체계가 정형화된 유교나 불교식 祭儀를 제외하면 다른 神에 대해서는 일정한 認定 과정이 있었다.

> 가-(1) 北昌門을 나가 5리 정도 가면 산길이 험하고 키 큰 소나무가 울창한데 성안을 굽어보면 손바닥을 가리키듯 환하다. 그 神은 본래 高山이라고 했다. 전하는 말로는, 祥符 연간에 거란이 침입하여 왕성으로 다가오자, 그 신이 밤중에 소나무 수만 그루로 변화하여 사람 소리를 냈다. 오랑캐는 구원군이 있는가 의심해 곧 물러났다. 후에 그 산을 봉하여 崧이라 하고 제사로 그 신을 받들었다고 한다. 백성은 재난이나 질병이 생기면 옷을 시주하고 좋은 말을 바치고 기도한다. (『宣和奉使高麗圖經』 권17, 祠宇 崧山廟)

위의 사료는 인종 때 송나라의 사신으로 온 서긍의 기록으로 崧山, 즉 개경의 鎭山인 송악산이 국가 祭儀 대상으로 祀典에 오르게 된 경

---

13) 金徹雄, 2001·2002, 앞의 논문 참조. 여기서는 초제를 도교의 제사로 보았다.
14) 강은경, 2003, 「고려시대 지방사회의 祭儀와 공동체 의식」『韓國思想史學』 21, 83~86쪽. 이는 중앙에서 파견한 祭告使 주관의 國家 祭儀와는 구별되었다.
15) 표인주, 1995, 「공동체신앙의 종교적 구조」『한국민속학』 27 ; 1996, 『공동체신앙과 당신화 연구』, 집문당, 36~37쪽에서 공동체의 祭儀를 수행 주체에 따라 국가나 官 주도와 民 주도로 나누고 前者는 공동체의 결속단위가 國家인 반면 後者는 地域이라고 하였다. 하지만 고려사회에서는 지역의 祭儀를 지역의 官인 鄕吏 집단이 주도했기 때문에 관 주도로 보아야 한다고 생각한다.

위가 잘 나타나 있다. 송악을 "제사로 그 신을 받들게" 된 것은 현종대 거란의 침입 때 도움을 받은 때문이라고 한다.

현종 원년 11월에 거란의 聖宗은 40만 명의 군대를 이끌고 쳐들어와 이듬해 정월 초하루에 개경을 함락했는데,[16] 사료 가-(1)은 그즈음의 사건이다. 이때 송악 덕분에 개경이 보호받았다고 하지만, 실제로는 거란군이 일시적이나마 개경에 들어와 大廟와 궁궐, 민가를 불태웠다. 따라서 "오랑캐는 구원군이 있는가 의심해 곧 물러났다"고 한 것은 열흘만에 퇴각한 것[17]을 말하는 것 같다.

그런데 사람들은 거란군이 퇴각한 이유에 대하여 송악의 신이 "소나무 수만 그루로 변화하여 사람 소리를 냈기 때문"이라고 믿었다. 송악에는 본래 키 큰 소나무가 울창했으므로 그것이 異跡이라고 할 수는 없다. 문제는 거기서 사람 소리가 났다는 점이다. 물론 소리를 들은 사람들은 산 근처에 살던 개경의 주민이었을 것이다.

당시 고려는 停戰을 제안했고, 거란은 고려의 약조만 믿고 급히 퇴각한 것으로 알려져 있다.[18] 정전을 제안한 고려는 당연히 이 사실을 인지하고 있었을 것이다. 그럼에도 민간의 믿음을 인정하여 이 산을 '崧'으로 봉하였다.

송악산에 제사를 지낸 것은 이때가 처음이 아니었다. '崧'으로 봉하기 전에 "그 神은 본래 高山"이라고 했으므로 이전에도 神으로 인식하였음을 보여준다. 그렇다면 그에 따라 제사도 지냈을 것이다. 따라서 '崧'으로 봉한 이후의 제사는 국가 차원에서 시행되는 公的 祭儀를 의미한다.[19]

---

16) 『高麗史』 권4, 世家, 顯宗 2年 正月 乙亥.
17) 『高麗史』 권4, 世家, 顯宗 2年 正月 乙酉.
18) 최규성, 1995, 「거란 및 여진과의 전쟁」, 『한국사 15』, 국사편찬위원회 참조.
19) 國家 祭儀는 祭告使를 파견하거나 지방관이 제사를 지내도록 하였다. 『高麗

같은 시기에 감악신사에서도 기적이 일어났다.

> 가-(2) 거란군이 長湍에 이르렀을 때 갑자기 風雲이 세차게 일어 紺岳
> 神祠에 깃발과 군사와 말이 있는 것 같았다. 거란군이 두려워하며
> 감히 전진하지 못하였으므로, 담당 관청이 보답하는 제사를 지내게
> 하였다. (『高麗史』 권63, 禮, 吉禮 雜祀, 顯宗 2年 2月)

현종 2년 2월에 거란군이 개경 근처의 장단에 이르자, 감악신사에서
風雲이 세차게 일어 깃발과 군사와 말이 있는 것 같았다. 덕분에 거란
군이 전진하지 못하였고, 국가 차원에서 보답하는 제사를 지냈다. 이를
목격한 사람들은 방어를 위해 나간 군사나 인근 주민이었을 것이다.

公的 祭儀의 대상은 "소나무 수만 그루로 변화하여 사람 소리를 내
거나" "風雲을 세차게 일으켜" 자신의 지역을 보호할 수 있는 靈驗의
존재로 인식되었음을 알 수 있다. 그러한 인식은 지역민의 경험에 기
초한 것이며, 이를 국가 차원에서 인정하고 받아들여 祭儀의 대상으로
선정한 것이다. 靈驗의 인정은 거창한 일에만 적용한 것은 아니었다.

> 가-(3) 敎書를 내리기를 "海陽道의 定安縣에서 珊瑚樹를 두 번이나 바
> 쳤으니 南海의 龍神을 마땅히 祀典에 올려 그 玄功을 표창하라"고
> 하였다. (『高麗史節要』 권3, 顯宗 16年 5月)

남해의 龍神은 흔히 남해신이라고 하는데,[20] 祀典에 올린다는 것은
국가 제의의 대상이 되었음을 말한다. 이유는 정안현에서 산호수를 두

史』 권8, 世家, 文宗 18年 2月 癸酉를 보면 문종 이전부터 봄, 가을로 전국에
祭告使를 파견했고, 그로 인해 역참과 군현이 피폐할 정도로 빈번하고 규모
가 컸다.
20) 『高麗史』 권63, 禮, 吉禮 雜祀, 顯宗 16年 5月.

번이나 진상했기 때문이다.

정안현의 일로 남해신사를 표창한 것은 둘이 밀접한 관계에 있었고, 정부도 이를 인지하고 있었음을 보여준다. 즉 정안현 사람들은 남해신사에 의지하였고, 산호수를 얻은 것이 용신의 도움 덕분이라고 생각했다. 이러한 지역민의 생각을 받아들여 국가도 산호수 진상을 도와준 것은 남해신임을 인정한 것이다. 사소한 일이지만 그 공을 인정하여 국가 차원의 제사를 지내도록 하였다.

公的 祭儀의 대상 神은 크고 작은 일에서 지역 또는 국가를 도왔던 존재가 선정되었다. 따라서 어느 특정의 종교가 아니라 그때그때 다양한 신앙의 대상이 公的 祭儀에 포함될 수 있었다. 이러한 인정 과정을 거쳤던 만큼 국가나 지역 공동체는 祭儀에서 직접적인 神의 응답을 기대한다는 점이 강하게 드러난다.

> 가-(4) 玉川府院君 劉敞이 上書하였다. "……신이 생각하건대 祀典에 실린 社稷과 山川의 神은 모두 재앙과 환란을 막을 수 있으며 구름을 일으키고 비를 내려서 만물을 財成하는 자입니다. 여기에 제사하는 것은 곡식을 기원하거나 복을 기원하는 경우도 있고, 보답하여 감사하는 경우도 있는데, 힘써 奠物을 풍성하고 깨끗하게 하여 정성을 다하는 것이 마땅합니다.……" (『太宗實錄』 권31, 太宗 16年 正月 戊午)

사료 가-(4)는 태종 16년(1416) 정월에 劉敞이 이전 해에 경기 지역의 가뭄이 심한 원인을 祀典대로 제사하지 못했기 때문으로 파악하고, 그 대책을 올린 상서문이다. 비록 조선시대의 자료이지만 公的 祭儀에 대한 인식을 잘 보여준다.

여기서 祀典에 실린 社稷과 山川의 神은 國家 祭儀의 대상을 말한다. 社稷은 유교식 제의의 대상인데도 山川의 신과 동일한 역할을 하는 것으로 인식되었다. 즉 公的 祭儀의 대상 신에 대한 기대는 모두 동일하게 적용되었음을 알 수 있다. 그런데 이들은 '모두' 재앙과 환란을 막거나 비를 내려 "만물을 財成하는 존재"라는 것이다. 따라서 풍년을 빌기 위해, 복을 빌기 위해, 또 감사하기 위해 제물을 차려 정성껏 제사를 지내는 것이 당연하다고 하였다.

이 상서문에 대하여 태종도 긍정적으로 답하였는데, 이러한 인식이 유창 개인에게 한정된 것이 아니었음을 보여준다. 公的 祭儀의 대상과 그 영향력 및 역할에 대해서는 오랫동안 광범하게 공통된 인식이 있었다.

公的 祭儀는 당시 사람들의 공통된 心性에 기초하여 시행되었기 때문에 한번 선정된 신은 쉽게 바뀔 수 없었다. 사료 가-(1)의 송악산은 국가 차원에서 효력 있는 기우제의 대상으로 인식되기 시작하여,[21] 고려시기 내내 기우제를 지내는 주요 5개 神祠 중 하나가 되었다[사료 나-(3), 나-(4)]. 旱災뿐 아니라 水災 때에 百神에게 제사하는 川上祭도 松岳溪上에서 지냈다.[22] 언제부터인지 송악신사는 '大王'의 칭호가 붙어 격이 매우 높아졌다.[23] 사료 가-(2)의 감악산과 가-(3)의 남해신 역시 조선시대까지 계속 국가 제의의 대상이었다.[24] 특히 감악산은 송악산

---

21) 『高麗史』 권4, 世家, 顯宗 2년 4월 辛酉.

22) 『高麗史』 권63, 禮, 吉禮 雜祀, 靖宗 元年 5월 甲辰.

23) 『新增東國輿地勝覽』 권5, 開城府下, 祠廟 松岳山祠에 "산 위에 사당이 5개 있다. 첫째는 城隍, 둘째는 大王, 셋째는 國師, 넷째는 姑女, 다섯째는 府女인데 모두 어떤 神인지 알 수 없다"는 기록을 보면 이후 사당이 계속 늘어 조선시대까지 5개가 존속했으며, 국가 차원의 제사를 지낸 곳은 "大王"이었던 것 같다. 이는 이규보의 祭文에서 확인된다. 『東國李相國集』 권37, 哀詞祭文, 祭松岳文에서 송악에 제사하는 대상을 '大王'이라 불렀다. 이규보가 관료로서 지은 제문이므로, 大王이 公的 祭儀의 대상이었음을 알 수 있다.

24) 『太宗實錄』 권28, 太宗 14년 8월 辛酉, "예조에서 올린 山川의 祀典 제도에

과 함께 조선 초까지 영험한 神祠로 인식되었다.[25]

심지어 왕조가 바뀌어도 지속된 것은 그것이 몇몇 지배층의 논리에 따라 이루어진 것이 아님을 나타낸다.[26] 즉 다양한 존재를 公的인 신앙의 대상으로 인정하는 데에는 적어도 이에 대한 공동의 의식이 전제가 되었다.

2) 국가, 지역의 불행은 神의 羞恥

국가 또는 지역 차원의 公的 祭儀는 정기적으로 격식을 갖추어 시행되지만, 가뭄이나 홍수 등 자연재해나, 전쟁이나 민란 등 위기가 닥쳐오면 더욱 절박하게 거행되었다. 어쩌면 가장 위급하고 어려운 문제에 직면했을 때의 대응이야말로 公的 祭儀의 성격을 잘 보여주지 않을까.

특히 고려는 농업 위주의 사회였으므로 농사의 豊凶은 개인뿐 아니라 국가적으로 당면한 관심사이며 과제였다. 실제로 기우제는 거의 해마다 여러 차례 거행되어 公的 祭儀에서 매우 큰 비중을 차지하였다.[27] 따라서 비를 비는 다양한 형식의 祭儀에는 당시의 神에 대한 인

京城의 三角山・漢江, 경기의 松嶽山・德津,……전라도의 智異山・南海,……모두 中祀이고, 京城의 木覓, 경기의 五冠山・紺岳山・楊津,……모두 小祀이니, 전에는 所在官에서 행하던 것이다".

25) 『太宗實錄』 권21, 太宗 11年 5月 癸未에 가뭄이 들자 태종이 "송악・덕적・감악 등 名山의 神에게도 祝文을 쓰고 신하를 보내어 焚香하는 것이 禮"라고 하여 송악신사와 감악신사는 기우제에서 여전히 중요한 神祠였음을 보여준다.

26) 제사 형식은 주25)와 같이 유교식 焚香으로 변화되었다.

27) 李熙德, 1984,「祈雨行事와 五行說」, 앞의 책, 159~176쪽. 고려인은 비를 빌기 위해 모든 정신력을 집중했다. 군주는 기우의식에 가장 주체적인 책임을 갖고 임하였고, 모든 관리는 물론 대민 통치를 하는 지방관도 책임의식을 가졌다고 한다.

식과 기대가 잘 표현되어 있었다.

> 나-(1) 교서를 내렸다. "늦은 여름이 이미 지나고 첫 가을도 거의 반이
> 나 되었는데 아직 비가 오지 않으니 대단히 걱정된다. 혹 나의 정치
> 교화가 잘못된 탓인가. 형벌과 상이 부적당한 탓인가. 감옥을 열고
> 죄수를 석방하며 正殿에서 다른 곳으로 옮기고 아침·저녁 반찬 수
> 를 줄이며 하늘과 불당에 기도하고 山川에 두루 제사 지냈으나, 아
> 직 비가 내리지 않고 가뭄이 점점 심해지고 있다. 내가 덕이 없어
> 이런 가뭄을 만났으니 노인을 존경하는 행사를 거행하며 농사를 격
> 정하는 내 성의를 표시하려고 한다." (『高麗史』 권3, 世家, 成宗 10
> 年 7月 己酉)

사료 나-(1)의 敎書는 成宗 10년(991) 7월에 가뭄이 지속되자 발표한
것이다. 이 해는 유교식 제사 의례를 어느 정도 갖추었던 때이다. 成宗
2년에 이미 원구단에 제사 지내고 왕이 친히 籍田을 간 후 先農에 제
사를 지내는 의식을 처음 시행하였으며,[28] 宋에서 大廟·社稷·文宣
王廟의 祭器 등의 도면과 책자도 들여왔다.[29] 그리고 成宗 10년에 사
직단을 세우고 이듬해에는 종묘를 완성함으로써 체계를 갖추었다. 따
라서 유교적인 통치를 구현하려는 의지가 매우 강력한 시기였다.

교서는 이러한 상황을 잘 반영하고 있다. 가뭄에 대하여 "형벌과 상
을 검토하고 감옥을 열고 죄수를 석방하며 正殿에서 다른 곳으로 옮기
고 아침·저녁 반찬 수를 줄이는" 등의 조치를 취하고 있다. 이는 자연
재해에 대하여 먼저 국왕의 통치를 반성하는 유교적 통치관에서 비롯
된 것이다.[30] 이러한 조치는 이후 자연재해가 있을 때마다 으례 시행

---

28) 『高麗史』 권3, 世家, 成宗 2年 正月 辛未.
29) 『高麗史』 권3, 世家, 成宗 2年 5月 甲子.
30) 李熙德, 1984, 앞의 책, 154~159쪽 참조.

되었다.

가뭄에 대한 대책은 이에 그치지 않았다. 사실 여름부터 초가을인 7월까지 비가 내리지 않았다면 매우 심각한 상황이다. 그만큼 형식적인 儀禮를 넘어서 당장에 결과가 나타나길 바랐을 것이다. 따라서 정부도 할 수 있는 모든 조치를 취하지 않으면 안 되었다. 成宗은 행정 조치뿐 아니라 하늘, 불교사원, 모든 山川에 두루 제사하였음을 밝히고 있다. 祀典에 규정된 모든 대상에 기우제를 지냈음을 뜻한다. 국왕 개인의 종교적인 행사가 아니라 국가 차원에서 통치의 일환으로 행한 것이다.

무수히 많은 불교의 법회나 도량을 베풀고[31] 山川에 두루 제사한[32] 궁극적인 목적은 비를 내리는 것이었다. 기우제에서 무엇보다 중시된 것은 과연 비를 내릴 수 있는 존재가 누구인가였다.

> 나-(2) 有司에서 아뢰기를 "봄부터 비가 적게 내리니……먼저 북쪽 교외에서 구름을 일으켜 비를 내릴 수 있는 岳鎭海瀆과 모든 山川에 빌고, 다음에는 宗廟에서 빌되 7일에 한 번씩 하고, 그래도 비가 내리지 않으면 다시 岳鎭海瀆부터 처음과 같이 빌게 하소서.……" 하니, 왕이 이를 따랐다. (『高麗史』 권6, 世家, 靖宗 2年 5月 辛卯)

靖宗 2년(1036)에도 4월부터 6월까지 기우제를 지낼 정도로 가뭄이 대단히 심각한 때였다. 당시에 건의한 것이 먼저 岳鎭海瀆과 모든 山川에 제사하고, 다음으로 종묘에 제사를 하되 7일에 한번 하자는 것이었다.[33] 이때 우선 제사를 지낼 대상은 "구름을 일으켜 비를 내리게 할 수 있는" 岳鎭海瀆과 山川이었다.

---

31) 『高麗史』 권54, 五行, 金 조항에 기우제 사례를 모아 놓았다.
32) 주31) 참조. 대부분 '山川'과 '諸神祠'로 표현되어 있다.
33) 이른바 '七日一祈'인데 金澈雄, 2003, 앞의 책, 97쪽에 의하면 唐의 『開元禮』에 근거한 것이라고 한다.

기우제를 지내는 이면에는 비를 내릴 수 있는 특정의 神, "能興雲雨者"가 있다는 인식이 폭넓게 존재하고 있었다. 이러한 인식이 좀더 구체적으로 나타난 것이 다음의 사료이다.

> 나-(3) 戊寅日에 예부에서 아뢰기를 "초여름부터 비가 제때에 내리지 않고 또 廣州에서는 田野가 말라 거의 失農할 지경이라는 보고가 있으니 松嶽, 東神堂, 諸神廟, 山川, 朴淵 등 5개 장소에서 7일에 한번 기우제를 지내고 廣州를 비롯 여러 州郡에서도 각각 기우제를 지내게 하소서." 하니 왕이 허락하였다. 壬午日에 諸神廟에서 비를 빌었다. 戊子日에 재차 비를 빌었더니 그제야 비가 내렸다. (『高麗史』 권8, 世家, 文宗 11年 5月)

문종 11년(1057) 5월에 초여름부터 가뭄이 계속되고 廣州 지방에는 거의 失農할 지경이라는 보고가 있자 예부에서 올린 대책이다. 해당 지역인 廣州는 물론이고 각 지방에서 기우제를 지내고, 또 중앙에서도 松嶽, 東神堂, 여러 神廟, 山川, 朴淵 등 다섯 곳을 지정하여 7일에 한번 기우제를 지내자는 것이다. 전자가 지역 차원의 제의이고 후자는 국가 차원의 제의이다. 위기의 시기에는 모든 대상 神에게 전국적으로 公的 祭儀가 시행되었다.

그런데 국가 차원의 기우제에서는 5개의 특정 神祠가 거론되고 있다. 그리고 여기에 7일에 한번 두 차례 제사를 지낸 결과 비가 내렸다고 한다. 이후 기우제에서 松嶽, 東神堂, 朴淵[34]은 국가 차원에서 우선 제사해야 할 대상이 되었다.[35]

---

34) 松嶽에 관해서는 사료 가-(1), 東神堂에 관해서는 『宣和奉使高麗圖經』 권17, 祠宇 東神祠, 朴淵에 관해서는 『新增東國輿地勝覽』 권42, 黃海道 牛峯縣 山川 참조.
35) 예종 및 인종대에도 제사는 지속되었다. 『高麗史』 권12, 世家, 睿宗 2年 4月

나-(4) 사신을 보내 上京의 川上과 松岳, 東神, 諸神廟, 朴淵 및 西京
의 木覓·東明祠·道哲嵒·梯淵 등에서 기우제를 지냈다. (『高麗
史』 권63, 禮, 吉禮 雜祀, 睿宗 11年 4月 丁卯)

예종 11년(1116) 4월 초의 일이므로 사료 나-(2)와 나-(3)만큼 가뭄이
심각한 상황은 아니었다. 당시 왕은 서경에 행차하였을 때였다. 그럼에
도 개경에 사람을 보내서 松嶽·東神堂·朴淵에 기우제를 지내도록
하였다.36) 이들 神祠는 사신을 보내서라도 기우제를 지내야 할 대상이
었기 때문이다.

특정한 대상에 祭儀를 거행한 까닭은 무엇일까. 이와 관련하여 이규
보의 祭文이 주목된다.

나-(5) 고을을 主張하는 자는 神이요, 백성을 먹이는 자는 관리이니 고
을이 가뭄을 만난 것이 비록 관리의 부끄러움이기는 하지만, 백성
들이 만약 굶주린다면 神도 제사를 받지 못할 것입니다. 관리가 고
을에 사는 건 3년뿐이지만 神은 이 고을에서 앞으로도 끝없이 먹어
야 할 것이니, 백성이 다 죽으면 神은 누구를 믿겠습니까. (『東國李

戊辰日에 朴淵에 기우제를 지냈고 甲申日에 松嶽과 東神堂에 기우제를 지
냈으며, 『高麗史』 권54, 五行, 金, 仁宗 8年 4月 戊子日에 "太史에서 아뢰기
를 반드시 먼저 川上, 松岳, 東神, 諸神廟, 栗浦, 朴淵에 기도한 이후에 다시
기우제를 지내야 합니다"고 되어 있다.

36) 西京의 神祠가 추가된 것은 임금이 西京에 체류하던 상황과 관련된 것으로
보인다. 이 중 木覓祠와 東明祠는 고려시기 내내 국가 차원에서 중시되었다.
예종이 9개 城을 쌓은 후 여진의 침입에 시달릴 때 同知樞密院事 許慶을 시
켜 평양의 木覓·東明神祠에 제사하며 전쟁의 승리를 빌었고(『高麗史』 권
13, 世家, 睿宗 4年 4月 乙酉), 국가에서 서경의 神祠에 제사지내거나 勳號를
더할 때 木覓·東明神祠는 항상 언급되었다. 다음의 사료 참조. 『高麗史』 권
4, 世家, 顯宗 2年 5月 丁亥 ; 권63, 禮, 雜祀, 忠烈王 4年 9月 辛卯 ; 권28, 世
家, 忠烈王 4年 9月 丁酉 ; 권30, 世家, 忠烈王 19年 10月 戊申.

相國全集』권37, 哀詞祭文, 桂陽祈雨城隍文)

祭文은 이규보가 계양도호부 副使로 있을 때 기우제를 위해 작성한 것이다. 가뭄으로 벼 싹의 80~90%가 말랐다고 하니 대단히 심각한 상황이었다. 기우제는 바로 이 지역의 성황신을 대상으로 시행되었다.[37] 이 지역의 가뭄은 이 지역 성황신에게 제사함으로써 해결할 수 있다고 생각했기 때문이다.

계양부의 성황신이 비를 내려야 하는 이유는 祭文에 명백히 나타나 있다. 성황신은 主郡者, 곧 "고을을 주장하는 자"이며 "가뭄에 농사를 그르쳐 굶주리면 성황신도 제사를 받지 못할 것"이기 때문이다. 또 성황신은 "이 고을에서 영원히 제사를 받아야 하므로" 지방관인 자신보다 책임이 더 크다는 것이다.

계양부의 백성에게 계양부 성황신은 자신들의 지역에 책임을 진 神으로 인식되었음을 알 수 있다. 이러한 공통된 인식을 기반으로 이규보는 祭文을 작성하였다. 당시 부사였던 이규보가 직접 제문을 작성했다면, 지역 차원에서 거행한 公的 祭儀였을 것이다. 극심한 가뭄과 같이 고을이 위기에 직면했을 때 의지하는 대상은 바로 그 지역을 책임지는 특정의 神이었다.

이와 동일한 인식이 사료 나-(3), 나-(4)의 松嶽・東神堂・朴淵 등에도 적용되었던 게 아닐까. 즉 이들을 국가 전체의 豊凶에 대한 책임을 가진 神으로 생각했기 때문에, 국가적으로 가뭄이 심하면 해당 지역뿐 아니라 이들에 대해서도 제의를 거행한 것이다.

국가 또는 지역에서는 상황에 따라 특정의 대상에게 公的으로 祭儀를 시행하였다. 그렇게 하면 사료 나-(3)과 같이 응답받을 것으로 기대

---

37) 『新增東國輿地勝覽』권9, 富平都護府 祠廟 조항에 城隍祠가 보인다.

했기 때문이다. 따라서 국가나 지역의 통치를 담당하는 자들은 이 일을 소홀히 할 수 없었다. 그것은 전쟁의 위기에서도 마찬가지였다.

> 나-(6) 鄭地는 사람을 보내 智異山 神祠에 기도하기를 "나라의 存亡이 여기에 있으니, 음산하게 내리는 비를 걷어 나를 도와서 신의 부끄러움을 당하지 말라"고 하였더니 비가 과연 멎었다. 적의 旗幟가 하늘을 덮고 창검이 바다에 번뜩이면서 사방을 에워싸며 다가왔다. 이때 鄭地가 머리를 조아려 하늘에 절하니 문득 바람이 유리하게 되어 중류에 나가 돛을 달고 나는 듯이 朴頭洋에 이르렀다. 그때 적은 큰 배 20척으로 선봉을 삼고 배마다 강병 140명씩 실었다. 鄭地가 공격하여 우선 이것을 격파하니 시체가 바다를 덮었다. (『高麗史』 권113, 列傳, 鄭地)

거의 전국적으로 왜구의 침입이 있었던 우왕 9년에 鄭地가 적은 兵船으로 대규모 왜구를 어떻게 물리쳤을까. 鄭地가 병선 47척을 거느리고 목포에 진주하였을 때 왜구는 큰 배 120척을 이끌고 경상도에 나타났고, 鄭地가 合浦元帥 柳曼殊의 급보에 따라 蟾津에 도착할 무렵에 적은 이미 南海의 觀音浦에 이르렀다. 때마침 비가 내리자 鄭地가 도움을 요청한 대상은 智異山神祠의 神이었다.

당시에도 지리산 신사가 남원에 있었다면,[38] 남해에서 남원까지는 쉽게 갈 수 있는 거리가 아니다. 더욱이 급박한 전투 중에 사람을 보내어 제사를 지낸 것은 그만큼 도움이 절실했음을 보여준다. 그것은 鄭地 개인의 생각이 아니었을 것이다. 그렇기 때문에 鄭地는 祭文에서

---

38) 『高麗史』 권57, 地理, 全羅道 南原府 智異山에 "신라 때 南嶽으로 되어 中祀에 올랐으며 고려에서도 그대로 두었다" 하고, 『新增東國輿地勝覽』 권39, 全羅道 南原都護府 祠廟에 智異山神祠가 있으므로, 고려시대에도 지리산 신사는 남원에 있었던 것으로 보인다.

"이 전쟁을 돕지 않으면 신이 부끄러움을 당하리라"고 자신 있게 말할
수 있었다.

智異山神祠는 그 지역 안위에 가장 영향력 있을 뿐 아니라 책임 있
는 神祠로 인식되었고, 鄭地는 비록 중앙에서 파견된 관리였지만 이
지역의 위기 상황에서 智異山神祠를 의지하였다. 제사의 효험인지 비
가 그쳤고, 鄭地가 하늘에 머리를 조아린 것은 그에 대한 감사의 표시
였다. 그러자 바람의 방향도 유리하게 바뀌어 왜구를 대파할 수 있었
다.

神祠가 지역의 안위를 책임질 것이라는 믿음은 당시 사람들이 공유
한 것이었다. 따라서 승리하게 된 것도 신의 도움으로 받아들였을 것
이다. 사실 智異山神祠는 지역의 神祠였지만 국가에서도 중시하였다.

> 나-(7) 神이란 民의 主이다. 하물며 智異山은 南紀의 巨鎭이니 그 神
> 이 더욱 靈異하다. 이제 그 像의 머리가 없음을 보이는 것은 서울
> 과 지방의 人民이 모두 上을 무시하는 뜻을 품었기 때문에 어찌 이
> 와 같은 것을 보여 그 반성하고 깨달아 마음을 고치려 함이 아니겠
> 는가. (『高麗史』 권101, 列傳, 權敬中)

고종 때 편찬한 『明宗實錄』에서 權敬中이 분담한 부분은 明宗 16년
에서 19년까지 발생했던 각종 災異를 통해 정세를 분석하고 그에 대한
방책을 서술하는 것이었다. 물론 이러한 징조에 대한 해석은 권경중의
독자적인 것은 아니었지만,[39] 국가 재난을 예고하는 징조에 지역 神祠
인 지리산을 거론한다는 점이 주목된다.

---

39) 李熙德, 1997, 「王道와 天災地變-『高麗史』 權敬中傳의 검토」『韓國史研
究』 99(2000,『高麗時代 天文思想과 五行說 硏究』, 156~159쪽 참조). 지리산
神像의 머리가 없어진 것은『後漢書』五行志의 木沴金에 속하는 咎徵이라
고 한다.

사료 나-(7)에서 권경중은 智異山 神이 특히 靈異하다면서 명종 17
년에 그 神像의 머리가 없어진 것은 백성들이 왕을 무시하는 것에 대
한 경고로 이해하였다. 그것은 지리산 신을 왕실의 존망과 관계있는
존재로 보았기 때문이다. 따라서 그 변괴는 국가의 재난을 예고하는
상징으로 해석하였다.

국가나 지역 공동체가 위기에 직면했을 때 특정의 대상에게 祭儀를
행한 것은 직접적인 도움, 즉 神의 靈驗을 기대했기 때문이다. 그리고
그들은 실제로 도움을 받았다고 생각하였다. 고려사회에서 公的 祭儀
는 공동체가 당면한 문제를 종교적으로 해결하기 위한 과정이었다.

그렇기 때문에 서긍의 표현에 의하면 고려는 "淫祠에 아첨하여 제
사하고, 부처를 좋아하며, 宗廟의 제사에 중을 참여시켜 梵唄를 부르
게 하고"[40] "왕이 거처하는 宮室 외에는 오직 祠宇의 만듦새만이 화려
한"[41] 사회로 비쳤다. 외국 사람으로서 고려를 완전히 이해했다고 볼
수는 없지만, 그의 말을 통해 당시의 분위기를 짐작할 수는 있다. 그것
은 전체 사회가 불교 신앙은 물론이고, 갖가지 神祠에 대한 이른바 '淫
祠'에 치중되었음을 보여준다.

2. 祭儀를 통한 靈驗과 異跡의 共有

1) 主祭者, 神과의 의사소통

고려사회에서 公的 祭儀는 靈驗 있는 존재를 神으로 삼아 시행되었
고, 특히 위기 상황에서는 祭儀를 통해 직접적인 응답을 기대하였다.
제의의 이러한 특성은 主祭者에서도 확인할 수 있다. 물론 모든 公的

---

40) 『宣和奉使高麗圖經』 권22, 雜俗.
41) 『宣和奉使高麗圖經』 권17, 祠宇.

祭儀는 국가, 지역에서 주관한 것이지만, 주제자는 다르게 나타난다. 유교식 제의의 主祭者는 대부분 왕이나 관료였고, 그밖에 불교사원이나 각종 神祠의 祭儀에서 主祭者는 승려나 무당이었다.

앞의 사료 가-(1)과 나-(4)에서 관리를 보내어 송악에 제사를 지냈다고 하며, 사료 가-(2)에서 담당 관청이 감악에 제사를 지내도록 했다지만 실제 主祭者는 관리가 아니었다.

> 다-(1) 그동안 국가에서 前朝의 잘못을 이어받아 德積·白岳·松岳·木覓·紺岳·大井·三聖·朱雀 등에 봄, 가을로 祈恩하였는데, 매양 宦寺·巫女·司禴이 제사하고 또 女樂을 베풀었다. 이때에 이르러 왕이 "神은 禮 아닌 것을 흠향하지 않으니, 이제 禮官은 널리 古典을 상고하여 모두 파하고 內侍別監이 향을 받들어 제사지내라"고 하였다. (『太宗實錄』 권22, 太宗 11年 7月 甲戌)

조선 태종대 德積·松岳·木覓·紺岳 등에 대한 제의 형식의 개정에 관한 글이다.[42] 본래 이 祭儀의 主祭者는 巫女였는데, 이러한 형식은 고려의 잘못을 계승한 것이라고 한다. 松岳과 紺岳에 대한 국가의 제사는 고려시대부터 계속 무당이 주관하였음을 말한다. 그렇다면 파견된 관리와 무당이 함께 참여하는 제사는 어떠한 형식으로 진행되었을까.

> 다-(2) 朱溪副正 深源이 上書하기를, "……松岳山 祈恩祭에는, 國巫堂이라 부르는 자가 內女와 內官, 工人 4, 5명과 노래 부르는 자 5, 6

---

[42] 『定宗實錄』 권6, 定宗 2年 12月 壬子에 "감악과 덕적 등지에 巫女와 司禴을 보낼 때 아닌 때에 제사하는 것을 모두 금하자"는 건의가 있었으나, 태종 11년에야 비로소 무당에 의한 제사를 금하였다. 그만큼 무당에 의한 제사는 금지하기 어려웠다.

명을 거느리고 郵驛의 말을 타고 거리를 떠들면서 지나서 開城 公
館에 들어가 머무는데, 노래하고 춤추며 宴樂하면서 수십 일을 머
무르니 폐단을 이루 말할 수 없습니다. 留守는 2품의 재상인데도
반드시 國巫女와 더불어 對舞해야 하는 것을 으레 보통 일로 여기
고, '왕을 위하는 일이니 하지 않을 수 없다'고 합니다.……"(『成宗
實錄』 권86, 成宗 8年 11月 己丑)

조선 성종대의 기록이지만 松岳神祠의 제사 모습을 잘 보여준다. 제
사를 위해 정부에서는 國巫堂을 파견했는데 그는 內女와 內官뿐 아니
라, 工人과 노래 부르는 자도 10여 명을 거느리고 갔다. 이렇게 파견되
는 國巫堂과 그 수하는 국가에 소속되어 있었다.[43] 따라서 개성에 갈
때 관리처럼 郵驛의 말을 이용하였고, 개성에서는 公館에 수십 일을
머물 수 있었다. 이 제사가 국가 차원에서 시행되고 있음을 나타낸다.
더욱이 祭儀 과정에서 國巫堂이 춤을 추는데 그 對舞를 留守가 하
였다고 한다. 이에 대하여 深源은 2품의 재상이 한심하다고 개탄했지
만, 그것은 "왕을 위한" 제의의 습속이어서 어쩔 수 없는 일이었다. 조
선시대 왕실이 주관한 제사에서 그러했다면,[44] 고려의 국가 제의도 이
와 크게 다르지 않았을 것이다.
국가에서는 公的 祭儀를 위해 무당을 별도로 관리했고, 제의를 주관
하는 관리는 무당과 함께 제의 과정에 반드시 참여해야 했다.

---

43) 『太宗實錄』 권22, 太宗 11年 7月 甲戌, "예조에서 또 아뢰기를 '大國祭를 혁
   파하소서. 이는 儀軌에 없기 때문입니다. 혁파하지 않은 것은 國巫堂뿐입니
   다'고 하였다". 國巫堂은 고려 이래 국가제도로 규정되어 있었다. 조선의 國
   巫에 관해서는 민정희, 2000, 「조선 전기 巫俗과 정부정책」 『學林』 21, 연세
   대 사학연구회 참조.
44) 태종 11년에 국가 제사에서 무당의 참여를 폐지하였지만, 왕실의 別祈恩祭는
   계속 무당이 주관하도록 했다. 한우근, 1976, 앞의 논문, 188~191쪽 참조.

다-(3) (함유일이) 朔方道 監倉使가 되었을 때 登州 城隍神이 자주 무
당에게 降神하여 기이하게도 국가의 禍福을 맡긴다고 하므로 사당
에 가서 國祭를 행하는데, 揖하고 拜하지 않으니 有司가 임금의 뜻
을 맞추어 탄핵하여 파면하였다. (『高麗史』 권99, 列傳, 咸有一)

의종대에 咸有一이 朔方道 監倉使로서 관할 구역인 登州의 城隍神
제사에 참여했을 때의 일이다. 제사는 국가 차원에서 시행되었으므로,
이 지역 감창사인 함유일이 주관해야 했다.[45] 즉 사료 다-(2)의 개경유
수와 같은 입장이었다. 기록에는 간단하게 함유일이 "절하지 않고 揖
하여" 문제가 되었다고 하지만, 송악신사의 제의를 보면 그밖에 여러
가지 절차가 있었음을 짐작할 수 있다. 그러나 함유일은 본래 巫覡을
배척하는 입장이었기 때문에[46] 개경유수와 같은 역할을 하지 않았던
것 같다. 결국 그것은 탄핵의 사유가 되었다.

登州의 城隍神祠가 국가 제의의 대상이 된 것은 그 神이 국가의 화
복을 맡기 때문이었다. 앞서 보았던 많은 公的 祭儀의 대상과 같이
靈驗을 인정받았던 것이다. 성황신이 국가의 화복을 알려주는 수단은
무당을 통해서였다. 무당은 영험한 신의 능력을 인간에게 연결하는 통
로였다.

따라서 급박한 위기 상황에서는 아예 국가기관에 무당을 모아 제사
를 지내기도 하였다. 주로 가뭄이 극심할 때 기우제를 위해서였다. 현
종 12년(1021)의 경우 4월에도 기우제를 지냈으나 5월에는 무당을 동원
하였다.[47] 처음에는 통상적인 기우제를 지내지만, 상황이 급박하면 무
당을 직접 동원하였다. 기우제에서도 무당을 모아 행하는 제의는 그만

---

45) 주19) 참조. 文宗 18년부터 東北 兩界 監倉使와 浿西道 按察使가 祭告使를
   겸하였다.
46) 『高麗史』 권99, 列傳, 咸有一, "有一嘗酷排巫覡 以爲人神雜處 人多疵癘".
47) 『高麗史』 권4, 世家, 顯宗 12年 4月 庚午 및 5月 庚辰.

큼 절박한 상황에서 거행되었다.

당시 무당이 모인 곳은 南省, 즉 尙書省이었다.[48] 중앙행정기구 중 최고의 실무기관인 상서성의 뜰에 土龍을 만들고 무당을 모아 제사를 지냈다. 그것은 통치 행위에 속했기 때문이다.[49]

이러한 상황이 더욱 잘 드러난 사례가 인종대이다. 인종 11년(1133)과 12년에는 가뭄이 매우 심하였다. 인종 11년 4월부터 旱災가 발생한다고 대책을 세웠는데, 계속 비가 오지 않자 5월에는 드디어 무당 3백여 명을 동원하여 기우제를 지냈다. 그래도 가뭄이 지속되자 6월에 다시 무당을 모아 비를 빌고 百官도 재를 올려 빌게 하였다. 6월에만 공식적인 기우제를 세 차례 지냈으니 가뭄이 얼마나 심각했는지 짐작할 수 있다.[50] 이때 기우제를 지낸 곳도 都省廳, 즉 상서성이었으며 동원된 무당이 3백여 명에 이르는 대규모의 제의였다.

이듬해 인종 12년에도 봄부터 기후가 매우 좋지 않았다. 3, 4월에 눈과 서리가 내리고 40여 곳에서 사람과 짐승이 벼락을 맞았으며, 한 달 동안 비가 내리지 않아 전국 곳곳이 赤地로 되었고, 백성은 살 길이 없어 굶어 죽은 시체가 잇대어 있었다고 한다.[51] 결국 5월과 6월에 두 차례나 무당을 都省에 모아 비를 빌었다. 이때 동원된 무당이 250여 명

48) 변태섭, 1983, 「高麗時代 中央政治機構의 行政體系」『高麗政治制度史硏究』, 일조각, 25쪽 주30) 참조.

49) 최종성, 2002, 「고려시대 종교전문가와 종교직능 : 王·巫·醫·日者」『고려시대의 종교문화』, 서울대출판부, 154~169쪽 참조. 이는 중국 고대 이래 행한 '曝巫祈雨'로서 무당이 왕과 같은 역할을 하는 의례이며, 降雨를 관장하는 초자연적인 세계의 동정과 환심을 사기 위한 주술적인 행위였다고 한다. 무당에 의한 기우제에 관해서는 김일권, 「고려시대 국가 제천의례와 다원성 연구」『고려시대의 종교문화』참조.

50) 『高麗史』권16, 世家, 仁宗 11年 4月 甲辰 ; 5月 丙寅 ; 6月 己亥, 辛丑, 乙巳, 庚戌.

51) 『高麗史』권16, 世家, 仁宗 12年 5月 戊辰.

이었다.52) 무당에 의한 祭儀는 위기를 타개하기 위한 최후의 방법이었
다.

고려의 公的 祭儀에서는 主祭者로서 승려나 무당이 중시되었는데,
그것은 이들의 주술적 행위나 신과 직접 교통하는 과정을 통해 원하는
목적을 이루려는 데 강조점을 두었기 때문이다. 이는 왕이나 관료가
主祭者인 儒敎의 祭儀가 권위의 확인과 강화에 주안점을 둔 것과는
구별된다.53) 직접적인 응답을 기대하는 祭儀에서는 신과 직접 교통할
수 있는 존재가 필요했다. 따라서 그러한 능력을 가진 승려나 무당이
主祭者가 되었다.

심지어 儒敎式 祭儀는 당연히 왕의 親祀나 관료의 攝祀로 진행되어
야 했지만, 일부는 승려나 무당이 주관한 것도 있었다.

> 다-(4) 교서를 내리기를 "태조와 皇考의 제삿날을 전후하여 각각 5일
> 동안 불공을 드리고 1일 동안 조회를 정지하며 惠宗, 定宗, 光宗,
> 戴宗의 제삿날을 전후해서는 각각 1일 동안 이상과 같이 하는 것을
> 규례로 하라"고 하였다. (『高麗史』 권3, 世家, 穆宗 元年 5月 戊午)

사료 다-(4)는 先王의 忌日에 관한 규례이다. 일찍이 성종 원년에 최
승로가 지적했듯이 先王과 先后의 기일에 불교식 齋를 올리는 건 이
미 오래된 상례였다.54) 이후 성종은 꾸준히 유교식 제사체계를 정비하
였고 『高麗史』 禮志에도 凶禮로서 '先王諱辰眞殿酌獻儀'가 있는 것으
로 보아, 선왕의 기일 제사 역시 그러한 틀에서 마련되었을 것이다.

그럼에도 불교식 忌齋는 계속되었다. 성종도 唐 太宗의 예를 들어

---

52) 『高麗史』 권16, 世家, 仁宗 12年 5月 庚戌 및 6月 己卯.
53) 나희라, 2003, 앞의 책, 49~55쪽.
54) 『高麗史』 권93, 列傳, 崔承老.

"지금부터 태조와 아버지 戴宗의 제삿날을 전후해서 5일 동안, 어머니 宣義王后의 제삿날을 전후해서 3일 동안 불공을 드리도록 하라. 그리고 제사 있는 달에는 도살을 금지하고 고기반찬을 놓지 말라"[55]고 하여, 태조와 자신의 부모의 기일에 불교식으로 제사지낼 것을 명하였다. 이를 확대한 것이 목종대였다. 목종은 역대 왕의 기일에도 불공을 드리도록 한 것이다.

이러한 형식은 忌齋에만 해당한 것이 아니었다. 다음은 종묘 제사에 대한 서긍의 기록이다.

> 다-(5) 조상의 묘는 나라의 동문 밖에 있는데, 왕이 처음 襲封할 때와 3년에 한번 있는 큰 제사 때에만 車服과 冕圭를 갖추어 친히 제사하고 그 밖에는 관속을 나누어 파견한다. 元旦과 매달 초하루, 春秋와 단오에는 모두 조상의 신주에 제사를 드리는데, 府中에 像을 그려놓고 僧徒를 거느리고 梵唄를 부르며 밤낮 없이 계속한다. (『宣和奉使高麗圖經』권17, 祠宇)

종묘 제사는 정기적으로 元旦, 매달 초하루, 春秋, 단오에 거행되었는데 "僧徒를 거느리고 梵唄를 부르며" 밤낮 없이 지속되었다고 한다. 이는 禮志에 나오는 제사형식과는 매우 다르다.[56] 성종이 유교식 예법에 의거하여 종묘를 마련하였으나, 실제로는 불교식 제의가 시행되었음을 알 수 있다.

서긍은 이에 대하여 "고려는 여러 夷狄의 나라 중 文物과 禮義를 갖춘 나라"이지만 "실제로는 궁벽한 곳이어서 풍속이 박잡하여 오랑캐 풍속을 끝내 다 고치지 못했다"고 하면서 "宗廟의 제사에 중을 참여시

---

55) 『高麗史』권3, 世家, 成宗 8年 12月 丙寅.
56) 『高麗史』권60, 禮志의 '吉禮 大祀 太廟' 참조.

켜 梵唄를 부르도록 한"[57] 것을 개탄하였다. 종묘를 세우고 유교식 제
사체계를 갖추었지만 主祭者는 승려였던 것이다.

> 다-(6) (예조에서) 또 上言하였다. "司僕寺에서 무당과 박수가 馬神에
> 게 제사지내므로 淫祀입니다. 청컨대 馬祖・馬步・馬社・先牧의
> 신에게 제사지낼 때 사복시의 관원이 香을 받아서 제사지내게 하소
> 서." ……왕이 그대로 따랐다. (『太宗實錄』 권26, 太宗 13年 11月
> 庚辰)

조선 태종대에 문제가 된 司僕寺 제사에 관한 것이다. 司僕寺에서
제사하는 馬神은 馬祖・馬步・馬社・先牧을 가리킨다. 이 제사는 고
려시대에 小祀로 분류되었고 조선시대에도 변함없었다. 당연히 유교
적인 의례에 속하였다. 그런데 태종 16년에 이 제사를 무당과 박수가
주관한다는 비판이 제기되었다. 그것은 아마도 고려 이래의 관습이었
을 것이다. 세종 6년에도 內乘 무당이 존재한 것으로 나타나,[58] 司僕
寺 제사는 여전히 무당이 주관했음을 보여준다.

승려나 무당 등 전문적인 主祭者에 의한 公的 祭儀는 고려사회 전
체에 매우 폭넓게 수용되어 있었다. 따라서 국가는 國師・王師, 僧科
등 제도를 통해 승려를 양성, 관리하는 한편,[59] 祭儀를 담당할 무당도
별도로 관리하였다.

무당의 경우 중요한 제사를 위해서는 중앙에서 國巫堂을 파견하지

---

57) 『宣和奉使高麗圖經』 권22, 雜俗.

58) 주60) 참조.

59) 許興植, 1975, 「高麗時代의 王師・國師制度와 그 기능」 『歷史學報』 67 ; 許興
植, 1976, 「高麗時代의 僧科制度와 그 기능」 『歷史教育』 19 ; 李載昌, 1975, 「高
麗佛教의 僧科・僧錄司制度」 『韓國佛教思想史−朴吉眞博士華甲紀念論叢−』,
429~443쪽 참조.

만, 승려와 마찬가지로 각 神祠에는 전담 무당이 별도로 있었다.[60] 사료 다-(3)의 등주 성황신사의 무당과 같이 송악신사에도 담당 무당이 있었다. 충선왕을 거쳐 충숙왕대까지 松岳祠의 무당은 姜融의 누이였는데, 姜融은 충숙왕 때 端誠協戴功臣號를 받고 관직이 贊成事까지 올랐으며 晉寧府院君에 봉해진 인물이다. 그의 列傳에는 松岳祠 무당의 자리를 놓고 大護軍 金直邦과 다툰 이야기가 전한다.[61]

불교사원이 그랬던 것처럼 무당도 유력한 神祠를 맡기 위해서는 정부의 승인이 필요했던 것 같다. 그러다보니 권력과 긴밀하게 연결된 무당도 있었고, 이 자리를 두고 정치세력의 갈등이 생겼다. 송악신사의 경우 무당이 그 수입으로 먹고산다는 것으로 보아, 경제적 요인도 어느 정도 문제가 되었을 것이다. 수입이 많다는 것은 그만큼 神祠의 비중이 크고, 그로 인해 무당의 자리도 중요했음을 뜻한다.

公的 祭儀의 主祭者는 지역에 문제가 발생했을 때 가장 먼저 의뢰하는 대상이기도 했다.

> 다-(7) 정언진이 祈恩을 빙자하고 城隍祠에 나아가 비밀히 捕賊하는
> 謀策을 무당에게 가르쳤다. 하루는 賊徒의 都領 利備 父子가 祀堂
> 에 이르러 가만히 빌거늘 무당이 속여 말하기를, "都領이 군사를
> 들어 장차 신라를 회복하려 하니 우리들이 기뻐한 지 이미 오래입

---

60) 『世宗實錄』 권25, 世宗 6년 8月 庚戌에 "戶曹에서 啓하기를, '동·서반 각 품관에게 品銅을 차등 있게 거두되,……國巫堂 9근, 前國巫堂 8근, 松嶽 무당 8근, 德積 무당 6근, 三聖 무당 6근, 內乘 무당 8근, 紺嶽 무당 1근……'이라고 하였다"는 기록에서 조선시대까지도 주요 神祠에는 개별 무당이 존재했음을 알 수 있다. 필요에 따라 品官에게 부과한 品銅을 무당에게도 부과했는데, 國巫堂의 부담은 현직 종2품과 동일하며 송악 무당은 정3품과 동일하였다. 부담을 보면 지역 신사의 무당은 國巫堂보다 지위가 낮았으며, 지역 무당 중에서는 송악 무당의 지위가 가장 높았다.

61) 『高麗史』 권124, 列傳, 嬖幸, 鄭方吉 附姜融.

니다. 이제 다행히 뵈오니 一盃酒를 드리고자 합니다." 하고 맞이하
여, 그 집에 이르러 술을 마셔 취하게 한 뒤 드디어 잡아 정언진에
게 보냈다. (『高麗史』 권100, 列傳, 丁彦眞)

신종대 경주민란이 일어났을 때 대장군 丁彦眞이 민란의 지도자를
사로잡았던 경위에 관한 글이다. 丁彦眞이 성황사의 무당과 계책을 의
논할 수 있었던 것은 여기에 그들이 찾아오리라고 예상했기 때문이다.
그 자신도 "祈恩을 빙자"했다고 하지만, 실제로 개인적으로 기원하기
위해 찾아갔을 터였다.

민란의 지도자에게는 자신과 부하들의 목숨이 달린 절박한 상황이
었고, 진압군의 장군에게도 임무를 무사히 마쳐야 하는 강박관념이 있
었다. 이때 고을의 성황사는 민란의 지도자와 정부군의 지휘자가 모두
찾아가 의지했던 곳이다. 이들에게는 지역의 안위를 책임지는 神祠의
神이 자신을 도우리라는 믿음이 있었다. 더욱이 정부군과 대치하는 와
중에서 민란의 지도자가 무당의 말을 의심 없이 받아들였던 것은 主祭
者에 대한 믿음이 있었기 때문이다.

이같이 公的 祭儀의 많은 부분이 승려나 무당에 의해 시행되었는데,
조선시대에는 山川에 대한 제사도 祭壇에 焚香하는 유교식 의례로 변
화되는 경향이었다.[62] 이제 公的 祭儀는 더 이상 신과 직접 교통하는
異跡과 靈驗을 기원하는 종교 의례가 아니었다.

2) 공동의 부담, 공동의 참여

국가 또는 지역 차원에서 거행되는 公的 祭儀는 관청의 주관 아래

---

62) 朴昊遠, 1997, 「韓國 共同體 信仰의 歷史的 硏究 : 洞祭의 형성 및 傳承과
   관련하여」, 한국정신문화연구원 박사학위논문, 131~143쪽 참조.

공동체 구성원 모두가 참여하는 축제의 성격을 띠었다. 참여는 여러 가지 형식으로 나타나는데, 그 중의 하나가 제의 준비과정에 필요한 비용의 분담이었다.

> 라-(1) 神祠로 1백 리 안에 있는 것은 四時로 관리를 보내어 太牢로 제
> 사한다. 또 3년에 한 차례 하는 大祭는 境内에 두루 한다. 기일이
> 되면 신을 제사한다는 명목으로 백성의 재물을 거두는데, 白金 1천
> 냥을 모았으며 나머지 물건도 이와 비슷하다. 그것을 신하들과 함
> 께 나누어 가졌다. (『宣和奉使高麗圖經』 권17, 祠宇)

神祠에 계절마다 관원을 보내어 제사를 지냈다면, 이는 국가가 주관한 것이다.[63] 또한 牛, 羊, 豕를 희생으로 쓰는 太牢를 바쳤다고 하는데, 이는 儒敎 祭儀의 大祀 중에서도 圜丘의 親祀儀에 해당한다.[64] 犧牲만 본다면 祀典 체계에서 가장 높은 격식을 적용한 셈이다.

국가 차원에서 거행된 祭儀의 비용은 백성이 부담하였다. 기일이 되면 재물을 거두었으며, 그것은 祭儀 비용을 충당하고도 남았던 모양이다. 왕이 신하들과 나누어 가질 정도였다.

비용의 부담은 지역 차원의 祭儀에서도 마찬가지였다. 정기적인 불교 제의가 거의 달마다 있었는데, 輪經會도 그 중 하나였다.

> 라-(2) 制書에 이르기를 "여러 州・郡・縣에서 매년 輪經會를 성대하
> 게 베푸는데, 地方 鄕吏가 이를 빙자하여 백성의 재물을 긁어모음
> 으로써 괴로운 폐단을 끼칠 염려가 있다. 이제부터는 취하고 배부
> 르도록 먹거나 오락에 빠지는 일은 마땅히 금지한다"고 하였다.

---

63) 주19)에서 전국 名山에 祭告使를 보낸 것은 봄, 가을이라고 하였으나, 개경 가까운 지역에는 좀더 빈번했던 것 같다.

64) 金海榮, 1994, 앞의 논문, 90~98쪽 참조.

(『高麗史』 권7, 世家, 文宗 元年 正月 丁酉)

輪經會는 州·郡·縣을 단위로 지역 차원에서 시행되었다. 지역 단위로 시행되었으므로 비용을 마련하는 주체는 각 지방의 鄕吏였다. 이들은 당연히 백성들에게 분담시켰고, 실제보다 과도하게 거두는 사례가 많았다. 文宗 元年(1047)의 명령은 이러한 상황을 우려하여 내린 것이다.

이는 국가 차원의 불교행사였던 연등회와 팔관회에서 더욱 뚜렷이 나타난다. 여기에 필요한 비용과 인력을 어떻게 충당했는지에 관해서는 崔承老가 상서문에서 "봄에 燃燈을 거행하고 겨울에는 八關을 개최하느라 사람들을 징발하여 부역이 심히 번다하다"고 한 것이나, 팔관회에서 "각종 偶人을 만드는 데 노력과 비용이 아주 많이 든다"[65]고 비판한 것에서 짐작할 수 있다. 公的 祭儀를 위해서 백성은 비용뿐 아니라 부역을 부담하였다.

최승로는 백성의 부담이 크다고 부정적으로 보았으나, 본래 公的 祭儀는 공동체의 구성원이 함께 부담함으로써 개인적으로 祭儀에 참여하는 의미를 갖는다. 祭儀에 필요한 비용과 부역의 부담은 일종의 국가 수취로 인식되기도 하지만, 신에게 바치는 貢物로서 만민의 복을 기원하는 공동체의 경비 부담이기도 했다.[66] 따라서 제의에 소요되는 제반 경비는 당연히 공동체 성원에게 부과되었다. 비용을 백성에게 분담시켰다는 것은 오히려 그것이 공동체 차원의 제의였음을 입증한다.

이러한 공동 부담의 원리는 비정기적인 祭儀에도 동일하게 적용되었다.

---

65) 『高麗史』 권93, 列傳, 崔承老.
66) 井原今朝男, 1999, 앞의 책, 104~106쪽.

라-(3) 홍왕사에서 5일 밤낮으로 燃燈大會를 특별히 열고 정부 모든 기
관과 안서도호부·개성부, 廣州·水州·楊州·東州·樹州 등 5개
州와 강화·장단 두 현에 명하여 대궐 뜰에서 홍왕사 문까지 5색
비단으로 감은 綵棚을 엮어 즐비하게 비늘처럼 잇대고, 왕의 수레
가 통과하는 큰길 좌우에는 연등 장대를 수풀처럼 세워 대낮처럼
밝게 하였다. (『高麗史』 권8, 世家, 文宗 21年 正月 戊辰)

홍왕사는 총 2천 8백 칸의 거대한 사찰로 12년만에 공사를 마쳤고,
낙성도량에 참여할 승려를 국가에서 선발하여 상주시키도록 했는데
무려 1천여 명이었다.[67] 연등대회는 낙성도량을 위해 특별히 거행하는
비정기적인 행사였다. 그럼에도 이를 위한 모든 치장은 정부기관뿐 아
니라 개경 인근의 9개 郡縣에 부과되었다.

그런데 백성에게서 거둔 비용을 어디에 사용했기에 과도하게 거두
기 일쑤였을까. 그것은 祭物을 차리는 데만 쓰는 것은 아니었다. 사료
라-(2)에서 비용을 과도하게 거두는 폐단을 지적하면서 정작 "취하고
배부르게 먹거나 오락에 빠지는 일"을 금한 사실에 주목할 필요가 있
다. 이는 제사에 뒤이어 거행되는 축제의 모습으로, 불교 행사인 輪經
會도 예외가 아니었다. 많은 비용이 필요했던 것은 이러한 축제 때문
이었다.

국가 차원이거나 지역 차원이든지, 아니면 정기적이거나 비정기적이
든지 公的 祭儀는 공동체 성원 모두가 참여하는 축제였다.

라-(4) "……제사 때에는 비록 禁酒令이 엄격하나 무당들이 떼 지어 다
니면서 나라의 행사라고 핑계하므로 담당 기관도 감히 힐책하지 못
합니다. 따라서 큰 거리에 모여서 태연자약하게 술을 마시며 북 치

---

67) 『高麗史』 권8, 世家, 文宗 21年 正月 庚申.

고 피리 불고 노래하고 춤추는 등 못하는 짓이 없으니 풍속이 아주 더러워졌습니다.……"(『高麗史』권120, 列傳, 金子粹)

공양왕 때 金子粹가 제사 모습에 대하여 비판적인 입장에서 올린 글이다. 이 제사는 '나라의 행사', 곧 국가 차원에서 시행되는 公的인 것이었다. 主祭者는 무당이었는데, 이들은 큰 거리에 모여 "북 치고, 피리 불고, 노래하고 춤을 추었다"고 한다. 이는 祭儀에서 神을 불러들인 후 신을 위해 벌이는 演戱였다. 공동체의 祭儀에서 演戱는 제사의 절차만큼 중요했다.[68] 여기에 많은 백성이 함께 참여함으로써 공동체 전체의 축제가 되었다.

公的 祭儀에는 공동체의 모든 구성원이 참여하는 공동의 장이 마련되었다. 거기에는 신분과 남녀의 구별 없이 참여할 수 있었다.

> 라-(5) 사간원에서 상소하기를 "① ……때로 法席의 모임을 베풀어 빈소에 부처를 걸고 중을 맞이하여 도량이라 일컫고, 밤낮 없이 남녀가 한데 섞여 망령되게 하늘이 낸 물건을 허비하되 일찍이 돌보아 아끼지 않습니다.…… ② ……나라의 鎭山으로부터 郡縣의 名山大川에 이르기까지 모독하여 제사하지 않음이 없으니, 이는 예에 지나치고 분수를 넘음이 심합니다. 또 남녀가 서로 이끌고 끊임없이 왕래하면서 귀신에게 아첨하며 곡식을 허비하는 폐단도 적지 않습니다.……" 하였다. (『太宗實錄』권24, 太宗 12年 10月 庚申)

이에 대하여 "밤낮을 가리지 않고 남녀가 한데 섞여" 있다고 표현하고 있다. 그것은 사료 라-(5)-①의 불교의 法席이나 라-(5)-②의 山川 제사에서 모두 동일하게 일어나는 현상이었다. 조선 태종대에도 그러했

---

68) 윤광봉, 2000, 「한국 축제의 역사」『한국 축제의 이론과 현장』, 월인, 1~8쪽 참조.

다면 고려의 상황은 미루어 짐작할 수 있을 것이다.

演戱에는 飮酒도 포함되었다. 제사에서 술은 필수였기 때문에 禁酒 슈이 내리면 차라리 제사를 금하는 경우도 있었다[사료 마-(2)]. 사료 라-(4)에서도 禁酒令이 내렸을 때인데 참여자는 술을 마시고 演戱를 즐겼다. 담당 관청에서 이를 제지할 수 없었던 것은 이것이 국가 제의 였기 때문이다. 공동체의 祭儀에서 飮酒로 인한 폐해는 늘 논란이 되 었다.

> 라-(6) 감찰사에서 방을 부치기를 "국가에 연이어 가뭄이 이어져 곡식
>   이 익지 못하자, 무식한 무리가 松岳에 제사 지내고 산골짜기에서
>   떼 지어 술을 마신다. 이로 인해 失行하는 자가 있으므로 法司에서
>   이미 윤허를 받아 금했는데, 차츰 해이해져 이제 다시 성행하게 되
>   었다.……"고 하였다. (『高麗史』 권85, 刑法, 禁令, 忠烈王 14年 4
>   月)

송악산 기우제와 관련된 이야기이다. 송악산사는 기우제에서 가장 중시된 神祠였으므로,[69] 가뭄이 계속되어 곡식이 익지 못한 상황이라 면 당연히 국가에서 기우제를 주관했을 것이다. 祭儀는 국가 차원의 기원을 담았던 만큼 "무식한 무리"까지 "떼 지어" 참여하는 건 당연한 현상이었다.

그런데 참여한 사람들의 飮酒로 인해 失行이 일어났다. 제사가 끝난 후 사람들은 산골짜기에 모여서 함께 술을 마셨는데, 失行할 정도였다 면 그것은 대체로 暴飮의 형태였을 것이다.[70] 暴飮과 失行은 祭儀에

---

69) 주21) 및 사료 나-(3), 나-(4) 참조.
70) 송악산 神祠만의 문제가 아니었다. 忠宣王 3년에는 감악산 神祠의 제사도 이
    문제로 금지되었다. 『高麗史』 권85, 刑法, 禁令, 忠宣王 3年 4月 및 강은경,
    2003, 앞의 논문, 107~108쪽 참조.

서 늘 일어나는 일이었다. 가뭄으로 인한 기우제에서도 예외 없이 벌어진 것 같다.

그렇다면 演戱뿐 아니라 暴飮과 失行조차도 공동체 성원들이 제의에 참여하는 형식의 하나가 아니었을까 생각한다. 그러한 참여의 과정에서 靈驗과 異跡의 체험 역시 공유될 수 있었다. 이렇게 공동체의 신앙이 형성될 수 있는 기반이 마련되었던 것이다.

3. 公的 祭儀와 개인의 신앙

국가 또는 지역의 祭儀는 공동체 차원에서 거행되었고, 그 구성원은 공동의 부담과 함께 공동으로 참여하였다. 공동체에 소속된 개인은 자연히 그 영향에서 자유로울 수 없었다. 개인의 신앙이 공동체와 동일한 경향을 띠게 된다. 다음은 국가적인 祭儀가 개인에게 어떻게 확장되는지 알려주는 사례이다.

> 마-(1) 당시 국가에서 거리로 다니며 讀經하는 행사를 성대히 행하므로, 5部의 백성이 이를 본받아 각각 자기 마을을 다니며 독경을 하다가 대궐 서쪽 마을까지 왔다. 때마침 비가 내리므로 왕이 쌀과 비단을 주고 행사를 계속하게 했다. (『高麗史』 권12, 世家, 睿宗 元年 6月 己丑)

'거리로 다니며 독경하는' 街衢經行이 처음 행해진 것은 정종 12년(1046)이었다. 그때에는 侍中 崔齊顔이 毬庭에서 분향한 후 街衢經行을 拜送하였다. 서울 거리를 세 길로 나누어 각각 채색 들것에 般若經을 담아 메고 앞서 나가면, 승려들이 法服을 차려 입고 따라 가면서 불경을 외우고 監押官도 관복을 입고 보행으로 그 뒤를 따라 시가지를 순회하였다.[71] 즉 시중을 비롯한 관료와 승려가 함께 진행한 국가 차원의 불교 의례였다.

이후 상례가 되었다고 하므로 3월에 정기적으로 거행되었던 것 같다. 따라서 예종 원년(1106) 6월에 거행된 사료 마-(1)의 經行은 기우제의 일환으로 시행한 비정기적인 의례였다.[72] 본래 관료와 승려들이 서울 전체 거리를 다니며 행하였는데, 5部의 백성은 자기 마을을 중심으로 열심히 행하였다. 그 이유에 대하여 사료 마-(1)은 정부가 성대히 행하므로 백성이 본받았다고 한다. 즉 국가가 강조하는 祭儀는 백성들에게도 성행하였음을 의미한다.

그렇기 때문에 국가적으로 중요한 神祠에는 개인의 소원을 빌기 위한 참배객이 많았다. 국가가 靈驗을 인정한 만큼 개인 신앙의 주요 대상이 되는 건 어쩌면 당연한 현상이었다. 사료 가-(1)의 崇山神祠의 경우 國家 祭儀의 대상이 된 이후 "백성들은 재난이나 질병이 생기면, 옷을 시주하고 좋은 말을 바치며 기도한다"는 것이다. 그 靈驗과 異跡으로써 지역이나 국가를 도운 神祠가 개인적으로 어려운 일이 있을 때 의지하는 대상으로 발전하였음을 보여준다.

그리하여 고려 말 우왕대에 송악신사는 여전히 개인에게도 중요한 神祠였다.

마-(2) 우왕의 유모 張氏가 松岳에 제사하려 하자 우왕이 宦者 鄭鸞鳳을 시켜 우현보에게 "지금 禁酒令이 엄격한데 유모가 송악에 제사

71) 『高麗史』 권6, 世家, 靖宗 12年 3月 辛丑.
72) 『高麗史』 권12, 世家, 睿宗 元年 6月 丙戌, 戊子, 己丑. 너무 가물어 6월에도 여러 차례 기우제를 지냈다. 經行을 행한 날도 왕이 長寧殿에서 승려 曇眞에게 禪法을 강설하고 비를 빌게 하였다.

하려 하니 어떻게 할 것인가"하고 묻자, 우현보는 "술은 신에게 제
사할 때 쓰는 것이므로 만일 司醞帖을 받으면 무방할 것입니다"라
고 대답하였다. (『高麗史』 권115, 列傳, 禹玄寶)

금주령이 내리면 송악에 대한 개인적인 제사가 중지되는 게 상례였
다. 제사를 지낼 때 술이 반드시 필요했기 때문이다. 그럼에도 우왕의
유모가 제사 지내려고 하니 왕이 직접 나서서 특별히 사온서의 허가서
를 받아 주었다. 그것은 아마 술의 사용에 대한 허가로, 유모는 기어이
술을 사용하여 송악에 제사 지냈을 것이다. 이는 권력 남용의 측면에
서 주로 해석되었지만, 그만큼 제사 절차를 지키고 싶은 절실함을 나
타내는 사례이다.

개인적으로 찾아간 사람들도 神에게 바라는 것은 公的 祭儀와 마찬
가지로 靈驗과 異跡이었다.

……군대가 善州에 이르렀는데 統軍하는 상서 金公이 갑자기 병에
걸렸습니다.……온 부대가 모두 두려워 그 이유를 알지 못하니 감히
뭇사람의 정성을 부을 길이 없으므로 하는 수 없이 대왕의 영전에 기
도합니다. 만약 신비로운 힘을 빌려주어 김공의 병을 낫도록 도와준다
면 약을 쓰지 않고도 기쁘게 나을 것이요, 다시 건강을 회복하여 화기
에 넘치게 되면 어찌 三軍의 복이 아니겠습니까. (『東國李相國集』 권
38, 道場齋醮疏祭文 智異山大王前願文)

이규보가 경주의 利備와 勃佐의 난을 진압하기 위해 파견되어 東京
招討兵馬로서 토벌군을 지휘할 때 지은 祭文이다. 군대가 경상도 善
州에 도착했을 때 휘하 장수 한 명이 병이 났는데, 문제는 그 원인을
모른다는 것이다. 이규보의 표현에 의하면 "산길로 다니고 들에서 野
宿하는 과정에서 병이 생긴 것인지, 아니면 다른 이유 때문인지" 모르

기 때문에 온 부대가 두려워하고 있었다.

이에 대한 해결책으로 제시된 것이 지리산 신에 대한 기원이었다. 당시 이규보는 민란의 진압을 위해 많은 신에게 제사를 지냈다.[73] 대구의 팔공산,[74] 경주의 토함산인 東岳과 선도산인 西岳,[75] 경주 인근의 북형산,[76] 울주의 戒邊城[77] 등이 그 대상으로, 모두 경주 인근에서 크게 벗어나지 않았다. 또 당시 이규보 휘하가 머문 곳도 善州였는데, 병의 치유를 위해 지리산까지 사람을 보낸 이유는 무엇일까. 그것은 말할 것도 없이 지리산 대왕이야말로 병을 해결해 줄 수 있는 신으로 생각했기 때문이다.

지리산신사는 사료 나-(6)에서 보았듯이 지역은 물론이고 국가적으로 그 靈驗을 인정받은 곳이었다. 아울러 민간에서는 개인의 병을 위해 기도하는 곳이기도 했던 것 같다. 이규보는 그의 祭文에서 '신비로운 힘'을 빌어 병이 낫기를 기도하였다. 그리하여 "약을 쓰지 않고도 기쁘게 나을 것"을 바랐다.

이는 이규보 개인의 독특한 신앙은 아니었다. "고려 사람들은 본래 귀신을 두려워하여 믿고 陰陽에 얽매여, 병이 들면 약은 먹지 않는다"[78]고 하였던 서긍의 말을 생각하면, 당시 모든 사람에게 공통된 신앙이었다. 병이 들면 약을 쓰는 것보다는 영험한 신에게 빌어 회복을

---

73) 김철웅, 2001, 앞의 논문, 119쪽. 토벌군은 가는 곳마다 무려 33차례 제사를 지냈다고 한다.

74) 『東國李相國集』 권38, 道場齋醮疏祭文 祭公山大王文；獻馬公山大王文；公山大王謝祭文.

75) 『東國李相國集』 권38, 慶州東西兩岳祭文；東京西岳祭文；東岳祭文；東西兩岳合祭文.

76) 『東國李相國集』 권38, 北兄山祭文.

77) 『東國李相國集』 권38, 蔚州戒邊城天神祭文；戒邊大神謝祭文；戒邊天神前復祭文.

78) 『宣和奉使高麗圖經』 권17, 祠宇.

바랐던 것이다.[79] 이러한 신앙에는 신분의 차이도 없었다.

> 사간원에서 상소하기를, "……백성이 舊習에 오래 젖어서 귀신을 숭
> 상하는 풍조가 오히려 없어지지 않고,……山川과 城隍에 사람마다 모
> 두 제사지내며 떼 지어 술 마시고 돈을 허비하여, 집을 결단내고 가산
> 을 탕진하여 한 번 수재나 한재를 만나면 문득 굶주린 빛이 있으니, 이
> 유행의 폐단이 가히 염려됩니다. 이것은 비단 細民만 그러할 뿐 아니
> 라 卿大夫의 집까지도 대개 보통으로 여겨 이상하게 생각하지 않습니
> 다.……심한 자는 제 아내와 딸을 데리고 가서 몸소 기도하면서도 조
> 금도 부끄러움을 알지 못합니다.……" 하였다. (『世宗實錄』 권34, 世宗
> 8年 11月 丙申)

조선 세종대의 기록으로, 산천과 성황에 대한 제사가 '舊習'으로 고
려 때부터 지속된 것인데 당시에도 여전히 '사람마다 모두' 제사를 지
낸다는 것이다. 이는 개인적인 제사를 의미하며, 細民 즉 빈천한 백성
뿐 아니라 卿大夫까지 예외가 없었다. 이들까지도 산천과 성황에 대한
제사를 '보통으로 여긴다'는 것은 그러한 신앙이 사회 구성원 모두에
게 보편화되었음을 의미한다.

그런데 개인의 제사도 '아내와 딸을 데리고 가서' 남녀가 서로 모이
는 집단적인 형태를 띠었으며, 거기에는 어김없이 '떼 지어 술 마시는'
과정이 있었다. 公的 祭儀의 형식이 그대로 적용된 것이다. 고려사회
에서 公的 祭儀는 개인의 신앙 대상뿐 아니라 제사의 형식에도 그대
로 반영되었음을 알 수 있다.

---

79) 『高麗史』 列傳이나 墓誌銘에는 병이 들어도 약을 사용하지 않은 사례가 매
   우 많다. 李公遂가 병이 들자 친척들이 그의 처에게 "어찌하여 부처에게 기
   도하지 않는가"(『高麗史』 권112, 列傳, 李公遂) 하였으며, 李仁復의 임종 때
   동생 이인임이 念佛을 권했다(『高麗史』 권112, 列傳, 李仁復)고 한다.

따라서 혹시 공동체의 이러한 신앙과 다른 경향을 갖고 있을지라도 개인적으로 거스를 수는 없었다.

> (橋路)都監이 되매 무릇 서울에 있는 무당의 집을 모조리 郊外로 옮기고, 민가에 간직한 淫祀를 모두 불태우며 諸山의 神祠도 異跡이 없는 것은 모두 헐었다.……또 龍首山祠에 이르러 신령을 시험하여 영험이 없으므로 불살랐다. 그날 밤 왕의 꿈에 귀신이 구해주기를 청하므로 이튿날 有司에 명하여 다시 사당을 짓게 하였다. (『高麗史』 권99, 列傳, 咸有一)

사료 다-(3)에서 보았듯이 함유일은 巫覡을 배척한 인물로 유명하다. 그는 서울에서 무당을 쫓아내고 아울러 神祠를 없애려고 하였다. 하지만 지역에서 중시하는 神祠를 함부로 제거할 수는 없었다. 그가 없애려고 한 것도 異跡을 일으키지 못하는 神祠였다.

함유일은 이를 직접 시험하였는데, 방식은 신의 상징인 神像을 활로 쏘는 것이었다. 그 결과 개경의 九龍山神祠[80]와 鳳州의 鵂鶹岩淵에서는 이적이 일어나 폐지하지 못했다. 반면 龍首山祠[81]는 이적이 없어 불살랐는데, 그 귀신이 왕의 꿈에 나타나 호소했다는 것이다. 각 지역의 神祠는 때로 국가가 인정하는 이적이 없을지라도 백성에게는 중요한 존재였다. 용수산사의 귀신은 그러한 민심을 나타낸 것으로 보인다. 결국 이 사건은 왕이 나서서 다시 사당을 짓게 하는 것으로 매듭지었다.

고려사회에서는 郡縣마다 지역 차원에서 祭儀를 행하는 각종 神祠

---

80) 『高麗史』 권56, 地理, 王京開城府 牛峯郡 ;『牧隱集』 권15, 九龍山歌 참조. 朴昊遠, 앞의 논문, 1997, 122~124쪽. 왕건의 선조인 虎景의 사당으로 추정한다.
81) 『新增東國輿地勝覽』 권5, 開城府下 祠廟.

가 있었다. 국가는 지역에서 믿고 의지하는 神에 대해서도 일정한 대우를 하였다. 이에 어긋날 경우 관리라 할지라도 처벌하지 않을 수 없었다.

> 영주에는 탑이 있는데 이름이 無信이었다. 정습인이 말하기를 "이상하구나. 惡木 아래에서 쉬지 않고 盜泉의 물을 마시지 않는 것은 이름을 싫어하기 때문이다. 어찌 그 형태가 우뚝 솟아 있어 한 읍에서 우러러보는 것을 無信이라 이름을 지었는가" 하면서 날짜를 정하여 헐고 그 벽돌로 賓館을 수리하라고 명령하였다. 신돈이 듣고 노하여 계림 감옥에 가두었다.……신돈이 그를 반드시 죽이려고 했지만, 대신들이 가엾게 생각하여 구원해서 죽음을 면하고 庶人으로 내렸다. 그리고 영주에 가서 다시 탑을 지으라고 명령하였다. (『高麗史』 권112, 列傳, 鄭習仁)

공민왕 때 정습인이 과거에 급제한 후 榮州 수령으로 나가서 겪은 일이다. 영주에는 지역의 대표적인 제사의 대상으로 無信이라는 탑이 있었다. 소속 사찰의 이름이 전하지 않는 것으로 보아, 사찰은 이미 없어지고 고려 말에는 탑만 민간신앙의 대상이 되었던 것 같다. 그런데 신임 수령 정습인이 탑을 제거한 것이다.

이로 인해 정습인은 투옥되고 평민으로 신분도 강등되었다. 더욱이 신돈은 정습인을 죽이려고까지 했다는데, 이는 개인의 감정에 따라 취한 조치는 아닐 것이다. 신돈이 정습인을 살려주는 대신 끝내 탑을 다시 지으라고 명령한 사실은 그만큼 영주에서 無信이라는 탑이 매우 중요한 의미를 가지고 있었음을 보여준다. "한 읍에서 우러러본다"는 것은 탑이 우뚝 솟아 있는 형상이기도 했지만, 또 한편으로는 지역 공동체가 의지하는 탑이었음을 뜻하는 것으로 보인다. 정습인에 대한 강경한 조치는 영주 지역의 民心을 고려한 것이 아니었을까 생각한다.

鄭習仁이나 咸有一의 사례에서 보았듯이 儒者 중에서는 이를 '淫祀'라 하여 배척하는 경우도 있었으나, 결국 관직에서 파면되거나 심지어 목숨의 위험도 감수해야 했다. 하지만 대부분의 사람들은 이규보와 같이 당시의 신앙 경향에서 벗어나지 않았다. 그것은 主祭者인 무당과 승려에 대한 대중적인 추종 현상으로 나타났다.

> 충렬왕 원년에 尙州 判官으로 파견되었다. 당시 여자 무당 세 명이 요망한 신을 받들고 여러 사람을 유혹하였다. 그들은 陜州로부터 여러 郡縣을 돌아다녔는데, 이르는 곳마다 사람의 소리를 지어 공중에서 불러내고 그 소리가 은은한 것이 마치 큰 소리로 길을 여는 것 같았다. 듣는 사람들이 달려가 서로 뒤질세라 분주히 제사를 지냈고, 수령도 그같이 행하는 자가 있었다. 이들이 尙州에 이르자 안향이 곤장을 쳐서 칼을 씌웠다. 무당이 神의 말을 칭탁하여 禍福으로 겁을 주니 尙州 사람이 모두 두려워했으나 안향은 꼼짝하지 않았다. 며칠 후에 무당이 애걸하므로 놓아주니 요사스러움이 드디어 없어졌다. (『高麗史』 권 105, 列傳, 安珦)

안향은 그 시대 대표적인 儒者로 지방관이 되었는데, 사람들이 따르던 무당 3명을 어떻게 엄격하게 처벌했는지에 관한 글이다. 이를 뒤집어 생각하면 오히려 무당 3명이 얼마나 사회에 영향을 끼쳤는지를 알 수 있다.

무당들은 어느 한 지방에 국한되지 않고 陜州로부터 여러 郡縣을 돌아다녔다. 넓은 지역을 돌아다닐 수 있었다는 것은 그만큼 추종자가 많았음을 뜻한다. 이들이 異跡을 보여주었기 때문이다. 무당의 이적은 그가 의탁하는 神의 靈驗에서 비롯된다. 어떤 신을 내세웠는지는 알 수 없으나 많은 사람들이 제사를 지낸 대상은 바로 그 神이었을 것이다. 심지어 수령 중에서도 추종자가 있었다.

靈驗과 異跡을 기대하며 神과 그 매개로서 主祭者를 추종하는 데에
는 신분의 고하가 없었다. 승려에 대한 추종 역시 별로 다르지 않았다.

> 日嚴이란 승려가 全州에 살았는데, 스스로 이르기를 "눈먼 자를 다
> 시 보게 하고 죽은 자를 다시 살게 한다"고 하였다. 임금이 內侍 琴克
> 儀를 보내어 맞이하였다.……普賢院에 머무니 도성 사람이 귀천과 어
> 른 아이 할 것 없이 달려와서 뵈므로 里巷이 텅 비었다.……天壽寺에
> 맞아들여 南門樓 위에 거처하는데, 宰輔와 大臣도 좇아와서 參謁하고
> 士女는 다투어 머리털을 펴 중의 발로 밟게 하였다.……머리 깎고 제
> 자가 되는 자 이루 헤아릴 수 없었으나 한 사람도 간하여 금지하게 한
> 자가 없었다.……中書侍郎 文克謙이 微服으로 禮를 치렀고 林民庇 역
> 시 樓下에서 절하였다. (『高麗史』 권99, 列傳, 林民庇)

명종 때 全州의 승려 日嚴이 개경까지 알려진 것은 그가 "눈먼 자를
다시 보게 하고 죽은 자를 다시 살게 한다"고 하였기 때문이다. 질병을
치료할 뿐 아니라 죽음도 극복할 수 있는 靈驗이 있다는 것이다. 이는
巫覡과 별로 다를 바 없는 신앙이었다.

그런데 왕으로부터 일반 백성까지 모두 그러한 靈驗을 믿고 기대하
였다. 왕은 직접 내시를 보내어 서울로 초청하자, 백성은 물론이고 宰
輔와 大臣 등 고위 관리들도 찾아가 절하였다. "도성의 거리는 텅 비
고", 이 사태에 대하여 "한 사람도 간하여 금지하게 한 자가 없었다"는
것이다. 개경의 백성뿐 아니라 거의 모든 관리까지 추종한 것이다. 결
국 중이 속였다고 하여 다시 전주로 쫓아냈지만, 영험과 이적을 기원
하는 당시 사람들의 신앙의 양상을 잘 나타내는 사례이다.

그리하여 사대부도 아들 하나만 있으면 머리를 깎았고,[82] 士族의 집

---

82) 『高麗史』 권112, 列傳, 白文寶.

에 무당이 출입하여 문제를 일으켰다.83) 신앙의 경향에서는 거의 예외
가 없었다.

고려사회에서는 국가 또는 지역 공동체가 주관하는 公的인 祭祀가
유난히 많이 시행되었다. 제사는 공동체의 축제로 거행되므로, 고려인
의 宗敎的 心性을 파악하기 위해서 국가 및 지역 차원에서 시행되는
祭儀에 주목하였다.

國家 祭儀에는 儒敎式 제사를 비롯해서 불교, 민간신앙 등의 의례
가 폭넓게 포함되어 있었다. 대상 神은 靈驗과 異跡으로써 지역 또는
국가를 도왔던 존재가 선정되었는데, 이는 지역민의 경험에 기초한 것
을 국가 차원에서 인정하고 받아들인 것이다. 神은 재앙과 환란을 막
거나 비를 내려 만물을 財成하는 존재로 인식되었고, 오랫동안 광범하
게 공유되었다. 당시의 공통된 인식에 기초한 것이기 때문에 한번 선
정된 신은 쉽게 바뀔 수 없었다.

公的 祭儀는 자연재해나, 전쟁이나 민란 등 위기가 닥쳐올 때에는
더욱 절박하게 시행되었다. 특정의 대상에게 祭儀를 행하는 것은 직접
적인 도움, 즉 神의 靈驗을 기대했기 때문이다. 公的 祭儀는 공동체가
당면한 문제를 종교적으로 해결하기 위한 과정이었다.

祭儀의 이러한 성격은 主祭者에서도 확인된다. 유교식 제의의 主祭
者는 왕이나 관료였지만, 불교사원이나 각종 神祠의 祭儀에서 主祭者
는 승려나 무당이었다. 심지어 유교식 의례인 宗廟, 馬祖 등에 대한 祭
儀에도 승려나 무당이 主祭者가 되었다. 신의 직접적인 응답을 기대하
는 祭儀에서는 신과 직접 교통할 수 있는 존재가 필요했기 때문이다.

---

83) 『高麗史』권99, 列傳, 玄德秀.

公的 祭儀는 공동체 구성원 모두가 참여하는 축제의 성격을 띠었다. 제의에 소용되는 비용과 부역은 공동으로 부담하였는데, 이는 개인적으로 祭儀에 참여하는 의미도 있었다. 실제로 祭儀에는 공동체의 구성원이 참여하는 공동의 장이 마련되었고, 거기에는 신분과 남녀의 구별이 없었다. 演戲뿐 아니라 暴飲과 失行조차도 제의에 참여하는 형식의 하나였다. 참여의 과정에서 靈驗과 異跡의 체험 역시 공유될 수 있었다.

따라서 공동체에 소속된 개인은 그 영향에서 자유로울 수 없었고, 개인의 신앙은 공동체의 祭儀와 동일한 경향을 띠게 된다. 국가에서 강조하는 祭儀는 백성들 사이에서도 성행하였고, 국가적으로 중시되는 神祠에는 개인적인 소원을 빌기 위한 참배객도 많았다. 개인적으로 바라는 것도 역시 靈驗과 異跡이었다. 이러한 경향은 사회 구성원 모두에게 보편화되어 있었다.

고려사회에서 나타난 이러한 신앙의 경향은 조선사회에서도 상당히 유지되었다. 물론 公的 祭儀의 형식은 국가 차원에서 유교적 의례로 많이 바꾸었지만, 개인의 신앙까지 바꾸는 것은 쉽지 않았기 때문이다. 여기에는 사대부도 예외는 아니어서, 이에 대한 비판이 조선 초 기록에 빈번히 나타났다.

강은경 | 충북대학교 중원문화연구소 전임연구원

제4부 주변 세계와 국가, 家의식

제11장 다원적 국제관계와 국가·문화 귀속감

우리 역사상 고려 전기는 후삼국의 분열상을 극복하고 국내외적으로 주체의식이 강조되던 시기였다. 뿐만 아니라 중원대륙은 여러 나라로 나뉘어 갈등 반목하는 조건하에서 고려에 대한 국제적 위협은 분산될 수밖에 없었으며 이에 따라 고려는 상대적 자율성을 가질 수 있었다. 그러나 그렇다고 하더라도 고려인들 스스로의 정체성 그리고 이와 관련된 주체의식이 없었더라면 그와 같은 대외적 조건이 반드시 고려에 유리하게 작용하지는 않았을 것이다. 그렇다면 그러한 의식은 과연 어떠한 것이며 또한 어디에서 나왔을까? 그리고 그것이 갖는 의미는 과연 무엇일까?

지금까지 고려의 대외 관계사 연구는, 주로 비문화적 측면을 중심으로 거란이나 몽골 등 강대국의 침략에 맞선 항쟁이라는 수동적 입장에서 이루어졌다. 이는 알게 모르게 식민지시기 혹은 조선시기 대외 관계사의 연장선상에서 고려사를 바라보게 된 배경과 관련이 있지 않나 생각된다. 그 결과 국가간의 외교문서에 해당되는 내용조차 의례적 사항이라거나 事大文書로 치부하여 아예 무시하거나 소홀히 하는 등 사료 해석상에 문제가 있었다. 나아가 독자적 천하관이라든가 번토문제를 말하면서도 각각의 현상적 사실규명에 머문 채 그러한 사실의 因果關係를 밝히는 데에는 한계를 보인 것도 그와 무관하지 않다.

역사 연구는 우리가 처해 있는 오늘의 문제의식을 도외시할 수 없다. 그러나 눈앞의 현실적 이해관계에 매몰되어 문제의 본질을 놓치는 우를 범해서는 안된다. 예컨대 지나치게 민족주의라든가 애국주의적 관점에서 혹은 오늘의 현실적 요구에 부응하여 과거의 史實을 왜곡하거나 호도해서도 안된다. 그러나 그렇다고 해서 과거의 사실을 폄하하거나 지나치게 축소 해석하는 것도 옳다고 할 수 없다.

여기서는 이런 문제들을 유의하면서, 고려인들의 주변국(종족)에 대한 인식을 통해 고려 전기의 다원적 국제관계의 실상을 알아보려고 한다. 아울러 고려 전기 사람들이 지녔던 스스로에 대한 인식을 국가·문화적 정체성이라는 관점에서 검토하려 한다.[1]

1. 대외관계의 변수, 타자인식

어느 시대를 막론하고 국제질서의 기본원칙은 힘의 역학관계에 토

---

1) 이 주제와 관련하여 참고한 기존의 연구는 다음과 같다. 河炫綱, 1976, 「高麗時代의 歷史繼承意識」『韓國의 歷史認識(上)』, 창작과 비평사 ; 李熙德, 1982, 「高麗初期의 自然觀과 儒敎政治思想」『歷史學報』94·95 ; 盧泰敦, 1982, 「三韓에 대한 認識의 變遷」『韓國史研究』39 ; 具山祐, 1992, 「高麗 成宗代 對外關係의 展開와 그 政治的 性格」『韓國史研究』78 ; 쟈크 제르네 著·金榮濟 譯, 1995, 『傳統中國人의 日常生活』, 신서원 ; 盧明鎬, 1999, 「高麗時代의 多元的 天下觀과 海東天子」『韓國史研究』105 ; 盧明鎬, 1997, 「東明王篇과 李奎報의 多元的 天下觀」『震檀學報』83 ; 田中健夫, 1997, 『東アヅア通交圈と國際認識』, 吉川弘文館 ; 백산학회 편, 1999, 『鮮卑·蒙古·契丹·女眞 關係史 論攷』; 추명엽, 2002, 「고려 전기 '번'인식과 '동·서번'의 형성」『역사와 현실』43 ; 김순자, 2002, 「고려 전기 대중국관계사 연구의 현황」『역사와 현실』43 ; 추명엽, 2005, 「高麗時期 '海東' 인식과 海東天下」『韓國史研究』129 ; 高句麗研究會, 2004, 『高句麗의 正體性』, 高句麗研究會 創立10周年 紀念 第10回 高句麗 國際學術大會/『고구려연구』18 재수록.

대를 두고 있다. 그러나 당시 유일한 漢族국가인 宋(960~1279) 주변에
는 高麗(918~1392)를 위시하여 非漢族 국가인 契丹(916~1125) 혹은
金(1115~1234)이 자리잡고 상호 견제하는 가운데 어느 한 국가가 좌
지우지할 수 있는 처지가 못되었다. 따라서 국제질서는 단순히 힘의
논리에 의해서만 이루어지지 않았다.

고려의 경우 (이를테면) 문화적으로 앞서 있었던 송과의 관계를 늘
의식하지 않으면 안되었다. 그런가 하면 고려와 국경을 접하고 있었던
거란과는 현실적으로 부딪히는 힘의 논리를 피할 수가 없었던 것이다.
그런데 이 시기 흥미로운 현상 중 하나는 고려와 여진과의 관계에 관
한 것이다.[2] 나중에 金國이 형성되기 전까지 이들은 여러 부족으로 나
뉘어 고려 혹은 거란과의 관계를 통해서 존재하였다. 이른바 蕃土였
다.[3]

이 절에서는 이와 같은 몇 가지 특징적 사실에 근거를 두고 이를 타
자인식의 측면에서 접근해 보기로 한다. 이를테면 외래문화의 수입과
관련한 '風俗' 문제라든가 국가간의 분쟁과 관련한 외교상의 實利追求
그리고 왕실의 번병으로서의 '울타리' 관념 등에 주목하고자 한다.

1) 風俗-문명과 미개의 잣대

李齊賢에 의하면 成宗은 친필 교서를 내릴 때마다 표현을 간곡히

---

[2] 지금까지 女眞 문제에 관한 연구는 대체로 敵對的 관계를 전제로 한 북방 영
  토의 개척 혹은 對女眞 招諭政策과 관련된 내용들이다. 예를 들면, 姜性文,
  「高麗初期의 北界開拓에 대한 硏究」『白山學報』27, 1983 ; 崔圭成, 「高麗初
  期 女眞問題의 發生과 北方經營」및 李根花, 「高麗前期의 女眞招諭政策」
  『鮮卑·蒙古·契丹·女眞 關係史 論攷』, 1999 등을 들 수 있다.
[3] 蕃土를 주로 다룬 연구는 앞에서 언급한 추명엽의 논문이 거의 유일한 형편
  이다. 최근 변경지역에 관한 관심이 많아지고 있는 현상과 관련하여 번토에
  관한 연구도 활발히 할 필요가 있다.

할 정도로 '移風易俗'을 자신의 임무로 삼았다고 하였다.[4] 이는 『禮記』에 나오는 말[5]로, '風'은 위로부터의 敎化, '俗'은 교화를 통해 형성된 백성들의 습관을 말한다.[6] 그러니까 '移風易俗'이란 政敎의 시행하는 바 즉 교화를 통해 백성들의 습속을 바꾼다는 의미가 된다.

성종은 종묘사직을 세우는 일, 인재를 양성하고 선발하는 일 그리고 孝子와 節婦를 표창하는 일 등 이러한 유교적 조처들을 풍속의 차원에서 이해하고 있었다. 말하자면 이 시기 풍속은 제도, 의식 등 사회전반적인 문제와 관련이 있었다. 풍속이라는 말은 상황에 따라 달리 해석되기도 하였으나[7] '옛적부터 내려오는 습관 또는 그때 그 곳의 버릇'[8]만은 아니었다. 따라서 성종이 말하는 '移風易俗'이란 결국 사회전반적 개혁을 의미하는 것으로 생각된다.

이를테면 李陽이 말하는 풍속도 그러한 것이었다. 그는 성종 7년 상소문을 통해 月令을 실시하여 첫째, 백성들로 하여금 農桑의 早晚을 알게 하고 둘째, 임금으로 하여금 重農의 뜻을 알게 하고 셋째, 계절의 변화를 통해 자연의 이치를 터득하여 올바른 교화의 길을 열어야 한다고 하였다. 그리하여 주례에 의거하여 농사를 짓는 것은 나라의 풍속을 밝게 여는 것이라고 하였다.[9] 그가 말하는 풍속은 생산력 문제와 불가분의 관계가 있었다.

성종이 '移風易俗'에 열심이었던 것은 아마도 羅末 이후 사회가 크

---

4) 『高麗史』 권3, 世家, 성종 16년 李齊賢贊.
5) 『禮記』, 「樂記」, "移風易俗 天下皆寧".
6) 『周禮』에 의하면 "風謂政敎所施 故曰 上以風化 又云 風以動之 是也 俗謂民所承襲 故曰 君子行禮不求變俗 是也"라고 하였다.
7) 이를테면 궁중을 중심으로 '임금과 신하들의 의복, 관과 일산, 음악의 악조, 전례에 쓰는 기물'로 해석하기도 하였다(『高麗史』 권39, 世家, 恭愍王 6年 閏月 戊申 司天少監于必興上書).
8) 『동아 新콘사이스 國語辭典』, 동아교재사, 1977.
9) 『高麗史』 권3, 世家, 成宗 7년 2월 임자.

게 변화했으므로 이에 맞추어 고려사회의 제도와 의식을 풍속의 차원에서 개혁해 보려고 했기 때문일 것이다. 그리고 그렇게 하지 않으면 앞으로 전개될 나라의 운명을 제대로 이어갈 수 없을 것이라는 나름대로의 판단도 있었을 것이다.[10] 그는 이 시기 그러한 일을 추진해 나갈 적합한 인물로 崔承老(927~989)를 꼽았다.

일찍이 崔承老의 글을 보고는 기꺼이 따랐으니 쓸데없이 허세부리지 아니하고 실질에 힘썼으며 옛 사람의 훌륭한 것을 좋아하는 마음으로 백성들을 새롭게 할 방책(新民之理)을 강구하되 꾸준히 행하여 조급성을 경계하였으며 몸소 실천하고 마음으로 체득하여 솔선수범하였다. 이리하여 나라의 풍속이 거의 일변될 수도 있었던 것이다. (『高麗史』권3, 世家, 成宗 16년, 李齊賢贊)

李齊賢이 成宗의 인물됨에 대하여 극히 긍정적으로 평가한 것은 위와 같은 깊은 뜻이 있었기 때문이었다. 단지 성종이 유교문화를 진흥시켰다는 동업자적 평가 때문만은 아니었다. 풍속의 의미가 이렇게 중요하였으므로 역대 국왕들은 풍속을 일으키는 일에 많은 관심을 가졌다. 이를테면 王建은 943년(태조 26) 이른바 '訓要十條'를 남겨 후손에게 전하고자 하였다. 朴述希를 통해 전해진 그 내용 가운데에는 다음과 같은 부분이 포함되어 있다.

우리 동방은 오래 전부터 중국의 풍속(唐風)을 본받아 문물 예악 제도를 다 그 대로 준수하여 왔다(文物禮樂 悉遵其制). 그러나 지역이 다르고 사람의 성품도 각각 같지 않으니 구태여 억지로 맞출 필요는 없다. 그리고 거란은 禽獸之國으로서 풍속이 같지 않고 언어가 또한

---

10) 이 시기 풍속의 개혁은 근대화 과정에서의 '開化' 즉 '開物成務 化物成俗'에 준하는 개념 정도로 볼 수 있지 않을까 한다.

다르니 그들의 의관 제도를 아예 본받지 말라! (『高麗史』 권2, 世家,
太祖 26년 4월)

고려가 오랫동안 중국의 풍속을 본받아 왔으나 중국과는 지역이 다
르고 또한 사람들의 성품도 같지 않으므로 풍속을 그대로 받아들일 필
요는 없다는 것이다. 말하자면 풍속에 있어서의 고유한 측면이 있음을
강조한 것이다. 그는 풍속을 문물과 예악제도로서 표현하였다. 왕건이
지적한 바의 풍속문제는 후술할 바와 같이 土風과 華風의 문제였다.[11]
그런데 그가 강조한 또 한 가지는 중국 이외의 나라, 특히 거란의 풍
속은 본받지 말라는 것이다. 그리고 그 이유는 거란이 '禽獸之國' 즉
미개한 야만국이기 때문이었다.[12] 그것은 이 시기 고려가 대외관계를
설정함에 있어서 문명의 수준을 감안하고 있었음을 뜻한다. 이 점과
관련하여 볼 때 당시 고려 사람들의 주변 종족 및 국가에 대한 인식은
대체로 부정적이다.

① 신해일에 서경에 가서 齋祭를 치르고 州鎭들을 순찰하였다. 이 해
에 관리들에게 다음과 같은 조서를 내렸다. "北蕃 사람들은 '人面

---

11) 신채호는 '華風'과 '土風'의 관계에 대비되는 말로서 '漢學派'와 '國風派'로 구
분하고 그 대표로 김부식과 묘청을 들었다(申采浩 著, 丁海廉 編譯, 1995,
「朝鮮歷史上 一千年來 第一大事件」『申采浩 歷史論說集』, 현대실학사, 206
쪽). 그러나 이 시기 '華風' 혹은 '漢學派'에 대비되는 것은 '土風' 혹은 '土風
派'라고 함이 맞다. 이를테면 성종이 풍속을 바꾸는 것을 임무로 삼았다고 했
을 때의 대상은 '土風'이고 목표로 삼는 바는 '華風'을 중시하는 것이다.
12) 왕건이 훈요십조를 넘기기 전해 10월에 이미 거란의 사신을 海島로 유배 보
내고 선물로 보낸 낙타 50필을 만부교 밑에서 굶겨 죽인 사건이 있었다(『高
麗史』 권2, 世家). 흔히 이를 주로 고려의 북진정책과 관련지어 해석하고 있
으나 심성적 측면이 강하다. 이를테면 거란이 갑자기 의심을 품고 발해와의
맹약을 배반한 것은 신의를 저버린 無道한 나라였기 때문이라는 점이다.

獸心'으로 주리면 오고 배부르면 가며 자기 이익을 위해서는 염치
를 잊어버리나니 지금은 비록 우리에게 복종하고 있으나 복종과 배
반이 대중없다. 그들이 지나다니는 주진에서는 성 바깥에 여관을
지어 놓고 접대하게 할 것이다."(『高麗史』권2, 世家, 太祖 14년
11월)

② 이달에 殿中監 郭汝弼을 몽고에 보내 陳情 表文을 제출하였는데
그 요지는 다음과 같다. "(중략) 다만 일본의 풍속이 완고하고 어리
석기 짝이 없기 때문에 사신이 들어가면 그 대접이 정중하지 못할
까 두려워서 그렇게 한 것이다.……"라고 하였다. (『高麗史』권27,
世家, 元宗 12년 3월)

③ 崔允儀가 말하기를 "탐라는 먼 곳이고 또 풍속도 포악하여 다스리
기가 사실 곤란한 곳이기 때문에 그대를 보내려는 것이니 그대가
그런 악조건을 기탄하지 말고 가서 먼 곳 백성들을 애무하여 국가
의 근심이 되지 않게 하면 마땅히 좋은 벼슬로써 그대에게 보답하
리라!"고 하였다. (『高麗史』권99, 列傳, 崔陟卿)

①은 국초에 왕건이 州鎭을 순찰하면서 관리들에게 내린 조서의 내
용으로서 北蕃 즉 女眞族에 대한 언급이다. 이 시기 고려인은 여진을
蕃人이라 표현하였다. 그럼에도 불구하고 여진족은 인간의 탈을 쓰고
있지만 짐승의 마음을 가졌으며 주리면 오고 배부르면 가는 바 이익을
앞에 두고서는 염치를 잊는다고 하였다. 이렇게 볼 때 여진인에 대한
인식은 거란인과 크게 다르지 않다.
이는 인간의 품성과 관련하여 모질다거나 혹은 잔인하다는 차원이
아니라 이를테면 문명인으로서 갖춰야 할 예의와 염치와 같은 의미였
다. 여진인들이 예절은 모를지언정 부모에 대한 효성은 있다고 하는

표현13)이 이를 말해 준다. 이와 같은 인식은 북방의 국가 혹은 종족의 경우에만 해당되는 것은 아니었다. ②에서 볼 수 있는 바와 같이 고려는 일본의 풍속이 완미하고 어리석기 때문에 원나라 사신이 들어갈 경우에 대접이 정중하지 못할 것이라고 하였다. ③의 탐라의 경우도 마찬가지이다. 말하자면 사신에 대한 접대의 예를 모르기 때문에 그렇게 예측된다는 내용이다.

여기서 풍속의 내용은 적어도 국제적으로 통용되는 기준이 형성되어 있음을 알 수 있다. 그 기준은 문명과 미개의 잣대였다. 발해가 망한 후 그 유민을 받아들인 것은 과거 고구려를 계승한 나라라는 점과 더불어 文字, 禮樂 그리고 官府제도를 갖춘 나라14)라는 同類意識이 먼저 작용한 결과로도 이해할 수 있다. 이 점에 있어서는 고려에 대한 한족의 인식도 마찬가지였다. 더구나 북방민족을 공동의 적으로 생각하는 경우에 그들은 고려와의 관계를 脣齒와 같이 이해가 일치하고 皮毛처럼 정분이 긴밀하다고 생각하였다.15)

중국의 경우에 문명화되지 않은 변방에 대해서는 교화를 통해 화풍을 보급시키는 것이 대외정책의 목표가 되고 있었다.16) 풍속의 의미와 역할을 생각한다면 이는 긍정적인 것이 아닐 수 없으며 그러한 측면이 있었기 때문에 주변 국가들이 중국과의 교류에 적극적일 수 있었을 것이다. 그 대표적 국가가 바로 고려였다. 이를테면 문종은 송나라 明州 敎練使 顧允恭이 앞으로 자기 나라에서 사절을 파견하며 서신을 교환하려 한다는 뜻을 전해 왔을 때, "송나라에서 우리에게 사절을 파견할 줄을 어찌 생각이나 하였으랴! 나는 일변 기쁘기도 하고 일변 놀랍기

---

13) 『高麗史』 권9, 世家, 文宗 33년 4월 기유.
14) 『高麗史』 권1, 世家, 太祖 8년 9월.
15) 『高麗史』 권2, 世家, 太祖 16년 3월 신사.
16) 『高麗史』 권3, 世家, 成宗 4년 5월.

도 하다"고 하였다.[17]

따라서 중국과의 관계는 문화 종주국에 대한 事大에 다름 아니었다. 仁宗의 언급은 그와 같은 사정을 잘 말해준다. 고려의 문물제도가 중국과 같은 수준으로 되었다(文軌同乎中夏)는 것이다.[18] 그는 그렇게 되기까지의 과정을 설명하면서, 국가경영에 필요한 '施設注措之方'에서 '文閣經筵'에 이르기까지 중국에 자문을 구했다고 하였다. 이와 같은 인종의 노력을 평가하여 金仁存(?~1127)은 "우리 임금께서는 총명 심후한 자질과 독실 찬란한 덕성을 소유하셨으며 儒術을 숭상하고 화풍을 즐겨 본받으셨다"고 하였다.[19]

그런데 그와 같은 노력은 다만 국가적 차원에서의 일만은 아니었다. 이 시기의 많은 사람들은 문화적으로 앞선 중국의 풍속을 흠모하고 배우고자 하였다. 이를테면 문종 32년 오랫동안 국교가 없던 차에 송나라로부터 安燾 일행이 왔다.[20] 그때 사람들은 송 태종 때의 侍郎 呂端에 대한 좋은 기억이 남아 있어서 은연중 많은 기대를 했던 모양이다. 그러나 그들의 탐욕스럽고 인색한 행태를 보고 크게 실망해 마지않았다는 것이다. 이에 앞서 왕을 비롯한 전국민이 중국사신의 도착을 기뻐하였으며 또한 그들의 고상한 풍모를 기대했다는 내용은 그만큼 고려인들의 문화적 욕구가 적지 않았음을 말해준다.

물론 다원적 대외관계를 통해 한족의 문화만 유입된 것은 아니었다. 다만 일종의 고급문화에 대한 욕구가 아니었을까 생각된다. 인종 때 고려사회에 스며든 거란의 풍속을 지적할 때 상하질서가 없고 사치스럽다고 한 점[21]이 이를 말해준다. 이와 같은 문화적 욕구는 고려문화

17) 『高麗史』 권9, 世家, 文宗 32년 4월 신미.
18) 『高麗史』 권96, 列傳, 金仁存.
19) 『高麗史』 권96, 列傳, 金仁存.
20) 『高麗史』 권9, 世家, 文宗 32년 7월 을미.
21) 인종 7년 5월 갑진일에 왕은 백성들이 상하 구분 없이 부화한 치례를 일삼고

의 수준을 높이고 나아가 자긍심을 키워주는 결과를 낳게 하였을 것이다. 그러나 반면에 이는 화풍에 대한 숭배와 함께 비한족에 대한 멸시감을 높이고, 나아가 한족과 동등하다는 의식을 갖게 하는 데도 일조하였으리라 생각된다.

이를테면 睿宗代 李資諒이 송나라에 갔을 때 徽宗은 고려인들에게 여진인들을 데리고 함께 오도록 권유하였다.[22] 그것은 후술할 바와 같이 국제 관계상 여진이 고려에 부속된 존재처럼 인식되고 있었기 때문이었다. 이에 대하여 이자량은 여진인은 "사람 얼굴에 짐승 마음을 가진 오랑캐 중에도 가장 욕심이 많고 추악하여 다루기 어려운 편이니 귀국에서 그들과 교통하시려는 것은 좋지 않은 계책입니다"라고 하였다. 물론 이는 송과 여진을 분리시키려는 외교적 의도가 없는 것은 아니지만 앞에서의 지적과 마찬가지로 전혀 터무니없는 생각은 아니었다. 중요한 것은 이 대화를 통해서 고려인들이 그들과 중국인들을 동류로 인식하면서도 여진인들은 야만스런 존재로 인식하고 있다는 점이다. 그리고 그런 점에서 여진은 중국과 거래할 상대가 못된다는 생각이었다.

2) '以小事大'의 實利의식

국가경영의 측면에서 화풍의 수입과 보급에 관심을 기울였다면 그에 못지 않게 중요했던 것은 국가보존이라는 문제였다. 예나 지금이나 국가간의 이해관계가 첨예하게 대립되는 경우 전쟁으로 치달을 수밖에 없는 것이며 적으로부터 국가를 보존하는 일은 매우 심각한 문제가

거란의 풍속을 본받아 고치지 않고 있으니 이를 개혁하여야 할 것이라고 하였다(『高麗史』 권16, 世家).
22) 『高麗史』 권95, 列傳, 李子淵.

된다.

인종 원년(1123)에 고려를 다녀간 徐兢은 고려의 성곽이라든가 해안에까지 뻗어있는 참호 등 군사적 시설물들을 주목하고 있다.[23] 그만큼 당시의 국제정세는 불안하였던 것이며 결코 방심을 허용치 않았다. 이무렵 한때 고려의 번토에 속해 있었던 여진인들이 흥기하여 금나라를 일으켰다(1115, 예종 10년). 더군다나 그들은 고려에 대해 事大를 요구하였다. 이에 사대여부를 둘러싸고 논쟁이 붙었던 모양이다.

이 시기에 대부분의 신료들은 사대에 반대하였다.[24] 그것은 뚜렷한 대비책이 있어서가 아니고 이를테면 미개한 야만인의 나라라는 생각, 그리고 무엇보다도 과거에 고려를 부모의 나라로 섬겨왔던 기억 때문이었을 것이다. 그러나 당대의 실력자였던 李資謙과 拓俊京은 금나라에 사신을 보내 사대할 것을 주장하였다. 그 이유는 첫째, 과거와는 달리 금이 강대하여졌고 더구나 국경을 맞대고 있으므로 형세가 불리하여 사대하지 않을 수 없다는 것과, 둘째, 작은 나라로서 큰 나라를 섬기는 것 즉 '以小事大'는 '先王之道'라는 점이었다.

여기서 '先王之道'라는 명분을 내세우긴 했으나 역시 '以小事大'의 논리는 현실론이었다. 사실 고려왕조가 태조 이래로 그와 같은 정책을 견지했던 사실은 여말 공민왕의 언급에서도 확인된다.[25] 그러나 이자겸과 척준경의 주장이 먹혀 들어갈 수 있었던 것은 당시 현실적 위협에 대한 '以小事大'의 實利意識이었다. 기록상 고려가 '以小事大'를 처음으로 나타낸 것은 성종 13년 무렵이 아닌가 생각된다.

---

23) 서긍은 "州縣의 설치는 실로 명칭과 부합되지 않고, 聚落이 번성한 곳일 뿐이다. 나라의 西北으로부터 契丹·大金의 接境에 이르기까지 간간이 堡壘와 참호가 있고, 그 동남쪽은 해변에 닿았는데 섬에도 설치한 것이 있다"고 하였다(『高麗圖經』 권3, 城邑, 郡邑).
24) 『高麗史』 권15, 世家, 仁宗 4년 3월 신묘.
25) 『高麗史』 권38, 世家, 恭愍王 원년 정월.

소손녕이 우리에게 편지를 보내왔는데 그 사연은 이러하였다. "근자에 나는 우리 황제로부터 명령을 받았는데 그 내용은 '고려는 우리와 일찍부터 우호 관계를 맺어 왔고 국경이 서로 인접해 있으니 비록 작은 나라가 큰 나라를 섬긴다(以小事大)고 하지마는 당연히 일정한 규례가 있고 사신이 왕래하여야 시종 일관하게 좋은 관계가 장구히 계속될 수 있는 것이다. 그렇기 때문에 만일 미리 해당한 조치를 취하지 않으면 혹 중로에 사신 길이 막힐 수 있다. 너는 고려와 상의해서 그 나라로 하여금 통로 요충이 되는 곳에 성을 쌓도록 권고하라'고 하였다.……우리가 이러한 조치를 취하게 되는 목적은 당신네 나라의 차마 교통이 편리하도록 조공의 길을 열고 영구히 거란의 조정을 받들어 자국의 평안한 길을 찾도록 하는 데 있는 것이다." 처음으로 거란의 '統和' 연호를 시행하였다. (『高麗史』 권3, 世家, 成宗 13년 2월)

이 시기는 거란과의 접전이 이루어지는 가운데 점차 전면전이 예상되는 시점이었다. 고려의 입장에서는 어떻게 해서든지 전쟁은 피하려는 의도를 갖고 있었다. 이 무렵 고려정부가 택한 것은 우선 사대하여 적의 예봉을 피하는 길이었다. 물론 문화적 야만국으로 천시하여온 터라 쉽사리 내키지 않는 일이었을 것이다. 결국 고려정부는 거란과 '以小事大'의 관계를 취하였던 것이다. 물론 이 같은 결정의 저변에는 그러한 관계를 통해 얻는 실익이 더 크다는 實利意識이 있었다. 그렇기 때문에 거란에 굴복의 태도를 보이면서도 다른 한편으로 송과의 협력을 통해 거란을 견제하고자 하였던 것이다.26)

따라서 이와 같은 관점에서 보면 대거란 사대관계는 다분히 모양새를 갖추는 것이었다. 결국 徐熙(942~998)의 외교담판을 거쳐 사대는 지속되지만 일정한 한계를 안고 있었다. 거란에 대한 사대는 문화적 야만국에 대해서는 진정으로 사대할 수가 없다는 생각이 바탕에 깔려

---

26) 『高麗史』 권3, 世家, 成宗 13년 4월.

있었던 것이다. 이후 우여곡절은 있었으나 기본적으로 그와 같은 인식은 지속되었다. 이 점과 관련하여 이제현은 史贊에서 다음과 같이 말하고 있다.

> 현종은 국사를 바로 잡기에 급급하여 외교에 여념이 없었고 덕종은 나이 아직 어렸으니 전쟁을 조심해야 되었을 것이다. 그런데 王可道가 거란과의 화친을 끊자고 주장하였으니 이것은 그들과 우호 관계를 계속 유지하면서 백성을 휴식시키자는 皇甫兪義의 의견만 못하였다. 靖宗은 왕위에 오른 지 2년에 우리측 대부 최연가가 거란에 편견되었고 동 4년에 거란측 사신 馬保業이 우리나라에 왔다. 이때로부터 옛날 우호 관계를 다시 회복하여 그들을 감동시켰으며 이것은 진심으로 그렇게 한 것이 아니라 어떤 기묘한 책략이 있었던 것이다. 이에 대하여 입론하는 사람은 정종이 선대 임금의 유업을 계승하여 국가를 보전하였다고 평가하는 것이다. (『高麗史』 권6, 世家, 李齊賢贊)

이제현은 거란과의 사대관계를 두고 진심으로 그렇게 한 것이 아니고 어떤 기묘한 책략이 있었다고 하였다. 말하자면 이 시기의 거란과의 외교관계는 진정한 사대가 아니었던 것으로 평가된다. 이를 뒷받침하는 것으로 이를테면 숙종대에 이르러 고려는 송과 거란의 양국간의 외교관계를 '北交大遼 南事大宋'으로 표현하기도 하였다.[27] 실상 송과는 책봉관계를 맺지 않았으면서도 사대로 표현한 반면에 거란과는 현실적으로 사대관계를 취하면서도 실제로는 교린의 의식을 갖고 있었던 것이다. 그것은 국권을 수호하기 위한 실리의식의 결과였다.[28] 그런

---

27) 『高麗史』 권11, 世家, 肅宗 6년 8월 을사.
28) 이러한 현실인식은 大祚榮의 7대손 大延琳이 세웠다는 黑遼國이 여러 차례 고려의 도움을 요청했음에도 불구하고 이를 거절하면서 오히려 경계를 강화한 사례에서도 드러난다(『高麗史』 권5, 世家, 顯宗 20년 9월 무오, 12월 경인,

점에서 보면 '以小事大'는 국가적 생존을 위한 불가피한 선택이었다.

3) '蕃'과 '울타리(藩屛)' 관념

고려 전기 기록에는 '蕃土', '蕃人'이라는 표현이 곧잘 발견된다. '蕃'은 '오랑캐' 즉 '化外의 백성'이라는 말이다. 그러나 '藩'과 통하는 말로서 '울타리'라는 뜻도 있다. 그러나 이러한 의미는 별도의 개념이 아니라 원래 중국 주변의 여러 종족에 대한 타자인식의 편차에 불과하다.29) 고려의 경우에는 여진 외에도 탐라인들이 주로 이 대상에 포함된다.

> 有司에서 아뢰기를 "蕃人들에게 납치되어 갔던 廉可偁은 (중략) 그의 선대로부터 내려오던 永業田과 가택을 돌려주도록 바랍니다"라고 하였다. 이에 대하여 왕이 다음과 같이 명령하였다. "가칭은 공신의 자손으로서 청장년 시기에 적에게 잡혀갔다가 蕃土에 있는 처자를 버린 채 다만 아들 한 명만을 데리고 백발이 되어 돌아왔으니 그 정상이 매우 가엾고 민망하다. 그의 세업으로 내려오던 토지와 주택을 주어라!" (『高麗史』 권7, 世家, 文宗 10년 2월)30)

염가칭은 거란이 쳐들어오자 개경 남쪽 봉성현으로 피난을 갔는데 거기서 번인들에게 납치되었다. 그후 그는 번토에 억류되어 가정을 이

21년 정월 정사, 7월 을축). 아마도 당시 흑요국의 장래가 오래가지 못할 것이라는 전략적 판단이 있었던 것으로 보인다.

29) 이를테면 몽골은 '恭承丕訓 永爲東藩 以揚我休命'이라 하여 高麗를 '東藩'으로 불렀으며 혹은 宗藩으로 칭한 경우도 있었다. 이럴 때는 隣邦이라는 의미 정도로 생각된다(『高麗史』 권25, 世家, 元宗 원년 ;『高麗史』 권89, 列傳, 后妃, 제국대장공주).

30) 『高麗史』 권7, 世家, 文宗 10년 2월 갑오.

루고 살았으나 결국 처자를 버리고 아들만 데리고 탈출하여 살아나왔
다는 내용이다. 그런데 여기서 나머지 내용은 제쳐두고라도 주목되는
것은 '蕃人'과 '蕃土'라는 표현이다. 위의 내용대로라면 번인과 번토는
고려인과는 적대적 개념이다.

당시 동아시아의 국제질서는 冊封體制로서 설명되는 바, 이는 원래
周代 봉건제도에서 유래된 것이었다. 唐代 이후 약화되기는 하였으나
책봉체제는 여전히 일정한 의미를 갖고 있었다. 이는 한족 특유의 宗
法制度와 관련하여 主家와 分家의 관계에서 출발하였는데 이것이 주
대 봉건제도하에서 황제국과 제후국과의 관계를 나타내는 개념으로
발전하였다. 따라서 책봉체제의 질서의식은 사적인 주종관계를 공적인
국가간의 질서로 확대 해석한 것에 지나지 않았다. 그 핵심적 내용은
宗과 藩의 개념이다. 말하자면 종을 보호하는 번의 역할이 설정된 것
이다.31) 고려시기에 번에 관한 최초의 언급은 태조 18년 羅州에 관한
기록이다.

　　(태조 18년에) 태조가 여러 장군들에게 이르기를 "羅州 지방 40여 郡
　　은 우리의 藩籬로 되어 오랜 기간 교화에 복종하였다. 일찍이 大相 堅
　　書, 權直, 仁壹 등을 파견하여 안무하였는데 근자에는 백제에게 약탈
　　당하므로 6년간에 바닷길도 통하지 않으니 누가 나를 위하여 안무하려
　　가려 하는가?"라고 하였다. (『高麗史』 권92, 列傳, 庚黔弼)32)

태조 왕건의 말에 의하면 당초 나주 부근 40여 군은 후백제 남쪽에
있었음에도 불구하고 오히려 오랫동안 고려의 영향력 하에 있었다. 고
려와는 육로가 아닌 뱃길을 통해 왕래가 가능하였다. 이 무렵 나주는

31) 『高麗史』 권90, 列傳, 宗室, 帶方公 王俌, 睿宗 4년.
32) 『高麗史』 권92, 列傳, 庚黔弼, 太祖 18년.

고려의 교화에 복종하여 '藩籬' 즉 '울타리'로서의 역할을 다하였다는 것이다. 그러던 중 후백제의 공격으로 결국 영향력을 상실하게 되었다.

여기서 울타리 역할이 무엇인지는 구체적으로 알 수가 없다. 그러나 고려측의 입장에서 볼 때에 적 후방에 있었으므로 서로 충돌할 때 적을 후방에서 교란시킬 수가 있었으리라는 점은 충분히 예상되는 것이다. 교화에 복종하였다는 말은 이를 뒷받침하는 것으로서 고려 중앙정부와의 일정한 협력하에 나주의 통치가 이루어졌음을 의미하는 것이다. 그것은 바로 고려왕조를 보호하는 번토로서의 역할이었다. 나주의 상실은 고려의 입장에서 대단히 중대한 손실을 의미하였다. 이에 태조 왕건은 긴급히 대책을 세우고자 하였던 것이다.

번토의 역할이 이러할진대 그것은 많을수록 좋은 것이었다. 특히 건국 초 사방에 적 혹은 잠재적 적으로 둘러싸인 고려의 입장에서는 전쟁을 효율적으로 치르기 위한 대책이 절대적으로 필요하였을 것이다. 이를테면 무엇보다도 三韓統一에 역점을 두어야 했던 고려정부로서는 상대적으로 북방전선의 안정화가 절대적으로 요구되었다. 태조의 西京 開拓은 이른바 '藩屛' 즉 '울타리'論에서 나온 것이었다.

> 병신일에 여러 신하들에게 다음과 같이 타일렀다. "평양 옛 도읍이 황폐된 지는 비록 오래나 고적은 아직 남아 있다. 그런데 가시넝쿨이 무성하여 번인(여진인)들이 거기서 수렵을 하고 있으며 또 수렵을 계기로 변방 고을들을 침략하여 피해가 크다. 마땅히 백성들을 옮겨 거기서 살게 함으로써 국가의 울타리(藩屛)를 공고히 하여 百世의 이익이 되도록 하여야 할 것이다." (『高麗史』권1, 世家, 太祖 원년)

왕건은 울타리를 견고히 하는 것은 백세의 이익이 되는 일이라고 하였다. 그만큼 울타리의 중요성을 인식하고 있었던 것이며 이를 영구히 하고자 하였던 것이다. 그는 이 일을 위해서는 徙民이 우선되어야 할 것으로 생각하였다. 따라서 이 시기 평양지역의 개척은 울타리를 강화하기 위한 과정의 일환으로 추진된 것임을 알 수 있다. 따라서 당초 이 지역에는 여진인과 함께 고려인이 공존하는 지역이었을 것으로 짐작된다. 개척이 진행되면서 서경은 완전히 內地로 전환되어 다른 차원, 즉 평양 이북의 새로운 번병이 요구된 것으로 볼 수 있다.

북방지역 주민을 번인으로 보는 인식은 상당히 오랜 듯하다. 그러나 고려 국초에 비로소 등장하는 것으로 보아 신라시기에는 존재하지 않았던 것 같다.[33] 따라서 아마도 국초 어느 시기 상호간의 관계설정이 이루어진 것이 아닌가 생각된다.[34] 다음은 태조 초기 삼한통일에 걸림돌이 될 수밖에 없었던 사정과 관련하여 慰撫작업이 있었음을 보여준다.

　尹瑄은 鹽州 사람이니 사람됨이 침착, 용감하고 병법에 정통하였다. 당초에 궁예가 사람들을 서슴없이 죽이는 것을 보고 화가 자기에게 미칠 것을 염려하여 드디어 자기 동류를 거느리고 북방 국경으로 도망해 가서 부하를 모집하였더니 2천여 명에 달하였다. 鶻岩城을 근거지로 삼고 黑水蕃衆을 불러들여 오랫동안 국경 고을들에 해를 끼쳤는데 태조가 즉위하자 부하들을 거느리고 귀순하여 왔으므로 북방 국경이 편안하게 되었다. (『高麗史』 권92, 列傳, 王順式)

　庾黔弼(?~941)은 平州人이니……태조는 북방 국경에 있는 鶻岩鎭이

---

33) 다만 신라와 접촉하고 거래하려는 시도가 있었을 뿐이었다(『三國史記』 권11, 新羅本紀 11, 憲康王 12年, "春 北鎭奏 狄國人入鎭 以片木掛樹而歸 遂取以獻 其木書十五字云 寶露國與黑水國人 共向新羅國和通").

34) 추측컨대 번토의식의 연원은 고려 이전 특히 고구려시기로 거슬러 올라갈 가능성이 있다.

누차 북방 미개인의 침공을 당하므로 여러 장군들을 모아 놓고 의논하기를 "지금 남쪽의 흉적들을 박멸하지 못하였는데 북방의 미개인도 우려할 바 있으므로 나는 오매불망 근심하고 있다. 유검필을 파견하여 진수하는 것이 어떠한가?"라고 하니 모두들 좋다고 대답하였다. 그래서 유검필에게 명령을 내리니 유검필은 그날로 開定軍 3천 명을 인솔하고 출발하여 골암에 도착한 후 동산에 큰 성을 축성하고 그곳에 거처하였다. 그는 北蕃들의 추장 3백여 명을 소집하여 성대한 주연을 베풀어 주식을 많이 먹이고 그들이 취한 때를 포착하여 위협하니 추장들이 모두 복종하였다. 드디어 사람들을 여러 부락에 파견하여 전달하기를 "이미 너희들의 추장이 복종했으니 너희들도 와서 복종하라"고 하였더니 여러 부락에서 서로 이끌고 와서 귀순한 자기 1천 5백여 명이나 되었으며 또 포로되었던 고려 사람 3천여 명을 돌려보내 왔다. 이때로부터 북방이 평안하게 되었으므로 태조는 그에게 특별한 표창을 주었다. (『高麗史』 권92, 列傳, 庾黔弼)

이들 기록은 두 가지 공통점이 있다. 첫째, 북방지역의 안정을 가져온 계기가 여진족과의 관계에서 비롯되었다는 점, 둘째, 여진족에 대한 통제가 무력을 통한 강압보다는 일정한 타협을 통해 이루어졌다는 점이다. 따라서 여진인들의 자율성을 일정하게 보장하는 선에서 적절히 통제가 이루어지고 있는 것이다. 그렇다면 여진인이 거주하는 지역은 자율권이 인정된 번토의 개념으로 설명될 수 있을 것이다. 왕건은 이러한 방법으로 북방지역을 안정시킴으로써 남방경략을 자유로이 할 수 있었던 것이다. 위의 내용 그리고 번토와의 관계가 祖宗以來의 일이었다는 언급[35]으로 보아 북방지역에 대한 번토 개념과 함께 관련정책이 성립된 것은 바로 이 무렵부터로 생각된다. 이후 번토의 군대가 統一戰爭에 동원되고 있는 것이다.

---

35) 『高麗史』 권13, 世家, 睿宗 4년 5월 계축.

왕이 三軍을 거느리고 天安府에 가서 병력을 합세하여 一善郡(경북
선산)으로 나아가니 神劍이 무력으로써 이에 대항하였다. 갑오일에 一
利川을 사이에 두고 양군이 진을 쳤다. 왕은 견훤과 함께 군사를 사열
하였다. (중략) 大相 庾黔弼, 元尹 官茂·官憲 등은 黑水·達姑·鐵勒
등 여러 蕃의 정예 기병 9천 5백을 거느리게 하고…… (『高麗史』 권2,
世家, 太祖 19년 9월)

고려가 후백제와 마지막 전투를 벌일 때 동원된 병력 가운데 바로
庾黔弼의 군사가 있었다. 이들은 黑水·達姑·鐵勒 등 諸蕃의 勁騎 9
천 5백이었다. 이들 기병은 전투에 동원된 전체 병력의 10분의 1에 해
당하며 더구나 다른 기병과 달리 유독 '勁騎'라고 했음은 이들이 허술
한 군대가 아니었음을 말해 주는 것이다. 특히 위의 '鐵勒'과 관련하여
顯宗朝에 '鐵利國遣使 表請歸附如舊'라는 기록[36]이 있고 또한 '鐵勒'
은 '鐵利'의 異稱이라는 견해[37]가 있는 것으로 보아 태조 19년 이전에
이미 蕃土로서 편입된 바가 있었음을 추측케 한다.

이처럼 고려 초에는 번토의 군대가 직접 고려의 군사체계에 편입되
어 고려국을 위해 전투를 벌이는 경우가 있었다. 그 밖에도 현종 원년
에는 거란이 대거 침입하였는데 기묘한 작전으로 요격하여 거란군을
거의 몰살시킨 일도 있었다.[38] 번토의 성격은 여러 변수에 의해 좌우
되었으나 고려측 입장에서 볼 때 가장 중요한 것은 역시 왕조의 변병
즉 울타리 역할이었다.[39] 특히 여진은 거란과 고려의 중간에 위치해

---

36) 『高麗史』 권4, 世家, 顯宗 12년 3월 계사.
37) 池內宏에 의하면 '鐵勒'은 '鐵利'로서 '鐵利國'은 唐代 이래로 만주 阿勤楚咯
河 부근에 있었는데 渤海 盛代에는 발해에 예속되어 있던 부족국가였다고
하였다(池內宏, 『滿洲史硏究』 中世 第一冊, 鐵利考 참조).
38) 『宋史』 권487, 高麗列傳, 大中祥符 三年, "大擧來伐 詢(顯宗)與女眞設奇邀
擊 殺契丹殆盡".
39) 물론 이밖에도 번토로부터의 각종 군수물자의 조달은 중요한 의미를 갖는다.

있었으므로 賊情을 알리는 것이 무엇보다도 중요하였다.

> 崔光胤은 일찍이 賓貢進士로서 晉나라에 유학 갔다가 거란에게 포
> 로되었으나 재간으로 등용되었으며 사신으로 龜城에 왔다가 거란이
> 장차 우리나라를 침범하려는 것을 알고 편지를 써서 蕃人에게 부탁하
> 여 보냈다. 이때 왕은 주관 부서에 명령하여 군사 30만 명을 선발하고
> 光軍이라고 칭하였다. (『高麗史』 권92, 列傳, 崔彦撝)

위에서 최광윤이 번인을 통해 고려에 거란의 침공계획을 알렸기 때
문에 고려정부는 이를 사전에 탐지한 결과 定宗 2년(947) 光軍司를 설
치하여 30만을 동원할 수가 있었던 것이다.[40] 이때 만약 '蕃人'의 도움
이 아니었다면 거란에 대비할 수 없었을 것이다. 또 다른 예를 들어 보
자.

> 신유일에 서북로 병마사가 아뢰기를 "지난 임인년에 蒙浦村에 있는
> 적들이 우리 변강을 침략할 목적으로 平虜鎭에 잠입하여 절충·강마
> 두 요지 사이에 군사를 매복하고 있었습니다. 우리의 영향 하에 있
> 는 蕃人의 우두머리 齋俊那가 이것을 알고 평로진 鎭將에게 알려 주
> 었으므로 우리가 앞질러서 풀숲 속에 복병을 하여 놓고 대기하였더니
> 과연 적들이 돌입하였습니다. 이때 우리 군사가 일제히 일어나 적을
> 사로잡고 죽인 것이 매우 많았으니 준나에게 금과 비단을 후하게 주시
> 기 바랍니다"라고 하니 왕이 이 건의를 따랐다. (『高麗史』 권8, 世家,
> 文宗 18년 정월)

---

40) 定宗 2년에 편성되고 顯宗朝까지도 존재했던 光軍에도 蕃軍이 포함되지 않
    았을까 한다. 이를테면 경북 예천의 開心寺址 石塔記에는 광군과 관련된 내
    용이 음각되어 있는데 석탑면에 양각된 武士形의 八部神衆 가운데 하나는
    여진족과 매우 흡사한 복식을 하고 있다.

여기서 언급된 적이란 거란을 뜻하는 것으로 보이는데 고려군은 번인의 첩보로 인해 승리할 수 있었다는 내용이다. 이러한 내용을 통해 번인들의 역할은 분명해진다. 그것은 바로 藩屛 즉 울타리로서의 역할이었다.[41)]

그러나 번인은 거란의 영향을 받고 있는 경우도 있었다.[42)] 추장 중심으로 마을을 형성하여 소집단으로 분산되어 존재하는 형편이었으므로 전체적인 통제는 거의 불가능하였다. 따라서 그때 그때의 형편에 좌우되는 경우가 많았다. 그래서 태조 왕건도 이들을 '人面獸心'이라고까지 하였던 것이다. 그만큼 통제가 어려웠던 것이다.

뿐만 아니라 울타리 역할은 일방적인 것이 될 수 없었다. 여진족을 보호해주는 역할도 필요하였다. 성종 8년 동서북면에 병마사가 설치되고, 이를 전후하여 여진지역에 대한 徙民과 함께 築城이 연이어 이루어졌다. 이 과정에서 기존 여진지역에 대한 內地化 작업이 촉진되기는 하였으나 일방적으로 진행된 일련의 축성작업은 여진인들의 반발을 가져왔다.[43)] 그러나 더 심각한 문제는 울타리 역할의 상실로 인한 대외 방어력의 약화에 있었다. 거란의 대대적 공세가 시작된 것도 바로 이즈음의 일이었다. 불행 중 다행이랄까? 현종대에 거란과 싸워 대승한 데는 동왕 3년 여진과의 和州盟約[44)]이 적지 않은 변수로 작용한 것으로 생각된다.

---

41) 이와 같은 울타리 역할은 북방 번토에만 한정된 것은 아니었다. 이를테면 탐라의 경우에 주민의 동남아 표류와 관련된 기사가 『高麗史』에 그대로 옮겨져 있다는 사실은 남방지역의 정세보고가 끊임없이 이루어지고 있음을 보여주는 것이다.

42) 이 시기 女眞人을 분류하여 거란의 영향력 하에 있는 경우 '熟女眞'이라 하였으며 그 밖에 고려의 영향력 하에 있는 경우에는 '生女眞'이라 하였다. 이는 철저히 중국측 시각을 반영한 용어라 하겠다.

43) 『高麗史』 권3, 世家, 成宗 3년 5월.

44) 『高麗史』 권4, 世家, 顯宗 3년 윤10월.

이처럼 고려정부와 번토주민 상호간에는 공생관계를 통해서 번토가 유지되었으므로 이러한 관계가 끊어질 때 번토의 주민은 항상적으로 배반할 준비가 되어 있었다. 앞의 문종 10년 廉可稱에 관한 기사는 바로 그러한 측면을 잘 나타내고 있다. 고려정부는 늘 이들을 의식하며 때로는 협조하고 때로는 견제하였다. 그리고 상황에 따라서 고려를 배반할 경우에는 응징도 가하였다.[45] 일종의 羈縻策이었다.

2. 국가·문화적 정체성과 귀속감

지금까지 고려 전기 고려를 둘러싼 국제질서와 관련하여 다원적 국제관계를 규정하는 요소로서의 몇 가지 측면을 살펴보았다. 이러한 요소들은 각각 별개로 존재한 것이 아니라 상호 유기적 작용을 통해 상승효과를 가져왔다. 이를테면 화풍을 도입함으로써 풍속을 개선하여 국가경쟁력을 높일 수가 있었는가 하면 또한 이를 바탕으로 '以小事大'의 실용외교 및 번토의 역할을 통해 국가를 보존할 수가 있었던 것이다.

한편 앞에서 언급한 바와 같이 이 시기 국제질서는 비록 약화되기는 하였지만 대략 책봉체제로 설명될 수 있다. 원래 책봉체제는 중국을 중심으로 하는 天下觀이 내포되어 있었다. 그러나 당시의 책봉체제는 한족만이 아니고 주변의 여러 나라들도 이를 모방하여 채택하고 있었다. 말하자면 국가적 힘의 우열에 따라 변형되어 도입되었던 것이다. 따라서 이 시기에는 한족 이외에도 복수의 천하관이 등장하고 있었다.

아래에서는 이상과 같은 조건하에서 고려인들이 어떻게 독자적 천하관을 갖기에 이르렀으며 아울러 토풍과 화풍의 길항관계 속에서 나

---

45) 『高麗史』 권7, 世家, 文宗 원년 2월 정묘.

름대로의 고려의 문화를 축적함으로써 국가 및 문화적 자긍심과 함께 귀속의식을 높이게 된 내용들에 관하여 살펴보기로 한다.

1) '海東天下'와 '蕃土' 의식

태조 왕건은 훈요십조에서 팔관회 행사와 관련된 언급을 하였다. 그는 팔관은 하늘의 神靈과 5岳, 名山, 大川, 龍神을 섬기는 것으로서 임금과 신하가 함께 즐기는 날이라고 하였다.[46] 당초 태조 원년에 재현된 팔관회는 신라의 의례를 본받은 것이었다.

> 有司가 건의하기를, "前主(궁예)는 매해 冬仲에 팔관회를 열어 복을 기원하였으니 원컨대 이를 따르십시오" 하니 왕이 이를 따랐다. 마침내 毬庭(擊毬場)에 輪燈 1座를 장치하여 香燈을 사방에 달고 높이 각각 5丈餘의 綵棚을 두 군데에 結置하여 그 앞에는 百戱·歌舞가 연출되고 四仙樂部와 龍·鳳·코끼리·말·수레·배와 같은 의장물(假裝)을 출동시켰으니 이는 新羅의 故事를 본뜬 것이다. 百官이 예복을 입고 예를 행하고 도성사람들은 물결치듯 모여들어 주야로 즐기면서 구경하였다. 왕은 威鳳樓에 거동하여 이것을 보았으니 이로부터 매년 연중행사로 행하게 되었다. (『高麗史』 권69, 禮, 嘉禮雜儀, 仲冬八關會儀, 태조 원년 11월)

팔관회는 그 명칭에서도 알 수 있는 바와 같이 불교의례를 많이 따르고 있었다. 그러나 개최되는 시점으로 보아 그 기원은 본래 祭天행사와 관련된 것으로 고구려의 영향을 받은 것으로 짐작된다.[47] 당대의

---

46) 『高麗史』 권2, 世家, 太祖 26년 4월.

47) 사실 팔관회에 등장하는 四仙은 花郞의 四聖을 가리키는 것이지만 원래 화랑은 고구려의 皂衣仙人을 모방한 것이었다는 설이 있다(申采浩 著·丁海廉 編譯, 앞의 글, 206쪽, 210쪽).

일을 기록하고 있는 徐兢도 이를 고구려의 東盟에서 비롯된 것이라고
하였다.[48] 그 의식이 대단히 화려하고 성대하였음은『高麗史』기록 곳
곳에 보인다. 이처럼 성대하게 치러져 일종의 국민적 축제가 되어 있
었다고 하겠다. 당대인들은 이를 '供佛樂神'의 모임으로 인식하였다.
그런데 이와 같은 성대한 축제의식의 내용에 변화를 가져오게 된 것은
靖宗朝의 일이다.

> 경인일에 왕이 神鳳樓에 나가서 大赦令을 내리고 중앙과 지방의 신
> 하들의 축하를 받았다. 송나라 상인들과 東西 女眞과 耽羅國에서 각
> 각 토산물을 바쳐왔다. 경자일에 왕이 신봉루에 나가서 팔관회를 열고
> 여러 관리들을 위하여 주연을 베풀고 저녁에는 법왕사로 갔으며 이튿
> 날 대회에서 다시 큰 주연을 배설하고 음악을 감상하였다. 이때에 東
> 西 2京과 東北 兩道 兵馬使와 4都護府와 8牧에서 각각 表文을 올려
> 축하하였으며, 宋나라 상인들과 동서 여진과 탐라국에서도 토산물을
> 바쳤다. 그들에게 좌석을 주어 의식에 참가케 하였다. 그 뒤로 이것이
> 상례로 되었다. (『高麗史』권6, 世家, 靖宗 즉위년 11월)

이 시기에 이르러 東京과 西京, 東北 兩道의 兵馬使와 4都護府 그
리고 8牧에서 각각 표문을 올려 축하하였다. 뿐만 아니라 송나라 상인
들과 동서 여진과 탐라국에서도 토산물을 바쳤다. 또한 그들에게 좌석
을 주어 의식에 참가하게 하였다. 말하자면 지방관과 더불어 여러 번
의 우두머리들이 공물을 바치는 의식을 거행하였던 것이다.[49] 여기서
알 수 있는 바와 같이 이 시기에 이르러 동서번과 탐라 그리고 심지어

---

48) 『高麗圖經』권17, 祠宇.
49) 번인들과 함께 지방장관이 공납의식에 참여하는 것은 이 시기 번토의식의 연
   장으로서의 '內外蕃'에 대한 인식도 존재하였음을 보여주는 것이다. 이에 관
   해서는 다른 논문에서 다루기로 하겠다.

는 宋商까지도 蕃人으로 간주되고 있음을 알 수 있다.[50]

그러나 이와 같은 의식은 단순히 과시를 위한 허례가 아니었다. 이를테면 이 시기 이미 거란에 대한 책봉의례도 중단하고 있었다.[51] 대거란 전쟁에서의 대승리[52]를 전후하여 고려의 국제적 위상은 급속히 높아지고 있었으므로 이 무렵 자발적 歸附가 늘어나고 있었다.[53] 따라서 팔관회는 이를 통해 東西蕃 그리고 耽羅에 대한 蕃土意識을 재확인하고 나아가 이 지역에서의 고려국왕의 맹주로서의 위상을 과시한 것이라 하겠다. 바로 이와 같은 당대의 위상이 반영되어 나타난 것이 다음의 '風入頌'이다.

海東天子 今上 陛下. 부처님이 돕고 하느님이 도와서 덕화를 펼쳤

---

50) 이와 관련하여 『東文選』의 "蕃侯가 貢物을 바침은 재물을 위한 것이 아니오라, 먼나라에서 천자께 歸附함에 각기 土産을 드림이옵나이다"라는 표현이 참고된다(『東文選』 권31, 「物狀」).

51) 『高麗史』 권6, 世家, 靖宗 원년 5월 갑진.

52) 『高麗史』 기록에 의하면, 현종 9년 姜邯贊이 蕭遜寧의 10만 대군을 맞아 크게 격파했는데 거란으로서는 이렇게 패배한 전례가 없었다고 하였다. 거란주는 대노하여 소손녕에게 "네가 적을 얕잡아 보고 경솔하게 깊이 들어가서 이 지경에 이르렀으니 무슨 낯으로 나를 대하려는가? 내가 너의 얼굴 가죽을 벗긴 후에 죽이겠노라"고 하였다. 반면 현종은 친히 迎波驛까지 나가 금으로 만든 여덟 가지의 꽃을 손수 강감찬의 머리에 꽂아 준 후 왼손으로는 그의 손을 잡고 오른손으로는 축배를 들어 위로하고 찬양하여 마지않았으며, 개선을 기념하여 驛의 이름을 興義로 고치고 驛吏들에게는 특별히 州縣의 아전들이 쓰는 것과 같은 갓과 띠를 주었다(『高麗史』 권94, 列傳, 姜邯贊).

53) 번토의 증가와 함께 高麗의 州郡으로의 편입희망이 늘고 있었다. 이를테면 현종 2년 9월 을유일에 탐라가 주군의 例에 따라 朱記를 달라고 요청하였다. 이 무렵 동서여진의 추장이 來朝하고 있고 현종 5년 봄 정월 갑자일에 鐵利國主 那沙가 여진 사람 滿豆를 보내 말, 貂鼠皮, 靑鼠皮들을 바쳤으며 동왕 12년 계사일에는 鐵利國에서 사절을 파견하여 종전대로 속국으로 되기를 청하였다. 아울러 동왕 21년 여름 4월 기해일에 鐵利國主 那沙가 여진의 계타한 등을 보내 貂鼠皮를 바치고 책력을 달라고 하여 이를 승인하였다.

네. 깊은 은혜로써 백성을 다스리니 원근과 고금에 이런 善政 드물다. 외국 사람들도 자진하여 귀순해 오고 사방이 무사하니 무장이 쓸 데 없다. 아! 그 성덕 요, 탕 임금인들 이에다 비할 손가! 태평시절 즐거워라 이곳에선 笙, 簫 소리 들끓고 저곳에선 또 북소리 흘러나오고 집집마다 기뻐하며 향을 피우고 촛불 밝히면서 우리 성상 태산 같이, 하늘 같이 만수무강 축수드린다. 四海가 태평하고 혜택 고루 베푸니 唐堯 시절에도 이만은 못했으리. 국경에 사고 없으니 장군의 보검도 다시 쓸 곳 없고 南蠻 北狄이 스스로 내조하니 온갖 예물 뜰 앞에 쌓였구나. (『高麗史』권71, 樂, 속악, 風入松)

여기에는 당시 대외관계의 실상이 그대로 묘사되고 있다. 특히 그 중에서 중요한 부분은 번토와 관련된 내용이다. 이를테면 "국경에 사고 없으니 장군의 보검도 다시 쓸 곳 없고 南蠻 北狄이 스스로 내조하니 온갖 예물 뜰 앞에 쌓였구나"라고 하였다. 실제로 당시에는 동서번과 북번 그리고 탐라와 같은 번토 이외에도 송나라, 일본에 이르기까지 남북의 여러 방면에서 고려정부에 來朝하는 형편이었다.[54] 풍입송에서는 고려의 국왕을 황제로 칭하고 부처님과 하느님이 도와서 지금 황제가 덕화를 펼친 덕에 사방에서 귀순하는 것으로 보고 있었다. 요컨대 고려의 황제는 海東天子라는 것이다. 그것은 고려의 독자적 천하관을 나타낸 것이다. 팔관회에서의 분위기는 자긍심을 극대화한 致語 口號를 외치는 가운데 그 절정에 이르렀을 것으로 보인다.[55]
　이 시기에는 多元的 天下觀이 존재하였다.[56] 이 시기 국제질서가 한족과 거란 그리고 고려가 상호 균형을 이루는 가운데 유지되고 있었

---

54) 『高麗史』권9, 世家, 文宗 27년 11월 신해.
55) 『高麗史』권97, 列傳, 金富佾.
56) 盧明鎬는 고려시대의 천하관을 자국중심 천하관, 화이론적 천하관 그리고 다원적 천하관의 세 갈래로 정리하였다(盧明鎬, 1999, 앞의 글 참조).

기 때문이었다. 따라서 상호간에 서로의 천하를 무시할 수가 없었다. 이를테면 고려는 송이라든가 거란의 천하를 인정하고 있었다.[57] 사대 관계를 맺고 있었음은 이를 말해주는 것이었다. 반면 이들 국가들도 사실상 고려의 천하를 인정하고 있었다. 이를테면 고려의 번토에 대한 영향력을 인정하고 있었던 사실[58]이 그를 말해주고 있었다. 이 시기 고려는 황제국을 자칭하였을 뿐만 아니라 타칭되는 경우도 있었다.[59]

고려가 독자적 천하관을 가질 수 있었던 중요한 이유는 북방 번토와 의 관계에서 비롯되었다. 왜냐하면 이 지역이야말로 고려왕조를 지켜 주는 번병으로서의 중요성을 갖고 있었기 때문이었다. 반면 번토가 울 타리 역할을 제대로 하기 위해서는 공통의 이해관계에 바탕을 둔 동일 체의식이 필요하였다. 앞서 인용했듯이 최광윤이 거란에 관한 정보를 번인에게 전달할 수 있었던 것도 그와 같은 의식이 있었기 때문이었을 것이다.

뿐만 아니라 이들은 하늘에 두고 맹세할 정도로 공동의 神으로서의 하늘(天)에 대한 의식도 갖고 있었다. 이를테면 예종 4년 崔正弘과 文 冠이 여진의 추장 居熨伊 등에게 이르기를 "너희들이 만일 9城을 돌

---

57) 현종 29년 요나라가 압록강 이쪽에다 국경을 정하려고 船橋를 가설하고 강의 동편 언덕을 넘어 와서 保州城을 설치하므로 박인량이 외교문서를 통해 "온 천하의 땅과 백성은 모두 다 황제의 땅이 아닌 곳이 없는데 신하된 자가 이 런 작은 땅을 가지고 하필 네 땅이니 내 땅이니 할 것이 무엇인가?(普天之下 旣莫非王土 王臣尺地之餘 何必曰我彊我理)"라고 하였다(『高麗史』 권95, 列 傳, 박인량).

58) 앞의 주22)의 예에서 볼 수 있는 것처럼 당시 국제관례상 여진은 고려에 복속 된 존재로 인식되고 있었다. 그밖에 다음의 자료도 참조된다. 『高麗史』 권3, 世家, "(성종 2년) 三月 戊寅 宋 遣大中大夫光祿少卿李巨原 朝議大夫將作少 監孔維 來冊王詔曰……宮之土宇則靜撫周藩", "(성종) 十五年 春三月 契丹 遣翰林學士張幹忠正軍 節度使蕭熟葛 來冊王曰……咨爾高麗國王王治 地臨 鯷壑 勢壓蕃隅".

59) 『帝王韻紀』 권上, "大金皇帝寄書 于高麗國皇帝".

려달라고 할진대 전일 약속대로 하늘에 맹세하라!"고 하니 추장들이
咸州 성문 밖에 단을 설치하고 하늘에 맹세하기를 "지금 이후로는 대
대손손에 이르기까지 악한 마음을 먹지 않고 계속 공물을 바치겠습니
다. 이 맹세를 위반하면 우리는 멸망할 것입니다"라고 하였다. 그들은
맹세하는 절차를 마치고 물러갔다.[60]

이와 비슷한 형식의 맹세는 왕건과 견훤 사이에서도 있었다. 즉 태
조 11년(928) 봄 정월 견훤에게 보낸 글(답장)에서 "(중략) 그리하여 손
길을 맞잡아 사과를 하고 하늘을 두고 맹세하기를 '오늘부터 영구히
친선할 것이며 만일 맹세를 저버리는 날에는 神이 나를 죽이리라'고
하였다. 그때에 나도 역시 휴전하자는 것을 찬성하고 (하략)"이라고
하였다.[61] 따라서 이러한 의식은 오랜 유래를 갖는 것으로서, 요하 동
쪽은 고려를 비롯하여 여진지역을 아우르는 독자적 천하영역이라는
관념[62]과 관련이 있지 않나 생각된다.

고려가 독자적 천하관을 갖고 해동천자로서의 자긍심을 가질 수 있
었던 것은 故土에 대한 기억[63]과 함께 이와 같은 번토의식이 있었기
때문이었다. 그리고 그와 같은 번토의식은 일방적 지배가 아닌 상호협
력의 차원에서 유지될 수 있는 것이었다.[64] 그러나 현실적으로는 적지

---

60) 『高麗史』 권13, 世家, 睿宗 4년 7월 신유.
61) 『高麗史』 권1, 世家, 太祖 11년 정월.
62) 盧明鎬, 1999, 앞의 글, 28~29쪽.
63) 왕건의 아버지 隆이 궁예에게 만일 朝鮮, 肅愼, 弁韓 지역에서 왕노릇을 하려
   면 먼저 송악에 성을 쌓고 자신의 맏아들을 성주로 삼는 것이 가장 좋다고
   하였고 또한 궁예도 그 말을 좇아서 태조를 시켜 勃禦塹城을 쌓게 하고 이어
   그를 성주로 삼았다(『高麗史』 권1, 世家, 太祖 원년). 이는 이때 이미 조선이
   라는 구토의식과 함께 숙신과 같은 약간 이질적 요소를 갖는 종족마저도 포
   괄하는 포괄적 동족의식이 존재한 것이 아닌가 생각된다.
64) 그렇기 때문에 이를테면 鄭克永도 같은 하늘 아래에 사는 뭇 번국(群蕃)이 모
   두 화목하기를 기원하였다(「賀天淸節表」 『東文選』 권31).

않은 문제점들을 안고 있었다. 이를테면 번인들은 사회적 진출에 있어
서 장애가 있었다. 이를테면 高維는 耽羅 출신이라는 이유로 諫省에
들 수가 없었다.[65] 물론 軍功으로 출세한 여진인 高烈과 같이 특별한
경우[66]가 없는 것은 아니었으나 대개는 언어적 유사성[67]에도 불구하
고 고려인들과는 차별되고 있었다.

> (靖宗 때) 威州와 雞州의 여진족인 仇屯, 高刀化 두 사람이 그들의
> 都領인 장군 開老와 財利 관계로 다투다가 술 취한 짬을 타서 그를 때
> 려 죽였다. 이 사건을 재상들의 심의에 붙였더니 시중 徐訥 등 6명의
> 의견은 "여진은 비록 종족이 다르기는 하나 이미 귀화하여 우리 국적
> 에 등록된 이상 일반 주민들과 동등한즉 당연히 우리나라 법률을 준수
> 할 의무가 있을 것이다. 그렇다면 그들이 직속 장관을 죽인 죄는 용서
> 할 수 없으니 법에 의하여 처단하자"고 주장하고 周亮 등 11명의 의견
> 은 "그들이 비록 귀화하여 우리의 속국(藩籬)으로 되었다 할지라도 그
> 들은 사람의 외모에 짐승의 마음을 품은 자들이라, 교화되지 못하였으
> 니 형벌을 적용할 수 없으며 또한 법문에도 '歸化人이 저희들끼리 서
> 로 범한 죄는 각기 그들의 풍속과 법에 의하여 처단한다'고 규정되어

---

65) 『高麗史』 권8, 世家, 文宗 11년 정월.

66) 高烈은 黑水靺鞨 출신으로서 활을 잘 쏘아 누차 군공을 세워 일시 名將의 칭
   호를 들었으며 守司空 尙書右僕射로 致仕하였다(『高麗史』 권7, 世家, 文宗
   10년 윤3月 을유). 특히 그가 죽었을 때 이를 들은 사람들이 애석해 했으며
   조정에서는 '輟朝三日 命百官會葬'했다는 기사가 나오는 것으로 보아 그의
   명성이 대단하였음을 짐작하게 한다.

67) 이 무렵 때로는 고려인이 여진족 가운데 섞여 살기도 하고 역으로 여진인들
   이 고려인과 섞여 살기도 했을 만큼 언어 장애는 적었던 것으로 보인다. 그만
   큼 언어적 유사성이 있었다는 의미이다. 물론 이는 신라어의 확산에 따른 중
   세어의 형성 등 시대적 변화의 요소를 감안해야 한다. 반면에 거란인과의 의
   사소통은 쉽지 않았음은 童子 10명을 거란에 보내 언어를 배우도록 했다든가
   통역을 내세워 의사소통을 했다는 기록(『高麗史』 권3, 世家, 成宗 14년 9월
   및 고종 6년 정월 신사)을 통해 짐작할 수 있다.

있고 더구나 그들의 고향 老長이 이미 자기들의 풍속에 의하여 범죄자
두 집의 재산 전부를 개로의 집으로 가져다 주고 속죄하였다 하니 어
찌 또 다시 논죄할 나위가 있겠는가?"라고 주장하는 두 가지 의견이
있었는데 왕은 황주량 등의 의견에 동의하여 처리하였다. (『高麗史』
권95, 列傳, 黃周亮)

위의 기록에서 알 수 있는 바와 같이 당시 이들의 범죄에 대한 처벌
에 있어서는 두 가지 다른 견해가 있었다. 이를테면 徐訥은 이들이 원
래 異類이기는 하지만 이미 고려의 판적에 등록되어 있는 이상과 마찬
가지로 국내법의 적용을 받아야 한다는 것이고 반면 黃周亮은 그들이
비록 귀화는 하였으나 人面獸心이기 때문에 여진인의 풍속에 맡겨야
한다는 주장을 폈다. 고려의 판적에 올려져 있다면 이들은 분명히 化
內人으로 취급되어야 했다. 그러나 황주량은 그들이 인면수심의 야만
인이기 때문에 여전히 여진의 풍속에 따라야 한다는 논리였다. 비록
귀화를 했더라도 여진인에 대한 편견을 결코 버릴 수 없었던 것이다.
결국 황주량의 의견에 따르게 되었지만, 이러한 현상은 번토와 접해
있는 內地民에게도 그 영향이 미치고 있었다. 이를테면 州縣에 못 미
치는 救恤體系[68]라든가 부정적 인식 등으로 인해 지역 주민들로부터
반발을 사고 있었다.[69] 따라서 三韓意識이 강조되면 될수록 번인들은

---

68) 예종 때 金黃元은 中書舍人으로 거란에 가던 중 북부 변방(北鄙)에 큰 흉년
이 들어 사람들이 서로 잡아먹고 있는 참상을 보고서 왕에게 급히 보고하여
그 지방 창고의 양곡으로 이재민을 구제하였다는 기록이 있다(『高麗史』 권
97, 列傳, 金黃元). 일반 주현에서는 있을 수 없는 이러한 사정은 변방 지역의
구휼체계가 제대로 작동하지 않고 있었음을 보여주는 것이다.

69) 명종 4년(1174)에 趙位寵이 반란을 일으켰을 때 그가 보낸 격문(檄)에 의하면,
"듣건대 서울의 重房에서 '北界 여러 城의 사람들은 모두 다 사나워서 순종
하지 않으므로 토벌하여야 한다'라고 하여 이미 대병력을 출동시켰다 하니
우리들이 어찌 가만히 앉아서 스스로 죽는 길을 택하겠는가? 운운" 하였다.

고려인과는 거리감을 느끼지 않을 수 없었다. 동일체의식은 점점 멀어질 뿐이었다.

그러나 이러한 차별의식은 한족의 경우에 고려인과 다르지 않게 취급되고 있는 것과는 큰 차이가 있었다.[70] 이와 같은 현실적 문제점들로 인하여 여진족은 점차 고려의 울타리가 아닌 적으로 인식되어 가고 있었다. 당연히 이들을 방어하는 일은 짐이 될 수밖에 없었다. 이를테면 인종 6년 6월 宋이 고려에 대하여 도움을 요청한 것에 대한 답신 가운데 "여진의 초기에는 부족들이 분산되어 살면서 선발된 군주가 없었기 때문에 일찍이 우리나라에 종속되어 있었고 더러 우리의 사신을 따라 귀국에 공물을 바친 적도 있었으나 그 뒤에 점점 강대하여져서 늘 우리 변방에 화근으로 되었던 것이다. 근자에 요나라를 패망시키고 귀국을 침범하면서부터 군사 세력이 더욱 커져서 우리에게 稱臣을 강요하는 동시에 자기들에 대한 일체 의례를 요나라에 대한 그것과 꼭 같게 하는 조례를 약정하게 되어 우리는 마지못하여 그대로 승인하였다."라고 하였다.[71] 묘청이 서경으로 천도하면 금나라가 스스로 항복할 것이라고 했던 것[72]도 이러한 분위기 속에서 나온 말이었다.

한편 이 무렵 金富儀는 국경방위와 관련하여 자치를 주장하였다. 그는 당나라의 杜牧이라든가 송나라 文彦博, 王安石의 말을 인용하면서, 이렇게 하면 이를테면 70리의 적은 땅을 가지고도 적을 두려워하지 않게 된다고 하였다. 그리하여 현재 고려는 三韓의 옛 땅을 통일했으니

(『高麗史』 권100, 列傳, 趙位寵). 이는 선동적 요가 없는 것은 아니지만 변방 사람들에 대한 중앙의 인식을 엿볼 수 있는 측면도 있다.

70) 송나라 泉州人 劉載, 福州人 胡宗旦, 開封府人 愼安之 같은 경우가 그것이다. 이들은 대개는 官人으로 알려졌지만 혹은 方術로 혹은 醫術로 활약하였다(이상 『高麗史』 권97, 列傳, 유재).

71) 『高麗史』 권15, 世家, 仁宗 6년 6월.

72) 『高麗史』 권127, 列傳, 叛逆, 妙淸.

어찌 70리 뿐이겠는가 라고 하면서 그런데도 타국을 두려워하니 그 병집은 자치를 못하고 있는데 있다고 볼 수밖에 없다고 하였다.[73] 특히 그는 자치를 해야 하는 이유를 다음과 같이 설명하였다.

> 왕이 일찍이 국경 방위문제에 대하여 문의하였는데 그의 답신한 내용은 다음과 같았다. "(중략) 무력의 우열을 관찰한다면 기병이 맞붙어 육박전으로써 결승을 다툴 경우에는 오랑캐(戎狄)들에게 장점이 있으며 중국에 단점이 있고 강력한 무기를 가지고 성을 지키거나 요새를 공고하게 방어하며 적이 쇠약할 때를 기다렸다가 적을 격멸하는 전술은 중국의 장점이요, 오랑캐의 단점으로 됩니다. 자기의 장점을 살리고 발휘하며 적정의 변화를 관찰하면서 국면을 유리하게 타개하는 것은 곧 梁商(後漢 순제 때의 대장군)의 계책인바 현재 우리의 형편에도 심히 적합합니다.……" (『高麗史』 권97, 列傳, 金富佾)

번인들에게 자치를 허용하고 그들의 전술적 장점을 살려 그들로 하여금 방어하게 하는 것이 좋겠다는 생각이었다.[74] 말하자면 단지 번인으로서의 수동적 입장이 아니라 고려인과 동등한 자격으로 전투에 참가시켜야 된다는 생각이라는 것이다. 특히 이와 같은 주장이 나오게 된 것은 이미 여진이 점차 강성해져 고려의 위협이 되고 있는 상황에서의 일이었다. 뿐만 아니라 예종조에 이미 무력정벌을 시도했으나 결국 실패했던 경험과도 연결되는 문제의식이었다.

---

73) 『高麗史』 권97, 列傳, 金富佾.
74) 이와 비슷한 발상은 이미 국초 최승로에 의해 주장된 바가 있었다. 즉 최승로는 북방 방어임무를 土人 중에서 말 달리고 활 쏠 줄 아는 사람들을 선발하여 경비에 종사시키고 또 그들 중에서 2~3명의 偏將을 선출하여 통솔시키면 京軍들은 교대 경비하는 고생을 면할 수 있으며 사료와 군량을 시급하게 운반하는 비용을 절약할 수 있다고 하였다(『高麗史』 권93, 列傳, 崔承老).

2) 土風과 華風, 그리고 國風

어느 시대에나 변화와 개혁이라는 과제는 존재하였다. 고려시기에는 토풍과 화풍의 문제로 부각되었다. 그것은 국정운영의 방향을 가리키는 일이었다. 이를테면 최승로는 광종에 대한 평가에서 중국의 문물제도를 제대로 본받지 못한다는 이유로 비판하였다. 화풍의 도입은 불가피한 측면이 있었다.[75] 그는 현재의 문제점을 개혁하기 위해서는 올바른 화풍의 도입이 필요하다고 생각하였다. 광종은 이를 제대로 하지 못하였기 때문에 백성들의 삶은 어려워지고 국정운영은 실속이 없다고 하였다.

> 비록 중국의 화풍을 존중한다지만 中華의 좋은 법은 섭취하지 않았으며, 비록 중국의 선비들을 대우하여도 중국의 현명한 인재는 쓰지 못하였습니다. 백성에게서는 더욱 고혈을 짜내고 사방에서는 실속 없는 헛 칭찬만 받았습니다. (『高麗史』 권93, 列傳, 崔承老)

따라서 최승로가 지적하고자 했던 것은 단순히 중국의 화풍을 도입하자는 것이 아니라 국내의 제도개혁을 위한 올바른 화풍을 들여와야 한다는 것이었다. 그렇기 때문에 그는 광종이 화풍을 중히 여기면서도 중국의 좋은 법제와 훌륭한 인재는 쓰지 않았다고 비판하였던 것이다. 그는 실속을 갖춘 합리적인 개혁방향을 추구했던 것으로 생각된다. 이와 같은 최승로의 구상은 성종에 의해 구체화되었다. 성종은 화풍의 도입을 통한 국내 개혁을 國風의 차원으로 높이고자 하였다.

---

75) 나중 일이지만, 현종 21년 4월 을유일에 국내에서 제작한 책력이 맞지 않자 왕은 術家의 정밀치 않음을 추궁하였다. 이러한 예는 중국문화의 우수함을 확인하는 계기가 되었을 것이다(『高麗史』 권5, 世家 ; 顯宗 21년 4월 乙酉).

이달에 鄭又玄 등에게 급제를 주었다. 이날 다음과 같은 교서를 내렸다. (중략) 또 여러 주, 군, 현의 장관(長吏)과 백성들에게 가르칠 만한 자제들이 있거든 그들을 알뜰히 훈계해서 선생에게 배우도록 하라. 만일 그 부모가 國風을 모르고 살림살이를 시키기 위하여 다만 눈앞의 이익만 보고 장래의 영광을 생각하지 않으며 '학습은 해서 무엇 하는가' '글을 읽어도 소용이 없다'고 하여 공부는 방해하고 나뭇짐만 지라고 한다면 그 자식은 일생 동안 유명한 사람이 되지 못할 것이며 그 부모는 영화를 보지 못할 것이다. (『高麗史』 권3, 世家, 成宗 6년 가을 8월)

여기서 말하는 국풍은 성종 때 유가적 학풍을 진작시키기 위한 국가적 정책방향을 가리킨 것으로 생각된다. 이와 같은 노력은 고려의 문화수준을 한껏 높이는 계기가 되었다. 그 결과 이를테면 송나라에서는 문교를 숭상하는 곳이라 하여 조서를 보낼 때마다 반드시 글 잘 하는 신하를 선발하여 조서를 짓도록 하되 그 중에서도 잘 지은 것을 선택하였으며 파견하는 사신과 서장관은 반드시 중서성으로 불러서 그의 문필을 고사하여 본 뒤에야 보낼 정도였다.[76]

그러나 화풍의 도입이 긍정적인 효과만 있는 것은 아니었다. 이를테면 팔관회와 관련된 제도 개혁도 그러한 차원에서 추진되었다.

왕은 八關會의 雜技들이 떳떳하지 못하고 또 번쇄하다고 생각하여 이를 전부 폐지하였다. 法王寺에 가서 향을 피우고 돌아와 毬庭에 가서 群臣들로부터 朝賀를 받았다. (『高麗史』 권3, 世家, 成宗 즉위년 11월)

양경(개경과 서경)의 팔관회를 정지하라고 명령하였다. (『高麗史』 권

---

76) 『高麗史』 권9, 世家, 文宗 26년 6월 갑술.

3, 世家, 成宗 6년 10월)

성종은 팔관회의 여러 잡기가 불경스럽고 번쇄하다고 여겨 이를 폐지한 것이다. 다만 군신들로부터 朝賀를 받는 것으로 대신하였다. 팔관회의식이 중요하기는 하지만 여러 잡기들은 생략해도 좋을 것으로 본 것이다. 의식이란 때로 형식이 내용을 규정하는 경우가 있으나 성종은 이를 무시한 것이다. 그러나 이는 태조가 훈요십조에서 후대의 왕들에게 팔관회의 내용을 가감하지 말라는 지시와도 배치되는 일이었다. 요컨대 이는 단순한 잡기문제가 아니었다. 풍속의 개혁을 통해 전통적 가치관과의 단절을 의미했던 것이다. 뿐만 아니라 자연스럽게 중국중심의 천하관이 스며들게 되었다.[77] 바로 이 점에 있어서 기존의 의식구조와 갈등이 불가피하였다. 나아가 전통적 가치관의 상실은 대외 적대세력과의 전투에 있어서도 문제가 되고 있었다.

(성종 2년) 前 民官御事 李知白도 "(중략) 국토를 경솔히 적국에 할양하는 것보다는 차라리 선대로부터 전하여 오던 燃燈, 八關, 仙郎 등 행사를 다시금 거행하고 타국의 색다른 풍습을 본받지 말며 그리하여 국가를 보전하고 태평을 누리는 것이 좋지 않겠습니까? 만일 그렇다고 생각하신다면 응당히 먼저 神明에게 고한 연후에 항전이냐 화의냐 하는 문제는 오직 주상께서 결정하십시오"라고 건의하였으므로 성종도 그들의 주장을 옳게 여기게 되었다. 그런데 당시 성종은 중국 풍습을 즐겨 모방하려 하였으며 나라 사람들이 이를 달가워하지 않았던 까닭에 이지백이 이 문제를 언급한 것이다. (『高麗史』 권94, 列傳, 徐熙)

여기서 이지백은 고려의 전통적 풍속인 연등, 팔관, 선랑 등의 일을

---

77) 『高麗史』 권3, 世家, 成宗 5년 3월.

거행하되 타국의 풍속을 본받지 않도록 하는 것이 오히려 나라를 지키는 것이라고 역설하고 있다. 뿐만 아니라 당시 백성들도 성종이 화풍을 즐겨 모방하는 것을 달가워하지 않고 있었음을 알 수 있다. 이는 풍속의 개혁이 갖는 긍정적 측면에도 불구하고 결과적으로 주체성의 상실로 인한 백성들의 거부감과 저항의식을 반영한 것이다. 결국 팔관회 의식은 현종조에 이르러 대외적 위기감이 높아지면서 회복되기에 이르렀다.[78]

한편 의종조에 들어와 풍속의 교정문제가 다시금 부상되었다. 주변 정세의 급격한 변화와 함께 내부적 동요에 따라 국풍을 진작시킬 필요성을 절감한 때문이었다. 의종 22년 3월 서경의 觀風殿에서 내려진 교서의 내용은 儒敎의 陰陽이치, 佛事 그리고 仙風의 세 가지 요소가 국풍으로 제시되고 있다.[79] 이를테면 법령 지시가 음양이치에 맞지 않아 기후가 일정하지 않고 백성들이 편치 못하였다는 天譴論的 자연해석을 말하는가 하면, 말세를 당하여 불교가 점점 쇠퇴하므로 조종 때 개창된 裨補寺社라든가 예부터 정해진 法席寺院과 祈恩寺社로서 퇴락한 것은 즉각 수리하도록 하였고, 仙風과 관련하여서는 兩京의 팔관회가 날이 갈수록 격식이 줄고 풍속이 쇠퇴하므로 古風을 살려 人天이 함께 기뻐하도록 하라고 하였다. 이는 지금까지 토풍으로 여겨졌던 불사와 선풍의 문제가 화풍인 유교와 더불어 儒·佛·仙의 문제로서 국풍이 거론되었다는 의미를 갖는다.

사실 화풍과 토풍의 문제는 가치관의 문제를 둘러싸고 갈등을 일으키는 경우가 많았다. 그러나 이는 상호 길항관계에 있는 것으로서 어느 한편의 옳고 그름의 문제는 아니었다. 사회적 발전에 맞추어 제도 개혁을 위한 화풍의 도입은 불가피한 경우가 있는 것이지만 또 다른

---

78) 『高麗史』 권93, 列傳, 崔沆.
79) 『高麗史』 권18, 世家, 毅宗 22년 3월 무자.

한편으로 보면 이지백의 지적에서도 알 수 있는 바와 같이 이를테면 정체성문제와 관련하여 전통적 가치관 즉 토풍도 중요하였다. 이러한 길항관계 속에서 결국 화풍도 점차 토풍과 함께 국풍으로 융합되어 갔음을 보여주는 것이다.

3) 귀속감과 그 양상

번토의 존재는 외부의 군사적 위협으로부터 고려왕실을 지켜주는 울타리로서의 역할을 해준 반면, 토풍과 화풍의 길항관계 속에서의 문화적 발전은 고려로 하여금 명실상부한 皇帝國으로서의 위상을 갖추게 하였다. 그리하여 고려인들은 국가 문화적 수준의 제고를 통해 귀속감과 자부심을 바탕으로 한 독자적 천하관을 형성할 수가 있었다. 그것은 정확히 말하면 삼한과 번토로 구성되는 사회로서 다원적 천하를 구성하는 하나의 小天下[80] 즉 '海東天下'로 인식되었다.

그리하여 고려인들은 이를테면 황제의 德治를 통해 삼한인은 물론 번토의 주민까지도 功德을 누릴 것으로 생각하였다.[81] 그러나 그들은 나라와 종족을 기본적으로 문명과 개화의 기준에 따라서 차별적으로 이해하고 있었다. 그 결과 한족은 선진문화를 가진 문명인으로 생각하는 반면 거란이라든가 여진 등 非漢族들은 비루한 야만인으로 생각하였다. 따라서 중국은 한없이 배워야 할 숭배의 대상이 된 반면 비한족들은 늘 경계의 대상으로 인식되었다. 그럴 경우에 특히 번인들과의 동류의식은 약화되기 마련이며 이에 따라 거리감은 커질 수밖에 없는 것이다.

---

80) 盧明鎬, 1999, 앞의 글, 29쪽.
81) 『東文選』권31,「賀受徽號表」, "皇帝 克繼祖宗 大開祚業 能成德治 致悅服 於邇遐 載戢干戈 保淸平於區宇 政影乃乂 功協惟歌".

한편 고려 후기 몽골제국의 등장은 고려사회에 치명적 타격을 주었
다. 고려의 독자적 천하관은 여지없이 무너지고 원나라 유일천하체제
로 바뀌고 말았다. 고려의 위상은 이제 몽골제국의 東藩으로 전락하였
다. 그러나 실은 그 이전 여진족이 통합되어 금나라를 세움으로써 이
미 고려의 독자적 위상은 크게 흔들리고 있었다.82) 이를테면 묘청일파
가 '稱帝建元' 운운 했던 일은 그로 인한 하나의 상징적 사건이었다.
금의 등장으로 인한 번토의 상실83)은 고려의 대외 방어능력을 크게 훼
손시키고 있었다. 뿐만 아니라 번토의식의 상실은 고려인들에게 커다
란 좌절감을 주었다.

　　갑신일에 左右番 內侍들이 저마다 다투어 가면서 왕에게 진기한 물
품을 바쳤다. 이때 우번에 속한 인원은 부호집 자제가 많아서 宦者들
을 통하여 왕의 명령을 빌려 公私간에 보관하고 있는 진귀한 물품과
서화 등속을 많이 토색해 냈으며 또 綵棚을 만들어서 거기에 온갖 놀
이꾼을 태우고 외국 사람이 공납을 바치는 형상을 꾸며 가지고 靑紅
두 가지 일산과 駿馬 두 필을 바쳤는데 좌번에 속한 인원은 모두 儒士
들이어서 여러 가지 기예에 익숙하지 못하고 그들이 왕에게 바치는 품
종도 백에 하나를 당치 못하였다. (『高麗史』 권18, 世家, 毅宗 19년 4
월)

의종 때 내시들이 좌우번으로 패를 나누어 임금에게 물건을 바쳤다

---

82) 북방 번토가 상실되기는 하였지만, 남방 탐라는 확고하게 고려의 내지로 편입
　　되었다. 이를테면 고종 40년 기록에 의하면 탐라신은 고려국내의 山神과 동
　　격으로 취급되었다(『高麗史』 권24, 世家, 高宗 40년 10월 戊申).
83) 여진족이 마지막으로 공물을 바친 것은 인종 즉위년(1122)이었다(『高麗史』 권
　　15, 世家). 金의 건국으로 蕃으로 지칭되던 제종족이 이탈하면서 12세기 후반
　　에는 번의 의미가 고려의 兩界人이 사는 지역을 의미하게 된다(추명엽, 「고
　　려 전기 '번'인식과 '동·서번'의 형성」, 『역사와 현실』 43, 2002, 29~31쪽).

는 내용이다. 이 이야기는 결국 좌번이 우번만 못한 것이 부끄러워 남의 駿馬 다섯 필을 빌려다가 바쳤으나 결국 이를 갚지 못해 당시 사람들의 비웃음을 샀다는 것으로 끝난다.[84] 마치 하나의 놀이처럼 연출된 이는 무엇을 말하는가? 이는 두 말할 나위없이 팔관회의 형상과 이미지를 재현한 것으로 특히 번토에서의 조공물품을 바치는 의식을 본 뜬 것이다. 어떤 면에서 보면 언어적 유희라고도 볼 수 있다. 이 시기에 이와 같은 놀이가 행해졌다는 것은 이미 과거의 영광이 사라졌다는 증거가 된다.

　번토의 상실로 인한 좌절과 허탈감은 고려인들로 하여금 나라와 문화에 대한 자긍심에 커다란 상처를 주지 않았을까? 일종의 아노미(Anomie)현상이 발생하지 않았을까? 비록 과거의 영광을 읊조리는 문인들의 자부심어린 노래에도 불구하고 이미 황제국에서 번국으로 전락되어 가는 어둠의 그림자가 드리워져 있었다.[85] 여기서 이후 무인정권의 등장, 이후에 전개되는 민중들의 저항 등 갈등현상이 우연이 아니었으리라는 생각을 해본다.[86]

　지금까지 고려 전기에 고려가 중심이 된 다원적 국제관계, 그리고 이에 수반된 국가 및 문화에 대한 귀속의식에 대하여 살펴 보았다. 10 ~13세기에 이르는 시기의 동아시아는 高麗를 비롯한 宋과 遼(혹은

---

84) 『高麗史』 권18, 世家, 毅宗 19년 4월.

85) 무신정권을 전후하여 등장하는 문인들의 생존연대로 보건대 이미 그 당시에는 천자국으로 자부하던 시기가 아니었다. 이를테면 李奎報(1168~1241), 李仁老(1152~1220), 崔滋(1188~1260)가 그렇고 林椿도 1170년 간신히 목숨을 건지고 이규보와 함께 江左七賢 중 1인이라는 점을 감안하면 고려의 황금기와는 거리가 멀다.

86) 이러한 점들에 관해서는 추명엽, 2002, 앞의 글 참조.

金)로 정립되어 어느 특정 국가에 의해 일방적으로 좌우될 수 없는 형편이었다. 따라서 이 시기 고려의 대외관계는 타자인식과 관련하여 몇 개의 독특한 변수에 의해 결정되었다.

그 첫째는 문화적인 요소로서 문명과 미개의 잣대로서의 풍속문제였다. 이 시기의 풍속은 제도개혁, 의식개혁 등 사회 전반적 문제와 관련이 있었으며 대외관계를 결정함에 있어서도 문명의 수준이 감안되었다. 이에 따라 이른바 화풍으로 일컬어진 중국문화 특히 고급문화에 대한 욕구는 문화종주국으로서의 중국에 대한 事大를 당연시한 반면 그 외의 非漢族에 대해서는 미개인으로서의 멸시감을 갖게 되었다.

둘째는 정치·군사적 요소로서 이는 작은 나라로서 큰 나라를 섬길 수밖에 없다는 논리로서 현실적 實利의식에 기반을 둔 것이었다. 이를테면 이는 풍속과 관련하여 미개인으로 인식되어 오던 거란과의 관계를 설정함에 원용되었으나 책략적 수준에 그친 것으로서 진정한 사대관계로 인식되지는 않았다.

셋째는 이 시기 국제관계의 일반적 흐름이었던 冊封체제에 기반을 둔 것으로서 남북의 변방지역을 울타리 즉 藩土로 삼아 왕실 즉 국가를 보존하고자 하는 관념이었다. 번토의 형성은 처음 남방경략을 위한 북방의 안정이라는 전략적 목적에서 출발한 것으로서 주요 대상은 女眞지역이었다. 번토는 공생관계를 바탕으로 형성되었으므로 이러한 관계가 끊어질 때 藩人들은 언제나 배반할 준비가 되어 있었다.

한편 정체성의 측면에서 볼 때 고려인들의 타자에 대한 인식은 대외관계에 그치지 않고 자아인식의 확대와 발전을 가져왔으나 동시에 문제점도 낳았다.

이를테면 고려인들은 요동지역에 대한 故土의식을 바탕으로 이들 지역에 사는 주민들과의 일정한 동류의식을 갖고 있었으며 이는 번토 형성의 조건을 이루고 있었다. 八關會는 원래 祭天儀式을 치르는 '供

佛樂神'의 장으로서의 의미를 갖고 있었으나 靖宗 卽位年을 계기로 고려와 번토 사이의 공납관계를 상징적으로 표현함으로써 皇帝國으로서의 위상을 드높이는 계기로 삼았던 것이다. 이와 같은 자긍심의 내면에는 번토의식이 자리잡고 있었던 것이며, 이는 일방적 지배가 아닌 상호협력의 차원에서 유지될 수 있는 것이었다. 그러나 풍속의 차이에 따른 차별의식은 강고하여 결국 蕃人들의 저항의식을 일으키고 있었다.

뿐만 아니라 土風과 華風의 문제는 가치관의 문제를 둘러싸고 갈등을 일으키는 경우가 많았다. 그러나 이는 상호 길항관계에 있는 것으로서 어느 한편의 옳고 그름의 문제가 아니었다. 사회적 발전에 따라 제도개혁을 위한 화풍의 도입은 불가피한 경우가 있는 것이지만, 또 정체성 문제와 관련하여 토풍의 문제도 중요하였다. 이러한 길항관계는 결국 毅宗朝에 이르러 화풍도 토풍과 함께 國風으로 융합되어 나타나는 결과로 나타났다.

결국 고려인들은 국가 문화적 수준의 제고를 통해 귀속감과 자긍심을 바탕으로 하나의 독자적 천하관을 형성하고 있었다. 그것은 정확히 말하면 三韓과 번토로 구성되는 사회로서 '海東天下'로 인식되었다. 한편 고려 후기 몽골제국의 등장은 고려사회에 치명적 타격을 주었지만 실은 그 이전 여진족이 통합되어 금나라를 세움으로써 이미 고려의 독자적 위상은 흔들리고 있었다. 고려 전기 대외관계에서 규정된 조건에 배태된 결과였다.

박 경 안 | 충북대학교 중원문화연구소 전임연구원

제12장 家와 家意識

    가족은 사회를 보는 창이다. 사람들의 일상을 담고 있는 동시에 사회의 총체적인 모습을 반영하고 있다. 또 지역과 시대, 사회적 여건 등에 따라 형태와 기능 등이 달라지므로 사회변화를 바라보는 지표가 되기도 한다. 그러므로 서구에서는 1960~70년대부터 역사학자뿐만 아니라 사회학, 인류학, 심리학, 경제학, 인구학 등 많은 분야의 연구자들이 가족문제를 주목하기 시작했다.

    1980년대에 들어서면서부터는 과거의 가족이 어떤 형태였는가를 밝히는 데 그치지 않고 왜 그런 형태로 있었는가? 그런 형태가 왜 변화했는가? 하는 점과 함께 가족사 연구를 통해 사회 전체사 또는 사회변동사로의 접근이 가능하다는 점에 주목하게 되었다.[1]

    나아가 상속제의 형태, 가족과 가족 보유지의 규모, 혼인연령, 평균수명, 가족구성원의 생명주기 등 복합적, 가변적 요소를 가지고 있는 가족을 외형적으로 드러난 구조나 형태 같은 정태적 요소만 가지고 규정하는 것은 무의미하므로 변화와 순환을 고려한 파악이 필요하다는 점에도 주목하고 있다.

    우리나라에서는 1970년대 이래 가족사에 대한 연구가 본격화되었고

---

1) 조은, 1990, 「역사적 형태로서의 가족과 계급」 『한국사회의 여성과 가족』, 문학과 지성사.

고려시대의 가족은 조선 후기 이래 부계 중심적인 모습과는 상당히 달랐다는 사실이 밝혀지고 있다.[2]

그러나 지금까지 고려시대 가족에 대한 연구는 주로 혈연공동체로서 혈족·친족문제에 치우치고 있다는 느낌이 크다. 주거나 경제공동체로서 가족의 모습이나 가족간의 유대감 등에 대한 연구는 그다지 활발하지 않다. 가족이 지니는 복합적 기능과 그 사회적 의미를 생각할 때 이제는 "기존의 가족사 연구가 대부분 단편적이거나 아주 전문적이어서 전 역사의 특정 부분이나 경향과 긴밀히 연결되어 있지 못하다"는 지적을[3] 의미 있게 새겨봐야 할 필요가 있다고 생각된다.

이 장에서는 이와 같은 문제의식에서 출발하였으며 고려인들의 말·생각, 그들의 행위·태도 등에서 나타나는 가족의 모습과 의미를 발견해 보고자 한다. 고려인이 생각하던 가족은 무엇인가? 현재 우리가 생각하는 가족의 개념과 어떻게 다른가? 또 그들의 가족적 유대감은 어디에 근거하고 어떻게 표출되는가? 하는 포괄적인 문제들을 조망해 보려는 것이다. 물론 가족문제에 대한 개별적 분야들조차 충분한 실증이 이루어졌다고 보기 어려운 상황에서 전체적인 조망을 시도하는 것

2) 고려시기 가족문제에 대한 연구사는 權斗圭, 1999, 「高麗時代의 家族形態와 戶의 構造」, 경북대학교 박사학위논문, 1~5쪽 참조.
또 다음 논문들은 17세기 후반을 기준으로 그 이전과 이후의 상속제도를 비롯한 가족제도, 촌락구조 및 유교적 의례에 있어 획기적인 분기점을 그을 수 있다는 논지의 글이다. 崔在錫, 1972, 「朝鮮時代 相續制度에 關한 硏究-分財記의 分析에 依한 接近-」『歷史學報』53·54合 ; 李光奎, 1976, 「朝鮮王朝時代의 財産相續」『韓國學報』3 ; 金容晩, 1983, 「朝鮮時代 均分相續制에 關한 硏究」『大丘史學』23 ; 李樹健, 1991, 「朝鮮前期의 社會變動과 相續制度」『歷史學報』129 ; 朴賢淳, 1999, 「16세기 士大夫家의 親族秩序」『韓國史硏究』107.
3) 앙드레 뷔르기에르, 크리스티안느 클라피슈-주버 마르틴느스갈랑, 프랑수아즈 조나벵 엮음, 정철운 옮김, 2001, 『가족의 역사 1』, 이학사, 5쪽.

은 무모한 일일지도 모른다. 무리가 따르겠지만 혈연중심의 파악을 넘어 좀더 다양한 각도로의 연구 확대는 필요한 과제라고 생각된다.

고려인들의 생각과 태도 등으로부터 출발하여 그 시대의 가족의 모습과 의미를 살펴 보는 것은 국가적 지배의 일환이나 제도사적 파악방식에서 간과하거나 또는 그것으로 설명하기 어려운 심정적인 가족의 범주 또는 가족의식, 연대감 등을 파악하는 데 유용하리라 생각된다. 이를 통해 고려인이 느끼던 가족의 범주, 가족간의 연대의식, 가족이 지니는 정체성 등을 파악하여 고려인의 심성을 복원하는 데 일조할 수 있기를 기대한다.

1. 家 – 고려인이 생각하던 집

1) 우리 집('吾家')과 한 집안('一家')

부모와 자녀를 기본으로 하는 소규모 혈연공동체로서 사회를 구성하는 최소 단위의 가족 개념은 엄밀히 말해 1910년대 식민지시기에 일본에서 도입된 근대적 가족법에 의해 법제화되고 일반화된 것이다. 그렇다면 고려시대의 가족은 어떤 모습이었을까?

고려시대인들은 '家族'이라는 용어를 쓰지 않았다.

당대의 기록에서 현재의 가족과 비슷하거나 관련된 의미로 보이는 용어는 家, 家門, 家屬, 家口, 家人, 家小 또는 族, 族人, 族類, 族黨, 親屬, 親戚 등 다양하다.[4] 이 중 家人, 家小, 族黨 정도를 제외하면 지금도 대부분 낯설지 않은 용어들이다. 그러나 그 의미가 매우 애매하고 불확실하게 나타나므로 이것만으로 고려인이 생각하던 가족의 의

---

4) 친족용어에 대한 기초적인 정리는 崔在錫, 1982, 「高麗의 親族制度」『歷史學報』 94·95合 참조.

미를 확실히 알기는 어렵다.

다만 가족과 관련이 있는 용어들이 家, 族과 관련하여 두 부류로 지칭되었다는 사실은 확인된다. 그리고 이 중 族과 관련된 용어 즉 族, 族類, 族黨, 親族 등은 혈연을 기반으로 한다는 점에서 구성원리가 비교적 분명하다. 아울러 친족문제는 혈족제도, 상속제, 禁婚범위, 事審官制, 限品制, 相避制, 緣坐制, 蔭敍制 등과 관련하여 상당 정도 연구가 축적되어 있으며, 이를 통해 혈연관계가 실제 고려인의 일상생활 전반에 커다란 영향을 주고 있었다는 사실도 상당 부분 밝혀져 있다.5)

그러나 가족문제는 혈연만으로 충분한 설명이 되지는 않는다. 집과 사람 등이 포함된 현상적 실체라고 여겨지는 家에 대한 해명 또한 중요하다고 생각한다. 따라서 여기서는 家를 중심으로 가족문제에 접근해 보기로 하겠다.

중국의 경우, 家는 원래 그 집단이 소유하는 대상이라는 개념이 강했다. 제후들의 속령을 國, 卿·大夫에게 속한 정치, 경제영역을 家라 하여 사람이라는 의미보다는 그들 행위의 객체가 될 수 있는 재산, 특히 부동산과 관련하여 쓰였다. 그러다가 후대에 오면서 점차 일정한 가족집단을 의미하게 되었다.6) 이런 경우 혈연이라는 요소는 가족관계를 설명하는 결정적인 요소가 되지 못한다.

또한 광의와 협의의 개념으로 구분하여, 광의의 家는 家譜, 本家 등과 같이 선조를 공동으로 하는 일족을 총칭하는 族, 宗과 가까운 뜻으로도 쓰였다. 협의의 家는 가산, 가재, 가장, 가인, 가속 등 한정된 범위의 가족을 의미하였는데, 이는 친족의 일부 하부조직이 아니라 독자적으로 존재하며 사회적, 법률적인 가족단위였다고 한다. 즉 부모·자녀

---

5) 이에 대한 연구사 정리는 權斗圭, 1999, 앞의 책, 1~5쪽 참조.
6) 陸貞任, 2003, 「宋代 家族과 財産相續에 관한 연구」, 고려대학교 박사학위논문.

로 구성된 기본가족인 房이나 혈연적으로 확대된 개념의 친족과도 구분되는 독자적 영역으로서 대개 同居, 共居, 共宅, 同饌, 同財, 共財에서 볼 수 있듯이 거주와 생활을 함께 하는 혈연공동체였다.[7]

일본의 경우 사적소유가 미발달된 고대에는 家도 미성숙한 상태였다. 중세에 오면 일반민중 레벨에서도 家가 형성되었으나 15세기를 전후로 그 성격이 달라진다. 10세기 말 또는 11세기경부터 형성되는 중세 전기 백성의 家는 부부 別財, 부부 別姓을 특징으로 하며 한 세대에 한하여 분해, 분립을 반복하는 비영속적인 조직체로 고유한 재산도 家名도 존재하지 않았다고 한다. 15세기경에 오면 재산의 소유주체며(家産), 실제로는 家를 대표하는 가장이 재산권을 가지는 단계로 전환된다. 가명을 갖게 되며 얼마 후에는 畿內, 近國의 상층백성의 家에서 가산이 일반화된다.[8] 따라서 高橋秀樹는 중세 전기를 家의 성립기, 중세 후기를 家의 확립기라 하였다.[9]

우리나라의 경우 중세의 家에 대한 전체적인 연구는 매우 부족하다. 그러나 家錄이나 世譜, 혹은 家譜 또는 家記, 家傳, 家狀, 家乘, 世系, 譜牒 등의 용어가 자주 나타나는 것으로 보아 혈연을 중심으로 한 가계의식이 형성되어 있었음을 알 수 있다. 특히 가기, 가전, 가장, 가승 등에는 혈연적 계보뿐만 아니라 家의 구성원에 대한 다양한 내용이 수록되었을 것으로 추측되지만 실물이 남아 있지 않아 구체적인 내용을 알기는 어렵다.

그렇다면 고려인이 생각하던 家의 실체는 무엇이었을까?

기록에 나타나는 家는 단순히 집을 의미하거나,[10] 家의 구성원,[11]

---

7) 陸貞任, 2003, 위의 논문.
8) 坂田聰, 1997, 『日本中世の氏・家・村』, 校倉書房, 397~399쪽.
9) 高橋秀樹, 1996, 『日本中世の家と家族』, 吉川弘文館.
10)『高麗史』권107, 列傳, 諸臣, 權㫜, "忠烈初 徵拜典理摠郎 所居里火 延燒千

戶12) 또는 가산 등을 포함한 포괄적 의미13) 등 다양한 개념으로 쓰이고 있어 그 의미를 쉽게 추단하기 어렵다. 그러나 家人,14) 家奴,15) 家僮,16) 家舍,17) 家田,18) 家産,19) 家財20) 등 家와 관련된 용어들을 종합해 보면, 家는 가인·가노와 같은 인적 요소와 집·토지 등과 같은 물적 요소로 구성된 실체로 여겨진다.

조선 초의 사료에서도 家의 상속대상으로 노비, 전지, 재물 등을 든 기록이 있다.21) 이런 경우 家는 물적 요소를 포함하는 실체로서의 家

餘家 旵家在其中 獨完 人以爲愛民之報".

11) 『高麗史』 권4, 世家, 顯宗 20年 4月, "庚戌, 契丹遣 大將軍耶律延寧·海北州刺史張令儀 來聘 契丹人曹兀 挈家來奔".

12) 『高麗史』 권53, 五行, 火, 火災, "(靖宗)四年二月庚寅 中部民家八百六十戶火".

13) 『高麗史』 권95, 列傳, 諸臣, 崔沆, "沆 聰悟沉訥 寡言善斷 世業儒 以淸儉持家 久秉鈞 一介不取於人手 不接金玉 婦女不粉黛 計月請俸 家無甔石之儲 後配享顯宗廟庭".

14) 『高麗史』 권109, 列傳, 諸臣, 崔瀣, "生平不理家人生産業 自號拙翁".

15) 金龍善 編著, 1993, 「尹俒墓誌銘」 『高麗墓誌銘集成』, 한림대학교 아시아문화연구소(이하 인용하는 묘지명의 출처는 같음), "歲壬午進親禦軍護軍監試主司閔思平家奴取柴城外而析生松".

16) 『高麗史』 권97, 列傳, 諸臣, 金富佾附 富儀, "富儀未顯時 家僮治圃得銅印 文曰靑幢之印, 後考新羅故事 靑幢 乃左軍也 至是 果爲左軍帥".

17) 『牧隱詩藁』 권34, 田莊自笑幷序, "予於至正庚戌得移徙者 家舍 土田兩肯立卷而買 命一力耕種 其中足支數月粮……".

18) 『高麗史』 권78, 食貨, 田制 田柴科, "明宗十八年三月 下制 凡州縣 權勢者又稱爲我家田 要取公牒……";『高麗史』 권80, 食貨, 賑恤, 恩免, "恭愍王元年二月 下旨. 辛丑年以後 所沒諸家之田 悉充軍需 其所奪田土人民 悉還舊主".

19) 『高麗史』 권79, 食貨, 科歛, "忠惠王四年三月 政丞蔡河中等 請蠲職稅……慶尙道 有一散員同正者 貧甚 賣盡家産 不充其額 其女 痛父被辱 斷髮貿布以納 父及女 皆縊死".

20) 『高麗史』 권80, 食貨, 賑恤, 恩免, "(禑王14年 6月)……今戊辰年貢物 亦以被罪人等家財 充用".

가 분명하나 이 역시 용례가 다양하다.

가령 "宗衍再逃後 到吾家曰……"22)이라는 구절에서 '吾家'는 사는 집, 즉 건물을 포함해 그 집에 사는 사람들이라는 뜻으로 쓰였다고 볼 수 있다.23) 그런데 김륜의 묘지명에서 "必吾家文敬公也"24)라 할 때 문경공은 김륜의 외조부였음으로 이때는 내외를 포함한 친속을 의미하는 것이라 할 수 있다.25) "吾門"26)과도 큰 차이가 없어 보인다. 家業을 門業이라 부르는 것도 같은 맥락으로 볼 수 있다.27)

또 吾門은 一門이라고도 하였으며28) 一家와도 다르지 않다.

아들은 권고, 권후, 권겸과 사위 이제현, 宗室 왕숙, 왕순 등은 다 君으로 봉해졌으며 아들 권종, 권정은 머리를 깎고 중이 되었으나 역시

21) 『端宗實錄』 권4, 卽位年 11月 癸亥, "令六曹臺省集賢殿議之……若使鄭氏將自家奴婢田地財物 不得擅便 則綱常倒置 情理不合".
22) 『高麗史』 권104, 列傳, 諸臣, 金周鼎 附 金宗衍.
23) 다음 사료도 비슷한 의미로 쓰였다고 생각된다. 「尹侅墓誌銘」 『高麗墓誌銘集成』, "公嘗曰 吾家侍中公而下 凡七世登科者 而吾父子悔之何及".
24) 『高麗史』 권110, 列傳, 諸臣, 金倫.
25) 다음 기록에서는 친정을 우리집의 범주로 인식하고 있다. 김태현의 딸인 박윤문의 처가 자신의 친정을 아울러 '吾一家'라 일컫고 있다. 박윤문의 아들의 입장에서는 외가이다.
「朴允文妻金氏墓誌銘」 『高麗墓誌銘集成』, "大夫人王氏 以三子登科 恩封郡大夫人歲受廩祿 夫人亦以四子登科 恩例如王氏 而廩祿有加焉 一日相告曰 吾一家二婦人無益於國 而受厚恩 非願也 皆辭不受 其用心類此".
26) 『高麗史』 권110, 列傳, 諸臣, 金台鉉, "大吾門者必汝也";『高麗史』 권106, 列傳, 諸臣, 尹諝 附 尹澤, "興吾門者其汝乎".
27) 「柳邦憲墓誌銘」 『高麗墓誌銘集成』에 "襲家業拳拳耽學……又襲門業絲是牽"이라는 구절이 보인다.
28) 「尹彦頤墓誌銘」 『高麗墓誌銘集成』, "兄弟三人一時俱帶三珠虎符眞稀有事也 今春元帥公入中朝初 受符命 先作詩寄呈高堂云 一門三虎符 千萬古應無未識 誰陰德高堂有白鬚";「趙仁規墓誌銘」 『高麗墓誌銘集成』, "邦之司直 民之父師 忠孝兩立 萃于一門".

광복군으로 봉하였으니 세상이 일가에 9封君이라 이름하였다. (『高麗
史』권107, 列傳, 諸臣, 權㫜 附 權溥)

위의 기록에서 일가는 아들, 사위 등이 포함된 혈족집단을 의미한다.
따라서 고려시대에 가문은 일가, 일문을 의미하는 것이 아닌가 생각되
며 내외손, 사위 등을 포함하는 일가, 일문은 조선 후기 부계중심적인
가문과는 차이가 있다.

그 외에도 家는 儒家, 兵家, 醫家 등과 같이 동일한 業을 이어가는
家끼리의 동업집단 또는 천하일가까지 확대되는 개념으로도 나타나기
도 하였다. 가령 고려시대에는 문반과 무반이 가업을 이어가는 경우가
많았다. 다음 절에서 자세히 언급하겠지만 고려인들에게는 家의 계승
이 제사보다 가업을 통해 이어진다고 보는 인식이 상대적으로 강하게
작용했다. 동일한 業을 가진 家끼리는 동류의식을 가지고 있었던 것으
로 보인다. 문반 가문은 스스로를 ‘儒家’로 인식하고 무반 가문인 ‘兵
家’ 혹은 ‘將家’와 구별하였다. 이규보는 자신을 ‘儒家者流’라고 하였는
데[29] 이는 승려들과 비교해서 한 말이지만 ‘병가’와도 구별하는 것이었
다.[30]

무반 가문은 ‘병가’ 혹은 ‘장가’로 불렸는데, 이는 무반의 자손이 대
개 대를 이어 무관이 되었음을 보여 주는 것이다.[31] 이외에도 대대로
의관으로 나아가는 집안은 ‘의가’라 불렸다.[32]

---

29) 『東國李相國集』 全集 권24, 記 「妙香山普賢寺堂主毘盧遮那如來丈六塑像
記」.

30) 오일순, 2004, 「사회집단간의 차별의식과 신분관념」『東方學志』124, 157~
160쪽.

31) 邊太燮, 1971, 「高麗武班研究」『高麗政治制度史研究』, 一潮閣, 384쪽.

32) 선종에서 인종대에 이르기까지 관직 생활을 한 崔思全은 祖父인 尙藥直長
崔哲로부터 父인 靖을 거쳐 의술로 벼슬길에 나아갔으므로 그의 묘지명에서
‘醫家者流’라고 하였다(「崔思全墓誌銘」『高麗墓誌銘集成』).

또한 家는 국가·천하 등을 의미하기도 하였다. "韓土를 통합하여 일가를 만들어"[33] "천하로써 일가를 삼아 원방 보기를 근처와 같이 하시니"[34] "사해가 이미 일가가 되었사온즉"[35]이라고 한 기록 등에서는 일가가 국가·천하 등을 의미한다.

즉 고려인들은 家를 적은 범주에서는 한집에 동거하는 세대 즉 吾家에서부터 일가, 일문·유가·병가·의가 등과 같은 동업 집단, 나아가서는 국가, 천하와 같은 다양한 개념으로 쓰고 있었음을 알 수 있다.

그러나 동업 집단이나 국가, 천하와 같은 개념은 친밀감이나 소속의식의 표현이지 가족개념과 연결시켜 보기는 어렵다. 따라서 이 글에서는 家를 거주공동체로서의 세대와 혈족공동체인 가문의 인적 물적 요소를 포함하는 개념으로 한정해 살펴보기로 하겠다.

2) 家屬의 범주

家를 구성하는 가구원 즉 家屬은 일반적으로 부모, 처자를 뜻하지만 넓은 의미에서 친속과 유사한 개념으로도 쓰였다. 예컨대 원종 12년 8월 중서성에 올린 상서 내용 속에 "然其脅從臣民親屬……", "自江華順命出陸臣民家屬……"이라 한 구절은[36] 같은 기록 안에서 친속과 가

33) 『高麗史』 권24, 世家, 高宗 41年 10月 戊子, "命宰臣 祈告太廟曰……閉關草昧 掃淸雲屯 合韓土爲一家 服王民於億載".
34) 『高麗史』 권26, 世家, 元宗 8年 8月 丁丑, "以至用兵 夫孰所好 王其圖之 國書曰 我國 臣事蒙古大國 稟正朔 有年矣 皇帝仁明 以天下 爲一家 視遠如邇 日月所照 咸仰其德".
35) 『高麗史』 권27, 世家, 元宗 13年 4月 丁巳, "四海旣爲一家 則上朝軍馬洎玆 土百姓 皆一皇帝之人民……".
36) 『高麗史』 권27, 世家, 元宗 12年 8月, "又上中書省書云 伏蒙諸公 咸賜矜憐 導宣聖澤 逆賊之民, 許令復舊 擧國感仰 然其脅從臣民親屬 方離亂時 或有來此 或有往彼 抑因事故 未得徑出 而擧族遇脅者 今官軍 皆以爲逆賊之類, 不許放歸 輒於聖旨未降前 分取人物 各自散住於全羅·慶尙·王京·黃·鳳

속을 혼용하고 있는 사례다.

그렇다면 고려인들은 과연 기초적인 혈연공동체로서의 家의 인적 범주를 어디까지로 인식하고 있었을까?

기존 연구에서는 家의 인적 구성원을 토대로 한 가족의 유형을 소가 족제 혹은 대가족제로 이해하고 있다.[37] 이런 논의의 토대는 대체로 동거 여부와 혈족관계를 기초로 한 것이다. 그러나 고려시대에는 직계

州等處 或相爭匿於旁近 或先潛送于上朝 雖有親戚 不得相見 何由識認 或 自別島他邑 入珍島而見獲者 或官軍 分往別島他邑 而驅捉者 名雖揀給 其 實不曾圓聚一處 窮詰許放 又若奴婢 各從其主者也 當其主順命就陸 乃因打 疊家産 而還江華者 悉被驅去 今皆分執 同于逆賊之屬 則蒙聖恩而復舊者 幾何 且珍島百姓之家屬 元不申請 而猶許放免 自江華 順命出陸臣民家屬 尤所矜憐 而未免拘繫……".

37) 이우성은 고려시대의 가족을 혈연, 혼인, 입양에 의해 서로 연결되고 생계 및 재산을 공동으로 하는 사람들로 구성된 일단위로 보며 특히 하층에서 가족은 세대와 일치하는 경우가 많다고 보았다. 노비, 사환, 일시 동거하는 친척 등 은 세대원이기는 하나 가족원은 아니며, 분가하면 부자, 형제 그 밖의 근친들 도 동일가족이 아닌 것으로 본다. 분가는 別籍異財라 하여 일단 분가하면 호 적을 따로 하고 재산을 달리하므로 분가한 가족은 혈연적으로는 가까우나 이 미 비가족이며 부모도 마찬가지라 하였다. 또한 가족구성은 소가족, 중가족, 대가족으로 구분되며, 소가족은 부·처·자녀, 중가족은 양친과 미혼자녀, 기 혼장자 및 그 처자, 또는 부친쪽의 미혼의 형제자매가 존재할 경우, 대가족은 양친과 미혼의 자녀들, 그리고 기혼의 자식들과 자식들의 처자로 구성되며, 3 대는 물론 4대까지 동거하는 경우가 있다고 한다. 그러나 고려시대에는 대가 족은 극소수이며 대부분 중가족 내지 소가족이 더욱 지배적이었으리라고 보 았다(李佑成, 1975, 「高麗時代의 家族」『東洋學』 5, 단국대학교 동양학연구 소).

소가족제설이 우세하다는 견해는 이 외의 연구에서도 보인다. 盧明鎬, 1988, 「高麗時代 鄕村社會의 親族關係網과 家族」『韓國史論』 19, 169쪽에서 고려 시대 가족은 분가가 이루어져 각기 별도의 가옥을 가지면서 동시에 소가족 단위를 이루는 것이 일반적이었다고 한다.

한편 국보호적과 호구단자를 검토한 결과를 토대로 하거나(許興植, 1981, 『高麗社會史硏究』, 아세아문화사), "別籍異財禁止" 조항의 실시를 근거로(權 斗圭, 1990, 앞의 논문) 대가족제설을 주장하는 연구도 있다.

혈족뿐만 아니라 사위, 외손자, 하인, 노비 등 다양한 사람들이 한집에서 동거하였던 사례를 흔히 볼 수 있으며, 몇 가지 점에서 후대와 다른 특징을 가지고 있기 때문에 대가족, 소가족제의 구분만으로 家의 구성을 간단히 규정하기 어렵다.

우선 잘 알려진 바와 같이 고려시대는 17세기 이후의 조선 후기 사회에 비해 父辨 母辨의 차별이 상대적으로 크지 않았다.[38] 일례로 민적은 어렸을 때 외할아버지로부터 자질을 인정받고 이모부가 데려다 양육하였다.[39] 이는 부계중심적 사고로 보면 상식적인 일이 아니다.

그런데 고려시대에는 이런 일이 드물지 않게 나타난다. 박전지는 강보에 있을 때부터 외조부 이장용이 "이 아이는 반드시 집을 일으킬 것

---

38) 고려시대에서 조선 전기까지는 비부계적인 다양한 계보의식을 가지고 있었다. 고려시대 사심관제에서 연고관계를 따질 때의 계보관계, 음서제의 시행, 친속간의 유대나 결집세력, 세종 17년의 연고지 유향소를 따지는 계보관계, 딸에서 딸로 이어지는 계보까지 포함한 내외지파 모두를 기재한 조선 전기의 족보나 가승류의 기록 모두 비부계적인 다양한 계보들로 되어 있다(崔在錫, 1979, 「朝鮮時代의 族譜와 同族組織」『歷史學報』81집 ; 宋俊浩, 1980, 「韓國에 있어서의 家系記錄의 歷史와 그 解釋」『歷史學報』87집). 또한 1606년과 1630년에 작성된 산음현의 병오장적과 경오장적을 이용한 동·리 단위별 친족관계망의 재구성, 분석결과도 조선 후기 부계 친족집단인 문중조직이 발달한 동족부락 개념과는 근본적으로 다른 양측적 친속적 양태를 보여주고 있다. 두 장적의 호주와 호주처 등의 4祖 기재와 가족관계 기록을 이용하여 5~6세대 범위에서 추적한 혈연관계망은 본족, 외족, 처족으로 뒤얽혀 연결되는 모습으로 나타났다. 더 세부적으로는 혈연관계망은 내외 8촌 범위 내의 친속관계를 갖는 소혈연군을 이루며 모아지는 경향이 있고 그러한 소혈연군들은 서로 중첩되며 연결되어 있기도 하다. 그 소혈연군들에 포함된 호들은 서로 남녀가 다양한 형태로 개재되는 직계나 방계의 계보로 연결되고 있었다(盧明鎬, 1989, 「高麗時代 鄕村社會의 親族關係網과 家族」『韓國史論』19, 153~154쪽 ; 盧明鎬, 1987, 「李資謙 一派와 韓安仁 一派의 族黨勢力」『韓國史論 17』, 184~195쪽 참조).
39) 『高麗史』권108, 列傳, 諸臣, 閔宗儒 附 閔頔.

이니 잘 기르라" 하고, 장성하자 자기 집에 진보로 삼던 서적을 모두
전해 주었다 한다.[40] 윤택은 3세 때 아버지를 여의고 고모부인 윤선좌
에게서 학문을 배우고 그를 아버지 같이 여겼다.[41]

가업을 계승하고 가문을 일으킬 수 있는 자질을 높이 평가하며 양육
과 교육에 부·모 양측을 크게 차별하지 않았던 것이다. 아울러 외손
을 통해서도 가문을 일으킬 수 있다는 생각을 엿볼 수 있다. 이는 부계
중심으로 대를 잇는다는 관념이 상대적으로 강하지 않았다는 반증이
라고 볼 수 있다. 외손봉사를 하거나 직계조상을 모시는 가족묘제도가
없었던 것에서도 이런 특징이 나타난다.[42]

또한 고려시대에는 서류부가혼속으로 인해 처가에 거주하는 경우가
적지 않았고 상류층의 경우 노비 등 비혈족인의 동거도 일반화되어 있
어 家의 구성이 간단치 않다. 원간섭기에 몽골에 잡혀간 가속의 쇄환
을 요구하는 기록에서는 祖孫, 舅甥, 노비까지 언급하고 있어[43] 비혈

---

40) 『高麗史』 권109, 列傳, 諸臣, 朴全之.

41) 「尹宣佐墓誌銘」 『高麗墓誌銘集成』, "嗚呼 公雖姑夫 恩猶父也".

42) 「任益惇 墓誌銘」 『高麗墓誌銘集成』, "從人噫我國無宗阡祖陌族墳之法各占
地而藏之故今亦卜吉于開州黃桃原以永厝焉". 任益惇의 생몰년대가 1162~
1226년이므로 우리나라에는 고려 후기까지도 직계조상을 함께 모시는 先塋
제도가 없었던 것으로 보인다. 채인범, 이정 등의 묘지명에서 선영이란 용어
가 보이긴 하나 불교식의 화장이 성행하였으며 부인과 남편의 장지가 다른
경우도 종종 나타나 문중묘 개념의 선영이 있었다고 보기는 어렵다고 생각한
다(김용선, 2004, 「고려귀족층의 매장지에 대한 고찰」 『고려금석문연구』 193
~194쪽에서도 이 기록을 근거로 무인정권기까지는 족분이 존재하지 않았을
것으로 본다).

43) 『高麗史』 권27, 元宗 12年 8月 丁巳, "王 遣印公秀 如蒙古 復奏云 逆賊所脅
無罪之民 父母·子女·夫妻 旣蒙聖恩 聽還本國 擧國感激 咸望更生 今官
軍乃謂 所脅之民 祖孫·舅甥·叔姪·兄弟·姉妹 及奴婢 聖旨不錄 略不容
釋 向件被執之民 相與號跳哭泣 而相告曰 不曾表請珍島之民 憫其無罪 皆
許復舊 吾屬何罪 獨不放釋 伏望聖慈 更下明勅 咸使復舊……".

족인 노비까지 가속의 범주에 포함되어 있는 것을 볼 수 있다.[44]

뿐만 아니라 토지 등을 포함한 물질적 기반 역시 인적요소 못지 않은 의미를 지닌다. 중국 중세사회에서는 혈연과 居住律 못지 않게 同爨, 同財를 토대로 한 동일거주와 생활을 家의 구성 요소로 중시하였다고 한다.

이와 같이 家를 구성하는 요소는 대단히 복합적이었으며 특히 부변, 모변, 姻婭 등을 크게 구별하지 않는 상황에서 당대인들이 심정적으로 생각하던 가속의 범주는 부계중심적 가문의식과는 차이가 있었을 것이다.

다음 기록을 보자.

> 내외 손자와 증손이 백여 명이나 되어 매년 명절 때 모이면 고위 관리가 타는 수레와 수레를 덮는 양산이 문을 메우고, 붉은 빛과 자주빛의 높은 관복을 입은 사람들이 뜰에 가득 찼다. 때때옷을 입고 앞에서 재롱부리는 현손까지 있으니, 아, 성대하도다. 어찌 착한 일을 쌓은 보답이 아니겠는가. (「權溥妻 柳氏墓誌銘」『高麗墓誌銘集成』)

위의 기록에 나타나는 권부의 집안은 '일가 9封君'이라 하여[45] 봉작을 받은 사람이 9명이나 될 정도로 당대 최고 명문 중 하나였다. 그런 집안에서 명절 때가 되면 내외 자손들이 모여 성대한 가족 잔치가 벌어졌던 듯하다. 각자 타고 온 수레와 수레를 덮은 양산들이 울긋불긋 뜰에 가득하고 관복과 때때옷을 차려 입은 자손들이 집안에 가득 모여 떠들썩한 모습은 생각만 해도 흥겨운 장면이다.

---

44) 주인이 죄수가 되어 이동을 하는 경우에도 노비는 주인세대를 따라 함께 이동하는 가구속에 포함되어 있었다(『高麗史』 권85, 刑法, 恤刑 참조).

45) 『高麗史』 권107, 列傳, 諸臣, 權㫜 附 權溥.

그런데 명절 모임은 당대인이 느끼던 家의 범주를 추측해 볼 수 있는 중요한 단서의 하나가 될 수 있다. 이런 모임에 참여하는 친속은 심정적으로 家의 구성원으로서의 유대감을 가지는 범주로 볼 수 있으리라 여겨지기 때문이다. 요즈음도 회갑연 등 가족 모임에 참석하는 친족의 범위 또는 결혼식 등에서 가족사진에 포함되는 친척들은 일가친척의 범주로서 심정적인 지표가 된다.

이런 의미에서 權溥 家의 명절 모임에 모인 친족들은 家의 범주를 추측해 볼 수 있는 단서의 하나라 생각되는데, 내외손, 현손까지 합쳐 그 규모가 대략 100여 명 정도였다고 한다. 그리고 이를 '일가'라 표현했다. 그러면 이 정도의 규모를 고려인이 느끼던 家의 인적 범주로 규정할 수 있을까?

권부 家의 위세와 대부인이 수를 누렸던 점을 감안할 때 이 정도 家가 당시로서도 일반적인 규모였다고 보기는 어려울지 모른다. 그러나 금주 백성 대문이란 자의 족당이 100명에 가깝다든가,[46] 한 여노의 자손이 100여 명이라든가,[47] 명종 때 한 노파의 자손 중에 요역을 하는 자가 95명이라는[48] 기록들을 보면 예외적인 것만은 아니었던 것 같다. 오히려 하층민 중에도 100여 명 규모의 家가 존재했었던 사실을 알 수 있다.

그리고 이들은 다음과 같은 몇 가지 특징적인 면을 가지고 있었다. 우선 고려인들은 여러 친족집단에 중첩적으로 소속되어 있었다.[49]

---

46) 『高麗史』 권123, 列傳, 嬖幸 李英柱, "金州民大文者 族黨近百人 英柱 倚勢欲壓而爲奴". 여기서 족당 100여 인은 本族, 外族, 姻族 등 한 개인의 다양한 계파와 친속들을 지칭하는 것이라는 견해가 있다(盧明鎬, 1989, 앞의 논문, 188쪽).

47) 「金倫墓誌銘」 『高麗墓誌銘集成』.

48) 『高麗史』 권20, 世家, 明宗 25年 正月 癸卯, "王 聞水州廷谷村 有老嫗 年百有四歲 子孫丁壯者 共九十五人 悉供傜役 賜嫗穀三十石".

처음 최충헌이 이의민의 족속을 誅滅할 때 경주별장 崔武가 州官의 명을 받고, 이의민의 족인 思敬 등 몇 사람을 잡아 죄벌에 처하였다. 이에 사경의 족인 伯瑜·直才 등이 이를 원망하여 方應喬에게 호소하기를, "최무가 난을 일으키고자 합니다."라고 하였더니, 방응교가 이 말을 믿고 최무를 잡아 가두었다. 백유와 직재가 밤에 옥에 들어가 최무를 죽였으나, 방응교가 擅殺罪를 불문에 부치고, 도리어 최무의 족인 用雄·大義 등을 포살하고자 하니, 州人들이 원망하였다. (『高麗史』권21, 神宗 3年 12月)

위의 기록을 보면 사경은 이의민의 족인이면서 동시에 백유, 직재의 족인이기도 하였다. 따라서 이들이 가지는 친족집단으로서의 공동체의식은 특정계보를 범주로 공고하게 결집되는 성격의 것은 아니었을 것이다. 다만 이해관계가 일치하거나 생활기반을 공유하고 있는 친족 간에는 족적 유대감이 상대적으로 강하게 나타났을 가능성이 크다.[50]

예컨대 안축은 충혜왕이 즉위하면서 쫓겨난 자와 친척이 된다고 하여 그 관직을 박탈당했다. 사람들은 "그가 (관직을) 얻은 것은 자신 때문이고, 잃게 된 것은 친척 때문이다"라고 하였다.[51] 이 구절을 보면

---

49) 친족결합에 기초한 고려의 족당세력은 양측적 친속들로 결합된 동일 정치세력을 의미하는 것으로 보았는데, 이들은 혈족관계상 일정범위로 구획지어지지 않으며 중심적 인물을 둘러싸고 본족, 외족, 姻婭 등 다양한 계보의 인물들이 단위를 이루고 있다고 하였다. 즉 고려인들은 본족, 외족, 姻婭 등 다양한 계보의 족인으로 존재하며 이해관계에 따라 이합 집산하는 존재였음을 규명하였다(盧明鎬, 1987, 앞의 논문,『韓國史論』17 및 1990,『李載龒博士還曆紀念史學論叢』, 한울 참고). 또 고려시대에는 처계나 모계를 포함한 양변적 방계가족의 형태하에 외가에 산다면 외조를 정점으로 한 동일 출계집단이 한 가족이 되고 친가에 산다면 조부 또는 증조를 중심으로 한 동일 출계집단이 한 가족을 이루며 구성원들 서로가 가족이란 의식을 갖는다는 견해도 참고된다(허홍식 2004,『고려의 문화전통과 사회사상』제3장, 집문당, 239쪽).

50) 족당세력의 형성 요인으로 혈족적 토대 못지 않게 정치적 이해관계를 중시하는 견해도 있다(盧明鎬, 1987, 앞의 논문 참고).

결국 개인은 현실적 기반이나 이해관계를 공유하고 있는 친족집단의
족인으로서 운명적인 공동체 의식을 가지지 않을 수 없었을 것이라 여
겨진다.

좀더 구체적인 사례로 김훈·최질의 반란사건에서는 부모·처·자
매·조·손·숙부·백부 등이 연좌되었고,[52] 이자겸의 난과 한안인 사
건에 연루된 친속을 보면 한안인의 경우는 子·女壻·형제의 子인 생
질·친사촌·외사촌자매·처남 등이 포함되어 있었다.[53] 이자겸 일파
의 족당은 아내 최씨, 아들 지윤 등 6인, 사위 박효렴, 아우 이자원, 생
질 김영석, 당형제 이자덕, 외사촌형제 김의원, 외6촌형제 김인규 등
姻婭들이 포함되어 있어[54] 예외가 없는 것은 아니나 대부분 祖孫과
내외손 4촌까지가 포함되어 있었다.[55] 특히 부계친뿐만 아니라 외사촌

---

51) 「安軸墓誌銘」『高麗墓誌銘集成』, "或以公爲所斥者之親襯其職 時人語曰 得
之自身失則由親".
52) 『高麗史節要』 권3, 顯宗 7年 2月.
53) 『高麗史』 권97, 列傳, 諸臣, 韓安仁, "……遂羅織其罪 奏流安仁于昇州甘勿
島 沉殺之 流公美于忠州 以柱黨於安仁 流靈光郡松島 又流永及克永于外
安仁兄尙書右丞安中·弟僧永倫·從弟禮部郎中韓沖·妻弟侍御史林存·壻
閤門祇候李仲若·子縝等四人·公美弟祇候公裕·僧可觀·克永妹壻右正言崔
巨鱗·姻婭員外郎任元濬·安中子綸等五人·永子元長等三人·皆緣坐流竄
其族類罷職者亦多 仲若善醫術故疑之 追遣人沉殺之".
54) 『高麗史節要』 권9, 仁宗 4年 5月.
55) 고려 후기에서 조선 전기에 이르는 시기에 일정 범주의 혈족원 전체가 친족
의식을 공유하는 범위는 16세기 이전 祖行 이상의 모든 직계친을 '大父'로 통
칭하는 지칭방식 및 계통을 포괄하는 혈연의식을 고려할 때, 내외조부모의
내외손 즉 4촌이었을 것이라고 보는 견해가 있다(李鍾書, 2003, 「14~16세기
韓國의 親族用語와 日常 親族用語」, 서울대 박사학위논문, 172~188쪽).
  그러나 묘지명의 世系기록을 보면 대체로 부, 조, 증조, 외조를 범위로 하여
4祖와 그 내외손들이 포함되어 있다. 과거시험에도 4祖의 이름을 써 내게 했
고, 사심관 규정에서도 재추의 경우 증조와 처향까지 겸하도록 差遣하였다.
또한 雜路人의 자손이 출사할 때 부, 조, 증조의 출신사로를 참작하게 한 것
을 보면 고려시대에는 생존가능성 있는 증조까지가 특별한 의미를 지녔던 것

형제, 자매, 여서, 처남 등 모계친과 인척까지 광범하게 포함되어 있어 고려적인 특징을 나타낸다.

친족간에 채무를 대신 변제하거나[56] 죄가 가족들에게 연좌되는 사례도 흔히 볼 수 있다. 간음한 여성의 경우 아들,[57] 형제[58] 등에게까지 처벌이 미치는 경우도 있었다.

둘째, 위와 같이 3대 혹은 4대를 포함하는 수십 명의 가속, 친속이 한집에 동거했을 가능성은 희박하다. 권부의 집안도 명절 때가 되면 내외손과 증손들이 수레를 타고 모인다고 하여 각각 분가하여 살았음을 알 수 있다.

그러나 자손들은 그다지 멀리 떨어지지 않은 곳에 모여 살았던 것을 알 수 있다. 무인정권기에 최세보가 一坊을 두루 차지하여 사면에 저택을 짓고 자손을 살게 하였다는 것은 친족끼리 비교적 가까운 지역에 모여 살았음을 의미하는 것이다.[59] 雜材署丞이었던 황수의 형제들도 근처에 모여 살고 있었던 것 같다.

　황수는 대대로 평양부에 살았으며 충숙왕 때에 본부의 잡재서 승이 되었는데 부모 나이 모두 70여 세였다. 아우가 있어 황현, 황중련, 황계 련이라 하였으며, 또 자매 2인이 있었는데 같이 밥지어 먹으며 날마다

---

56) 『高麗史』 권79, 食貨, 借貸, "(우왕 원년 2월) 公私營息錢糧 止取一本一利 貸 者不在 毋令徵及族人……".
57) 『高麗史』 권46, 恭讓王 3年 9月 甲午. 工曹摠郎 朴全義가 그 어머니와 중이 몰래 정을 통하는 것을 막지 못하였다고 탄핵되었으나 왕이 용서하도록 하였 다.
58) 『高麗史』 권127, 列傳, 叛逆, 李資謙. 이자겸의 여동생이 순종비가 되었는데 순종 사후 궁노와 간통하였으므로 자겸도 연좌되어 파면되었다.
59) 『高麗史』 권100, 列傳, 崔世輔.

세 때에 맛있는 음식을 갖추어 먼저 부모에게 드리고 물러가서 함께 먹었다. (『高麗史』 권121, 列傳, 孝友, 黃守)

위의 기록에서 황수 6남매는 매일 밥을 함께 지어 먹으며 부모를 공양하였다고 하는데, 부모의 나이가 70세였던 점을 감안할 때 이들은 모두 혼인하여 가정을 이루고 있었다고 보는 것이 자연스럽다. 그런데 세 때 함께 밥을 지어 먹었다는 것은 부모와 함께 살거나 분가하였더라도 매우 가까운 곳에 家舍를 두고 있었음을 의미한다.[60]

고려시기 집의 형태가 대부분 서까래 두 개를 걸쳐 놓은데 불과하다는 기록으로 보아[61] 소가족의 존재를 무시할 수는 없으나, 대개는 근처에 모여 상호 밀접한 의존관계를 가지고 있었을 것으로 짐작된다.

이상의 검토를 종합해 보면 고려인들이 생각하던 家의 인적 범주는 동거하는 가구로 구성된 독립적 세대에 한정된 것이라기보다는 좀더 넓은 범주의 가문이었다고 생각된다. 권부, 대문의 家에서 나타나듯이 넓은 의미의 가속 곧 친속은 집안 어른, 또는 핵심 인물을 중심으로 일가, 일문을 이루고 있었으며, 내외손, 姪壻 등을 포함해 규모가 큰 경우 100여 인 정도의 구성원을 가지고 있었던 것으로 나타난다.

그리고 개인은 부계중심의 單系的인 가문의 일원이라기 보다 본족, 외족, 인아 등 다양한 계보의 족인으로서 여러 개의 친족집단에 복수

---

60) 조선 전기의 상황도 비슷하다. 3세대가 한 집에 거주하는 형태가 지배적이었다고 보기는 어려우나 거처가 대부분 세거지내 부모의 가사 주변에 위치하여 완전히 독립적이었다고 볼 수는 없다. 가사가 분리되어 있다 하더라도 자녀들은 주변에서 부모의 농업경영이나 가사운영에 지속적으로 참여하고 있어 생활공동체적인 모습을 보이고 있었다고 한다(朴賢淳, 1999, 앞의 논문, 87쪽 참조).

61) 『高麗圖經』 권3, 國城, "民居十數家 共一聚落";『高麗圖經』 권3, 民居, "其大不過兩椽 比富家稍置瓦屋 然十纔一二耳".

로 소속되어 있었다. 따라서 고려인들은 특정 계보의 혈족원으로 강고히 결합되어 있었다기 보다 이해관계가 일치하거나 생활기반을 공유하는 친족들끼리 상대적으로 강한 유대감을 느끼고 있었을 가능성이 크다. 아울러 단혼소가족의 존재를 부정할 수 없다 하더라도 이들이 사회적 기초집단으로서 가지는 독자적인 의미는 희박하다고 보여진다.

2. 家業 - '同業'의식과 가계의 연속성

1) 가계계승의 토대 - 家業

위에서 살펴 본 바와 같이 고려인이 생각하던 家의 인적 범주는 소가족, 대가족만으로 간단히 규정짓기 어려운 복합적인 측면을 가지고 있었다. 家의 구성원들이 부계, 모계, 인아에 복수의 족인으로 존재하였으므로 부계중심의 단선적인 혈족의식이 家를 지탱하는 절대적 요소가 되기는 어려웠을 것으로 보인다. 그러면 고려인들이 家의 구성원으로서 가지는 정체성의 토대는 무엇이었을까?

인류학자와 사회학자들 중에는 가족의 실재요건을 두 가족의 결합에서 비롯된다고 보는 '수평파'와 한 남자와 여자 그리고 그들 자식을 통해 이루어지는 부모자식간의 연속성을 강조하는 '수직파'의 두 부류가 있다.[62] 이 중 수직파의 주장에서는 시간상의 연속성, 조상과 후손을 잇는 혈연적 요소와 의무감 등이 가족관계를 규정하는 중요한 요소가 된다. 우리나라에서도 부계적 질서로 대치되는 17세기 이후에는 혈연이 가계 계승의 원리로서 매우 중요시되었다.[63]

---

62) 앙드레 뷔르기에르, 크리스티안느 클라피슈-주버 마르틴느스갈랑, 프랑수아즈 조나벵 엮음, 정철운 옮김, 2001, 『가족의 역사 1』 이학사, 7~9쪽.
63) 최근 연구에서 그 이념적 배경을 송나라 성리학자들의 '同氣' 이론의 영향으

그러나 친족의 범위가 넓을 때는 가계 연속성에 대한 의식이 희박해
진다.[64] 고려시대와 같이 부부 양측의 혈족을 크게 구별하지 않고 서
류부가혼속으로 인해 외가나 처가와도 친연성이 강한 사회에서도 비
슷한 상황을 생각해 볼 수 있다.[65]

뿐만 아니라 고려인들의 혈연의식의 바탕에는 불교적 관념이 자리
하고 있어 부계중심으로 이어지는 성리학자들의 혈족의식과는 차이가
있었다.

이에 앞서 여러 아들이 모두 왕명을 받아 원에 들어가 있고, 오직 둘
째 아들 璉이 곁에서 모시고 있었다. 25일이 되자 뒷일을 부탁하여 말
하였다. "오랜 전생부터 인연이 있어 같은 형제로 태어났으니, 집안일
로 서로 시기하고 미워해서는 안 된다. 무릇 나라를 잘되게 하려면 반
드시 먼저 그 집안부터 바로 잡아야 한다. 맏아들 瑞 등이 돌아오기를
기다려서, 형은 공손하고 동생은 순종하여 다른 사람들에게 업신여김
을 당하지 마라." 말을 마친 뒤 목욕을 하고 옷을 갈아입었다. (「趙仁
規墓誌銘」『高麗墓誌銘集成』)

로 보는 견해가 있다. 조선 전기에 받아들여졌던 '同氣' 이론이 17세기 이후
조선사회에서는 부계계승원리의 정당성을 옹호하는 이념으로 기능하였다는
것이다(이종서, 2003, 「고려 후기 이후 '同氣' 이론의 전개와 혈연의식의 변
동」『東方學志』120).
64) 홍성표, 1999, 『서양중세사회와 여성』, 제6장 영국 농민층의 가족제와 여성,
느티나무, 147쪽.
65) 14~16세기의 한국사회에서 친족관계를 형성케 한 주된 요인이 특정 조상의
후손이라는 당위로서의 의무감이 아니라 일상의 경험에 따른 친밀감이었다
는 견해도 주목할 만하다. 혈연은 관계를 돈독히 하는 여러 요인중 하나일 뿐
이며 오히려 다른 요소들에 비해 규정력이 적었다고 볼 수 있다는 것이다(이
종서, 2003, 앞의 논문, 179쪽). 이는 고려나 조선 전기 家의 규정 요인 또는
가계 계승의 원리로서 혈족 이외에 다른 요인의 존재 가능성을 암시한다.

위의 기록에서 고려인들은 형제로 태어난 것을 전생의 인연으로 여기고 있었다. 그렇다면 고려시대에 혈연 이외에 家의 구성원간 유대감 또는 가계계승의 원리를 형성하는 근거는 무엇이었을까?

현대적 용어인 가족, 가정은 일차적으로 혈연공동체를 떠올리지만 원래 중국에서 家의 개념은 그 집단의 소유대상이라는 의미가 강했다. 일정 범위의 가족집단이라는 개념은 재산을 뜻하는 것보다 뒤에 나타났다.66) 이런 의미에서 필자는 다음 사료에 보이는 '同業'에 유의해 보고자 한다.

> 공은 어려서 아버지를 여의었는데, 학문에 뜻을 둘 나이가 되자 義父가 집이 가난하다고 하여 공부를 시키려 하지 않고 그 아들과 함께 '同業'하도록 하였다. 그 어머니가 불가하다고 고집하며 말하기를, "첩이 衣食 때문에 柏舟를 부끄럽게 하였습니다. 그러나 그 유복자가 다행히 지금 자라나 학문에 뜻을 둘 나이가 되었으니, 이 아이의 아버지가 본래 속해 있던 무리에 속하게 하여 그 뒤를 따르게 하는 것이 마땅할 것입니다. 만약 그렇게 하지 못한다면 내가 무슨 얼굴로 지하에서 전 남편을 다시 보겠습니까."라고 하며, 드디어 그 뜻대로 용단을 내렸다. (「李勝章墓誌銘」『高麗墓誌銘集成』)

이승장의 義父는 집이 가난하여 승장과 함께 동업을 하여 가계를 영위하고자 하였다. 그러나 어머니는 전 남편의 業을 계승해 관인이 되기를 희망하였다. 승장의 친부와 의부의 業이 달라 가업의 계승문제로 의부와 친모 사이에 갈등이 생긴 것이다. 승장의 어머니로서는 물론 아들이 儒者가 되는 것이 최고의 신분층인 관인이 될 수 있는 길이기 때문에 유업의 계승을 고집했을 수도 있다. 그러나 "승장이 유업을

---

66) P. Ebrey, "Conception of the Family in the Sung Dynasty," JAS 43-2,1984, p.222/ 육정임, 2003, 앞의 책, 19~20쪽 재인용.

잇지 못하게 된다면 내가 무슨 얼굴로 지하에서 전 남편을 다시 보겠습니까." 하는 기록을 보면 출세만이 아니라 아들에게 친부의 업을 잇게 해 주는 것을 오히려 중시하였던 것 같다. 자신은 비록 재혼을 했으나 아들에게는 친부의 業을 이어 가계를 계승하게 하는 것이 도리라고 생각했던 것이다.

이 사례뿐만 아니라 고려인들은 일반적으로 業의 계승을 가장 우선적인 자식의 직분으로 여길 만큼 중요하게 생각하였다. 기록 속에 '子職所先, 父業之嗣'라는 구절이 이를 잘 나타낸다.[67]

가업의 계승은 자식의 직분이며 父祖의 입장에서는 이를 물려주는 것을 덕으로 여겼다.[68] 가업의 계승이 순조롭게 이루어지지 못하면 자식의 입장에서는 불순, 불효이며, 부조로서는 無德의 소치로 원망을 샀다.[69] 이같이 고려인들은 가업을 家의 계승원리로서 대단히 중요시하였다.

그러면 業은 무엇이며 業을 계승한다는 것은 어떤 의미가 있는가?

---

67) 『高麗史』 권135, 列傳, 禑王 10年 7月, "遣政堂文學鄭夢周 如京師 賀聖節 請承襲及謚 右常侍李天嶼 賀千秋節 承襲表曰 天聰孔邇 民欲是從 子職所先 父業之嗣 再握隔瑧 庸瀆高明 伏念臣禑 積沃之加 嚴親云沒 繼猶判渙 常存恐懼之心 奉以周旋 久佇恩憐之澤 旣星霜之屢換 而雨露之尙稽 益切不呼 蒙兪允".

68) 『高麗史』 권78, 食貨 田制, 祿科田, 典法判書 趙仁沃 상소, "府田亡 而府兵亦亡 無賴之徒 安坐其家 不知征役之苦 以其先世私授之田 謂之祖業 食至千百結 不以爲國家之田 而以爲父母之德 百無報國之心 而從軍之士 忘軀命冒矢石 得生百戰之餘者 反不得一畝之田 軍士之赴敵者 其父母妻子 飢寒流移 國無斗粟尺帛之賜 而彼無賴坐食之徒 馬厭粟 而妾曳縠 此非細故也 奈何以太祖艱難所得之地 不以養軍士 反以資無賴之徒".

69) 『高麗史』 권85, 刑法, 奴婢, "恭讓王三年 郞舍 上疏曰 比年以來 奔競成風 皆欲冒寵於權門 雖有子孫者 祖業人口 盡與他人 故其子孫 益以窮迷 猶怨祖父之無德 則安有孝順之可稱者乎……".

2) 業을 같이 한다는 것

家의 계승은 흔히 家業 또는 祖業의 계승으로 나타난다.

가업, 조업은 여러 가지 의미를 포함하는데 왕위를 계승하는 것 즉 왕업을 잇는다는 의미로도 쓰였다.[70] 이는 家의 개념이 왕가, 천하일가의 개념으로도 쓰였던 것과 일맥상통한다. 또한 사회적 지위와 명망을 의미하기도 하였다.[71]

그러나 일반적으로 가업은 儒業, 武業, 醫業 등을 통해 사회적 지위나 신분의 계승을 의미하는 경우가 많았다. 즉 고려인들은 業을 世業,[72] 또는 世職으로[73] 계승하고 있었다.

『고려도경』에 보면 "백성들이 業으로 儒를 귀하게 여기므로 그 나라에서는 책을 알지 못하는 것을 부끄럽게 여긴다"[74]고 하였다. 즉 유가의 자손들은 대를 이어 문장을 業으로 삼는 일을 명예롭게 여겼다. 유방헌은 젊은 나이에 가업을 이어 받아 부지런히 학문을 닦으며 五經과 疏義를 정독했다 하고[75] 5대를 이어 문장을 業으로 해 온 오인정

---

70) 『高麗史』권11, 世家, 肅宗 卽位年 10月, "伏念 臣記齡幼弱 植性戇愚 不違乃父之遺言 謬承家業 庶效維藩之劇務 永竭忠勤 緣痾渴之夙嬰 歷歲時而漸極……" ; 『高麗史』권15, 世家, 仁宗 4年 5月, "丁亥 宣旨 朕 以幼沖 承襲祖業 意欲倚賴外家 事無大小 一切委任 而縱爲貪暴 殘民害國, 朕雖知之 無以防閑 至今月二十日 患起倉卒 判兵部事拓俊京 倡義定難 功不可忘".
71) 『高麗史』권94, 列傳, 諸臣, 皇甫兪義, "……王寢疾 金致陽謀變 王知之 命選文武各一人 率軍校 往迎顯宗 於是 蔡忠順·崔沆等議曰 皇甫兪義 志存宗社 且其父祖 有勳勞於國 當不墜家業 以盡心力 盍遣此人 幷擧武班郎將文演 以聞".
72) 『高麗史』권95, 列傳, 諸臣, 崔沆, "沆 聰悟沉訥 寡言善斷 世業儒 以淸儉持家 久秉鈞 一介不取於人手 不接金玉".
73) 『高麗史』권116, 列傳, 諸臣, 李豆蘭, "李豆蘭 初名豆蘭帖木兒 女直金牌千戶阿羅不花之子 襲世職爲千戶 恭愍時 豆蘭遣其百戶甫介 以一百戶來投".
74) 『高麗圖經』권19, 民庶.
75) 「柳邦憲墓誌銘」『高麗墓誌銘集成』, "年甫卝角 襲家業 拳拳耽學 求五經及

家에서도 후손들에게 가업을 잇도록 독려하는 모습을 볼 수 있다.

　공이 일찍이 세 아들에게 말하기를 "우리 집안은 5대에 걸쳐 글을
하였으니 선을 쌓은 집안에는 반드시 복이 오는 것이다. 할아버지와
아버지가 잇달아 글 짓는 것을 業으로 삼은 지 오래되었으니 후손들도
반드시 그 은덕을 입을 것이다. 너희들은 열심히 노력하고 또 노력하
라."고 하였다. 이로 말미암아 세 아들도 아버지의 가르침을 따라 家聲
을 더럽히지 않았다. (「吳仁正墓誌銘」『高麗墓誌銘集成』)

　유가들은 이렇게 학문을 익히고 과거에 급제하여 經術로서 조정에
나가는 것을 마땅히 해야 할 일로 여겼고, 이것이 가업, 문업, 부업, 조
부업을 계승하는 길이라 생각했다. "光世光陟光謙 並嗣家業 取科第"[76]
"又襲門業絲是牽"[77] "公繼父業 以文雅顯名"[78] "承祖父業 擢明經第
……"[79] 등의 기록이 이를 잘 나타내 준다.

　유업뿐만 아니라 吏術, 의술 등도 世業으로 계승하였다. 예컨대 □
藥 侍御醫 윤응첨은 조부 검교상서□□행대의소감 殷錫으로부터 3대
에 걸쳐 의술을 業으로 삼았다. 또한 어의 □자검의 딸과 결혼함으로
서 인아로도 의가를 이루었다.[80]

　한편 가업, 조업은 家의 재산 즉 물적 토대를 의미하기도 하였다.

　충혜왕 후 4년에 미질을 얻어 자녀를 불러 앞에 오라 하고 말하기를,
"오늘날 형제들이 서로 잘못 지내는 일이 많은 것은 재산다툼에 연유

　　疏義 無不精覽".
76)「崔誠墓誌銘」『高麗墓誌銘集成』.
77)「柳邦憲墓誌銘」『高麗墓誌銘集成』.
78)「安于器墓誌銘」『高麗墓誌銘集成』.
79)「金誠墓誌銘」『高麗墓誌銘集成』.
80)「尹應瞻墓誌銘」『高麗墓誌銘集成』.

한 것이다."하고 아들 尹粲에게 명하여 文契를 써서 家業을 균분케 하
고 또 훈계하여 말하기를, "화목하고 다툼이 없는 것으로써 너희 자손
에게 훈계하라"하고 말을 마치자 의관을 정제하고 졸하니 나이 79세였
다. (『高麗史』 권109, 列傳, 諸臣, 尹宣佐)

즉 위의 사료에서 가업은 家財를 의미한다. '가업을 균분'한다는 것
은 家의 생계와 경영의 기반이 되는 물질적 토대를 나눈다는 의미일
것이다. 가업과 유사한 의미로 쓰이는 조업도 "사급전이라 하여 점유
한 토지를 그대로 조업이라 칭하는 자"[81] 조업전,[82] 조업노비[83] 등을
보면 대대로 내려오는 조업전과 조업노비를 의미한다. 그 외에 영업
전,[84] 田廬,[85] 별업[86] 등도 자손들에게 계승되었다.

---

81) 『高麗史』 권33, 世家, 忠宣王 卽位年 11月, "豪勢之家 始以賜給 占籍土田
因稱祖業者 及其足丁 剩於本數者 令各道務農使, 盡行打量, 納租本司".
82) 『高麗史』 권78, 食貨 田制, 祿科田 禑王 14年 7月 趙浚上疏, "……至於近年
兼幷尤甚 奸兇之黨 跨州包郡 山川爲標 皆指爲祖業之田 相攘相奪 一畝之
主 過於五六 一年之租 收至八九……". 강진철은 조업전, 조업전토, 세업전,
부조전 등의 토지속에는 공음전, 공신전도 포함되었겠지만 대개의 경우 민전
이었을 것으로 추측한다(姜晉哲, 1980, 『高麗土地制度史硏究』, 고려대출판
부, 186쪽). 또한 신호철은 家業속에 토지는 포함되지 않는다고 하였으나(申
虎澈, 1983, 「고려시대 토지상속에 대한 재검토」 『歷史學報』 98, 127쪽) 家業
과 祖業은 거의 동의어로 쓰였으므로 토지를 포함시켜 이해해도 무방하리라
생각된다.
83) 『高麗史』 권118, 列傳, 諸臣, 趙浚2, "其都官·宮司·倉庫·奴婢 及近日誅
流人祖業·新得奴婢 令辨正都監 皆計口成籍 毋使遺漏 每有土木營繕之役
賓客佛神之供 皆以役之 其於坊里雜役 一皆除去 以安其生 以衛王室".
84) 『高麗史』 권78, 食貨, 田制 田柴科, "靖宗七年正月 門下省奏 舊法 凡犯罪者
不得受永業田 上將軍李洪叔 曾犯憲章 流配嶺表 其妻子孫 不當給田". 고려
의 영업전은 그 의미가 분명치 않다. 무관에게 지급된 토지(白南雲『朝鮮封建
社會經濟史』上, 東京 : 改造社, 1937, 99~137쪽), 전시과에 의해 지급된 토
지(武田幸男, 1967, 「高麗時代の口分田と永業田」『社會經濟史學』33-57) 무
기영대적 성격을 갖는 傳遞土地(李佑成, 1965, 「高麗의 永業田」『歷史學報』

위에서 살펴 본 바와 같이 가업은 유업이냐, 의업이냐 등에 따라 유
가, 병가, 의가 등 家의 성격을 규정할 뿐만 아니라 개별 家의 사회적
지위와 명망의 기준이 되기도 하였다. 혈연의식을 강화시키는 또 다른
요인이기도 하며 가계계승의 원리로서 혈연 못지 않은 의미를 지니고
있었다. 가업의 공유와 계승은 소속원의 자격이자 의무였으며, 家의 구
성원이 함께 참여하여 이루고 지켜 나갈 토대였다.

그리고 "亡夫人天性明惠勤儉 克維家業"[87] "執其婦道 以成家業"[88]
이라는 기록을 보면 여성도 가업을 이루고 이어나가는 주체의 하나였
음을 알 수 있다.

> "부인이 그 남편을 도우며 친족을 은혜로이 하고 가업을 융성하게
> 하면 능히 정렬을 지키는 것이고, 신하가 나라를 제 집처럼 근심하고
> 절의를 다해 직무에 봉사하고 임금으로 하여금 부귀 영화를 편안케 하
> 며 덕택이 백성에게 미치게 하면 이는 능히 충성을 다하는 것입니다."
> (「廉德方妻沈氏墓誌銘」『高麗墓誌銘集成』)

위의 사료는 조선 초의 기록이지만 여성의 역할 중 가업을 융성하게

---

28) 등 여러 견해가 있다.

85) 『高麗史』 권7, 世家, 文宗 10年 2月, "甲午, 有司奏 沒蓄人廉可稱 軍器丞位
之子 三韓功臣司徒邢明之孫 於庚戌年中 充環衛公子軍役 會丹兵亂入 京城
震騷 奉二親 避兵于故鄕峯城縣 道遇賊 被虜而去 淸寧元年正月 携一子亡
來 請可稱, 父祖永業田舍 並令還給 制曰 可稱 功臣苗裔 丁年被虜 棄蓄土
妻兒 惟携一子 皓首而歸 深可憐憫 可給舊業田廬".

86) 『東國李相國集』 권23, 「四可齋記」, "昔予先君嘗置別業於西郭之外 溪谷窅
深 境幽地僻 如造別一世界可樂也 予得而有之 屢相往來 爲讀書閑適之所
有田可以耕而食 有桑可以蠶而衣 有泉可飮有木可薪 可吾意者有四 故名其
齋曰四可".

87) 「廉德方妻沈氏墓誌銘」『高麗墓誌銘集成』.

88) 「房淸璉妻皮氏墓誌銘」『高麗墓誌銘集成』.

하는 일을 중시하였으며 관인층의 직분에 비할 만큼 큰 비중을 두었음
을 알 수 있다.

3. 家風, 家聲

1) 고려인의 家의식

고려시대인은 家를 떠나 홀로 존재하기 어려웠다. 경제 기반이 기본
적으로 가업을 통해 계승되었고 농업생산도 집안 구성원의 협조 없이
는 불가능했다. 사회적 출세 역시 가문의 격과 위상에 따라 크게 좌우
되었다. 예컨대 문종 때 李申錫은 과거에 급제하였으나 씨족을 錄示하
지 않았다는 이유로 登朝가 좌절될 뻔하였다. 개인의 출세에 家의 명
망이 영향을 미친다는 근거다.[89) 개인적 기록인 묘지명에도 4조를 함
께 기록함으로써 결국 ○○가문의 자나 손 또는 ○○의 딸이나 처임이
드러나도록 하였다.

따라서 家는 개인의 태도와 행위에 커다란 영향을 미쳤으며, 종족에
대한 의무 또는 종족의 칭찬과 비난 등은 개인의 행위를 규제하는 요
인의 하나로 작용하였다. 묘지명에는 종족에게 성실하고, 형제와 누이
들과도 우애를 갖추었다거나[90) 빈객을 접대하고 친척들을 구휼한 행
위를 드러내 칭찬하는 등[91) 친족에 대한 도리와 의무를 중시하는 기록
이 많이 보인다.

---

89)『高麗史』권95, 列傳, 諸臣, 崔冲, "明年 爲式目都監使 與內史侍郞王寵之等
奏 及第李申錫 不錄氏族 不宜登朝 門下侍郞金元冲‧判御史臺事金廷俊奏
氏族不錄 乃其祖父之失 非申錫之罪 況積功翰墨 捷第簾前 身無痕咎 合列
簪紳 制曰 冲等所奏 固是常典 然立賢無方 不宜執泥 其依元冲等奏".
90)「閔宗儒墓誌銘」『高麗墓誌銘集成』.
91)「金倫妻 崔氏墓誌銘」『高麗墓誌銘集成』.

김광재가 나이 60이 되어 건강이 악화되자 자신의 죽음보다 어머니 앞에서 먼저 죽어 종족에게 부끄러움을 당할 것을 걱정하였던 것도[92] 종족의 평가가 개인의 생각과 가치관을 결정하는데 상당한 영향을 미치고 있었다는 사실을 나타낸다.

이같이 고려인들은 철저히 家의 일원으로 살아갔다. 그러면 고려인들이 家 또는 族 속에서 자기 정체성을 느끼며 그 일원으로 행동하게 한 심성적 근원은 무엇일까?

르 고프는 중세인들의 망탈리테와 감수성을 지배하고 태도를 결정하는 것의 하나는 불안감이었다고 한다. 그에 대한 처방은 집단연대와 그들이 속해 있는 공동체의 연대에 의지하고 야망이나 失寵으로 인해 연대로부터 단절을 피하는 것이었다. 따라서 중세적 정신은 끊임없이 공동체와 집단을 부추겨 개인은 결코 혼자 내버려둘 수 없는 존재이며 이기심은 죄악이요, 구원은 집단 속에서만 그리고 집단에 의해서만 가능한 것이라고 여겼다.[93]

고려인에게서도 비슷한 심성을 읽을 수 있다. 계속되는 전쟁, 질병과 재난 그리고 가난 등은 그들의 삶을 끊임없이 위협하였다. "産農의 家에서는 오로지 하늘을 의지할 뿐이다. 水·旱災가 문득 몰아닥치면 묵정밭이 되어 버리고 만다"[94]라는 언급에서 이들의 생산기반은 자연에 의존한 불안정한 것이었음을 알 수 있다. 따라서 자연재해와 전쟁 등은 일상적인 삶의 위협이 되었고 그것으로부터 오는 공포와 불안에서 벗어나기 위한 방법은 종교에 의존하거나 집단적으로 대처하는 것 외에 특별한 대안이 없었을 것이다.

---

92) 「金光載墓誌銘」『高麗墓誌銘集成』.
93) 쟈크 르 고프 저, 유희수 역, 1992,『서양중세문명』, 문학과 지성사, 제9장 망탈리테 감수성 태도.
94) 李穡,『牧隱文藁』권9, 農桑輯要後序.

고려시대에 유배가 사형 다음으로 무거운 처벌이었던 것은 자신이 속한 집단과 거주지로부터 이탈되는 것을 두려워하고 불안감을 느끼는 당시인의 심성 때문이었다고 볼 수 있다. 공동체로부터의 분리를 죽음 다음으로 두렵고 불안하게 느꼈던 당시인의 심성을 이용한 처벌 체계였다고 볼 수 있다.

그러므로 고려시대인에게 家는 일상의 불안요소로부터 개인을 보호하는 중요한 방어막이었다.

> 王煦는 공의 숙부다. 正獻公이 울면서 말하였다. "권씨의 자제로 萬戶보다 현명한 이가 없어서 내가 일찍이 희망하기를 그가 권씨 종족을 비호해주리라고 생각하였다. 하늘은 어찌 이다지도 빨리 나의 현명한 자제를 뺏어가는 것인가."(「權廉墓誌銘」 『高麗墓誌銘集成』)

위의 기록에서도 종족 중 능력 있는 사람에게 친족 전체가 의존심을 가지고 있었던 모습을 읽을 수 있다. 실제로 鄭穆은 녹봉을 받는 날이 되면 그 혜택이 내외의 친인척 및 마을의 賤小들에게까지 미쳤다[95]고 하여 가난한 친척들에 대한 일차적인 구휼을 家, 族이 담당했던 사례를 볼 수 있다. 고모부의 손녀 둘을 키워 시집보낸 尹澤이나, 두 동생을 자식과 같이 키운 安軸의 사례에서도 종족은 일상적인 어려움으로부터 개인의 보호막이 되었음을 알 수 있다.

따라서 고려인의 삶속에서 家의 일원이라는 소속감은 대단히 중요했고 그들의 정체성은 개인적 자의식보다 자신이 속한 家 또는 가문의 구성원간 족적 유대감 즉 구성원의 집단적 家의식으로 표출되었다.

이런 집단적 家의식은 家風, 또는 家聲 등으로 표현되는데 특히 상류 신분층에서 두드러지게 나타난다. 다음 기록은 고려인들이 자신들

---

95) 「鄭穆墓誌銘」 『高麗墓誌銘集成』.

이 가지고 있던 家의식을 가풍, 혹은 가성으로 표현하였던 사례다.

① 대성에서 글을 번갈아 올려 말하기를, "정도전은 가풍이 바르지 못하고 파계가 분명치 못한데[道傳, 家風不正, 派系未明] 외람되이 大職을 받고 조정에 섞여 있으니 청컨대 告身과 功臣 錄券을 회수하고 그 죄를 밝게 다스리소서."라고 하니 왕이 다만 직첩과 녹권만을 회수하고 나주에 移配하였다. (『高麗史』 권119, 列傳, 諸臣, 鄭道傳)

② 그 公須와 食祿正은 호정에 준하고……副正은 州·府·郡·縣吏에 준하되 가풍이 호정, 부병창정에 미치지 못하는 자로써 이를 差授하고 만약 대대로 가풍이 있는 자식은[若累世有家風子息] 兵倉史를 初授하여 그 다음은 後壇史를 초수하게 하였다 (『高麗史』 권75, 選擧, 銓注, 鄕職)

③ 王孫이 사위가 되어서 가풍을 다시금 떨치게 되었으니 가계가 10세를 연이어 오면서 선을 행한 것이 모여진 것이로다. (「許珙墓誌銘」 『高麗墓誌銘集成』)

④ 李承老가 처제를 사통하여 아들을 낳고 거짓으로 버린 아이라 일컫고 길렀는데 이승로의 처가 일이 발각되면 가성을 더럽힐까 염려하여 언색에 드러내지 않았으니 20여 년 동안에 비록 친근한 이라도 알지 못하였다. (『高麗史』 권114, 列傳, 諸臣, 李承老)

⑤ 栗亭 尹文貞公이 그의 아들인 현재 三司副使 龜生을 위하여 며느리를 택할 때, 부인이 어질어서 여공을 잡되 추운 겨울이나 더운 여름에도 쉬지 않으며, 그 아우 또한 가성을 떨어뜨리지 않도록 힘쓴다는 것을 듣고, 문정이 말하기를, "이 이가 내 아들의 배필이 되기

에 족하다"하고 예로써 맞이하였다. (「尹龜生妻 崔氏墓誌銘」『高麗墓誌銘集成』)

⑥ 처음에 印公秀가 항상 원종에게 원나라 풍속을 본받아 머리모양을 고치고 의복도 바꾸기를 권하니 원종이 말하기를, "나는 차마 하루 아침에 祖宗의 家風을 갑자기 바꿀 수 없으니 내가 죽은 후에 경들은 맘대로 하라"고 하였다. (『高麗史』 권28, 世家, 忠烈王 卽位年 12月)

⑦ 무오에 鄭克永·李之美를 송에 보내어 權適 등의 制科가 환국할 때 어필로서 조서를 하사한 것을 사례하면서, 왕이 몸소 표문을 짓고 손수 썼다. 그 글에 이르기를, "……생각건대 신은 우매한 자질로 충효한 가풍[傳家忠孝之風]을 전승하여 상조에 進貢함을 더욱 공손히 하고, 맑은 法術을 닦음이 또한 오래되었나이다." (『高麗史』 권14, 世家, 睿宗 13年 8月 戊午)

⑧ 吾家는 대대로 성조의 은혜를 받았음에 忠과 淸을 이어 가문을 떨어뜨리지 않고자 하였으나 다만 반딧불같은 빛을 가지고 聖日에 보태고자 하니 감히 보잘 것 없는 식견으로 詞源을 의론하겠습니까? 스스로 세월이 가도 공업이 없음을 부끄러워하여 멀리 雲霄를 바라보니 아득하기만할 뿐입니다…… (『高麗史』 권95, 列傳, 諸臣, 崔冲, 崔若)

위의 기록을 보면 가풍, 가성은 家格과 같은 현실적, 사회적 위상이나 관념적 측면의 가계적 전통을 포괄하는 의미로 보인다. ①②에서는 가풍이 관직진출과 출세에도 영향을 미쳤음을 알 수 있다. ③에서 왕손을 사위로 맞아 가풍을 떨쳤다는 것은 대체로 가풍을 家의 격과 비슷하게 쓴 사례라 여겨진다. ④에서와 같이 가인의 비윤리적 행위가

가성을 더럽히는 것이라든가 ⑥에서 나라의 풍속을 가풍이라 하였던
점 등은 가풍이 대대로 내려오는 家의 전통이라는 의미와 유사해 보인
다. ⑥에서 나라의 풍속을 가풍이라 한 것은 국가도 넓은 범주의 家라
는 의식에서 근거한 것이라 생각된다. ⑦⑧에서는 가풍이 忠, 淸과 같
은 정신적인 측면을 내포하고 있음을 나타낸다. ⑦의 충효한 가풍 ⑧
의 吾家의 忠, 淸과 같은 기풍 등은 그 집안의 정신적 전통을 의미하
는 것이다.

  2) 명망가의 '族望'의식

  고려인의 집단적 家의식인 가풍, 가성은 상류층에서 두드러지게 나
타난다. 서긍은 이를 보고 "고려의 선비들은 族望으로써 서로 높인다"
고 하였다.96)

  고려시대 묘지명에는 望族, 名族, 名家, 顯族, 甲族 등으로 칭해지
는 가문이 있었다. 인주이씨, 광양김씨, 광산김씨, 안동권씨, 옥구고씨,
해평윤씨, 해주최씨, 남양홍씨 등이 이에 해당하는데, 당대를 대표하는
귀족가문이었다. 김용선은 이들을 문벌이라 했으며 ① 조상 중 재추를
역임하고(부계, 모계, 처계 포함), ② 개국공신 등 공신을 배출하였으며,
③ 고려나 신라왕실과 관계를 맺고 있는 등의 공통점을 지니고 있다고
하였다.97)

  서긍이 지적했듯이 이들 망족은 특별한 우월의식을 가지고 있었는
데 그것은 단순히 높은 관직이나 많은 재산만을 배경으로 하는 것은
아니었다. 망족 즉 명망가의 족망의식은, 고위 관직자를 많이 배출한
탁월한 신분이라는 의식에 바탕하고 있었다는 점을 첫째로 꼽을 수 있

---

96)『高麗圖經』권8, 人物, "仕於國者唯貴紳 以族望相高".
97) 金龍善, 1996,「高麗門閥의 構成要件과 家系」『韓國史硏究』93.

다.

> 경원이씨는 국초부터 대대로 大官이 되었다. 昌和公 子淵에 이르러
> 서 아들 顯는 경원백이 되었고 頤, 顗, 顔 등 세 아들은 다 재상이 되
> 었으며,……아우 子祥은 복야로서 아들 둘을 두었는데 預와 類는 재상
> 이 되었으며, 그 손자들도 다 종실과 혼인하여 貴戚으로 번성하니 고
> 금에 드문 일이다. (『補閑集』上, 慶源李氏)

위의 기록에서 경원이씨 가문은 고위관직에 오르거나 혼인관계를
통해 家格을 높여갔음을 알 수 있다. 이런 사례는 최충의 가계에서도
볼 수 있다. 최유길은 벼슬이 상서령에 이르렀고 최충 자손에 文行으
로 宰輔에 오른 자가 수십 인이었다고 한다.[98] 그런데 주목되는 점은
이들이 혈통상 고귀한 핏줄이라는 점에 앞서 높은 관직과 文行을 특히
강조하였다는 사실이다.

다음 기록에서 좀 더 구체적인 내용을 볼 수 있다.

> 문헌공 최충은 두 아들이 있었는데 항상 훈계하면서 말하기를 "선비
> 가 세력으로 출세하면 유종의 미를 거두기 어렵고, 문행으로 현달하는
> 것이 이에 경사스러운 일이다. 나는 다행히 문행으로 밝RP 드러나고,
> 淸愼함으로 세상을 마치게 되었다. (『補閑集』上, 崔文憲公集)

> 그 아들 문숙공 (崔)惟淸이 (두 아들에게) 시로써 훈계하여 이르기를
> "집안은 청백하여 다른 물건이 없고, 다만 經書 만권만이 남아 있다.
> 마음대로 너희들이 나누어 부지런히 읽어, 立身行道하여 임금을 높이
> 게 하라" 하였다. (『補閑集』上, 崔譽肅公兩)

---

98) 『高麗史』권95, 列傳, 諸臣, 崔冲, "子惟善・惟吉 惟吉 官至尙書令 子思諏
    自有傳 冲子孫 以文行登宰輔者 數十人".

위의 기록에서 최충 가문의 사람들은 집안에 경서가 가득하고 학문하는 기풍으로 고위 관직에 오른 사람이 많은 것을 커다란 자랑으로 느끼고 있었다.

權呾의 묘지명에서도 당시인들은 관작, 나이, 학문을 '達尊之三'이라 하였음을 알 수 있다. 심지어 이제현의 아들은 휘를 '達尊'이라 하였으니, 고려인들이 학문과 출세를 중시하던 태도를 엿볼 수 있다.[99] 주목되는 것은 여기에 고귀한 혈통이라는 의식이 보이지 않는다는 점이다.

이상에서 고려시대 망족의 족망의식 속에는 혈통적인 우월감 이상으로 지적, 학문적 우월감이 강하게 자리하고 있었다는 것을 알 수 있다. 특히 가업으로서 유업을 중시하였으며 이를 통해 고위 관직자가 되는 것을 가문의 명예로 생각하고 자부심을 가졌다. 儒業 즉 業을 중시하는 인식이 상류층의 족망의식을 이루는 주요한 요소의 하나였음을 확인할 수 있다.

둘째, 족망의식의 또 다른 측면의 하나는 이들이 지닌 윤리적, 도덕적 우월의식이다.

고려인들은 家의 평판을 나타내는 잣대의 하나로 문장과 더불어 도덕을 꼽고 있다. 예컨대 권렴의 집안은 '문장과 도덕이 으뜸'이었다든가[100] 「李達尊 墓誌銘」에 "도덕과 문장을 말하면 세 재상의 가문을 들 수 있다"[101]하여 李瑱, 權溥, 白頤正의 가문을 들고 있는 것이 실례다.

다음의 기록에서는 사족들이 신분이 낮은 사람들에 비해 상대적으로 도덕적 우월감을 가지고 있는 것을 볼 수 있다.

河魯 등이 행성에 앉아서 徐浩를 심문하고자 하여 목에 사슬을 채워

99) 「李達尊墓誌銘」『高麗墓誌銘集成』.
100) 「權廉墓誌銘」『高麗墓誌銘集成』, "菊齋先生諱溥 位冢宰 文章道德冠一".
101) 「李達尊墓誌銘」『高麗墓誌銘集成』.

오니 奇三萬의 아우 奇善財가 徐浩를 꾸짖기를, "우리 형이 몇 번인가 너의 처를 간통하였는데 한을 품고 때려 죽였느냐"하니 서호가 말하기를, "나의 처는 사족이라 어찌 이런 일이 있겠는가. 만약 비첩같으면 반드시 더러운 행실이 있었으리라" 하였으니 기선재의 어머니가 천하였기 때문에 그렇게 말한 것이다. (『高麗史』 권131, 列傳, 叛逆, 奇轍)

雜材署丞 黃守의 아들들이 부모를 극진히 모시자 "사대부간에도 드문 일인데 어찌 이 성안에 이런 효자가 있는가"[102]하고 감탄하는 것도 같은 맥락이라 할 것이다.

훌륭한 가문으로 '德門'을 꼽았던 것도[103] 이를 반증하는 사례이며 '德業'을 중시하였다.[104] 묘지명에는 '積善之家 必有餘慶'이라는 말이 흔히 나타난다. 선을 쌓으면 (복록이) 자신에게 이르지 않더라도 반드시 자손대에서라도 미친다고 믿었으며, 덕은 위로 하늘 아래로 황천에까지 미친다고 여겼다.[105]

따라서 이들이 특권층으로서 부귀를 누린 것이 사실이지만, 이념적으로는 그들 나름의 절제와 근면, 청렴 등을 강조하였다. "宴安과 사치는 양심을 깎아 없애는 도끼",[106] "사치와 검약은 理亂에 관한 일"[107] 등의 경구를 들어 사치를 경계하였다.

더욱 흥미로운 사실은 德望이 관념적인 가치에 그칠 뿐만 아니라

---

102) 『高麗史』 권121, 列傳, 孝友, 黃守.
103) 『高麗史』 권88, 列傳, 后妃, 仁宗, "王遺使下詔曰 汝任氏 起自德門 入司陰敎 受徽戒相成之道 無險陂私謁之心 得純震之長男 憺斯干之吉夢 爰勅邇臣 式將好賜".
104) 崔滋, 『東文選』 권7, 七言古詩, 上恩門琴大尉謝宴詩, "功名德業與仕宦 終始如公今古罕".
105) 「李奲西公墓誌銘」『高麗墓誌銘集成』.
106) 『高麗史』 권117, 列傳, 諸臣, 姜淮伯.
107) 『高麗史』 권93, 列傳, 諸臣, 徐弼.

실제 관직자의 자질을 평가하는 기준이 되었다는 점이다.

　　덕망과 識量이 있는 자는 재상을 삼고 지략과 위용이 있는 자는 장
수를 삼으며, 감히 말하여 꺼리지 않는 자는 臺諫을 삼고 明察하여 공
평하고 너그러운 자는 刑官을 삼고 算數에 통달한 자는 錢穀을 맡기
고 巧思 精敏한 자는 工匠을 맡기니 이 여섯 가지는 銓注의 조목입니
다. (『高麗史』 권119, 列傳, 諸臣, 鄭道傳)

　위의 기록을 보면 덕망과 식량은 재상을 삼는 기준으로도 작용하였
음을 알 수 있다. 명종 때 최유청 역시 덕망이 높은 사람[宿德舊望]이
라 하여 중서시랑 평장사에 제수되었고,[108] 조인규도 덕망으로 총재가
된 지 오래되었다고 하였다.[109]
　즉 고려시대 망족들은 높은 신분과 지위만큼이나 도덕적, 윤리적 실
천과 사회적 책임감을 요구받았던 사실을 알 수 있다. 망족은 덕을 쌓
고 선을 행해야 하며 이러한 덕풍을 가진 사람이 고위관직에 오름으로
써 가풍을 높이게 되었다는 당시인의 인식을 읽을 수 있다.
　셋째, 이들이 가지고 있는 신분적 특권의식은 그들만의 배타적 동류
의식과 과시욕으로 나타나기도 한다.
　특히 망족간의 집단적 동류의식은 통혼권에서 두드러지게 나타난다.
일례로 파평윤씨 가문의 윤관은 경원이씨 집안과 혼인을 하고 정안임
씨, 광양김씨 가문에서 며느리와 사위를 맞음으로서 당대 귀족 명문과
깊은 관련을 맺고 있었다.[110] 철원최씨 가문 역시 충선왕 즉위년에 지

108) 『高麗史』 권99, 列傳, 諸臣, 崔惟清, "明宗立 以惟清 宿德舊望 拜中書侍郎
　　平章事 尋守司空集賢殿大學士判禮部事".
109) 『高麗史』 권105, 列傳, 諸臣, 趙仁規, "仁規曰 君恩雖至重 洪子藩 以德望爲
　　冢宰既久 臣遽處其上 如衆議何 固辭 乃止".
110) 朴龍雲, 2003, 「高麗時代 門閥貴族家門의 實例」 『高麗社會와 門閥貴族 家

정된 15개의 '재상지종' 중 자신의 가문을 포함해 모두 12개 가문과 혼
인관계를 맺고 있어 당시 명문세족 대부분과 인척관계를 맺고 있었
다.111) 고려의 귀족들이 통혼권을 형성해서 家格을 유지하고 높여 갔
다는 것은 이미 잘 알려진 사실이다.

또한 망족 가문은 많은 관직자를 배출하였고 그들끼리 집단적인 교
류 범위를 형성하고 있었다. 예컨대 좌주·문생, 또는 동년으로 맺어진
관료집단의 밀접한 유대관계가 그것이다. 일례로 해평최씨인 최충이
출세하는 데는 경주최씨인 최항의 문생이었던 점이 크게 작용하였던
것으로 보인다. 반면 최충이 현달한 뒤에는 최항의 아들인 최유부가
최충 밑에서 과거에 급제한다. 文翰之家라는 공통점 위에 이중으로 얽
힌 좌주·문생관계라 하겠다. 이규보도 동년 중에서 재상에 오른 이가
많음을 자랑하였는데112) 서로 도움을 주고 받았을 가능성이 크다.

이들은 계를 조직하거나 耆老會,113) 獨樂會114) 등 사적인 모임을 만
들어 집단적으로 교유하기도 하였는데115) 이런 모임은 친선과 여가의
차원을 넘어 정치적 사회적인 영향력도 적지 않았을 것으로 여겨진다.

반면 자신들과 격이 다른 집단에 대해서는 배타성과 과시욕을 드러

門』, 경인문화사, 206쪽.
111) 朴龍雲, 2003,「高麗時代 定安任氏, 鐵原崔氏, 孔岩許氏 家門分析」, 위의 책.
112) 『東國李相國集』 권25,「同年宰相書名記」.
113) 「朴仁碩墓誌銘」『高麗墓誌銘集成』.
114) 「趙冲墓誌銘」『高麗墓誌銘集成』;「崔義墓誌銘」『高麗墓誌銘集成』.
115) 「權廉墓誌銘」『高麗墓誌銘集成』, "공이 섬기거나 벗하는 자는 益齋 李侍中(李
   齊賢)·淮安 莊順公·陽坡 洪侍中(洪彦博, 아내는 길창부원군 權準의 딸)·安
   常軒(安震)·安謹齋(安軸)·洪唐城·金彦陽·閔及庵(閔思平)·崔拙翁(崔瀣)·
   李評理·權僕射·裵天慶 등과 같은 이들이니 모두 당대의 豪傑들로서 文章
   ·政事·馳騁·射御에 있어서 사람들이 지금도 大宗으로 삼고 있는 이들이
   다". 위의 기록을 보면 권렴이 교유하던 인물은 대개 그와 비슷한 권력자층이
   었음을 알 수 있다.

내었다. 일례로 의종때 庾資諒이 유가 자제들과 契를 만드는데 무인인 吳光陟과 文章弼을 가입시키려 하니 모두 반대하였다 한다.[116]

아울러 망족은 당시 최고의 신분층인 만큼 당연히 특권의식과 과시욕을 가지고 있었다.

서구에서는 중세인들이 외관을 중시하던 모습을 구체적으로 묘사한 연구가 적지 않다. 이에 의하면 그들은 그릇과 음식의 사치를 통해 자신들을 과시하려고 하였으며, 옷이 지닌 사회적 의미는 훨씬 컸다고 한다. 그것은 개개 사회계층을 의미했고 결국 제복이 되었으며 집은 사회적 분화가 표현되는 마지막 방식이었다.[117]

고려 상류층 역시 외적 과시를 통해 자신들의 사회적, 경제적 지위를 드러내려고 했던 흔적이 곳곳에 나타난다.

신분제 사회에서 최고의 신분과 부, 그리고 지적 도덕적 우월감을 지니고 있던 이들이 외적으로도 다른 사람들과 구별되는 탁월함을 추구하고 과시하고자 하는 욕망이 커지는 것은 당연한 일일지도 모른다.

특히 고려의 상류층들은 집에 대한 사치나 집 가꾸기에 유별난 애착을 가졌던 것으로 보인다. 성종초부터 이미 군, 현들과 亭, 驛, 나루의 부호들이 제도에는 아랑곳없이 저마다 큰집을 지어 집안의 재력을 탕진할 뿐만 아니라 백성을 괴롭게 하여 폐단이 많다고 한 지적이 보인다.

크고 화려한 집의 정원에는 갖가지 꽃과 나무, 앵무새 공작 등 희귀한 새와 동물들을 기르며 완상하였는데, 이런 것들은 일찍이 왕실에서 송나라 상인들로부터 수입하던 것이[118] 점차 권력층의 취미생활로 확

---

116) 『高麗史』 권99, 列傳, 庾應圭.
117) 쟈크 르 고프 저, 유희수 역, 1992, 『서양중세문명』, 문학과 지성사, 제9장 망탈리테 감수성 태도.
118) 예종 8년 궁궐의 남서편에 화원을 두 곳 설치하고 송나라 상인에게 꽃나무를

대되어 갔던 듯하다.

무인정권기에 知奏事 于公은 부귀를 누리며 대궐 곁에 집터를 잡아 화려한 집을 짓고 집안에 큰 연못을 만들었으며 여기에 연꽃을 가득 심고 거위와 오리를 놓아 기르고 風軒·水榭·花塢·竹閣까지 모두 제도를 사치하게 하여 36동의 경치를 모조리 朱門 華屋안으로 들어오게 했다고 한다.[119] 급기야 고려 후기 權準의 집은 화려하기가 왕실을 능가할 정도였다.[120]

특별한 사례이기는 하지만 무인집정기 최충헌 부자의 저택에서는 집에 대한 사치의 극치를 엿볼 수 있다. 최충헌은 근처 민가 100여 채를 헐어 數理에 달하는 화려한 집을 지었다.[121] 아들 최우는 집에 큰 누각을 지었는데, 누각 위에는 손님 1천 명을 앉힐 수 있고 누각 아래는 수레 1백 대를 나란히 놓을 만하였다고 한다. 동쪽에는 불상을 안치한 감실이 있었고 불사를 행할 때면 수백 명의 중들을 맞아들여도 오히려 여유가 있을 정도였다. 누각 남쪽에 설치한 격구장은 길이가 4백여 보나 되고 주위에 담을 둘러쌓았는데 수리에 뻗쳐 있었다 하여 규모가 엄청났음을 나타낸다.[122] 고려인들도 집을 외부로 드러나는 부와 권력의 상징으로 생각했던 것일까?

음식과 器皿, 옷의 사치도 상당했다.

구매하였으며, 예종 15년 송나라 상인 林淸 등이 꽃나무를 바친 기록이 있고, 의종때에도 송나라 상인이 앵무새, 공작과 함께 진기한 꽃나무를 바친 기록이 있다(『高麗史』 권13, 世家, 睿宗 8年, 2月 庚寅 ;『高麗史』 권14, 世家, 睿宗 15年 6月 辛卯 ;『高麗史』 권18, 世家, 毅宗 11年 7月 戊子).

119) 李奎報,『東國李相國集』권23,「泰齋記」.
120)『高麗史』권107, 列傳, 諸臣, 權㫜.
121)『高麗史』권129, 列傳, 叛逆, 崔忠獻.
122)『東國李相國集』권24,「崔承制大樓記」.

비단·깁·능라·모시 / 겹올·외올·가는 비단·불면 날 듯
연기인가 안개인가 / 희디 흰 빛 눈인가 서리인가
파랑·노랑·주홍·녹색으로 물들여 / 무늬 있는 금수로 만들어서
귀인들이 입고 사녀들이 입어 / 끌리는 소리, 바스락바스락 떨치면
번쩍번쩍하네. (崔滋, 「三都賦」『東文選』권2)

위의 기록은 최자의 「삼도부」에서 辨生이 서경 귀부인의 옷차림을
묘사한 글이다. 다소 과장이라고 볼 수도 있으나, 충렬왕 때 한 織婢가
바친 白苧布가 매미날개 같이 얇고 아름다운 무늬가 있었다고 한[123])것
을 보면 지나친 묘사도 아닌 듯하다. 고려 불화에서도 부처가 입고 있
는 의상은 화려한 색상의 하늘하늘 비치는 투명한 천으로 되어 있어
아름답기 그지없다. 그림 속 부처님의 의상이지만 상상에 입각한 것이
라기보다 그들이 실제로 보던 옷감을 토대로 그린 것이 아닐까?

또 「삼도부」에서 개경의 풍경을 묘사한 기록을 보면 당시 개경의 상
류층들은 낙타 등살, 곰의 발에 용의 간과 봉의 골수가 무더기로 쌓였
어도 입에 물려 내뱉는다고 풍자할 정도로 미식을 지향했던 듯하다.
당시의 기명인 상감청자가 고려문화를 대표할 만큼 미적으로 뛰어난
것도 고려 상류층의 미식에 대한 기호와 뛰어난 안목에 기인한 것이었
다고 할 수 있다.

그러나 윤리적, 도덕적 지향을 가지고 있었던 이들에게 지나친 사치
나 도를 넘는 불법적 축재는 지탄의 대상이 되었다.[124] 권단과 권부 부
자의 평가에서도 권부가 현실적으로는 훨씬 부귀를 누렸으나 당대인
의 평가는 아버지 권단에 훨씬 못 미친다고[125])하였다. 1,000여 家가 불

---

123) 『高麗史』권89, 列傳, 后妃, 忠烈王 齊國大長公主.
124) 『高麗史』권98, 列傳, 諸臣, 金正純, "正純 天資勇悍 意豁如也 但不學好貨
專事侈靡 爲時所短".
125) 『高麗史』권107, 列傳, 諸臣, 權㫜 附 權溥.

에 탄 대형 화재가 났을 때 권단의 집만 무사한 것을 사람들은 청렴하고 자비를 베푼 결과 복을 받은 것으로 여겼다.[126] 망족들에게는 보다 높은 도덕심과 윤리적 실천이 요구되었음을 알 수 있다.

가족은 시대와 지역에 따라 모습과 의미를 달리 한다. 모습뿐만 아니라 가족마다 지닌 정서도 각각 다르다. 따라서 가족을 일반적 범주로 규정해 낸다는 것은 至難한 문제다. 특히 집, 사람, 재산 등 다양하고 복합적인 구성요소를 가진 실체로서의 家를 파악하는 것은 단시일 내에 해결되기 어려운 작업이라고 생각된다. 따라서 이 글은 가족사를 좀 더 큰 틀에서 전망해 보기 위한 시론적인 성격을 띠게 되었다.

우선 관련 용어를 정리한 결과, 고려인들은 家族이라는 용어를 쓰지 않았음을 알 수 있었다. 다만 혈연에 입각한 族과 현상적 실체인 家와 관련된 다양한 용어가 쓰여지고 있었다. 이 중 族은 혈연이라는 비교적 분명한 기준을 가지고 있었으나 家는 보다 복합적인 의미를 지닌다. 즉 혈연과 業을 토대로 하여 家(세대), 가문, 국가, 천하일가로 그 개념이 확대되는 것이었다.

또한 家와 族은 엄격히 말하면 구별되는 것이지만 그렇다고 해서 완전히 별개의 것도 아니다. 고려인의 관념 속에 家는 가문에서 보이는 족류의식과 현실적 家業의 계승이라는 두 측면이 복합되어 있는 실체였다고 생각된다. 그리고 家의 구성원은 넓은 의미에서 집안 어른, 또는 핵심 인물을 중심으로 일가, 일문을 이루고 있었으며, 내외손, 姪壻 등을 포함해 규모가 큰 경우 100여 인 정도의 구성원을 가지고 있었던 것으로 나타난다.

---

126) 『高麗史』 권107, 列傳, 諸臣, 權㫜.

　개인은 부계중심의 單系的인 가문의 일원이라기보다 본족, 외족, 인아 등 다양한 계보의 족인으로서 여러 개의 친족집단에 복수로 소속되어 있었다. 따라서 고려인의 정체성은 개인적 또는 소가족을 토대로 한 것이기 보다는 본족, 외족, 인아 등의 복수의 족인으로 그 일가, 일문의 일원으로 나타난다고 볼 수 있다. 아울러 고려시대에 단혼소가족의 존재를 부정할 수 없다 하더라도 이들이 사회적 기초집단으로서 가지는 독자적인 의미는 희박하다고 보여진다.

　둘째, 가계계승의 원리로서 부계중심의 혈연의식이 조선 후기만큼 강고하게 나타나지 않았던 고려사회에서는 家業이 차지하는 비중이 상대적으로 강하게 나타난다. 고려사회에서 業은 혈연과 더불어 고려시대 家의 결속력과 유대감을 설명하는 또 다른 열쇠의 하나였다. 業은 혈족간 연대의식을 강화시키는 요인이 되기도 하며 가계계승의 원리로서 혈연 못지 않은 의미를 지니고 있는 것이었다.

　셋째, 고려인의 집단 家의식의 토대로서 家의 정체성은 家風, 家聲 등으로 표출되었다. 고려인에게 家風은 家格 등 사회적 신분과 지위를 포함하는 개념이었으며, 훌륭한 가업을 계승한 家는 탁월한 家風, 家聲을 가지게 된다. 그리고 고려사회에서 가풍은 관념적 차원에 그치는 것이 아니라 실제 사회에서 출세와 지위 획득 등과 관련하여 현실적인 영향력을 가지고 있었다. 훌륭한 가풍이란 고위관직과 경제력, 여기에 문장과 도덕성의 탁월함을 요구하였고, 이를 통해 당시 최고 신분층인 망족은 그에 걸맞는 학문적 수준과 윤리의식을 지향하는 가문의 일원으로서의 자부심을 가지고 있었다.

　이상에서 고려시대의 가족을 바라보는 외연을 넓히기 위한 요소로 가업과 가풍을 제시하고, 이를 통해 고려시대 사람들의 家에 대한 생각을 일부 복원하고자 하였다. 그러나 기록의 한계로 주로 상류층 家를 중심으로 할 수밖에 없었다. 또한 가업 문제가 제대로 구명되기 위해서는 家의 토지보유 실태와 경영, 생산력 문제가 해명되어야 하며, 가풍 부분은 개별 家의 분석이 보완되어야 좀 더 구체적인 실체를 드러낼 수 있으리라 생각된다. 예컨대 고려 전기 대표적 명문가인 경원이씨, 해주최씨의 최충 가문, 고려 후기 권부 가문 등은 주요 분석대상이 될 수 있을 것이다. 개인적인 전망으로는 상당 부분 혼인을 통해 가풍을 높여간 경원이씨와 주로 학문을 통해 고위관직자를 다수 배출한 최충 가문은 가풍에서 차이가 나타나지 않을까 생각된다. 또 한 집안에서도 권단과 권수평, 권부와 권준 등이 상이한 가치관을 나타내는 안동권씨 가문도 흥미로운 분석대상이다. 고려시대 家의 실체는 이런 개별적 연구성과의 보완을 기다려 보다 구체적인 모습을 그려낼 수 있으리라 생각된다.

이 혜 옥 | 한국외국어대학교 강사

총 결

　고려시대 사람들의 삶과 생각에 관하여 10여 개의 주제를 나누어 살펴보았다. 그 양상은 오늘날의 관점에서 볼 때는 물론이거니와, 조선시대와 비교했을 때도 조금씩 차이를 찾아볼 수 있는 내용들이었다. 더러는 그 시대에 고유한 생활 모습과 행동, 태도들로 판단되는 요소들이 발견되기도 하였다. 이제 지금까지 살펴본 내용들을 간략히 정리하면서 나머지 문제들을 짚어보기로 한다.

　제1부 '일상적 삶의 세 가지 모습'에서는 세 가지 주제를 다루었다. 첫 번째는, 그리 넓지 않은 지역을 단위로 자급자족하는 생활을 기본으로 하면서도 본거지를 떠나서 삶을 영위하는 사람들의 모습이다. 두 번째는, 官人 사회를 중심으로 한 잔치와, 일반 백성들까지를 포함하는 축제이다. 세 번째는, 상류층 여성의 경제관념과 가정 관리이다.

　고려시대 사람들은 本貫에서 정주생활을 하는 것이 기본적인 모습이었다. 농업사회에서 본거지를 떠나는 일은 쉽지 않았기에 일반 백성들은 여간한 일이 아니면 본관을 떠나지 못했다. 이주는 마지막 선택이었고, 새로운 곳에서 생계 수단을 마련해야만 했다. 한편 관인층의 경우는 개경에서 관직 생활을 하다가 관직을 그만두고서도 본관지로 돌아가지 않는 경우가 많았다. 지방에 유복한 경제 기반이 있을 경우에는 불편 없이 살 수 있었기 때문이다.

잔치와 축제는 비일상적 행사에 해당하지만, 그 자체 일상적 생활을 바탕으로 이루어지고 있었다. 고려시대에는 국왕이 주재하는 공식적인 여러 잔치들이 있었고, 관인 사회에서도 공식적·개인적인 잔치가 빈번히 열렸으며, 팔관회·연등회로 대표되는 대규모 축제가 있었다. 잔치는 긴장을 풀고 인간적인 거리감을 좁힐 수 있는 기회였고, 특권의식과 자부심을 공유하면서 친밀감을 확인하는 계기이기도 하였다. 그리고 축제 때 거행되는 복잡하고 화려한 의식 등은 국왕의 위엄을 드러내는 역할을 했고, 일반 민들도 참여함으로써 사회적 유대감을 높여주는 역할을 했으리라 생각된다.

고려시대 여성의 경제활동은 후대와 많이 다른 모습이었다. 당시 사람들은 여성의 경제력을 긍정적으로 평가하였고, 여성의 蓄財 수완이 남성을 능가하는 경우도 종종 보인다. 상류층 가정의 家業 경영에서 婦職은 남자와 함께 家業의 한 축을 이루고 있었다. 여성은 신앙의례를 주도하는 경우가 많았고, 대규모 소비와 蓄財가 이루어지던 사찰은 여성이 자신의 경제력을 행사하는 장이기도 했다. 이런 양상을 바탕으로 하여, 고려시대 여성은 상대적으로 높은 사회적 지위를 누릴 수 있었다.

다음, 제2부 '집단 규범과 사회적 가치'에서는 모두 네 가지 주제를 나누어 살펴보았다. 첫 번째는 관료 사회와 軍 조직에서의 규율과 복종에 관한 것이고, 두 번째는 사회적 차원에서의 명예 문제이다. 세 번째는 사치와 허영, 그리고 검약을 바라보는 태도이고, 네 번째는 公과 私를 구분하는 기준과 각기 달리 부여한 가치이다.

유교적 원리에 입각한 六正·六邪의 正邪說이 관료 사회의 가치관으로 자리잡기 시작한 때가 고려시대로 생각된다. 이런 가치관을 바탕으로 관료 사회는 규율을 유지하였다. 한편 정사설은 관료 사회뿐만 아니라 군 조직 내에도 스며들었다. 그러나 문무의 대립과 갈등으로 말미암아 유교적 소양이 농후한 집단에 기초하여 마련된 규율 및 복종이 무반 및 군인에게 스며드는 데는 상당한 시간이 소요되었으리라 짐작된다. 한편, 군 조직에서 장수와 부하 사이에 擬制的인 가족관계를 바탕으로 상하 복종관계가 강고히 유지된 것도 고려시대의 특징의 하나로 꼽을 수 있을 것이다.

고려시대에 들어와서 과거제가 도입됨으로써 종전과는 다른 유형의 관리들이 등장하였고, 그에 동반하여 생활 태도라든가 의식 등에도 얼마간의 변화가 뒤따랐다. 고려의 관인 가문에서는 학문을 닦아 과거에 합격하는 것을 영예롭게 여겼다. 이는 가문의 상승과 연결되어 家格을 높이는 일에 기여했기 때문이었다. 그러나 德을 갖출 것을 강조한 만큼 관직 생활에서 淸白을 숭앙한 반면에, 부정·부패를 불명예와 수치의 상징으로 간주하였다. 사생활의 기본 단위인 가정에서는 家道가 흔들리거나 훼손된 데 대해 엄중히 대처하였고, 이것이 명예와 수치의 전형이었다. 이러한 평판들이 時論을 통해 표현되는 사회적 분위기가 형성되고 있었다.

일반적으로 사치와 허영은 부정적인 의미를 담고 있고, 사회적 비판의 대상이 된다. 그리고 검약은 절제된 생활에 긍정적인 삶이라는 가치관을 반영한다. 그러나 고려시대 사람들에게는 검약과 사치가 미덕과 악덕이라는 이분법적 도식으로만 받아들여지지는 않았다. 얼핏 모순되어 보이는 두 가지 관념이 공존했던 것이다. 과도하게 재화를 소비하거나 과시하는 것에는 부정적이었지만, 일정한 권력이나 지위를 가진 자가 그에 걸맞은 사치를 하는 것은 당연시되었다. 지배층의 이런 사치는 일반 민에게도 당연하게 받아들여졌다. 지배층의 부의 과시를 위한 사치나 허영은 사회적 정당성을 획득하고 있었던 것이다. 이런 분위기는 고려 말기에 와서 신흥사대부들에 의해 바뀌어 검약과 사치·허영이 미덕과 악덕이라는 이분법적 관념으로 도식화되기 시작하였다.

　같은 한자로 된 표현이지만 중국, 한국, 일본에서 각기 뉘앙스가 다른 내용으로 사용되는 경우가 있다. 公과 私에 대한 역사적 관념이 그 중 하나이다. 중국에서는 公의 윤리적 우위를 바탕으로 私가 대립하였고, 宋學 이후 公私를 天理와 人欲으로 극단화하였다. 일본의 경우에는 公私 구분에서 윤리성이 그다지 강하지 않았고 公私 관념의 重層性이 두드러진다. 고려의 여러 용례들은 중국과 흡사한데, 고려 말 이후 公私를 天理·人欲으로 극단적으로 대비시키는 관념이 확산되는 것도 그렇다. 관인 사회에서는 공과 사를 엄격히 구분하였고, 개인의 처신에서도 칭찬과 비난의 기준으로 삼았다. 그러나 公田·私田 등의 토지문제에 관한 관념, 公刑과 사적 복수의 공존이라는 독특한 사회 풍토 등을 당시의 公私 개념과 연관하여 해명하기에는 장애가 많았다.

　제3부 '일상의 금기와 종교 및 제의'에서는 조금 특별한 세 가지 주제를 다루었다. 즉 일상생활에서 설정하고 지키려 했던 금기, 질병을 대하는 태도를 첫 번째로 살펴보았다. 그리고 두 번째로는 세속적인 삶을 살면서도 居士를 자처하며 탈세속적 지향을 품거나, 승려로 출가하거나 환속하는 경우 등을 대상으로, 가치 지향과 실제적인 삶의 모습을 추적하였다. 세 번째로는 국가나 지역 차원에서 다양하게 거행된 祭儀 및 개인적인 신앙을 살펴보았다.

　고려시대 사람들은 인간과 자연에 대한 이해를 바탕으로, 그 원리를 거스르지 않기 위해 다양한 금기를 설정하고 있었다. 오늘날의 안목으로 보면 객관적이고 합리적인 것이 아니었지만, 그들 나름의 오랜 삶의 경험이 바탕이 된 기준이었다. 여러 금기들은 집을 짓거나 땅을 고를 때, 어떤 일을 하기 위한 날짜를 택할 때 등 주거문화에서 일상의 크고 작은 일에 이르기까지 행동을 규제하였다. 질병에 관해서도 금기를 설정하였고, 치료를 위해서는 주술적인 방법 외에 불교신앙에 의존한다든가, 피병·피접을 행하기도 하였다. 이런 태도들은 막연한 두려움으로부터 벗어나서 스스로 안도감을 얻기 위한 과정이기도 했다.

한편, 고려시대 사람들은 불교를 중심으로 聖스러움을 추구하고 동경하는 마음을 갖고 세속적 삶이 함께 어우러진 세계를 살고 있었다. 개인적인 차원에서 본다면 오늘날과 차이가 없어 보이지만, 불교가 신앙은 물론 삶의 곳곳에 깊숙이 자리잡고 있던 시대였던 만큼, 오늘날과 같을 수는 없었다. 속세를 떠나 출가하여 승려가 되었다가 다시 환속하는 것도 그다지 어려운 일이 아니었고, 따라서 드물지 않게 볼 수 있는 광경이기도 했다. 출가하지 않고서 성스러움을 지향하는 居士가 많았던 것도 고려시대의 특징이었다. 그러나 이러한 삶의 태도와 가치 지향은 주자학이 들어오면서 바뀌었고, 불교적 관념은 탈색되어 갔다.

고려시대에는 국가 또는 지역 단위의 공동체가 주관하는 公的인 祭儀가 다양하게 행해졌다. 국가 제의에는 유교식 제사를 비롯하여 민간신앙, 불교 등 여러 요소들이 함께 섞여 있었다. 공동체가 당면한 문제를 종교적으로 해결하기 위해 거행하는 공적 제의는 공동체 구성원 모두가 참여하는 축제의 성격을 띠었고, 비용도 서로 추렴하는 형식이었다. 이를 통해 구성원들의 참여의식이 높아지는 한편, 재력 있는 자들은 사회적 영향력을 드러내기도 했을 것이다. 한편 제의 때는 演戱가 수반되었고, 暴飮을 비롯한 일탈 행동도 평소보다 너그러이 용인되었다.

끝으로 제4부 '주변 세계와 국가, 家의식'에서는 두 가지 주제를 다루었다. 첫 번째는, 고려시대 사람들이 주변 국가나 종족을 인식하는 태도와 국가·문화적 귀속감이다. 그리고 두 번째는, 사회를 구성하는 최소 단위인 家의 실체와 그에 대한 고려시대 사람들의 의식을 다루었다. 양자는 각기 최고 수준의 세계 인식과 최소 단위에 대한 인식이라고 할 수 있는데, 그 중간에 해당하는 집단이나 조직 범주에 대하여 다루지 못한 것이 아쉽다.

　고려시대는 중국이 하나로 통일되어 있지 않고 宋, 遼, 金, 元이 병존·교대하던 때였다. 따라서 당시 사람들이 국제 관계를 맺고 스스로를 인식하던 태도는 다른 시대와 조금 차이가 있을 수밖에 없었다. 그들은 자기 문화와 전통을 土風이라 표현하면서 중국 문화 즉 華風과 구분하고 있었다. 다원적인 국제 관계 속에서 송의 선진문물과 예악을 높이 평가하여 사대하였고, 현실적인 역학관계를 인정하여 요·금에 대해서도 사대하면서 실리를 취하였다. 또한 북쪽 변방과 여진을 蕃土·蕃人으로 부르며 자신을 천하의 중심으로 자부하는 의식이 있었다. 이런 의식은 몽골제국의 등장으로 큰 변화를 겪게 되었다.

　가족문제를 보면, 고려시대는 오늘날은 물론 후대와도 매우 다른 양상을 보인다. 고려시대 사람들은 가족이라는 용어를 쓰지 않았고, 혈연에 입각한 族과 현실에 실재하는 家에 대해 다양한 표현을 사용하였다. 家에는 家業의 계승이라는 측면과 함께 族類의식이 복합되어 있었다. 따라서 家는 넓은 의미에서 집안의 어른이나 핵심 인물을 중심으로 일가·일문을 이루고 있었고, 때로는 100여 명을 포괄하는 경우도 있었다. 부계 중심의 혈연의식이 후대만큼 강하지 않았을 때가 고려시대였다. 그러나 고려시대의 가족에 대해서는 여전히 명료하게 파악하지 못한 부분이 많아 논란의 여지가 있으며, 토지보유 실태나 경영 등 家의 사회경제적 토대에 대한 연구가 더 풍부하게 이루어질 필요가 있다고 생각된다.

　이렇게 10여 개의 주제를 나누어 고려시대 사람들의 삶과 생각을 살펴보았지만, 대부분의 글들은 사료에 나타난 '현상'을 드러내고 묘사하는 데 비중을 둔 내용들이다. 더 심층적으로 파고들어서 그러한 형태의 삶이 이루어진 역사적 배경이나 계기, 원인 등을 해명하는 데는 한계가 있었다. 또한 특정한 사안과 관련한 가치관이나 어떤 현상을 대하는 태도·생각 등에 대해서도, 왜 그런 태도와 생각을 가질 수밖에 없었는지 하는 점을 깊이 파고들어서 분석하는 데는 미흡하였다. 이런 측면에 관한 심층 연구는 향후 실증 연구가 더 많이 축적되는 한편, 새로운 방법론의 개발과 함께 조금씩 이루어질 수 있으리라 기대한다.

하 일 식 | 연세대학교 사학과 교수

찾아보기

저자 소개 (가나다순)

강은경 | 충북대학교 중원문화연구소 전임연구원
김인호 | 광운대학교 교양학부 조교수
박경안 | 충북대학교 중원문화연구소 전임연구원
박진훈 | 국민대학교 강사
윤훈표 | 연세대학교 국학연구원 연구교수
이혜옥 | 한국외국어대학교 강사
하일식 | 연세대학교 사학과 교수

고려시대 사람들의 삶과 생각

하 일 식 편

2007년 5월 25일 초판 1쇄 발행

펴낸이·오일주
펴낸곳·도서출판 혜안
등록번호·제22-471호
등록일자·1993년 7월 30일

㉾ 121-836 서울시 마포구 서교동 326-26번지 102호
전화·3141-3711~2 / 팩시밀리·3141-3710
E-Mail hyeanpub@hanmail.net

ISBN 978 - 89 - 8494 - 308 - 7 93910
값 30,000원